Kritische Studien zur Geschichtswissenschaft 5

B. Knorr

KRITISCHE STUDIEN
ZUR GESCHICHTSWISSENSCHAFT

Herausgegeben von
Helmut Berding, Jürgen Kocka
Hans-Christoph Schröder, Hans-Ulrich Wehler

Band 5
Hans Medick
Naturzustand und Naturgeschichte
der bürgerlichen Gesellschaft

GÖTTINGEN · VANDENHOECK & RUPRECHT · 1981

Naturzustand und Naturgeschichte der bürgerlichen Gesellschaft

Die Ursprünge der bürgerlichen Sozialtheorie
als Geschichtsphilosophie und Sozialwissenschaft bei
Samuel Pufendorf, John Locke und Adam Smith

VON

HANS MEDICK

2., unveränderte Auflage

GÖTTINGEN · VANDENHOECK & RUPRECHT · 1981

CIP-Kurztitelaufnahme der Deutschen Bibliothek

Medick, Hans:
Naturzustand und Naturgeschichte der bürgerlichen Gesellschaft: d. Ursprünge
d. bürgerl. Sozialtheorie als Geschichtsphilosophie u. Sozialwiss.
bei Samuel Pufendorf, John Locke u. Adam Smith / von Hans Medick. –
2. Aufl. – Göttingen: Vandenhoeck und Ruprecht, 1981.
(Kritische Studien zur Geschichtswissenschaft; Bd. 5)

ISBN 3-525-35955-1

NE: GT

2., unveränderte Auflage 1981

Meiner Mutter

Dem Andenken meines Vaters

Vorwort

Die vorliegende Arbeit entstand als Folge eines Lernprozesses im Spannungsfeld von Geschichte und Sozialwissenschaft, Aufklärung, Universität und Gesellschaft. Interesse an englischer Kultur und Geschichte führte zur schottischen Aufklärung und den in ihr multiplizierten und verdichteten aktuellen Erfahrungen. Mehrere Forschungsaufenthalte in Bibliotheken und Archiven, welche die konkrete Gedankenarbeit freilich nicht zu ersetzen vermochten, konzentrierten das Interesse auf die Tradition der anglo-schottischen Sozialwissenschaften, die im Regreß von John Millar über Adam Ferguson zu Adam Smith, zurück zu John Locke und Samuel Pufendorf verfolgt wurde. Erst am Ende erwies sich Smith als „Newton der Sozialwissenschaften".

Danken möchte ich ganz besonders Professor Dr. Kurt Kluxen, für zahlreiche Gespräche, mit denen er mein Interesse an der angelsächsischen politischen Kultur förderte und diese Arbeit in Kommunikation und Reflexion weiterbrachte.

Für langjährige Gesprächsbereitschaft und Kritik, die über das Thema der Arbeit weit hinausging, danke ich Kurt Lenk, Manfred Riedel und Hans-Ulrich Wehler.

„Intellectual indebtedness" steht bei Hans Aarsleff, George Nadel und Jacob Viner (†).

Schließlich danke ich meinen Kollegen Werner Boldt, Wolfgang Kreutzberger und Jürgen Sandweg für die gemeinsame Suche nach neuen Wegen. Meiner Frau danke ich für große Hilfe, die ich auf diesen Wegen fand.

Die Arbeit wurde in veränderter Fassung am 25. August 1971 von der Philosophischen Fakultät der Universität Erlangen-Nürnberg als Dissertation angenommen. Am 10. Juli 1972 wurde ihr der Fakultätspreis für das akademische Jahr 1971/72 zugesprochen.

Inhalt

I. Einleitung

Die Entstehungsgeschichte der modernen Sozialwissenschaften erscheint im Vergleich zur Geschichte der Naturwissenschaften und Technik verhältnismäßig wenig erforscht. Es muß als paradox, wenn auch keineswegs als unerklärlich erscheinen, daß den Arbeiten von T. S. Kuhn[1], J. Mittelstraß[2], G. Buchdahl[3] und einer Vielzahl anderer Untersuchungen zur Geschichte der Naturwissenschaften und Technik zwar verdienstvolle Gesamtdarstellungen der Geschichte der politischen Theorie sowie der Dogmen- und Problemgeschichte sozialwissenschaftlicher Einzeldisziplinen gegenüberzustellen sind, diese Arbeiten über eine positivistische Aneignung der „reinen" Wissenschaftsgeschichte meist jedoch nicht hinausgehen.

In dem Maße, in dem die modernen Sozialwissenschaften durch ihre Konstituierung als empirisch-analytische Erfahrungs- und Gesetzeswissenschaften einer jeweils für gegenwärtig gehaltenen Gesellschaft ein unproblematisches Verhältnis zur Geschichte gewonnen haben, verdrängten sie auch das Verhältnis zu ihrer eigenen Geschichte weitgehend aus ihrem Bewußtsein. Entgegen den begründeten Forderungen maßgebender Theoretiker[4] erscheint die faktische Enthistorisierung der Sozialwissenschaften heute auch in dem Sinne fast vollkommen, daß die Problem-, Dogmen- und Theoriegeschichte kaum als legitimer Zugang zur Wissenschaft selbst betrachtet wird. Die Möglichkeit einer reflektierten Aneignung der wissenschaftlichen Tradition, sei es im Sinne der produktiven Anwendung eines historisch brachliegenden Reflexions- und Aufklärungspotentials, sei es im Sinne einer historisch vermittelten Erfolgskontrolle der eigenen systematisch-theoretischen oder forschungspraktischen Intentionen bleibt weitgehend ungenutzt.

---

[1] T. S. Kuhn, Die Struktur wissenschaftlicher Revolutionen, Frankfurt 1967 (1962); dass. erweitert in der 2. engl. Aufl. als The Structure of Scientific Revolutions, Chicago 1970[2]; vgl. ders., The Relations between History and the History of Science, in: Daedalus. Journal of the American Academy of Arts and Sciences. Frühjahr 1971: The Historian and the World of the Twentieth Century, Cambridge (Mass.) 1971, 271 ff.

[2] J. Mittelstraß, Neuzeit und Aufklärung. Studien zur Entstehung der Neuzeitlichen Wissenschaft und Philosophie, Berlin—New York 1970.

[3] G. Buchdahl, Metaphysics and the Philosophy of Science. The Classical Origins-Descartes to Kant, Oxford 1969.

[4] J. Habermas, Zur Logik der Sozialwissenschaften (Philosophische Rundschau, Beiheft 5), Tübingen 1967 (dass. auch Frankfurt 1970[2]) und ders., Kritische und konservative Aufgaben der Soziologie, in: ders., Theorie und Praxis. Sozialphilosophische Studien (1963), Frankfurt 1971[4], 290 ff., bes. 303 f., aber auch T. Parsons, The Struc-

Angesichts dieses Mangels, welcher auch die Konfliktkonstellation des gegenwärtigen wissenschaftstheoretischen Schismas zwischen Dialektikern und Positivisten[5] weitgehend bestimmt, ohne bisher in der Forschungspraxis eine positive Aufhebung erfahren zu haben, eröffnen sich auch hier neue ungenutzte Möglichkeiten für die Zusammenarbeit der Sozial- und Geschichtswissenschaften. Gerade am Gegenstand einer Geschichte der Sozialwissenschaften wäre eine Forschungssituation denkbar, in welcher die historische Technik der sozialwissenschaftlichen Theorie ebenso zu Hilfe kommt wie die historische Theorie der sozialwissenschaftlichen Technik und gerade letztere hierdurch ein neues Interesse an ihrer ursprünglichen Integration in den Rahmen einer historisch aufklärenden Gesellschaftstheorie in praktischer Absicht gewinnt.

Für den sozialwissenschaftlich interessierten Historiker bietet sich hier die Möglichkeit, Geschichte in dem Sinne produktiv zu machen, daß er sie der Musealisierung und fremdbestimmten Verwertung als eines bloßen „Organs geistiger Kompensation" (J. Ritter) entzieht und — in einem Versuch der reflektierten Selbstbestimmung — mit Hilfe der tradierten Forschungs-, Erkenntnis- und Interpretationstechniken der historischen Wissenschaften, die als reine „Techniken" unverzichtbar bleiben, einen Beitrag zur historisch-sozialwissenschaftlichen Aufklärung der Gegenwart leistet.

In den einschlägigen Darstellungen[6] blieb ein für jede Geschichte der Sozialwissenschaften grundlegendes methodisches Problem bisher weitgehend unbeachtet, das sich daraus ergibt, daß nicht nur die Sozialwissenschaft selbst, sondern auch ihr Gegenstand eine eigene Geschichte hat. Die von Habermas hervorgehobene methodologisch und theoretisch folgenreiche Interdependenz der sozialwissenschaftlichen Forschung und des objektiven Zusammenhangs, auf den sie sich richtet und dem sie angehört[7], wird auch in eine Geschichte der Sozialwissenschaften als zentrale Fragestellung eingebracht werden müssen.

---

ture of Social Action. A Study in Social Theory with Special Reference to a Group of Recent European Writers (1937), 2 Bde., New York — London 1968[3].

[5] Zur geschichtstheoretischen Problematik der Kontroverse s. H. Baier, Soziologie und Geschichte, in: Archiv für Rechts- und Sozialphilosophie 52. 1966, 67 ff.; im wesentlichen identisch ders., Soziale Technologie oder soziale Emanzipation? Zum Streit zwischen Positivisten und Dialektikern über die Aufgaben der Soziologie, in: B. Schäfers Hg., Thesen zur Kritik der Soziologie, Frankfurt 1969, 9 ff. und J. Habermas, Analytische Wissenschaftstheorie und Dialektik. Ein Nachtrag zur Kontroverse zwischen Popper und Adorno (1963), in: Der Positivismusstreit in der deutschen Soziologie, Neuwied—Berlin 1969, 155 ff.

[6] Als Musterbeispiel s. die als „reine" Wissenschafts- und Problemgeschichte hervorragende Arbeit von J. A. Schumpeter, Geschichte der ökonomischen Analyse, 2 Bde., Göttingen 1965 (1955); bes. aufschlußreich — in negativer Hinsicht — zum hier angesprochenen Zusammenhang Bd. I, Kap. IV: Soziologie der Wirtschaftswissenschaft, ebda., 68 ff.; vgl. auch die kurze Problemgeschichte von D. Winch, The Emergence of Economics as a Science 1750—1870, in: C. M. Cipolla Hg., The Fontana Economic History of Europe, III: The Industrial Revolution 1700—1914, London 1971, Kap. 9 (auch als selbständige Abhandlung London 1971).

[7] J. Habermas, Zur Logik der Sozialwissenschaften, 19 ff.

Geschichte der Sozialwissenschaft läßt sich deshalb nicht nach dem Modell der Naturwissenschaften und der Technik als ein notwendig fortschrittlich gerichteter kumulativer Prozeß wissenschaftsimmanenter Rationalisierung vom Mythos zum Logos, „from lore to science" beschreiben[8]. Sie wird die Abhängigkeit der sozialwissenschaftlichen Erkenntnis von der sozialen Wirklichkeit in ihre Fragestellung ebenso mit einzubeziehen haben wie die eigenständige erkenntnisorganisierende Funktion traditionsvermittelter oder innovatorischer wissenschaftlicher Betrachtungsweisen, Modellvorstellungen und Wertannahmen.

Hierbei gilt es jedoch von vornherein, von der allzu einfachen Vorstellung Abschied zu nehmen, die von der notwendigen Deckungsgleichheit, Korrelation oder Symmetrie sozialwissenschaftlicher Erkenntnis mit einer bestimmten historisch-sozialen Wirklichkeit ausgeht. Auch wenn die Sozialwissenschaft sich als eine empirisch-analytische Zustandswissenschaft ausgeben sollte, was in der Phase ihrer Entstehung keineswegs in ihrer Absicht lag, impliziert sie mit ihren Fragestellungen und Problemansätzen, ob sie will oder nicht, notwendig praktische Folgen. Dieser wissenschaftslogisch begründbare[9] Tatbestand läßt es als unmöglich erscheinen, die in einer bestimmten historischen Gestalt sozialwissenschaftlicher Erkenntnis dargestellte Wirklichkeit als ein positivistisch verifizierbares „Abbild" zu nehmen. Gerade in einer historisch gerichteten Interpretation wird sozialwissenschaftliche Erkenntnis deshalb immer auch auf ihre nur mit einem kritisch-hermeneutischen Erkenntnisinstrumentarium zugängliche praktisch-normative „Leitbildfunktion" untersucht werden müssen. Die Modellvorstellungen, Begrifflichkeiten und Methoden der Sozialwissenschaften werden, ebenso wie ihre materialen Erkenntnisinhalte, im Hinblick darauf zu überprüfen sein, inwiefern sie das „wissenschaftliche Selbstbewußtsein einer bestimmten gesellschaftlichen Wirklichkeit" (H. Freyer)[10] ausdrücken. E. Pankoke faßt dieses allgemeine Methodenproblem jeder historischen Analyse politisch-sozialer Theorie treffend dahingehend zusammen, daß es bei der „sozialgeschichtlichen Interpretation ideologischer Phänomene also nicht so sehr um den Nachweis von empirischen Wiederspiegelungen gesellschaftlicher Zustände"

---

[8] Wie etwa das in den USA weit verbreitete soziologiegeschichtliche Standardwerk von H. Becker und H. E. Barnes, Social Thought from Lore to Science. A History and Interpretation of Man's Ideas about Life with his Fellows to Times when Change and Progress Deeply Concern him, 3 Bde., New York 1961³; auch die in Fragestellung und Systematik anspruchsvollere Darstellung von D. Martindale, The Nature and Types of Sociological Theories, Boston 1960, geht noch von der geschichtstheoretischen Prämisse aus: „Sociology is a part of that great revolution of thought in Western Civilization which passes from religion through philosophy to science." Ebda., 4.

[9] Hierzu J. Habermas, Zur Logik der Sozialwissenschaften, passim.

[10] H. Freyer, Soziologie als Wirklichkeitswissenschaft. Logische Grundlegung des Systems der Soziologie, Leipzig — Berlin 1930 (Reprint 1964), 5; vgl. die interessanten methodischen Bemerkungen im Blick auf eine Geschichte der Soziologie in ders., Einleitung in die Soziologie, Leipzig 1931, 29 ff.

gehe „als vielmehr um ein Verständnis von geschichtlich wirksamen Einstellungen zur Gesellschaft"[11].

Die für eine Sozialgeschichte der modernen Sozialwissenschaft relevanten materialen und dogmengeschichtlichen Probleme hat Otto Brunner in seinem grundlegenden, bereits klassisch gewordenen Aufsatz „Das ‚ganze Haus' und die alteuropäische Ökonomik" (1950)[12] umrissen. Neben den von ihrem Verfasser intendierten, von ihren erkenntnisleitenden Interessen her problematischen[13] „Neuen Wegen der Sozialgeschichte" verweist diese Abhandlung, der zahlreiche Einzeläußerungen in anderen Arbeiten[14] Brunners an die Seite zu stellen sind, auch auf gangbare und ausbaufähige „neue Wege" für die Geschichte der modernen Sozialwissenschaften.

Ausgehend von einer begriffsgeschichtlichen Analyse des Bedeutungswandels, auch auf gangbare und ausbaufähige „neue Wege" für die Geschichte der Begriff änderte seine Bedeutung von „Ökonomik" im Sinne der geschlossenen Wirtschaft des „ganzen Hauses", das unter der umfassenden Herrschaft eines Hausherrn stand, zur „Ökonomie" im Sinne der neuzeitlichen Markt- und Verkehrswirtschaft[15]—, schließt Brunner auf die sozialgeschichtlichen Voraussetzungen und theoriegeschichtlichen Bedingungen der modernen sozialen Einzelwis-

---

[11] E. Pankoke, Sociale Bewegung — Sociale Frage — Sociale Politik. Grundfragen der deutschen „Socialwissenschaft" im 19. Jahrhundert, Stuttgart 1970, 11; zu Pankokes wichtiger Studie s. u. 174 Anm. 10 und 212 Anm. 238.

[12] In: Zeitschrift für Nationalökonomie 13. 1950, 114 ff.; wiederabgedr. in: ders., Neue Wege der Sozialgeschichte. Vorträge und Aufsätze, Göttingen 1956, 33 ff.; enthalten auch in der 2. erw. Auflage dess. Sammelbands: Neue Wege der Verfassungs- und Sozialgeschichte, Göttingen 1968, 103 ff. im folgenden zitiert nach der Auflage von 1956.

[13] Hierzu die fundierte Kritik bei D. V. Nicholas, New Paths of Social History and Old Paths of Historical Romanticism: An Essay Review on the Work and Thought of Otto Brunner, in: Journal of Social History 3. 1969/70, 277 ff.

[14] S. ders., Land und Herrschaft. Grundfragen der territorialen Verfassungsgeschichte Österreichs im Mittelalter, Wien 1959³, 119 (Soziologie und Nationalökonomie); ders., Zum Problem der Sozial- und Wirtschaftsgeschichte, ZfN 7. 1936, 671 ff., hier 680 Anm. 1, auch 683 (bürgerliche Gesellschaft als ursprünglicher „Beobachtungsgegenstand" der Soziologie); ders., Das Problem einer europäischen Sozialgeschichte, in: ders., Neue Wege der Sozialgeschichte, 7 ff., hier 7, 12, 14, 32 (Soziologie und Sozialwissenschaften allgemein); ders., Das Zeitalter der Ideologien. Anfang und Ende, in: ders., Neue Wege der Sozialgeschichte, 194 ff., hier 195 ff. (Transformation der alten „sciences morales et politiques" zu einer „science ideologique" und zur „physique sociale" und Soziologie), 203 (positive Einstellung zur „neueren Soziologie", die „gelernt hat, auf die empirische Forschungsarbeit, auf das unmittelbare konkrete Material in immer neuem Regreß zurückzugreifen"), 207, 211 f. (Entstehung der Sozialwissenschaften); ders., Adeliges Landleben und Europäischer Geist. Leben und Werk Wolf Helmhards von Hohberg 1612—1688, Salzburg 1949, 303 ff. (Ursprünge der modernen Wirtschaftswissenschaften aus der traditionellen „Chrematistik" im merkantilistischen Staat), auch 307, 322 (Kameralwissenschaften, Polizeiwissenschaften).

[15] Zur Begriffsgeschichte von „Ökonomik", „Ökonomie" ausgezeichnet S. Landshut, Der Begriff des Ökonomischen, in: ders. Kritik der Soziologie und andere Schriften zur Politik, Neuwied 1969, 131 ff., bes. 141 ff.

senschaften[16]. Er hält diese erst auf der Basis der neuzeitlichen „bürgerlichen Gesellschaft" für möglich. Erst der epochale Wandel der adelig-herrschaftlich strukturierten alteuropäischen „societas civilis", die von einer wenig funktionsdifferenzierten Einheit von Politik und Gesellschaft bestimmt war, zur neuzeitlichen bürgerlichen Arbeits- und Tauschgesellschaft und ihres institutionellen Pendants, des rational-bürokratischen Rechts- und Gesetzesstaats, schuf den Gegenstand der modernen Sozialwissenschaften. Die Funktionsdifferenzierung der modernen Gesellschaft in Teilbereiche, ihre Aufspaltung in die Subsysteme der „Ökonomie", der „Politik" und einen Bereich des „Sozialen" im engeren Sinne fand nach Brunner ihre Entsprechung in den sozialen Einzelwissenschaften.

Doch stellt Brunner die Genesis der modernen Sozialwissenschaften seit etwa 1750 — er erwähnt besonders die Wirtschaftswissenschaften, die „Polizei-" und „Kameralwissenschaften" und die Soziologie als eine spezielle Wissenschaft der neuen „bürgerlichen Gesellschaft" — nicht als einen lediglich abbildhaften Reflex dar, in dem sich die neue sozio-politische Wirklichkeit des rational-bürokratischen Staates und der bürgerlichen Wirtschaftsgesellschaft spiegelt. Die Entstehung der neuen Wissenschaften ist für ihn zwar sozialgeschichtlich vermittelt, doch geht sie als ein theoriegeschichtliches Phänomen nicht nahtlos in dieser Vermittlung auf.

Brunner bestimmt diesen theoriegeschichtlichen Aspekt aber lediglich negativ. Er sieht die Genesis der neuen Wissenschaften als ein Moment im historischen Zerfallsprozeß der alteuropäischen Bildungs- und Sprachtradition, die in ihrer moralphilosophischen Schulgestalt (Aristotelestradition) als Lehre von der Politik, Ethik und Ökonomik bis weit in die Neuzeit hinein einen dominierenden Einfluß auf das politisch-soziale Selbst- und Weltverständnis der vorbürgerlichen Adelskultur bewahrt hatte[17].

Die Frage nach den theoriegeschichtlichen Bedingungen der Entstehung der modernen Sozialwissenschaften beantwortet sich für Brunner aus der Perspektive Alteuropas gewissermaßen von selbst. Die Inhalte und Wertvorstellungen der alten Moralphilosophie gelten ihm als begrifflicher und theoretischer Ausdruck der adelig-herrschaftlichen Verfassung der alteuropäischen „societas civilis"[18]. „Politik" als die Tugendlehre vom sittlich geordneten Gemeinwesen, die sich immer als Lehre von einer adelig-herrschaftlichen, „politischen" Gesellschaft verstand, in welcher das politische System (koinonía politiké) der Regierungs- und Herrschaftsformen alle anderen sozialen Beziehungen strukturierte und umfaßte, reflektierte diesen Zusammenhang ebenso wie die „Ökonomik" als Lehre des „ganzen Hauses" unter der Herrschaft eines Oikodespoten und

---

[16] Brunner, Das „ganze Haus", 49 ff.
[17] Brunner, Das „ganze Haus", 50 ff.; allgemein zum gleichen Zusammenhang s. ders., Adeliges Landleben, 61 ff., 313 ff.; vgl. hierzu auch M. Riedel, Aristoteles-Tradition am Ausgang des 18. Jahrhunderts. Zur deutschen Übersetzung der „Politik" durch Johann Georg Schlosser, in: Alteuropa und die Moderne Gesellschaft, Festschrift für Otto Brunner, Göttingen 1963, 178 ff.
[18] Brunner, Das „ganze Haus", 47 ff.

die „Ethik" als Tugendlehre des Einzelmenschen, in welcher die Herrschaft der
Vernunft über die Triebe behandelt wird[19]. Mit dem Wandel zur bürgerlichen
Gesellschaft und zum modernen Staat wurden nach Brunner die alten Begriffe,
Modellvorstellungen und Wertannahmen ebenso wirklichkeitsinadäquat wie
ihre tradierte Systematisierung in „Politik", „Ethik" und „Ökonomik". Die
neuen Sozialwissenschaften füllen somit eine Leerstelle aus, deren historischer
Ort primär durch einen Verlust bestimmt wird, und zwar durch den „Verlust
der aristotelischen Tradition" (W. Conze).

    Es muß als auffällig erscheinen, daß Brunner die Genesis der Sozialwissen-
schaften hauptsächlich als einen theoriegeschichtlichen Zerfallsprozeß registriert,
ohne die positiven neuen Begriffsmittel, Modelle, Wertvorstellungen und theoretischen Konzeptionen ausführlicher hervorzukehren, mit Hilfe deren sich die
modernen Sozialwissenschaften konstituierten. Die letzthin von einem wohl-
wollenden amerikanischen Kritiker[20] festgestellte Nostalgie Brunners nach der
alteuropäischen Adelswelt, seine persönliche Identifikation mit der „areté" des
„Adeligen Landlebens" vor Beginn des Umbruchs zur bürgerlichen Gesellschaft[21]
bestimmt als uneingestandene, implizite Wertannahme auch weitgehend die Er-
kenntnisperspektiven seiner „Neuen Wege der Sozialgeschichte". Sie äußert sich
unter anderem explizit in einer gewissen Phobie gegen die intellektuelle Aufklärungsbewegung des 18. Jahrhunderts[22] und gegen Intellektuelle überhaupt
ebenso wie in einer abwertenden und erstaunlich kenntnisarmen Einschätzung
der neuzeitlichen Naturrechtstradition[23]. In sublimierter Form wiederholt sie
sich in seiner Darstellung der Entstehungsgeschichte der modernen Sozialwissenschaften als eines bloßen Zerfallsprodukts. Brunners Fixierung auf die Aristotelestradition hat eine eigentümliche Blindheit für die positiven Aspekte desjenigen theoriegeschichtlichen Prozesses zur Folge, innerhalb dessen sich die neuen
Sozialwissenschaften konstituierten.

    Die vorliegende Arbeit verdankt dem Werk Otto Brunners und der von ihm
beeinflußten Heidelberger Schule der Begriffs- und Strukturgeschichte wichtige
Anregungen, doch kehrt sie die Brunnerschen Perspektiven gleichsam um. Sie
betrachtet die Genesis der modernen Sozialwissenschaften nicht aus dem Blickwinkel Alteuropas, sondern aus dem Horizont derer, die sie geschaffen haben
und die hiermit erstmals Bedürfnisse theoretisch artikulierten und legitimierten,
die eine spätere Sozialwissenschaft allzu schnell als bereits eingelöst betrachtete,
negierte oder als utopisch abqualifizierte.

---

[19] Brunner, Das „ganze Haus", 44 ff.
[20] Nicholas, New Paths of Social History, 277 ff.
[21] Hierzu bes. die Schlußpassage in Brunner, Adeliges Landleben, 339.
[22] Hierzu aufschlußreich Brunner, Das Zeitalter der Ideologien, in: ders., Neue
Wege der Sozialgeschichte, 194 ff.
[23] S. etwa Brunner, Adeliges Landleben, 128; ders., Das Zeitalter der Ideologien,
209, und ders., Vom Gottesgnadentum zum Monarchischen Prinzip, in: ders., Neue
Wege der Verfassungs- und Sozialgeschichte, Göttingen 1968, 160 ff., hier 176 ff.

Die Sozialwissenschaftler des 18. Jahrhunderts sollen — dies muß im Sinne einer Explikation unserer erkenntnisleitenden Interessen gesagt werden — nicht von vornherein mit Ludwig von der Marwitz als „heimatlose Theoretiker ... Ideologen und Philosophanten"[24] betrachtet werden, die ein „Zeitalter der Ideologien"[25] eingeleitet haben, das in einer verwalteten und verwissenschaftlichten Welt erst gegenwärtig angeblich an sein Ende gekommen ist[26]; sie sollen als Theoretiker einer humanistischen Aufklärungsbewegung ernst genommen werden, die bei allem „ideologischen" Charakter ihrer gesellschaftstheoretischen und geschichtsphilosophischen Entwürfe einen umfassenden Anspruch auf praktische Emanzipation als Menschenrecht formulierten und in ihrer neuen Sozialwissenschaft erstmals auf die objektiven historischen Bedingungen seiner praktischen Möglichkeit hin zu konkretisieren versuchten — ein Anspruch, der als eine historisch zu vermittelnde Erfahrung und ein gescheiterter Versuch praktischer Verwirklichung bis heute nichts von seiner Aktualität eingebüßt hat.

Am Beispiel Adam Smiths und der Genesis einer spezifisch anglo-schottischen Tradition der modernen Sozialwissenschaften im 18. Jahrhundert sollen der realgeschichtliche Bezug, die dogmenhistorische Tradition und die praktisch-aufklärende Intention dieser Wissenschaften auf der Ebene ihres sozialtheoretischen und geschichtsphilosophischen Selbstverständnisses analysiert werden. Intendiert ist gewissermaßen eine sozialgeschichtliche Ortsbestimmung der Ursprünge der modernen Sozialwissenschaft durch die interpretatorische Aufschlüsselung ihrer immanenten sozialtheoretischen und geschichtsphilosophischen Gehalte.

Samuel Pufendorf und John Locke werden im Untertitel der Arbeit nicht von ungefähr in einen thematischen Bezug zu Adam Smith gebracht. Die von Pufendorf und Locke inaugurierte rationale Naturrechtstradition steht, vermittelt über die moralphilosophische Lehre an den schottischen Universitäten, in einem unmittelbaren wirkungsgeschichtlichen Zusammenhang[27] mit den von Adam Smith ursprünglich im Rahmen der „Science of Natural Jurisprudence" konzipierten neuen Sozialwissenschaften[28]. Das Naturrecht Pufendorfs und Lockes kann somit als der wirkungsgeschichtliche Ausgangspunkt der anglo-schottischen Sozialwissenschaften des 18. Jahrhunderts bezeichnet werden.

Die Genesis dieser Sozialwissenschaften ist also — gerade wenn man sich vom Prinzip der Quellengerechtigkeit leiten läßt — weniger aus einer Verfallsgeschichte der aristotelischen Tradition praktischer Philosophie zu rekonstruie-

---

[24] L. v. der Marwitz, zit. bei Brunner, Das Zeitalter der Ideologien, in: Neue Wege der Sozialgeschichte, 194 ff., hier 194.

[25] Ebda., 194 ff.

[26] Ebda, 218 f.

[27] Hierzu u. 145 ff. und bes. den Exkurs zur Naturrechtstradition an den schottischen Universitäten des frühen 18. Jahrhunderts, u. 296 ff.

[28] S. u. VI. 2., 180 ff.: „Sozialwissenschaftliches System und soziale Einzelwissenschaften: Die Emanzipation der Soziologie, Ökonomie und politischen Wissenschaft aus der schottischen Naturrechtstradition".

ren als aus der positiven Emanzipationsgeschichte der modernen Naturrechtstradition. Mit Otto Brunner wird im folgenden zwar an der Auffassung einer
spezifischen Diskontinuität der modernen Sozialwissenschaften zur Aristotelestradition festzuhalten sein; doch ist dieser Traditionsbruch nicht, wie von Brunner und seiner Schule behauptet wird, generell für den gesamteuropäischen
Raum in einer „Sattelzeit"[29] (R. Koselleck) zwischen 1750 und 1850 anzu-
setzen. Er muß zumindest im angelsächsischen Bereich als ein langfristiger Prozeß angesehen werden, der sich bereits im 17. Jahrhundert im Verlauf und Gefolge des englischen Bürgerkriegs als eine „Revolution der politischen Theorie"[30]
manifestierte und an der Wirkungsgeschichte der naturrechtlichen Systeme
Pufendorfs und Lockes bis ins 18. Jahrhundert paradigmatisch abzulesen ist.

W. Hennis[31] und H. Maier[32], die eine entgegengesetzte Auffassung, nämlich
die der Kontinuität der aristotelischen Tradition, gerade im angelsächsischen
Bereich zum Ansatzpunkt ihrer „Rekonstruktion der politischen Wissenschaft"
nehmen, werden hiermit nur zu erneuten Zeugen des Bruchs, welcher die „deutsche Staatsanschauung" von der westeuropäischen Tradition sozialwissenschaftlicher Aufklärung seit dem 18. Jahrhundert trennt. Denn ihre Berufung auf die
Kontinuität zwischen Aristotelestradition und angelsächsischem Politikdenken
geschieht in einer Weise, welche eben diejenigen spezifischen Traditionszusam-
menhänge und Leistungen der anglo-schottischen Sozialwissenschaften des
18. Jahrhunderts ausklammert und ignoriert, die in dieser Arbeit untersucht
werden sollen. Hennis und Maier führen zwar einzelne Zeugen für ihre Thesen
an, wobei signifikanterweise Edmund Burke bei Hennis an prominenter Stelle
erscheint[33]. Doch ist der gemeinsame Nenner dieser Zeugnisse dadurch charakterisiert, daß sie hinter den Stand der sozialwissenschaftlichen Aufklärung des

---

[29] Zur Konzeption der „Sattelzeit" als eines modelltheoretischen, heuristischen Vor-
griffs zur begriffsgeschichtlichen Erforschung des Transformationsprozesses von der
alteuropäischen „societas civilis" zur bürgerlichen Gesellschaft s. R. Koselleck, Richt-
linien für das „Lexikon politisch-sozialer Begriffe der Neuzeit", in: Archiv für Begriffsgeschichte 11. 1967, 81 ff., bes. 91.

[30] Zur Konzeption einer gerade an grundlegenden begriffsgeschichtlichen Wand-
lungsprozessen ablesbaren „Revolution der politischen Theorie" im England des 17.
Jahrhunderts, die als Folge des zeitweiligen sozio-politischen Desintegrationsprozesses
der Bürgerkriegszeit zu erklären ist, s. meine Rezension zu: J. A. W. Gunn, Politics
and the Public Interest in the Seventeenth Century, London — Toronto 1969, in: Der
Staat 11. 1972, 105 ff.; vgl. auch die den Ansichten des Verf. teilweise entsprechenden Äußerungen bei D. W. Hanson, From Kingdom to Commonwealth. The Development of Civic Consciousness in English Political Thought, Cambridge/Mass. 1970.

[31] W. Hennis, Zum Problem der deutschen Staatsanschauung, in: ders., Politik als
praktische Wissenschaft. Aufsätze zur politischen Theorie und Regierungslehre, München 1968, 11 ff., bes. 19 ff., und ders., Politik und Praktische Philosophie. Eine Studie zur Rekonstruktion der politischen Wissenschaft, Neuwied — Berlin 1963.

[32] H. Maier, Ältere deutsche Staatslehre und westliche politische Tradition, Tübingen 1966, bes. 8, jetzt in: ders., Politische Wissenschaft in Deutschland. Aufsätze zur
Lehrtradition und Bildungspraxis, München 1969, 133 ff., hier 137.

[33] W. Hennis, Politik und praktische Philosophie, 54 f.

18. Jahrhunderts zurückfallen, ob sie nun zeitlich früher oder später liegen. Bei beiden Autoren sind somit gerade diejenigen dogmengeschichtlichen Ansätze ausgespart, die sich zu einer positiven Anknüpfung für die heutige politische Wissenschaft eignen würden. Hennis' und Maiers Versuch einer „Rekonstruktion der politischen Wissenschaft" erweist sich somit — zumindest was ihre Berufung auf für das angelsächsische Denken angeblich repräsentative Vorbilder betrifft — als eine Konstruktion, die dem objektiven Gehalt ihrer Aussagen nach eher ins Reich der politischen Mythenbildung gehört als in den Rahmen einer notwendigen Bemühung, Wissenschaftstraditionen in aufklärender Absicht praktisch zu machen.

Aber nicht die philologische Aufarbeitung des Abbruchs der Aristotelestradition und die Analyse derjenigen wirkungsgeschichtlichen Zusammenhänge, durch welche das rationale Naturrecht Pufendorfs und Lockes — auf dem Umweg über eine spezifische Tradition der moral-philosophischen Lehre an den schottischen Universitäten des 18. Jahrhunderts — in Zusammenhang mit der Sozialwissenschaft Adam Smiths steht, soll im folgenden den Mittelpunkt der Darstellung bilden. Auch der historische Auflösungsprozeß, im Verlaufe dessen sich die naturrechtlich strukturierte Moralphilosophie schottischer Provenienz, die bis zur Mitte des 18. Jahrhunderts Politik, Ethik und Ökonomik noch als Einheit faßte, in die sozialen Einzelwissenschaften der Politischen Ökonomie, Soziologie und „Science of Government" (John Millar) spaltete, soll lediglich am Beispiel des sozialwissenschaftlichen Systems Adam Smiths erörtert werden. Beide Fragenkreise sind von Interesse und bedürfen der entsprechenden Nachweise[34], doch bilden sie nicht den Kern der im folgenden versuchten Interpretation.

Im dogmengeschichtlichen Rückgang von den schottischen Sozialwissenschaften des 18. Jahrhunderts lieferte die Analyse der Wirkungsgeschichte des rationalen Naturrechts des 17. Jahrhunderts zwar ursprünglich den Anlaß zu unserer Interpretation und ermöglichte durch eine retrospektive Betrachtungsweise neue Erkenntnisse, indem die Denksysteme Pufendorfs und Lockes aus dem Blickwinkel des Interesses betrachtet wurden, das die Aufklärung des 18. Jahrhunderts an ihnen nahm.

Als entscheidende Vorform der neuen Sozialwissenschaften des 18. Jahrhunderts und damit der modernen Sozialwissenschaften überhaupt erscheint das rationale Naturrecht Pufendorfs und Lockes jedoch erst aufgrund wichtiger Ansätze zu einer systematischen und zugleich historischen Theorie der bürgerlichen Gesellschaft als eines eigenwertigen sozialen und ökonomischen Hand-

---

[34] S. den Exkurs zur „Naturrechtsrezeption an den schottischen Universitäten des 18. Jahrhunderts" u. 296 ff.; ferner VI. 2: „Sozialwissenschaftliches System und soziale Einzelwissenschaften: Die Emanzipation der Soziologie, Ökonomie und politischen Wissenschaft aus der schottischen Naturrechtstradition" u. 180 ff.; zur Aristotelestradition im anglo-schottischen Bereich und zu ihrer Einschätzung durch die neuen Sozialwissenschaften s. besonders u. 245 Anm. 237, aber auch u. 297 f.

lungszusammenhangs, einer Theorie, wie sie später den Mittelpunkt des sozialwissenschaftlichen Systems Adam Smiths bildete.

Sowohl Pufendorf wie Locke behandeln in ihren naturrechtlichen Theorien
mit jeweils ähnlichen Modellvorstellungen, Methoden und Begrifflichkeiten,
doch unterschiedlichen politischen Zielvorstellungen, historische Gestalten des
gleichen Gegenstands: der neuzeitlichen, durch gesellschaftliche Arbeit, Markt-
und Tauschverhältnisse konstituierten bürgerlichen Gesellschaft und ihres institutionellen Pendants, des modernen Rechts- und Gesetzesstaats.

Es trifft zwar zu, daß in den Methoden, Begrifflichkeiten und Modellvorstellungen des rationalen Naturrechts, besonders in der Vertragskonstruktion, die
alte aristotelische Identitätsformel einer Einheit von „civitas" und „societas
civilis" impliziert ist[35]. Das rationale Naturrecht teilt mit der aristotelischen
Politik formal noch die Auffassung, daß die theoretisch allein relevante Form
der Vergesellschaftung auf politischer Ebene, in der „societas civilis" bzw.
„civil society", stattfindet. Jedoch wird eine Überprüfung der Funktion dieser
Methoden, Begrifflichkeiten und Modellvorstellungen im Gesamtzusammenhang
der theoretischen Aussagen Pufendorfs und Lockes und insbesondere eine Aufschlüsselung des sozialen und politischen Erfahrungsgehalts dieser Theorien zeigen, daß sich in ihnen die soziale Strukturproblematik und politische Legitimationsproblematik gegenüber der aristotelischen Politiktradition gleichsam um-
kehrt. Im teilweise alten Gewand bieten sich hier neue Inhalte dar. Das rationale Naturrecht beschreibt zumindest tendenziell Formen sozialen Handelns,
die nicht mehr am Modell der adelig-herrschaftlichen alteuropäischen „societas
civilis" ausgerichtet sind, wie dies für die Aristotelestradition der politischen
Philosophie als dem begrifflichen Ausdruck der alteuropäischen Gesellschaft der
Fall war. Sowohl in der absolutistischen (S. Pufendorf) wie der liberalen
Variante (J. Locke) des rationalen Naturrechts rechtfertigt sich politische Herrschaft nicht mehr zeitlos aus sich selbst als eine „natürliche" Vorgegebenheit
menschlicher Existenz, sondern erscheint als eine sekundäre, abgeleitete Größe.
Herrschaft wird hier zumindest prinzipiell dadurch disponibel, daß sie idealtypisch über das rationale Reflexionspotential des Individuums konstruiert und
kontrolliert wird und — was für den „sozialen" Erfahrungsgehalt der Naturrechtstheorien zentral ist — sie wird materiell stets aus einem Handlungszusammenhang legitimiert, für den das individuelle Recht auf Bedürfnisbefriedigung in Systemen gesellschaftlicher Arbeit, in Tausch- und Marktverhältnissen
konstitutiv ist. Bei Pufendorf — aber nicht mehr bei Locke — bildet die patriarchalisch verfaßte Familie, das „ganze Haus" unter der Herrschaft des Oikodespoten, zwar noch die selbstverständliche, undiskutierte Voraussetzung[36] der
vernunftrechtlichen Systemkonstruktion, doch zeigt gerade die Einbeziehung

---

[35] Hierzu M. Riedel, Zur Topologie des klassisch-politischen und des modern-
naturrechtlichen Gesellschaftsbegriffs, ARSP 51. 1965, 290 ff.; ferner die anderen Arbeiten Riedels, s. u. 135 Anm. 2.
[36] S. u. 60 Anm. 59.

des „ganzen Hauses" in Markt- und Tauschzusammenhänge und die Begründung der Räson politischer Herrschaft auf eben diesen spezifisch „gesellschaftlichen" Kontext den entscheidenden Übergangscharakter des Pufendorfschen
Naturrechts als einer frühbürgerlichen Gesellschaftstheorie.

Besonders der Modellvorstellung vom „Naturzustand" kommt als einer zentralen Denkfigur des rationalen Naturrechts in diesem Zusammenhang entscheidende Bedeutung zu. In der Vorstellung von Naturzustand theoretisiert
die neuzeitliche bürgerliche Gesellschaft sich erstmals selbst. Die methodische und inhaltliche Abgrenzung eines spezifischen Bereichs des „Sozialen" als
eines eigenständigen gesellschaftlichen Funktionszusammenhangs wird in dieser
kategorialen Grundbestimmung des rationalen Naturrechts nicht nur systema-
tisch-theoretisch vorstellbar, die nachfolgende Untersuchung der Funktion des
Naturzustandstheorems in der politisch-sozialen Theorie Pufendorfs und Lockes
wird zeigen, daß es sich hierbei um ein grundlegendes normativ-analytisches
Denkmodell handelt, das nur als eine idealtypische, logisch-methodische Abstraktion aus den Grundstrukturen der frühbürgerlichen Markt- und Handelsgesellschaft überhaupt schlüssig zu verstehen ist. Das Naturzustandstheorem
fungiert, dies ist die im folgenden nachzuweisende These, in den politisch-sozialen Theorien des 17. Jahrhunderts gewissermaßen als ein methodischer Katalysator, mit Hilfe dessen — im noch abstrakten Gewand vernunftsrechtlicher
Systemkonstruktionen — jene spezifischen Erfahrungen und Leitbilder erstmals
zusammenhängend darstellbar und generalisierbar wurden, die im 18. Jahrhundert den Gegenstand der sozialen Einzelwissenschaften und der in ihnen
enthaltenen Theorie der bürgerlichen Gesellschaft bildeten.

Auch in der von der bisherigen Forschung[37] weitgehend übersehenen geschichtstheoretischen Perspektive des Naturrechts, die zwar an antike Vorbilder
(Kulturentstehungstheorien) anknüpft, die klassischen Topoi jedoch den neu-

---

[37] Ein besonders kennzeichnendes Beispiel bietet die Untersuchung von Leo Strauss,
Naturrecht und Geschichte, Stuttgart 1956 (1953). Trotz des vielversprechenden Titels
ist die Arbeit für die im folgenden behandelten Zusammenhänge unergiebig. Strauss
geht im Rahmen seiner Rekonstruktion der Verfallsgeschichte der klassischen Politiktradition von der These der Unvereinbarkeit des absoluten normativen Anspruchs des
klassischen Naturrechts mit den wertrelativierenden Konsequenzen eines historischen
Bewußtseins aus, wie es sich nach seiner Auffassung in der deutschen historischen
Schule seit dem 19. Jahrhundert gebildet hatte. Das moderne rationale Naturrecht seit
Thomas Hobbes markiert für ihn eine Zwischenstufe des Verfalls politischer Theorie,
doch weniger in bezug auf eventuell vorhandene geschichtstheoretische Perspektiven
— die Strauss ignoriert —, als vielmehr in bezug auf einen ethischen Individualismus, der
für Strauss den ersten Schritt auf der abschüssigen Bahn bedeutet, die im Wertrelati-
vismus des modernen Historismus endet. Gegen seinen Willen setzt sich die von
Strauss bekämpfte Tradition des deutschen Historismus in seinen Argumenten insofern durch, als er die geschichtstheoretische Dimension des modernen Naturrechts
vollkommen außer acht läßt. Strauss bleibt der falschen, restaurativen Frontstellung
des deutschen Historismus gegen ein angeblich unhistorisch-abstraktes Denken des
neuzeitlichen Naturrechts und der Aufklärungsphilosophie verhaftet, ohne daß er dies
wahrnimmt.

zeitlichen Erfahrungshorizonten assimiliert, wird die Problematisierung eines
spezifisch „sozialen" Bereichs gesellschaftlichen Handelns unter systematisch-
theoretischen Gesichtspunkten erkennbar. In der Geschichtstheorie des Naturrechts konstituieren gerade die zur menschlichen Gattung vergesellschafteten, ihr
Leben durch Arbeit reproduzierenden Individuen einen produktiven Handlungszusammenhang, der in zeitlich gerichteter Dimension als Fortschritt der
Menschheit vom vorhistorischen „Naturzustand" zum zivilisierten „Kulturzustand" erscheint. Nicht mehr das durch adeligen Status und „areté" ausgezeichnete Individuum erscheint hier als Subjekt der Geschichte, wie dies in der
klassisch-rhetorischen Tradition der „Historia Magistra Vitae"[38] der Fall war,
deren Aussagen stets auf einen konstanten und kontinuierlichen Horizont möglicher Erfahrbarkeit beschränkt blieben, einen Horizont, der Geschichte als einen
Prozeß zeitlich gerichteter Veränderung ausschloß und dadurch gerade Geschichte als „Historia Magistra Vitae" möglich machte. Die Gesellschaft selbst
als ein spezifisch „sozialer" Handlungszusammenhang wird jetzt zum historischen Subjekt, das sich über die Köpfe der handelnden Individuen hinweg
durchsetzen kann. Diese materiale geschichtsphilosophische Dimension des
Naturrechts, die sich keineswegs nahtlos aus seinen apriorisch abstrakten, methodisch festgelegten Modellkonstruktionen (Naturzustandstheorem, Vertrags-
modell) ergibt, sondern aus seinem uneingestanden oder eingestanden empirischen Erfahrungshorizont resultiert[39], wird durch den systematisch-theoretischen
Anspruch des Naturrechts auf die Ebene einer prinzipiellen geschichtstheoretischen Perspektive erhoben. Die in dieser geschichtstheoretischen Perspektive implizierte Erkenntnis, daß die menschliche Geschichte als eine „Naturgeschichte
der Gesellschaft" vom Menschen als Gattungswesen produziert wird, indiziert
einen fundamentalen Wandel der traditionellen geschichtsphilosophischen Perspektiven, der das rationale Naturrecht nicht nur als die entscheidende Vorform
der bürgerlichen Sozialtheorie, sondern auch der Geschichtsphilosophie der Aufklärung erscheinen läßt[40].

---

[38] Zur „Historia Magistra Vitae"-Tradition und ihrer Auflösung in der Neuzeit s.
R. Koselleck, Historia Magistra Vitae. Über die Auflösung des Topos im Horizont
neuzeitlich bewegter Geschichte, in: Natur und Geschichte. Karl Löwith zum 70. Geburtstag, Hgg. M. Riedel und H. Braun, Stuttgart — Berlin 1967, 196 ff. Koselleck sieht
den entscheidenden Kontinuitätsbruch im Ausgang von seiner Theorie der „Sattelzeit" (1750—1850) — im Gegensatz zur hier vertretenen Auffassung — erst um die
Mitte des 18. Jahrhunderts.
[39] Zur Änderung des Erfahrungshorizonts der westeuropäischen Gesellschaften im
Zeitalter der Entdeckungen und zum geschichtsphilosophischen und sozialtheoretischen Niederschlag dieses Prozesses bei Reiseschriftstellern in der völkerkundlichen
Literatur, aber auch im Naturrecht, s. die vor allem den spanischen Verhältnissen
gewidmete, interessante Studie von J. H. Elliot, The Old World and the New 1492
tc 1650, Cambridge 1970, Kap. 2,28 ff.
[40] Besonders das Naturrecht Hugo Grotius' spielt in diesem Zusammenhang eine
wichtige Rolle. Dies gilt auch für seinen Einfluß auf die Genesis der schottischen Tradition einer „Theoretical", „Conjectural" oder „Natural History of Society". Die
Frage nach der Einwirkung des Grotiusschen Naturrechts auf die schottische Ge-

Der auf der Auffassung von der prinzipiellen Konstanz einer tradierten Gesellschafts- und Wertordnung beruhende, sozialgeschichtlich auf die alteuropäische „societas civilis" zu beziehende, geschichtstheoretisch defiziente Erkenntnismodus der „Historia Magistra Vitae"-Tradition wird von dem deutlich in den neuen Erfahrungszusammenhängen der bürgerlichen Gesellschaft verorteten Modell der naturrechtlichen Geschichtstheorie ebenso abgelöst wie das traditionelle heilsgeschichtliche Muster der Weltgeschichte[41].

Die Fragestellungen, Modellkonzeptionen, theoretischen Perspektiven und praktischen Interessen der neuen Sozialwissenschaften des 18. Jahrhunderts, die im anglo-schottischen Bereich in Adam Smith ihren hervorragendsten und einflußreichsten Vertreter fanden, sind von den im Naturrecht enthaltenen Ansätzen zu einer „Theorie der bürgerlichen Gesellschaft" und deren geschichtstheoretischer Perspektive zwar entscheidend beeinflußt, doch können sie allein aus der linearen Fortentwicklung dieser Ansätze nicht zureichend erklärt werden. Sie sind nur als Resultat eines komplexen bildungs- und sozialgeschichtlichen Vermittlungsprozesses zu verstehen, im Verlaufe dessen die Naturrechtstradition Pufendorfs und Lockes in die Sonderkonstellationen der moralphilosophischen Sozialwissenschaft der schottischen Aufklärungsbewegung des 18. Jahrhunderts eingebracht wurde. Diese Aufklärungsbewegung entwickelte in einer für das zeitgenössische Europa einzigartigen Weise eine „Theorie der bürgerlichen Ge-

---

schichtsphilosophie und Sozialwissenschaft des 18. Jahrhunderts konnte jedoch im Rahmen der vorliegenden Untersuchung nicht behandelt werden, — in erster Linie aus Gründen des Fehlens jeglicher Vorarbeiten und der notwendigen Aufarbeitung archivalischer Quellen. Der strukturgebende Einfluß des Grotiusschen Naturrechts auf die Geschichtsphilosophie des 18. Jahrhunderts wurde in letzter Zeit vor allem für G. Vico fetgestellt und nachgewiesen; s. hierzu die wichtige Abhandlung von D. Faucci, Vico and Grotius. Jurisconsults of Mankind, in: Giambattista Vico. An International Symposium, Hg. G. Tagliacozzo und H. V. White, Baltimore 1969, 61 ff. Auch die bisher wiederholt gestellte und niemals schlüssig beantwortete Frage nach dem mutmaßlichen Einfluß Vicos auf die Geschichtsphilosophie der schottischen Aufklärung (vgl. zuletzt im o. angegebenen Sammelband R. Wellek, The Supposed Influence of Vico on England and Scotland in the 18th Century, 215 ff.) dürfte sich mit dem Nachweis der hier vertretenen Auffassung von selbst erledigen, indem die Parallelen nicht mehr in einem direkten geistesgeschichtlichen Vermittlung, sondern vielmehr in einem strukturgebenden Einfluß des Naturrechts auf Vico wie auf die schottische Geschichtsphilosophie und Sozialwissenschaft des 18. Jahrhunderts zu sehen sind.

[41] Es muß heute als eine unfreiwillige Ironie, freilich von hohem Indikationswert, erscheinen, daß die „Entstehung des Historismus" als eines säkularen geschichtsphilosophischen Welt- und Selbstverständnisses eben demjenigen Traditionszusammenhang zuzuordnen ist, gegen den Friedrich Meinecke den modernen Historismus entstehen sah. Die zeitbedingten Perspektiven Meineckes enthüllen sich heute weitgehend als eine Widerlegung ihrer selbst. Dies ist nicht so sehr aus den Fehlleistungen eines forscherischen Positivismus als aus dem nicht reflektierten politischen Voreingenommenheiten und Wertannahmen zu erklären, die es Meinecke unmöglich machten, die Tradition des rationalen Naturrechts und die Geschichtsphilosophie der Aufklärungszeit in ihrem dogmengeschichtlichen und strukturellen Zusammenhang sowie ihrem sozialgeschichtlichen Bezug wahrzunehmen. Vgl. F. Meinecke, Die Entstehung des Historismus, Hg. u. Einl. C. Hinrichs, München 1959³, 3 f., 13 f. u. ö.

sellschaft", die als eine auf Praxis bezogene „Theorie der Aufklärung" dieser
Gesellschaft zugleich auch schon über sich selbst hinauswies. Gegenüber dem
Naturrecht des 17. Jahrhunderts markieren die anglo-schottischen Sozialwissenschaften des 18. Jahrhunderts in bezug auf die Komplexität ihrer Theoriebildung, die empirische Konkretion ihrer Analyse, sowie die Inhalte und Praxisreflexion ihrer normativen Zielvorstellungen eine neue Qualität, welche die Leistungen des Naturrechts zwar nicht negiert, aber doch in einer neuen Synthese
aufhebt, die als sozialwissenschaftliche Aufklärung zu verstehen ist.

Bei Adam Smith und den anderen Vertretern der schottischen Sozialwissenschaft nach 1750 erscheint als Strukturelement aller sozialwissenschaftlichen
Einzeldisziplinen wie auch als spezieller Gegenstand einer Disziplin, die als
politische Soziologie bezeichnet werden kann, die geschichtsphilosophische und
sozialtheoretische Rahmenkonzeption einer „Theoretical", „Conjectural" oder
„Natural History of Society". In dieser „Natural History of Society" finden
sich Sozialtheorie und Geschichtsphilosophie zu einer explizit auf den Gegenstand der zeitgenössischen bürgerlichen Gesellschaft bezogenen Einheit sozialwissenschaftlicher Erkenntnis zusammen. In ihr wird die historische Erfahrung
des Übergangs von der alteuropäischen „societas civilis" zur bürgerlichen Gesellschaft unter theoretisch-systematischen Gesichtspunkten analysiert und im
Hinblick auf die praktische Möglichkeit eines zukünftigen optimalen „Naturzustands" dieser bürgerlichen Gesellschaft reflektiert.

Dogmengeschichtlich betrachtet ist die „Natural History" als die Weiter-
entwicklung des rationalen Naturrechts zu einer neuen Synthese von „Jurisprudence, History, Philosophy" (Dugald Stewart)[42] zu verstehen. Diese Synthese,
die nach dem Zeugnis des letzten großen Vertreters der schottischen Sozialwissenschaften des 18. Jahrhunderts ihre wichtigste Errungenschaft ausmachte
(„the peculiar glory of the latter half of the eighteenth century"[43]), stellt
gleichsam eine empirisch konkretisierte, geschichtsphilosophisch reorientierte und
auf Praxis bezogene Umbildung des rationalen Naturrechts dar. Die „Natural
History of Society" gibt die apriorisch-deduktiven Methoden, die individualistischen Prämissen und die abstrakten Modellkonstruktionen des rationalen
Naturrechts zwar auf, behält jedoch seinen normativen Anspruch auf Freiheit
und Gleichheit bei. Sie nimmt die Form einer Untersuchung an, welche unter
systematisch-theoretischen Gesichtspunkten diesen Anspruch auf seine gesellschaftlichen, ökonomischen, kulturellen und politischen Bedingtheiten und konkreten historischen Verwirklichungschancen analysiert, um hieran seine gegenwärtigen und zukünftigen Möglichkeiten zu messen. Die „Natural History" ist
somit in ein und demselben Zusammenhang eine empirisch fundierte systematische Geschichtstheorie und eine hypothetische Geschichtsphilosophie in praktisch-aufklärender Absicht. Sie verbindet die Erkenntnisabsicht einer histori-

---

[42] Hierzu u. 150.
[43] D. Stewart, Nachweis s. u. 151 Anm. 50.

schen Sozialwissenschaft mit der auf Praxis bezogenen Intention einer normativ-aufklärenden Gesellschaftstheorie.

In ihrer Verbindung der Funktion einer historischen Sozialwissenschaft und einer aufklärenden Theorie der Gesellschaft soll die „Natural History of Society" bei Adam Smith und Dugald Stewart untersucht werden. Das geschichtsphilosophische und sozialtheoretische Selbstverständnis dieser neuen Wissenschaft zu entfalten kann nicht die Leistung der Einleitung selbst sein, da es in außerordentlich komplexen Vermittlungszusammenhängen an den oben angedeuteten Prozeß der Transformation des Naturrechts anschließt. Immerhin ist als wichtigstes Ergebnis unserer Untersuchung vorwegzunehmen, daß das Selbstverständnis, welches die „Natural History" als eine spezifische Wissenschaft der neuen bürgerlichen Gesellschaft kennzeichnet, keineswegs in der bloßen Systematisierung und Rationalisierung der Interessenzusammenhänge dieser Gesellschaft aufgeht, sondern auf eine neue Form von Theorie und Praxis sozialwissenschaftlicher Aufklärung zielt, welche die bürgerliche Gesellschaft nicht als Selbstzweck, sondern als Mittel betrachtet, das es in einer Gesellschaft des „democratic intellect" (G. E. Davie) positiv aufzuheben gilt. Über die Affirmation einer bestehenden oder zu erreichenden bürgerlichen Gesellschaft hinaus bringen die Schotten die Idee des Fortschritts als eines Vorgangs ins Spiel, der auf die aufgeklärte, zukunftsorientierte, die jeweilige Gesellschaft transzendierende Praxis materiell und intellektuell autonomer Subjekte verwiesen ist. Der ökonomisch-sozial-technische *Progreß* zur bürgerlichen Gesellschaft wird als notwendige Voraussetzung, der moralisch-politisch-aufklärende *Prozeß* herrschaftsfreier Kommunikation über die bürgerliche Gesellschaft hinaus aber wird als ausschlaggebende Bedingung des Fortschritts verstanden, eine Bedingung, die als allgemeines Menschenrecht zu realisieren ist. Zwischen beiden Komponenten des Fortschritts wird durch historische Sozialwissenschaft und praktische Geschichtsphilosophie eine Beziehung dergestalt hergestellt, daß die auf der Basis materiellen Fortschritts in der bürgerlichen Gesellschaft als real möglich erkannte Befreiung des Menschen von den Zwängen der Natur auch als Ausgangspunkt angesehen wird, von dem aus die Sozialwissenschaft in ihr politisches Eigenrecht eintreten kann, um als Aufklärung des „democratic intellect" praktisch werden zu können.

Wenn J. Habermas in drei kurzen, gehaltvollen und dichten Skizzen zur Frühgeschichte der Soziologie[44] den schottischen Vertretern der „Natural History of Society" „eilfertigen" oder gar „naiven Evolutionismus"[45] vorwirft, so übersieht er das entscheidende Moment ihrer sozialwissenschaftlichen Aufklärungskonzeption. Er nimmt eine allzu schnelle Gleichsetzung der aufgeklärten

---

[44] J. Habermas, Soziologie, in: Evangelisches Staatslexikon, Stuttgart — Berlin 1966, Sp. 2108 ff.; ders., Die klassische Lehre von der Politik in ihrem Verhältnis zur Sozialphilosophie, in: ders., Theorie und Praxis, 48 ff., hier 80 ff.; ders., Kritische und konservative Aufgaben der Soziologie, in: ders., Theorie und Praxis, 290 ff., hier 291 ff.; s. hierzu auch u. 165 f.
[45] J. Habermas, Theorie und Praxis, 82, 297.

Gesellschaftsvorstellung der Schotten mit einem Modell von bürgerlicher Gesellschaft als eines „Systems der Bedürfnisse" vor, das lediglich durch die Interessen des Warenverkehrs und der gesellschaftlichen Arbeit zusammengehalten wird. Die Schotten betrieben Aufklärung nicht nur „im Sinne eines natürlichen Fortschritts des bürgerlichen Verkehrs nach Maßstäben gesellschaftlicher Nützlichkeit"[46], wie Habermas es ihnen unterstellt; dies erscheint lediglich als die eine Seite ihrer Aufklärungsintention, deren andere ein reflektiertes Interesse an herrschaftsfreier Kommunikation war. Das — freilich problematische — Interesse aber, das die Sozialwissenschaft der schottischen Aufklärung gerade in der Gegenwart wieder beanspruchen kann, dürfte nicht zuletzt darin begründet sein, daß die Schotten als kritische Theoretiker einer bildungsbürgerlichen Aufklärungsbewegung die bürgerliche Gesellschaft systemimmanent zu einer aufgeklärt-humanen transformieren wollten, und zwar lediglich durch Schaffung neuer Formen sozialwissenschaftlich angeleiteter Kommunikation und Politikberatung, ohne adäquate Reflexion und Einschätzung der gesellschaftlichen Widersprüche, unter denen Sozialwissenschaft praktisch werden sollte. Die anglo-schottischen Sozialwissenschaftler betrachteten hierbei das „System der Bedürfnisse" keineswegs als Selbstzweck, sondern als Mittel, das es zu emanzipatorischen Zwecken einzusetzen und dessen zu überflüssiger Herrschaft geronnene Formen es aufzuheben galt. Wenn die schottischen Sozialwissenschaftler als Theoretiker einer bildungsbürgerlichen Aufklärungsbewegung hierbei ihr eigenes Vermögen überschätzt und die Integrationskraft der bürgerlichen Gesellschaft unterschätzt haben, so gilt es, ihre ursprüngliche Intention ebenso festzuhalten wie deren Scheitern, das letztlich erst in Robert Owens utopischem Sozialismus offenbar wurde[47]. Darüber hinaus gilt es, die Gründe für dieses Scheitern zu analysieren, gerade im Blick auf die neue Aufklärungsbewegung, als deren hervorragender Vertreter Habermas gesehen werden muß.

Indem Habermas die spezifische Aufklärungsintention der schottischen Sozialwissenschaften des 18. Jahrhunderts übersieht, entzieht er sich zugleich der geschichtlichen Erfahrung, daß die an diese Aufklärungsintention geknüpften Erwartungen letztlich trogen, ohne daß sie dadurch ihren Sinn verloren hätten. Im Licht des objektiven historischen Vorgangs verleiht Habermas, obgleich subjektiv nicht von ihm vermeint, seinem eigenen Aufklärungs- und Praxismodell einen resignativen Grundzug[48]. Die Ohnmacht der Aufklärung als Aufklärung, die Möglichkeit ihrer nahezu beliebigen Instrumentalisierung für fremde Zwecke, die als geschichtliche Erfahrung den Schotten noch nicht vor Augen

---

[46] J. Habermas, Theorie und Praxis, 294.
[47] Hierzu die interessanten, weiterzuverfolgenden Andeutungen über R. Owens Rezeption der schottischen sozialwissenschaftlichen Aufklärung bei J. F. C. Harrison, Robert Owen and the Owenites in Britain and America, London 1969, 84 ff.
[48] Die von H. im Vorwort zur Neuauflage von „Theorie und Praxis" (1971) in Antwort auf seine Kritiker vorgetragenen systematischen Überlegungen zur „Organisation der Aufklärung" bestätigen die hier gegebene Einschätzung seines Aufklärungsmodells; s. ders., Theorie und Praxis, 31 ff.

stand, muß heute als notwendiges Moment in jede Praxisreflexion einer gesamtgesellschaftlichen Emanzipationstheorie mit einbezogen werden, zumal wenn sie
an den in den Theorien der frühen Sozialwissenschaft geronnenen menschlichen
Sinn als den „objektiv gewordenen Sinn der humanistischen Aufklärung" (Habermas) erinnern und diesen praktisch werden lassen will.

II. Naturzustand und bürgerliche Gesellschaft.
Die methodische, anthropologische und sozio-historische Relevanz des Naturzustandstheorems in der neuzeitlichen Naturrechtsphilosophie

Die Vorstellung vom Naturzustand ist immer wieder von der Forschung als ein grundlegendes normativ-analytisches Theorem der politischen Philosophie des 17. und 18. Jahrhunderts apostrophiert worden, ohne daß dies bisher den Anlaß zu einer ausführlichen Untersuchung geliefert hätte[1]. Die Diskussion bleibt auch heute noch zum Teil auf dem Niveau der Auseinandersetzung der Philosophen im zweiten Glied des 17. Jahrhunderts und dreht sich um die Frage, ob der Naturzustand als eine historische Tatsache oder eine metahistorische Fiktion anzusehen sei[2]. Mit Recht hat schon C. E. Vaughan diese isolierte Fragestellung als irrelevant erklärt und demgegenüber hervorgehoben, daß die Frage nach der Bedeutung des Naturzustands nur als die nach seiner konstituierenden oder nichtkonstituierenden Funktion für diejenige politische Theorie, in deren Rahmen er verwendet werde, überhaupt gestellt werden kann. Doch ver-

---

[1] Sparsame Äußerungen zur Naturzustandsproblematik finden sich bei C. E. Vaughan, Studies in the History of Political Philosophy before and after Rousseau, 2 Bde., Manchester 1925, Bd. 1, 27 ff.; R. Derathé, Jean-Jacques Rousseau et la Science Politique de son Temps, Paris 1971[2], 125 ff.; S. Landshut, Kritik der Soziologie. Freiheit und Gleichheit als Ursprungsprobleme der Soziologie, in: ders., Kritik der Soziologie und andere Schriften zur Politik, Neuwied-Berlin 1969, 11 ff., hier 98 ff.; G. Jellinek, Adam in der Staatslehre (Vortrag), Heidelberg 1893. Die bisher ausführlichste Darstellung findet sich bei I. Fetscher, Der gesellschaftliche Naturzustand und das Menschenbild bei Hobbes, Pufendorf, Cumberland und Rousseau. Ein Beitrag zur Standortbestimmung der politischen Theorie Rousseaus, in: Schmollers Jahrbuch 80. 1960, 641 ff. Fetscher bringt eine durchaus verdienstvolle Summierung der inhaltlichen Vorstellungen vom Naturzustand bei den einzelnen von ihm behandelten politischen Theoretikern. Doch fehlen übergreifende Fragestellungen, zumal F. auf die grundlegende normative Problematik des Naturzustandes kaum eingeht. Besonders bei der Darstellung Pufendorfs ist die Quellenbasis zu schmal und die Analyse von daher undifferenziert. Seltsamerweise fehlt bei ihm eine Behandlung Lockes.

[2] So setzt sich neuerdings noch E. Wolf über die Notwendigkeit einer Behandlung der für die Naturrechtstheorie S. Pufendorfs grundlegenden Naturzustandsproblematik mit der erstaunlichen Bemerkung hinweg: „Ihm [S. Pufendorf] als Historiker nämlich erschien die Erörterung von Zuständen, die durch keine Erfahrungstatsachen belegt seien, im Grunde überflüssig. Darum sah er als echten ‚status naturalis‘ nur die Lebensverhältnisse der geschichtlichen Menschen an, soweit sie nicht positiv-rechtlicher Regelung unterlagen." E. Wolf, Große Rechtsdenker der deutschen Geistesgeschichte, Tübingen 1963[4], 346.

läßt selbst Vaughan das Niveau der traditionellen Auseinandersetzung nur un-vollkommen, wenn er annimmt, daß mit dem Erweis der konstituierenden Funktion des Naturzustandes für eine politische Theorie auch notwendig die Annahme seiner historischen Realität verbunden sei[3]. Gerade hiermit verkennt er die fundamentale Neubestimmung des Begriffs politischer Theorie seit Thomas Hobbes, durch die auch das Naturzustandstheorem seine grundlegende Bedeutung erhielt.

Wenn der Naturzustand auch erst seit Thomas Hobbes zur normativ-analy-tischen Basis der politischen Theorie wird, so ist doch die Vorstellung vom Naturzustand als literarisch-politischer Topos sehr viel älter. Die drei wesent-lichen Traditionen des Topos sollen im folgenden kurz erläutert werden, nicht aus einem beliebigen antiquarischen Interesse heraus, sondern weil die traditio-nellen Bestimmungen des Naturzustands auch im gewandelten Kontext der politischen Theorie seit Hobbes formal von Bedeutung blieben.

In der aristotelischen Politik und in der bis in die Neuzeit fortdauernden Aristotelestradition war der menschliche Naturzustand durch das ideale und nicht näher hinterfragbare Dasein des Bürgers in der Polis bezeichnet[4]. Dem-entsprechend hatte das von Aristoteles am Anfang seiner Politik postulierte analytisch-genetische Verfahren einer Reduktion der Polis auf die menschliche Physis und ihre Grundverfassung der Bedürftigkeit, sowie die daran anschlie-ßende genetische Rekonstruktion des staatlichen Naturzustands aus seinen klein-sten gesellschaftlichen Einheiten keine konstituierende, sondern lediglich erläu-ternde Funktion[5]. Der im vorstaatlichen Zustand isolierte Einzelne erscheint bei Aristoteles als in keiner Hinsicht theoriewürdig. Er kommt für die Lehre vom Anfang der Polis nicht in Betracht, da er im Unterschied zu den kleinsten ge-sellschaftlichen Einheiten etwa des „Ganzen Hauses" oder der Ehe, in denen das Dasein der Polis schon vorstrukturiert ist, überhaupt nicht von „Natur" existiert[6].

In der stoisch-christlichen Tradition wird der Naturzustand des Paradieses oder goldenen Zeitalters als ein utopischer, außerstaatlicher Zustand der Frei-heit, Gleichheit und Vereinzelung des Menschen verstanden. Als Idealzustand wird er zwar normativ aufgefaßt, doch ist er als paradiesischer Zustand des gottebenbildlichen oder mit vollkommener Erkenntnis des Logos begabten Men-schen konstituierend lediglich für das „Naturrecht" und nicht für politische

---

[3] Vaughan, Studies, Bd 1, 27 ff.

[4] Aristoteles, Politik, Hg. E. Rolfes, Hamburg 1958[3], (Philosophische Bibliothek Bd. 7), K. I und II, bes. 4 f. (1252 a ff., bes. 1253 a).

[5] Aristoteles, Politik, K. I, 1 f. (1252 a).

[6] Zum ontologisch-politischen Problem des „Anfangs" der Polis bei Aristoteles s. die grundlegende Abhandlung von M. Riedel, Zum Verhältnis von Ontologie und politischer Theorie bei Hobbes, in: Hobbes-Forschungen, Hgg. R. Koselleck und R. Schnur, Berlin 1969, 109 ff.

Theorie, die immer von der Voraussetzung des Sündenfalls und der beschränkten Fähigkeit des Menschen zur normativen Erkenntnis auszugehen hat[7].

Im Gegensatz zur Stoa wird in der epikureischen Tradition der Naturzustand des Menschen nicht als Idealzustand eines goldenen Zeitalters dargestellt. Er ist zwar ein Zustand vorstaatlicher Freiheit, Gleichheit und Vereinzelung, doch lediglich im Sinne einer Situation allgemeiner Rechtlosigkeit, Friedlosigkeit und tierähnlicher Barbarei. Ein friedliches Zusammenleben der Menschen nach rechtlichen Normen kommt erst nach Überwindung des Naturzustandes aufgrund eines Staatsvertrags zustande, welchen die Menschen, motiviert vom Selbsterhaltungstrieb, aus Rücksicht auf ihren Nutzen auf der Basis der Gegenseitigkeit abschließen. Das Recht hat für die Epikureer kein unabhängiges und selbständiges Dasein außerhalb dieses Staatsvertrages, es ist immer positives Recht und stellt lediglich eine Übereinkunft über das dar, was von den Vertragsschließenden allgemein als nützlich erkannt ist und von ihnen auch nur deshalb befolgt wird, weil es für jeden einzelnen von individuellem Vorteil ist.

Im Unterschied zur stoischen Tradition existiert für die epikureische kein Gegensatz von Naturrecht und positivem Recht, da Recht überhaupt erst im politischen Zustand der Menschheit aufgrund der allgemeinen Vertragsschließung konstituiert wird. Aus der skeptischen Einstellung des Epikureers zur Politik lassen sich weder allgemeingültige Rechtsnormen noch eine allgemein verbindliche politische Theorie begründen. Rechtliche und politische Normen sind für ihn von Fall zu Fall durch Vertrag erst positiv herzustellen. Politische Theorie reduziert sich so auf die Darlegung der generellen Notwendigkeit einer vertraglichen Fixierung rechtlicher Bestimmungen, die immer nur relativ auf den jeweiligen Vertrag Verbindlichkeit haben und in der Form allgemeingültiger, zeitloser Regeln nicht gedacht werden können. Obwohl im Epikureismus die Vorstellung vom Naturzustand grundlegend für die Legitimation des staatlichen Zusammenschlusses der Menschen besonders in dem Sinne wird, daß sich der Staatsvertrag notwendig aus der Situation dissoziierter, ihr Eigeninteresse verfolgender Individuen ergibt, so bleibt der Zusammenhang doch theoretisch unvermittelt, da er realistisch als erste Stufenfolge einer historischen Entwicklung zum zivilisatorischen Fortschritt konzipiert wird und weniger als allgemein gültiger, historisch invarianter Begründungszusammenhang einer politischen Theorie[8].

---

[7] Materialreich trotz teilweise skurriler Tendenzen O. Zöckler, Die Lehre vom Urstande des Menschen, geschichtlich und dogmatisch-apologetisch untersucht, Gütersloh 1879, 10 ff.; ebda., 29 auch zur evolutionistischen, an die Weltzeitalterlehre angelehnte Naturzustandstheorie, die in unserem Zusammenhang nicht von Interesse ist. Unpräzise Andeutungen bei G. Jellinek, Adam in der Staatslehre; s. ferner F. Tönnies, Thomas Hobbes, Leben u. Lehre, Stuttgart 1925³ (Reprint 1971, Hg. u. Einl. K. H. Ilting), 200.

[8] W. Hasbach, Die allgemeinen philosophischen Grundlagen der von F. Quesnay und A. Smith begründeten politischen Ökonomie, Leipzig 1890, 7 ff.; G. Jäger, Der Ursprung der modernen Staatswissenschaft und die Anfänge des modernen Staates.

Die grundlegend neue Funktion, die das Theorem vom Naturzustand in der politischen Theorie seit dem 17. Jahrhundert, speziell seit Thomas Hobbes erhält, läßt sich nur im Rahmen der seit dieser Zeit stattfindenden Neubestimmung der traditionellen Funktionen und Inhalte der Logik, Erkenntnistheorie und Anthropologie und in ihrer Anwendung auf Ethik und Politik in der modernen systematischen Naturrechtstheorie verstehen. Allerdings ist dieser Gesamtprozeß als ein rein ideengeschichtliches Phänomen, als Veränderung traditioneller Anschauungen aus einer abstrakten Bewegung der Begriffe nicht zu erfassen. Er ist sozial und politisch ebenso bedingt, wie er sich, gerade in Gestalt der Naturrechtstheorie, als ein emanzipativer, regulativer Vorgriff versteht, der die von ihm theoretisch anvisierten sozialen und politischen Bedingungen erst schaffen hilft. Das zeigt sich einerseits darin, daß die sich im 17. Jahrhundert ankündigende moderne bürgerliche Markt- und Handelsgesellschaft und ihr Verhältnis zum gleichzeitig entstehenden bürokratisierten und rationalisierten Herrschaftsapparat des modernen Staates den wesentlichen Inhalt dieser modernen Naturrechtstheorie ausmacht. Andererseits weist die Tatsache, daß politische Theorie sich im 17. Jahrhundert primär als Theorie eines „natürlichen", transpositiven Rechts versteht, auch schon immanent auf ihre regulative und emanzipative Funktion gegenüber einer noch als defizient erkannten neuen sozio-politischen Wirklichkeit hin[9].

Das wechselseitige Bedingungs- und Spannungsverhältnis zwischen politischer Theorie und Realität, hier zwischen der neuzeitlichen Naturrechtstheorie und der gleichzeitigen Transformation der sozio-politischen Wirklichkeit, zeigt sich besonders deutlich in der gewandelten Funktion, welche die Vorstellung vom Naturzustand bei weitgehender Übernahme der formalen Bestimmungen der traditionellen Topoi nun erhält. In der Vorstellung des staatsfreien Naturzustands ursprünglicher menschlicher Freiheit und rechtlicher Gleichheit thematisiert, problematisiert und theoretisiert die bürgerliche Gesellschaft sich nun selber.

Niemand hat dies besser erkannt als Karl Marx, wenn er in der Einleitung zu den „Grundrissen der Kritik der politischen Ökonomie" (1857—58) in Anspielung auf das Naturzustandstheorem bemerkt:

„Der einzelne und vereinzelte Jäger und Fischer ... gehört zu den phantasielosen Einbildungen der 18. Jahrhundert-Robinsonaden, die keineswegs, wie Kulturhistoriker sich einbilden, bloß einen Rückschlag gegen Überfeinerung und Rückkehr zu einem mißverstandenen Naturleben ausdrücken. Sowenig wie Rousseaus contrat social, der die von Natur independenten Subjekte durch Vertrag in Verhältnis und Verbindung bringt, auf solchem Naturalismus beruht. Dies Schein und nur der ästhetische Schein der kleinen und großen Robinsona-

---

Ein Beitrag zum Verständnis von Hobbes' Staatstheorie, in: Archiv für Geschichte der Philosophie 14. 1901, 551 f.

[9] J. Habermas, Naturrecht und Revolution, in: ders., Theorie und Praxis, 89 ff.; H. Freyer, Einleitung in die Soziologie, Leipzig 1931, 28 ff.

den. Es ist vielmehr die Vorwegnahme der „bürgerlichen Gesellschaft", die seit dem 16. Jahrhundert sich vorbereitete und im 18. Riesenschritte zu ihrer Reife machte. In dieser Gesellschaft der freien Konkurrenz erscheint der Einzelne losgelöst von den Naturbanden usw., die ihn in früheren Geschichtsepochen zum Zubehör eines bestimmten, begrenzten menschlichen Konglomerats machen. Den Propheten des 18. Jahrhunderts ... schwebt dieses Individuum des 18. Jahrhunderts — das Produkt einerseits der Auflösung der feudalen Gesellschaftsform, andrerseits der seit dem 16. Jahrhundert neuentwickelten Produktivkräfte — als Ideal vor, dessen Existenz eine vergangene sei. Nicht als ein historisches Resultat, sondern als Ausgangspunkt der Geschichte. Weil als das Naturgemäße Individuum, angemessen ihrer Vorstellung von der menschlichen Natur, nicht als ein geschichtlich entstehendes, sondern von der Natur gesetztes"[10].

Doch nicht nur in der geschichtsphilosophischen Projektion und in der systematischen Vereinzelung, sondern auch in der methodisch-abstrakten Fassung und im logischen Stellenwert sowie den — gegenüber dem traditionellen Topos — neuen inhaltlichen Bestimmungen zeigt sich in aller Deutlichkeit, daß im Naturzustandstheorem die bürgerliche Gesellschaft gleichzeitig zum Untersuchungsobjekt und zur normativen Basis der neuen Naturrechtswissenschaft sowie der in ihr enthaltenen sozialen und politischen Theorie erhoben wird. Dieser Vorgang, durch den die traditionelle Naturrechtstheorie zu einer „Wissenschaft des Naturzustands"[11] wird, ist also sowohl von der Erschließung des neuen wissenschaftlichen Objekts der bürgerlichen Gesellschaft als auch von einem grundlegenden Wandel in der methodischen und erkenntnistheoretischen Einstellung her zu verstehen.

Daß in der Vorstellung vom Naturzustand die soziale, politische und rechtliche Problematik der bürgerlichen Gesellschaft thematisiert wird, wenn auch, bedingt durch den methodischen Ansatz und die individualistisch-vernunftrechtlichen Prämissen der naturrechtlichen Modellkonstruktionen (insbesondere der Vertragstheorie) in verfremdeter Form, ist seit den bahnbrechenden Untersuchungen C. B. Macphersons zumindest für Thomas Hobbes nachgewiesen worden. Der Naturzustand bei Hobbes ergibt sich nach Macpherson als eine idealtypische, logische Abstraktion aus den Grundstrukturen der frühbürgerlichen Markt- und Handelsgesellschaft[12]. Die reine, idealtypische Form des

---

[10] K. Marx, Grundrisse der Kritik der politischen Ökonomie (Rohentwurf 1857 bis 58), Berlin 1953, 5 f.

[11] Formulierung bei J. Habermas, Die klassische Lehre von der Politik in ihrem Verhältnis zur Sozialphilosophie, in: ders., Theorie und Praxis, 69, in bezug auf Hobbes.

[12] C. B. Macpherson, The Political Theory of Possessive Individualism. Hobbes to Locke, Oxford 1962, 17 ff., 22 f., 26 ff. (dt. Die Politische Theorie des Besitzindividualismus, Frankfurt 1966; im folgenden wird die englische Ausgabe zitiert, da die deutsche infolge unzulänglicher Übersetzung weitgehend unbrauchbar ist). Zum Begriff der bürgerlichen Gesellschaft als negativem Konstituens der Hobbesschen politischen Theorie vgl. meine M. A. Arbeit, Die Gesellschaft in der politischen Theorie Englands im 16. und 17. Jahrhundert, Erlangen 1966, 98 ff., 109 ff., bes. 117 ff.

Naturzustands stellt zwar die vollkommene Negation dieser bürgerlichen Gesellschaft dar, doch vollzieht Hobbes den mehrstufigen Abstraktionsprozeß, der zur Ermittlung des Naturzustands führt, auf die Weise, daß der Naturzustand sich als die logische Konsequenz der immanenten Strukturprinzipien nicht jeder beliebigen, sondern einer bestimmten Gesellschaftsform ergibt, nämlich der frühbürgerlichen Marktgesellschaft[13]. Dahin deutet auch die Tatsache, daß die Begriffe, mit denen Hobbes den Naturzustand kennzeichnet, primär privativen Charakter haben. Sie bezeichnen selbst oft keine bestimmte soziale und politische Position, sondern sind die Negation einer positiven Seinsweise[14]. Gerade in dieser begrifflichen Bestimmung, welche der Naturzustand erfährt, zeigt sich aber, wenn auch ex negativo, der konkrete Bezug auf eine Form der Gesellschaft, für die Arbeit, Landwirtschaft, Handel, Technik und Wissenschaften konstitutiv sind:

> In such condition [d. h. im Naturzustand], there is no place for industry; because the fruit thereof is uncertain; and consequently no culture of the earth; no navigation, nor use of the commodities that may be imported by sea; no commodious building; no instruments of moving, and removing, such things as require much force; no knowledge of the face of the earth; no account of time; no arts; no letters; no society; and which is worst of all, continual fear, and danger of violent death; and the life of man, solitary, poore, nasty, brutish, and short[15].

Das Naturzustandskonzept erfüllt bei Hobbes eine fundamentalkritische Funktion insofern, als die im gleichzeitig „verhüllenden und entlarvenden" Gewand des Naturzustandes dargestellte bürgerliche Gesellschaft als zur rechtlichen und politischen Selbstregulierung unfähig erkannt wird. Der methodische Kunstgriff, die notwendigen Beziehungen der Menschen untereinander unter Abstraktion von allen staatlichen und politischen Verhältnissen darzustellen, dient nur dazu, die Unmöglichkeit der bürgerlichen Gesellschaft als eines sich selbst steuernden und bestimmenden „Systems der Bedürfnisse" zu erweisen und somit die Notwendigkeit einer souveränen, in ihren Dezisionen von der individuellen Zustimmung der Bürger notwendigerweise unabhängigen Staatsgewalt zu begründen, welche auch den Funktions- und Interessenzusammenhang einer bürgerlichen Markt- und Handelsgesellschaft, der in seinen Grundvoraussetzungen von Hobbes durchaus bejaht wird[16], erst gewährleistet. Rein von seiner inhaltlichen Bestimmung her hat also das Naturzustandskonzept bei Th. Hobbes zunächst eine negative konstituierende Funktion für seine politische Theorie. Diese muß sich, da die gegenseitigen Beziehungen der Menschen im Naturzustand ein notwendiges gesellschaftliches Interaktionsmuster darstellen,

---

[13] S. den Nachweis im einzelnen bei Medick, Die Gesellschaft in der politischen Theorie, 117 ff.

[14] Hierzu Riedel, Zum Verhältnis von Ontologie und pol. Theorie bei Hobbes, 115.

[15] Th. Hobbes, Leviathan, Hg. u. Einl. M. Oakeshott, Oxford 1960 (1651), K. XIII, 82; s. ferner De Cive, K. X. 1 und De Homine K. X. 5.

[16] Medick, Die Gesellschaft in der politischen Theorie, 119.

in ihren inhaltlichen Forderungen ebenso notwendig auf den Naturzustand beziehen.

Wie im ausführlichen Zusammenhang noch darzustellen sein wird[17], erfüllt das Naturzustandstheorem in der politischen Philosophie John Lockes eine andere, sehr viel komplexere Funktion. Einerseits stellt bei Locke der Naturzustand, demzufolge alle Menschen frei, rechtsgleich und privat, d. h. herrschaftsunabhängig sind, die positiven Strukturprinzipien der bürgerlichen Gesellschaft als Normen heraus. Der Naturzustand ist, wenn auch im Gewande einer fiktiven Abstraktion, bereits ein rechtlicher und politischer Zustand, demgegenüber der „status civilis" lediglich ein Derivat darstellt. Dieser normative „properly [the] state of nature" stellt in der Lockeschen politischen Theorie die positive Vorgegebenheit und Legitimationsbasis für alle staatlichen und rechtlichen Verhältnisse dar[18]. Andererseits spiegelt eine zweite Variante der Lockeschen Naturzustandsdarstellung, der „ordinary state of nature", die empirische Strukturproblematik der bürgerlichen Gesellschaft als eines disharmonischen „Systems der Bedürfnisse" wider. Funktion und Inhalt der politischen Theorie Lockes sind weitgehend vom Problem der institutionellen und herrschaftsmäßigen Vermittlung der Berechtigungen und Gewährleistungen des normativen Naturzustands mit der antagonistischen gesellschaftlichen Struktur des empirischen Naturzustands bestimmt[19].

Zusammenfassend läßt sich die Hypothese aufstellen, daß sich in den Ansichten vom Verhältnis der Menschen im staatsfreien Naturzustand die Meinung des jeweiligen Autors über den Sozialisationsprozeß in der bürgerlichen Gesellschaft spiegelt, wobei durch die methodische Abstraktion von allen staatlichen Verhältnissen zugleich implizit eine Begründung der Ansprüche gegeben wird, welche die positiv-rechtliche Ordnung im „status civilis" einzulösen hat. In der Unterscheidung von „status naturalis" und „status civilis" reflektiert sich so eine reale und logisch-distinktive Differenzierung zwischen der bürgerlichen Gesellschaft als einer eigengesetzlichen, privaten Sphäre und dem Staat, der je nach der inhaltlichen Darstellung des Naturzustands als konstituierend oder lediglich substituierend für den gesellschaftlichen Funktionszusammenhang begriffen wird. Der Naturzustand erscheint in der neuzeitlichen Naturrechtstheorie als ein Zustand der Maximierung individueller Rechte, vor allem des Rechts auf Freiheit und Gleichheit. Dies läßt ihn zwar als einen Zustand der Vereinzelung erscheinen, doch geht er nur vordergründig vom vereinzelten, abstrakten Individuum aus. Der gesellschaftliche Konnex, in dem sich diese vereinzelten Individuen befinden, steht zumindest latent dahinter. Dies wird deutlich, wenn man die Formen sozialen Verhaltens zu extrapolieren versucht, die sich aus den spezifischen Inhalten der individuellen Freiheits- und Gleichheitsrechte ergeben: Es erscheint ein abstraktes Modell der frühbürgerlichen Markt- und Tauschgesellschaft, das positiv oder negativ als ein privater oder privativer Rechtszustand gesehen wird.

---

[17] S. u. 98 ff.   [18] S. u. 102 ff.   [19] S. u. 108 ff.

Jedoch erschließen sich Funktion und Problematik des Naturzustandstheorems aus seiner Zuordnung und Entsprechung zu einem bestimmten sozio-historischen Kontext nur unvollkommen. Die abstrakte und verfremdete Erfassung der neuen Wirklichkeit einer bürgerlichen Gesellschaft im Begriff des Naturzustands war vom methodischen Ansatz und den anthropologischen Prämissen der systematischen Naturrechtswissenschaft[20] entscheidend mitbestimmt. Sie lieferte gleichsam den intellektuellen Filter, mit dessen Hilfe — formalisiert in den Kategorien individueller Rechte — die neue gesellschaftliche Wirklichkeit überhaupt theoretisiert und auf den Begriff gebracht werden konnte. Erst bei Berücksichtigung der spezifischen methodologischen und theoretisch-anthropologischen Voraussetzungen, welche das neuzeitliche systematische Naturrecht bot und bei Hinzunahme einiger traditioneller Bestimmungen des Topos erweist sich die Naturzustandsvorstellung als grundlegende normativ-analytische Kategorie der politischen Theorie seit Thomas Hobbes sowie als Indiz einer neuen Wissenschaft von der Gesellschaft und — wie zu zeigen sein wird — einer neuen Theorie der Geschichte.

Die allgemeine Intention der neuzeitlichen Naturrechtstheorie läßt sich zunächst als der Versuch kennzeichnen, die Normen von Recht und Politik auf eine weltimmanent begründete, allgemeinverbindliche und apriorisch gewisse Erfahrungsbasis zu stellen. Die moderne Naturrechtslehre setzte sich hierdurch in einen fundamentalen Gegensatz zur christlich-stoischen Tradition[21].

Die Normen menschlichen Verhaltens wurden de facto nicht mehr aus den eingeborenen Begriffen der menschlichen Vernunftnatur als direkter Niederschlag einer göttlichen sanktionierten Schöpfungsordnung oder eines transzendent begründeten normativen Logos verstanden, sondern sollten sich durch rationale Konstruktion und Deduktion aus den empirisch faßbaren Antrieben und Verhaltensformen der menschlichen Natur selbst ergeben. W. Euchner faßt die Grundintention der neuzeitlichen Naturrechtstheorie treffend dahin zusammen, sie habe „im Gegensatz zur traditionellen Naturrechtslehre, die davon ausging, daß in der menschlichen Natur die naturrechtlichen Begriffe keimhaft angelegt seien ..., vor dem Problem" gestanden, „wie aus der faktischen Verfassung des Menschen (der, damit sich seine natürlichen Eigenschaften besser erkennen lassen, häufig in Gedanken in eine vorstaatliche Umwelt, den Naturzustand versetzt wird) Sollenssätze deduziert werden können"[22].

---

[20] F. Wieacker, Privatrechtsgeschichte der Neuzeit, Göttingen 1967², unterscheidet ebda. 270 ff. zwischen einer frühesten Periode des neuzeitlichen Naturrechts (spanische Moraltheologen, Althusius, Grotius), die er noch als weitgehend traditionsverhaftet sieht und einer zweiten Phase des systematischen, autonomen Vernunftrechts (Hobbes, Spinoza, Pufendorf), in der es unter Einfluß der Methoden Galileis, Descartes', aber vor allem Hobbes' zu einer Rationalisierung und Systematisierung des Naturrechts kommt. Ich schließe mich im folgenden dieser Unterscheidung Wieackers an, da, wie zu zeigen sein wird, das Naturzustandstheorem erst in der zweiten, systematischen Phase der modernen Naturrechtstheorie seine konstituierende Funktion erhielt.
[21] Hierzu den Exkurs: ‚Traditionelles und modernes Naturrecht' bei W. Euchner, Naturrecht und Politik bei John Locke, Frankfurt 1969, § 3, 14 ff.; ferner Wieacker,

Euchner spricht hier zwar einen Zusammenhang zwischen der modernen Naturrechtsproblematik und dem Naturzustandstheorem an, ohne ihm jedoch eine grundlegende Bedeutung zuzuerkennen. Er sieht den Naturzustand lediglich als eine hermeneutische Hilfskonstruktion an, die dazu dient, die Grundabsicht der modernen Naturrechtstheorie, die Ableitung der natürlichen Normen menschlichen Verhaltens aus der faktischen Verfassung des Einzelmenschen, „besser" leisten zu können. Der Stellenwert des Naturzustandstheorems erschließt sich jedoch aus dieser allgemeinen erkenntnistheoretischen Perspektive der Weltimmanenz und dem Rekurs auf eine empirische Psychologie und Anthropologie, durch die Euchner das moderne Naturrecht charakterisiert sieht, nur unvollkommen[23]. Die konstituierende Funktion des Naturzustandstheorems für die moderne Naturrechtstheorie ergibt sich erst bei Berücksichtigung der neuen methodischen Verfahrensweisen, durch welche die Naturrechtslehre seit Hobbes zu einer systematischen Theorie und damit zur „Wissenschaft des Naturzustands" wurde.

Denn erst im Rahmen der von Hobbes nach dem Vorbild der zeitgenössischen Naturwissenschaften auf die „Civil Philosophy" angewandten resolutiv-kompositiven Methode und streng nominalistischen Logik erhält der Naturzustand jenen fiktiv-prinzipiellen Charakter einer notwendig idealtypischen Abstraktion, durch den er sich in der Naturrechtstheorie seither auszeichnet, oft allerdings in einer sehr viel weniger methodisch reflektierten Form als bei Hobbes. Die komplexe Natur des empirisch vorfindlichen Menschen, von welcher die moderne Naturrechtstheorie ausgehen will, erscheint im Naturzustand durch das Verfahren der isolierenden Abstraktion oder Resolution, welches die erste Stufe des Hobbesschen Methodenzweischritts bildet, auf die für seine Intention relevanten Komponenten reduziert, von allen anderen Elementen befreit und somit auf die Ebene prinzipieller Gültigkeit erhoben. Das soziale Verhalten der Menschen im Naturzustand, das aus der ins Prinzipielle abstrahierten Natur der Individuen resultiert, hat so notwendigen Charakter, und erst aus diesem notwendigen Verhalten lassen sich durch Komposition oder Deduktion „more geometrico" demonstrierbar gewisse Normen für Recht und Politik begründen[24]. Ob der Naturzustand selbst bereits als normativer Zustand aufgefaßt wird, d. h. die Normen unmittelbar aus der Natur des isolierten Individuums abgeleitet werden und ihr gesellschaftlicher Kontext dabei verschwiegen wird oder ob der Naturzustand lediglich als die negativ notwendige Folie für die Ab-

---

Privatrechtsgeschichte, 249 ff., 301 ff.; H. Welzel, Naturrecht und materiale Gerechtigkeit, Göttingen 1962[4], 108 ff., und A. Gysin, Die Lehre vom Naturrecht bei Leonhard Nelson und das Naturrecht der Aufklärung, Berlin 1924, 47 ff.

[22] Euchner, Naturrecht und Politik, 25.

[23] S. zur Kritik des Euchnerschen Ansatzes in bezug auf Locke 112 und ebda. Anm. 166.

[24] Zur Hobbesschen Methode, bes. zu ihrem hier nicht näher erläuterten nominalistischen Aspekt und seinen Konsequenzen für den Theoriecharakter der Hobbesschen Philosophie s. u. 44 ff.

leitung natürlicher Rechte und Pflichten dargestellt wird wie bei Hobbes, immer ist es die systematische naturrechtliche Methode, die ihm seinen logisch-prinzipiellen Stellenwert verleiht. Die von Hobbes begründete Erkenntnistheorie und Methodologie des modernen systematischen Naturrechts gewinnt so in der notwendigen fiktiven Abstraktion des Naturzustandes gewissermaßen unter der Hand eine normative Dimension und macht das Naturzustandstheorem seither zum grundlegenden normativ-analytischen Axiom der Naturrechtslehre und der politischen Theorie.

Doch legt die methodologische Konzeption des Naturzustandes lediglich seinen axiomatisch-deduktiven Charakter, seine systematische, idealtypische äußere Form und hierdurch einen allgemeinen normativen Anspruch fest. Die Methode selbst sagt über die spezifische Struktur des im Naturzustand thematisierten sozialen Verhaltens sowie über seine konkrete normative Funktion noch nichts aus. Lediglich der prinzipielle Individualismus der durch die abstrakte Konstruktion des Naturzustands zugleich entworfenen Sozialtheorie ist durch den nominalistischen, methodischen Individualismus des naturrechtlichen Verfahrens apriorisch festgelegt[25].

Einerseits können die traditionellen Bestimmungen des Naturzustands als eines vorhistorischen Zustands der Freiheit und Gleichheit, wie sie in den unterschiedlichen Intentionen der stoischen und epikureischen Philosophie doch in formaler Übereinstimmung gegeben waren, in diesen methodisch abgesteckten Rahmen eingebracht werden und dem Naturzustand das Aussehen eines prinzipiellen, logisch begründeten Anfangs der Geschichte verleihen. Als ein Theorem, das von aller Geschichte bewußt abstrahiert, erscheint der Naturzustand so als notwendiger Ausgangspunkt der historischen Entwicklung der Menschheit. Andererseits ist es ebensogut möglich, daß der Naturzustand mit dem Anspruch auftritt, ein zeitlich und historisch invariantes Muster sozialen Verhaltens darzustellen, einen Zustand faktischer Vergesellschaftung der Menschen, der, bedingt durch seinen methodisch abstrahierten Status, als eine allgemeingültige Theorie sozialen Handelns erscheint. Als dritte Möglichkeit ergibt sich eine Darstellung des Naturzustands als eines prinzipiell gültigen normativen Zustands individueller Freiheits- und Gleichheitsrechte.

---

[25] Zum Zusammenhang zwischen neuzeitlichem Nominalismus und der Genesis der individualistischen Sozialtheorie s. K. Pribram, Die Entstehung der individualistischen Sozialphilosophie, Leipzig 1912, 5 ff., 43 ff.

III. Das Naturzustandstheorem als Fundamentalkategorie in der Sozialtheorie und Geschichtsphilosophie Samuel Pufendorfs

Pufendorf bezeichnet den Naturzustand zu Beginn seiner Schrift „De Statu Hominum Naturali"[1] als den Eckstein seiner Naturrechtstheorie und allgemein jeder politischen Theorie überhaupt: „isthaec doctrina [status naturalis] suo sibi jure principem in politica architectonica vindicat locum."[2]

Dieser Selbsteinschätzung, der auch das zeitgenössische Urteil entsprach[3], hat die Forschung bisher nur in unzureichender Weise Rechnung getragen. So betrachtet die bekannte Darstellung Erik Wolfs, in Fortführung des bereits von Pufendorf als irrelevant erklärten alten Streits um den realen oder fiktiven Charakter des Naturzustands, dessen Bedeutung für die Pufendorfsche Naturrechtstheorie als unerheblich[4]. Ebenso versäumt es Hans Welzel in seiner Monographie, von dem Versuch her, Pufendorf als Vorläufer Herders, Kants und

---

[1] S. Pufendorf, De Statu Hominum Naturali, in: ders., Dissertationes Academicae Selectiores, Lund 1675, 582 ff. Weitere zusammenhängende Äußerungen Pufendorfs zum Naturzustand finden sich in: ders., De Jure Naturae et Gentium Libri Octo, Lund 1672, II, K. II; hier benutzt die Ausgabe letzter Hand (1688), in der Reihe: Classics of International Law, Oxford 1934; ferner ders., De Officio Hominis et Civis, Lund 1673; benutzt die Ausgabe letzter Hand (1682) (Classics of International Law), Washington 1927; ders., Eris Scandica, Qua Adversus Libros de Jure Naturali et Gentium Objecta Diluuntur, Frankfurt 1686, hierin besonders: Specimen Controversarium circa Jus Naturale ipsi nuper motarum, K. III: De Statu Hominum Naturali, 217 ff.; Pufendorfs Schriften werden im folgenden zitiert als: De Statu Hominum Naturali; De Jure Naturae et Gentium; De Officio Hominis et Civis; Eris Scandica; Specimen Controversarium, in: Eris Scandica.

[2] De Statu Hominum Naturali, § 1, 584; in Eris Scandica, 217 bemerkt Pufendorf, daß auch die Kritiker seines Naturrechts vor allem seine Naturzustandskonzeption attackieren.

[3] Die große Bedeutung, welche die Zeitgenossen der Vorstellung vom Naturzustand im Rahmen des Pufendorfschen Systems beimaßen, ergibt sich schon daraus, daß das graphisch gestaltete Deckblatt der ersten deutschen Übersetzung von De Officio Hominis et Civis (1673), hg. von Immanuel Weber u. d. T.: Einleitung zur Sitten- und Staatslehre oder kurze Vorstellung der schuldigen Gebühr aller Menschen und in Sonderheit der bürgerlichen Staats-Verwandten, 1681 (o. O.) eine allegorische Darstellung des Naturzustands zeigt: Ein auf einem Thron sitzender Herrscher, der auf seinem Schoß ein Werk „Jus Naturale" liegen hat, wird von einem Diener (Philosophen) auf ein Bild hingewiesen, das einen zwischen Gräsern kriechenden, nackten Menschen zeigt, der sich von wilden Früchten ernährt. S. hierzu De Officio Hominis et Civis, B. II, K. I, § 9.

Diltheys umzustilisieren, die Bedeutung des Naturzustands für die Begründung
der Pufendorfschen Naturrechtstheorie adäquat herauszustellen. Wichtig erscheint in der Pufendorfschen Naturrechtsdarstellung nicht, wie Welzel mehrfach betont, die eigengewichtige „Wesensart" der Kulturwelt[5], sondern gerade
die von Pufendorf immer wieder hervorgehobene Interdependenz der im
Naturzustand dargestellten gesellschaftlichen Natur des Menschen und der Kulturwelt, d. h. die Begründung aller „Entia Moralia", Recht, Moral, sozialer und
politischer Institutionen auf einer empirischen Anthropologie statt auf transzen-
denter Legitimation. Im folgenden soll, entsprechend den Ausgangsfragestel-
lungen, untersucht werden, inwiefern sich in der Naturzustandsproblematik bei
Pufendorf Ansätze zu einer methodisch reflektierten, systematischen Betrachtung von Gesellschaft und Geschichte finden.

Gleich zu Beginn seiner oben bereits erwähnten Abhandlung „De Statu
Hominum Naturali" hebt Pufendorf hervor, daß dem Naturzustand im Rahmen seiner Gesamtintention, nach dem Vorbild der Methodenlehre der zeitgenössischen Naturwissenschaft und deren erstmaliger Anwendung auf Politik
und Moral bei Hobbes[6] ein demonstrativ gewisses Naturrecht zu schaffen, die
entscheidende Funktion zukomme, die prinzipielle, nicht bezweifelbare Basis
für die Naturrechtskonstruktion zu bieten[7].

Die Forderungen des Naturrechts und der Ethik sind für Pufendorf einerseits nur sinnvoll begründet, wenn sie aus der empirisch erfahrbaren Realität
individuellen menschlichen Verhaltens abgeleitet sind[8], doch hat die Realität,
die sich der täglichen Erfahrung darbietet, lediglich sekundäre Qualität; sie
spiegelt nur Epiphänomene der menschlichen Existenz. Bevor sie zur Basis des
Naturrechts werden kann, hat sie einen analytischen Reinigungsprozeß zu
durchlaufen, in dem sie, von allen Zufälligkeiten befreit, sich als primäre Realität, als menschlicher „Naturzustand" herauskristallisiert. Vorbild für dieses
methodische Verfahren liefert Pufendorf die resolutiv-kompositive Methode
der zeitgenössischen Naturwissenschaft, wie er selbst zu Beginn seiner Abhandlung über den Naturzustand programmatisch darlegt:

Qui circa corporum naturalium constitutionem investigandam soliciti fuerunt,
non satis habuere, faciem eorum exteriorem, et quae primo statim obtutu in
oculos incurrunt, adspexisse; sed et eadem penitius rimari, et in partes, ex
quibus componuntur, resolvere praecipuus labor fuit. . . . Eandem viam insti-
tere, queis indolem nobilissimi corporis moralis, civitatis nimirum, curatius
perscrutari cordi fuit; quibus non externam tantum eiusdem administratio-
nem ac magistratuum varietatem, ac vocabula classesque populi evolvere
suffecit; sed et intrinseca velut ipsius dispositio, ex potestate ac jure imperan-

---

[4] E. Wolf, Große Rechtsdenker, 346; s. auch Zitat o. 30 Anm. 2.
[5] H. Welzel, Die Naturrechtslehre Samuel Pufendorfs, Berlin 1958 (Diss. Jena 1928),
19, 28 f.
[6] Zu Pufendorf und Hobbes s. u. Anm. 17.
[7] De Statu Hominum Naturali, § 1.
[8] Ebda, § 3.

tium, et obligatione civium resultans, perspecta; nec minus partes, ex quibus vastum illud corpus componitur, accurate discretae. Quin etiam ad disciplinae illius perfectionem insigniter facere iudicatum, omnes societates velut transcendere, et mente concipere conditionem atque statum hominum, qualis ille extra societatem, et ab omnibus artibus et institutis humanis vacuus intelligi potest. Inde enim liquido demum cernere licet, quae necessitas ac ratio fuerit societatum civilium combinandarum, quid potestatis aut obligationis ex earundem natura promanet, quid commoditatis denique ac peculiaris habitudinis inter homines ex iisdem proveniat[9].

Der Naturzustand markiert als Endprodukt eines isolierenden Abstraktionsprozesses eigentlich lediglich die Ebene der primären irreduziblen Erfahrung der menschlichen Wirklichkeit, des „natürlichen" Menschen. Doch paradoxerweise beansprucht Pufendorf, aus dem Naturzustand durch Konstruktion oder Synthesis sowohl die obersten Prinzipien des Naturrechts als auch das normativ verstandene Modell der „societas civilis" zu ermitteln. Insofern ist der Naturzustand als ein fiktiver, absoluter Erfahrungshorizont zugleich die normativanalytische Basis des Pufendorfschen Systems[10], ohne daß sich dies jedoch stringent aus dem dabei angewandten methodischen Ansatz ergäbe.

Mit Recht haben L. Krieger[11] und H. Welzel[12] die Zirkelhaftigkeit des Verfahrens hervorgehoben, das zur Ermittlung des Pufendorfschen Naturzustands führt und dessen normativen Anspruch begründen soll. Seine Zirkelhaftigkeit ist vor allem darin zu suchen, daß Pufendorf allein durch einen Abstraktionsprozeß aus der gegebenen politisch-sozialen Wirklichkeit glaubt, Maßstäbe ableiten zu können, die als logisch notwendige Beziehungen zur normativen Beurteilung eben dieser Wirklichkeit dienen können. Aus der dabei postulierten Methode ergibt sich jedoch objektiv betrachtet lediglich, daß sich die normative Konsequenz des Pufendorfschen Ansatzes darin erschöpfen muß, eine Physik der Vergesellschaftung zu liefern, d. h., die sozio-politische Wirklichkeit seiner Zeit theoretisch zu systematisieren, sie als vernünftig zu erweisen. Hierin ist

---

[9] De Statu Hominum Naturali, § 1.

[10] S. insbes. De Jure Naturae et Gentium, II, K. II, § 3, und II, K. III, § 15.

[11] L. Krieger (The Politics of Discretion, Pufendorf and the Acceptance of Natural Law, London—Chicago 1965, 92 f.) hat die bisher beste und gründlichste Pufendorf-Monographie im Stile einer „intellectual biography" geliefert, geht aber auf die Naturzustandsproblematik nur am Rande seiner Darstellung ein, dies wohl vor allem auch deshalb, weil er die Wirksamkeit Hobbesschen Gedankenguts bei Pufendorf unterschätzt, s. aber zum Naturzustand ebda. 89 ff., 112 ff., 138 f.; zu Kriegers Arbeit wie zum theoriegeschichtlichen Kontext des Pufendorfschen Naturrechts s. jetzt die anregende und informative Rezensionsstudie von H. Dreitzel, Das deutsche Staatsdenken in der Frühen Neuzeit, in: Neue Politische Literatur 16. 1971, 17 ff., 256 ff., 407 ff., hier bes. 268 ff.

[12] H. Welzel, Naturrechtslehre, 40, spricht wohl stark zeitbedingt (1928) von einer „unheilvollen (!) Zwitterstellung zwischen Sozialpsychologie ... und objektiver Wertlehre des Rechts", in die Pufendorf durch seinen methodischen Ansatz geraten sei.; ebda. 39 heißt es neutraler, daß bei P. „eine wertindifferente Seinsgesetzlichkeit unvermerkt in eine wertbestimmte Sollensgesetzlichkeit verwandelt" werde.

eine der wesentlichen Leistungen Pufendorfs zu sehen. Er ist nicht zuletzt der rationalisierende Theoretiker des absolutistischen Staatswesens seiner Zeit gewesen[13].

Entwertet dies zwar den Anspruch der Pufendorfschen Naturrechtskonzeption auf normative Evidenz, so erscheint Pufendorf doch zur gleichen Zeit als ein systematischer Theoretiker, der sich um ein Verständnis der soziopolitischen Wirklichkeit seiner Zeit mittels einer allgemeingehaltenen Theorie sozialen Handelns bemüht. Statt präskriptiver Evidenz liefert er allerdings letztlich dabei nur eine deskriptive Systematik der Möglichkeiten sozialen Handelns, die im Rahmen der seinem System vorausgesetzten Wertentscheidungen gegeben sind. Im Gewande einer normativen Handlungsanleitung ergibt sich so eine systematisierte Theorie sozialen Handelns, die von den Wertentscheidungen einer bestimmten Zeit ausgeht und diese auf dem Wege des resolutiv-kompositiven Verfahrens als zeitlos fingiert.

Wie im weiteren Verlauf unserer Darstellung zu zeigen sein wird, kommt der Handlungszusammenhang, der von den im Naturzustand abgeleiteten Rechten und Pflichten anvisiert wird, der Struktur der frühbürgerlichen Markt- und Handelsgesellschaft sehr nahe, wenn sich auch bezeichnenderweise an der Darstellung der sozialen Inhalte des Naturzustandstheorems bei Pufendorf zeigt, daß seine theoretischen und methodischen Einsichten oft mit seinen praktisch-politischen Absichten in Konflikt geraten und zugunsten letzterer verwässert werden.

Bei der Betrachtung der logischen Konzeption des Naturzustands muß ein zweiter entscheidender Aspekt dieses Theorems hervorgehoben werden. Er hängt mit dem methodischen Nominalismus Pufendorfs zusammen und betrifft das logische Verhältnis des Naturzustands als einer nominalistischen Fiktion und Konstruktion zu den Fakten der historischen Existenz des Menschen, von denen der Naturzustand abstrahiert ist und auf die er zielt, ohne doch mit ihnen identisch zu sein. Allgemeiner ist hiermit das Verhältnis von Theorie und Empirie im Pufendorfschen System angesprochen.

Wie sich aus den methodischen Prämissen der Pufendorfschen Naturrechtstheorie ergibt, ist der Naturzustand keine empirische Tatsache, sondern als Ergebnis eines Abstraktionsprozesses ein Prinzip in einer allgemeinen und zu jeder Zeit gültigen Form. Hieraus ergibt sich auch der von Pufendorf immer wieder hervorgehobene Charakter des Naturzustands als einer Fiktion oder logisch notwendigen Konstruktion, die alle historische Wirklichkeit transzendiert[14]. Als

---

[13] Krieger, Politics of Discretion, 82 und bes. 102 ff. Ohne ausdrückliche Reflexion der normativen und logischen Problematik der Pufendorfschen Naturrechtstheorie kommt Wolf, Große Rechtsdenker, 340 zu ähnlichen Ergebnissen: „Er [d. h. Pufendorf] hat die sozialen Tatsachen dieser Zeit empirisch beobachtet, die für sie maßgebenden Werte systematisch zusammengefaßt, als Einsichten der praktischen Sachvernunft erkannt, und so ihre normative Kraft verstärkt."

[14] De Statu Hominum Naturali, § 1. Pufendorf hebt den fiktiven Status des Naturzustands besonders in den Auseinandersetzungen mit seinem Lunder Kollegen Josua

Prinzip geht der Naturzustand aller Erfahrung voraus und konstituiert diese erst, gleichzeitig ist er jedoch immer auf die empirischen Inhalte der Erfahrung bezogen. Er markiert, um einen Vergleich zu gebrauchen, die Ebene der Axiome und Definitionen in der Mathematik, wobei der Vergleich durch die Bezogenheit des Naturzustands auf die Wirklichkeit menschlichen Handelns sogleich wieder unscharf wird. Diese Zwiespältigkeit seines logischen Status kommt auch darin zum Ausdruck, daß Pufendorf zwischen dem Naturzustand als einer reinen Fiktion und dem Naturzustand der „revera existit"[15] unterscheidet, wobei auch letzterer formal einer typisierten Fiktion im Sinne einer empirischen Generalisierung und Rationalisierung der soziopolitischen Zeitverhältnisse sehr nahe kommt, jedoch in seiner inhaltlichen Vorstellung theoretische Einsicht und politisch-pragmatische Zielsetzung einen bezeichnenden Kompromiß eingehen[16].

Der prekäre Status des Naturzustands zwischen Empirie und Abstraktion wird nur auf dem Hintergrund eines bestimmten Aspekts des logisch-methodischen Verfahrens Pufendorfs verständlich, dessen Vorbild er in der zeitgenössischen Naturwissenschaft sah, dessen unmittelbare Anwendung er jedoch von Hobbes übernommen hat[17]. Der Hobbessche Anspruch, seine „Civil Philosophy"

Schwartz hervor, der aus der Pufendorfschen Schilderung des Naturzustands eine Leugnung der Wahrheit der Schöpfungsgeschichte folgerte. „Sed ut eo clarius ostenderem, qualis esset homo sibi soli relictus, finxi duntaxat, aliquem hominem undecunque in orbem incultum projici. Idque ipsum satis inculcavi adhibitis vocabulis c o n c i p i a m u s   e t   p o n a m u s ; quae usurpari non solent loquenti de iis, qui revera existunt sed qui tantum finguntur, seu melioris declarationis ergo supponuntur. Si enim de Adamo sermo fuisse institutus, non opus erat dicere c o n c i p i a m u s statum ipsius; qui non fingendus, aut per meram hypothesin assumendus est, sed quem revera existentem in divinis literis descriptum reperimus." Pufendorf, Eris Scandica, 221 (Sperrung i. Orig.).

[15] De Officio Hominis et Civis, II, K. I, § 6.

[16] Hierzu u. 58 ff.

[17] Die entscheidende Abhängigkeit Pufendorfs von Hobbes, besonders hinsichtlich der Übernahme seiner Methode, ist noch weitgehend unerforscht. So findet sich in der Monographie von Krieger kein einziger zusammenhängender Hinweis. Dies verwundert um so mehr, als Hobbes der nach Grotius am häufigsten zitierte nichtklassische Autor bei Pufendorf ist, wie das Register der ‚Classics of International Law' — Ausgabe von „De Jure Naturae et Gentium" ausweist. Ein erster Überblick läßt das Verhältnis Pufendorfs zu Hobbes als ambivalent erscheinen. In der überwiegenden Zahl der Fälle, in denen Hobbes in De Jure Naturae et Gentium zitiert wird, führt ihn Pufendorf als negatives Beispiel an, doch berühren diese Zitate entweder meist Randfragen oder es läßt sich erkennen, daß die negative Wertung als Konzession an den Zeitgeist rein deklaratorischen Charakter trägt, so daß sich trotz der zunächst negativen Charakteristik im Kontext der Darstellung meist eine volle Übernahme der Hobbesschen Position ergibt. Aufschlußreich ist in diesem Zusammenhang De Jure Naturae et Gentium, I, K. III, § 4: Pufendorf lehnt hier nicht das Hobbessche Verfahren, Ethik und Politik demonstrativ gewiß zu begründen, schlechthin ab, sondern lediglich den speziellen Modus seiner Begründung, der sich bei Hobbes an einer bestimmten Stelle in De Homine, K. X findet. Zentral für eine Interpretation des Verhältnisses Pufendorfs zu Hobbes ist eine vor allem wegen ihres autobiographischen Charakters aufschlußreiche Stelle in Eris Scandica, Specimen Con-

durch Anwendung des resolutiv-kompositiven Verfahrens auf eine demonstrierbar gewisse Basis gestellt zu haben, gründet letztlich in seinem radikalen Nominalismus und der sich daraus ergebenden Methode der „kausalen" oder „genetischen" Definition[18].

Wirklichkeit kann Hobbes zufolge erst dann als erkannt gelten, wenn sie aus ihren notwendigen Ursachen oder Grundelementen in einem konstruktiven Verfahren als hypothetisch erzeugt „gedacht" werden kann. Der Schluß von der Wirkung auf die Ursache eines Phänomens allein gilt Hobbes nicht als eindeutig. Erst durch hypothetische Rekonstruktion des Phänomens aus seinen konstituierenden Ursachen kann auch der Schluß von der Wirkung auf die Ursache als zwingend erwiesen werden. Der Vorrang der Mathematik und der „Civil

---

troversarium, K. I: De Origine et Progressu Disciplinae Juris Naturae, 200 ff. Pufendorf charakterisiert sich selbst hier zwar gemeinsam mit Richard Cumberland als Stoiker und stellt ihren gemeinsamen Anschauungen den Epikureismus Hobbes' entgegen, trotzdem hebt er die zentrale Bedeutung der Hobbesschen Philosophie für sich und die gesamte Naturrechtsphilosophie seiner Zeit heraus; abgelehnt werden von ihm lediglich Hobbes' anthropologische Prämissen, insbesondere der absolute Primat der Selbsterhaltung als des Zentralaxioms, auf das er seine gesamte Philosophie aufgebaut habe, nicht jedoch die nominalistische Methode des Hobbes, die Pufendorf zu Beginn seiner Charakterisierung als die wesentliche positive Leistung der Hobbesschen Philosophie hervorhebt. Ihrer Bedeutung halber sei diese Stelle hier ausführlicher zitiert. Eris Scandica, 206 ff.: „Post Grotium circa ius naturale operam quoque posuit T h o m a s   H o b b e s , vir summo ingenii acumine; qui uti ipse studiis mathematicis innutritus erat, itaque ακρίβειαν demonstrandi mathematicis usitatam doctrinae moralia accommodare, licet non usque quaque modo scholastico adornatum, laboravit. Cui fini etiam certam doctrinae suae hypothesin substravit, in quam ultimo demum demonstrationes ipsius resolverentur... Neque tamen quisquam rerum intelligens inficias iverit, inter multa mala reperiri quoque plurima exquisite bona, et quantivis pretii; et illa ipsa, quae ab eo falsa traduntur, ansam praebuerunt scientiam moralem et civilem ad fastigium perducendi, sic ut de non paucis, quae ad perfectionem istius faciunt, vix cogitare alicui in mentem venisset, absque H o b b e s s i o si fuisset." (Sperrung i. Orig.).

Zur Übernahme des More-Geometrico-Verfahrens aufschlußreich ein Brief von Pufendorf an Thomasius vom 24. 3. 1691, der eine deutliche Anspielung auf Hobbes enthält, in: E. Gigas Hg., S. v. Pufendorf. Briefe an Thomasius (1687—1693), München 1897, 50 f.

Ein kurzes Urteil über die Abhängigkeit Pufendorfs von Hobbes bringt Ferdinand Tönnies am Ende seiner großen Hobbes-Monographie: „Puffendorf, dessen Natur- und Völkerrecht ganz und gar in den Spuren sich bewegt, die der große englische Philosoph gefahren hatte, beschwerte und verdeckte die scharfen Kanten der Lehre teils mit dichter Gelehrsamkeit, teils mit menschenfreundlichen Gedanken." F. Tönnies, Hobbes, 274; vgl. auch ebda. 199.

[18] Kurze prägnante Darstellung des methodischen Nominalismus Hobbes' bei E. Cassirer, Die Philosophie der Aufklärung, Tübingen 1932, 23 ff., 339 ff. Zur Tradition der genetischen Definition vor Hobbes s. ders., Das Erkenntnisproblem in der Philosophie und Wissenschaft der neueren Zeit, Berlin 1922/23³, II, 49 ff., 127 ff.; zum Hobbesschen Nominalismus in der Tradition der Schule von Padua s. E. Watkins, Hobbes' System of Ideas, London 1965, 66 ff.; gute Analyse bei D. Krook, Hobbes' Doctrine of Meaning and Truth, in: Philosophy 31. 1956, 3 ff., und dies., Three Traditions of Moral Thought, Cambridge 1959, 98 ff.

Philosophy" besteht für Hobbes, der in bezug auf die methodische Reflexion des naturwissenschaftlichen Forschungsprozesses einen zu seiner Zeit bereits überholten Standpunkt einnahm[19], gerade darin, daß die Objektbereiche von Mathematik und „Civil Philosophy" als Produkte menschlicher Denktätigkeit oder von Denktätigkeit angeleiteter menschlicher Praxis in ihrer Genesis nachvollziehbar und somit demonstrierbar sind, während die Gegenstände der Natur keine eindeutige Konstruktion zulassen, da ihre „Prinzipien" schon vor dem Einsetzen aller menschlichen Denktätigkeit fixiert und so nicht eindeutig aus ihren Bedingungen rekonstruierbar sind:

The Science of every subject is derived from a precognition of the causes, generation and construction of the same; and consequently where the causes are known, there is place for demonstration, but not where the causes are to seek for. Geometry therefore is demonstrable, for the lines and figures from which we reason are drawn and described by ourselves; and civil philosophy is demonstrable, because we make the commonwealth ourselves. But because of natural bodies we know not the construction, but seek it from the effects, there lies no demonstration of what the causes be we seek for, but only of what they may be[20].

Im Gegensatz zur klassifikatorischen Wesenslogik der Scholastik, die einen Begriff als substantiell gegeben, als terminus a quo, hinnahm und nach genus proximum und differentia specifica definierte, verfährt die Hobbessche nominalistische Logik und im Anschluß daran auch die Pufendorfsche in einem ersten Schritt resolutiv und in einem zweiten Schritt, der bei Hobbes ganz im Vordergrund steht, kompositiv-genetisch und konstituiert die Begriffe damit auch erst philosophisch. Hobbes faßt diesen zweiten Schritt der Logik, als eine universelle, auf alle Wissenschaften anwendbare Methodik in „De Corpore" in dem Satz zusammen:

ubi . . . generatio nulla . . . ibi nulla philosophia intelligitur[21].

In unserem Zusammenhang ist es entscheidend, auf diesen Nominalismus und Konstruktivismus der Hobbesschen Methode hinzuweisen. Alle durch das resolutive Verfahren ermittelten Prinzipien und die aus ihnen hypothetisch-genetisch konstruierten Modelle einer rationalen und notwendigen Erfahrung genießen vor den zufälligen „Daten" der Erfahrung absolute, logische Priorität. Durch die Methode der kausalen oder genetischen Definition werden aus der Erfahrung gewonnene Denkinhalte in rationale, hypothetisch erzeugte verwandelt, und erst als solche erhalten sie Notwendigkeitscharakter. Wenn sie nicht aus notwendigen Bedingungen erzeugt gedacht werden können, dann sind sie

---

[19] Hierzu J. Habermas, Die klassische Lehre von der Politik, 87, Anm. 61.

[20] Th. Hobbes, The English Works, Hg. W. Molesworth, 11 Bde., London 1839—45, Bd. VII, 184. Gute Diskussion dieses Zusammenhangs bei Sh. S. Wolin, Politics and Vision. Continuity and Innovation in Western Political Thought, London 1961, 244 ff., bes. 247.

[21] Th. Hobbes, De Corpore, B. I, K. I, Sect. 8, in: ders., Opera Philosophica, Hg. W. Molesworth Bd. I, London 1839; s. auch ebda., B. I, K. VI, Sect. 1 und 2.

vor dem Forum der Vernunft nicht zu rechtfertigen und müssen aus jeder philosophischen — und das heißt für Hobbes wissenschaftlichen — Betrachtung als bloß akzidentell ausscheiden[22].

An die Stelle der Tatsachenerkenntnis, der Erkenntnis des historischen Faktums, tritt eine deduktive prinzipielle Einsicht[23], die aller historischen Erfahrung gegenüber zur Norm wird[24].

Auch der Naturzustand ist so bei Hobbes und bei Pufendorf der logisch-prinzipielle, nicht der empirische Ausgangspunkt, von dem her die obersten naturrechtlichen Prinzipien, aber auch die „societas civilis" konstruiert werden müssen.

Der Naturzustand kann auch als notwendiger Ausgangspunkt individueller menschlicher Handlungen, gesellschaftlicher Handlungszusammenhänge und somit als Ausgangspunkt der Geschichte vorgestellt werden, allerdings einer Geschichte, die zwar Anspruch auf Evidenz, doch nicht auf Faktizität hat. Sie ist gleichsam eine im Reagenzglas unter den fiktiven Bedingungen einer rationalen Versuchsanordnung hypothetisch erzeugte „natürliche Geschichte", die von allen Zufälligkeiten menschlicher Handlungsmotivation absieht. Als solche hat sie einen logisch notwendigen, apriorisch erzeugten, gleichsam idealtypischen Charakter und liegt als ein rationales Normalmodell aller konkreten Erfahrung historischer Prozesse zugrunde, sofern sie auf „wissenschaftliche", d. h. philosophische Erkenntnis aus ist.

Wird der Naturzustand in dieser historischen Perspektive dargestellt und werden Vergesellschaftung des Menschen und Herausbildung der „societas civilis" aus der Situation vereinzelter Individuen als Ergebnis eines sich fortschreitend differenzierenden und komplexer werdenden Interaktionszusammenhangs historisch-genetisch abgeleitet, so erhält der damit dargestellte historische Prozeß eine ebenso logisch notwendige, repräsentative Qualität, wie der Natur

---

[22] Hobbes, Elements of Law, Hg. F. Tönnies, Cambridge 1888, B. I, K. IV, 10 f., und ders., Leviathan, Hg. u. Einl. M. Oakeshott, 15 f.

[23] Hobbes nominalistisch-genetische Logik ist nicht mit der genetisch-teleologischen Wesenslogik des Aristoteles zu verwechseln, sie ist vielmehr direkt gegen sie konzipiert. Wenn Aristoteles auch in seiner Politik B. I, K. I und II ein analytisch-genetisches Verfahren postuliert, so hat es doch einen ganz anderen logischen Stellenwert als das Hobbessche Verfahren. Bei Aristoteles stellt die Polis als die vollkommenste menschliche Gemeinschaft immer den Maßstab, das Telos dar, aus dem alle kleineren Gemeinschaften erklärt werden müssen. Die Synthesis oder Genesis hat keine konstituierende Funktion für seine normhaltigen Wesensbegriffe. Hierzu Riedel, Zum Verhältnis von Ontologie und politischer Theorie, 110.

[24] Zu Hobbes' Verhältnis zur traditionellen Geschichtswissenschaft, die als ein „register of knowledge of fact" dem Menschen zwar Regeln der „prudence", doch nicht demonstrativ gewisse „truth" liefern kann, und seiner Gegenüberstellung von „history" und „science" s. Th. Hobbes, Elements of Law, B. I, K. VI, 24 f., und ders., Leviathan, Hg. M. Oakeshott, K. V, 29 f. und K. XLVI, 435 f.; s. hierzu Wolin, Politics and Vision, 252, u. L. Strauss, Hobbes politische Wissenschaft, Neuwied 1965, K. VI, 82 ff.; ferner L. Krieger, Culture, Cataclysm and Contingency, in: Journal of Modern History 40. 1968, 447 ff., hier 460.

zustand selbst. Die ausgehend vom Naturzustand dargestellte Geschichte wird zu einer nominalistisch-fiktiven, nichtsdestoweniger rational notwendigen „Naturgeschichte" des Menschen. Gegenüber allen historischen Fakten entfaltet sie normative Kraft, sie ist ihnen gegenüber das logische Prius. Fakten können ihr gegenüber allenfalls bestätigende Funktion haben, jedoch keine falsifizierende.

Diese Andeutungen stellen zwar einen teilweisen Vorgriff auf unsere Analyse dar, doch soll die wesentliche These nochmals kurz zusammengefaßt werden: Erst durch die von Hobbes in die Sozialphilosophie eingeführte genetische Logik wurde auch eine genetische, nicht-teleologische Geschichtsbetrachtung möglich, die den traditionellen Topos „historia magistra vitae"[25], der auf der Überzeugung von der prinzipiellen Konstanz und Wiederholbarkeit aller historischen Verhältnisse beruhte, hinter sich lassen konnte.

Die neue Logik war eine notwendige, doch nicht hinreichende Bedingung und Voraussetzung für die Geschichtsphilosophie und Geschichtswissenschaft des 18. Jahrhunderts, da sie das erkenntnistheoretische Korrelat lieferte, das die neue Vorstellung von der Weltgeschichte als eines vom „Naturzustand" fortschreitenden Selbsterzeugungsprozesses der einheitlichen Menschengattung in Richtung auf eine „bürgerliche Gesellschaft" erst möglich machte.

In Ansätzen zeigt sich dieses neue, logisch fundierte Verständnis von Geschichte und Geschichtswissenschaft bereits bei Hobbes[26] und — wie zu zeigen sein wird — bei Pufendorf. Indem die von Hobbes als „Civil Philosophy" begründete Sozialwissenschaft von Anfang an eine geschichtsphilosophische Dimension hatte, in welcher die positiven Funktionen der traditionellen Geschichtswissenschaft „aufgehoben" waren, zeigt sich ferner, daß in ihren Ursprüngen die moderne theoretisch-philosophische Geschichtswissenschaft und die Sozialwissenschaft eine logische, methodische und gegenstandsbezogene Einheit bildeten. Die Theorie des Naturzustands war Indiz und Katalysator dieser neuen Wissenschaft von der bürgerlichen Gesellschaft, in ihr sind die Ursprünge der „Natural History of Civil Society" und der „Science of Politics" des 18. Jahrhunderts zu suchen.

Problematik und Funktion des Naturzustands bei Pufendorf lassen sich freilich allein im Rahmen seiner logischen und methodischen Konzeption nicht ausreichend bestimmen. Pufendorfs Anthropologie, ferner die charakteristische, wenn auch abstrakt bleibende historische Einstufung des Naturzustands tragen

---

[25] Zur Geschichte des Topos s. G. H. Nadel, Philosophy of History before Historicism, in: History and Theory 3. 1964, 291 ff. und R. Koselleck, Historia Magistra Vitae. Über die Auflösung des Topos im Horizont neuzeitlich bewegter Geschichte, in: Natur und Geschichte. Karl Löwith zum 70. Geburtstag, Hgg. M. Riedel und H. Braun, Stuttgart — Berlin 1967, 196 ff.; zu den Arbeiten Nadels und Kosellecks s. u. 154 ff. Anm. 53 u. 55.

[26] Hierzu bes. Strauss, Hobbes politische Wissenschaft, 82 ff.; und die in Anm. 25 genannte Literatur.

ebenso zur inhaltlichen Konkretion und normativen Ausrichtung des Naturzustandsbegriffs bei wie seine logische Problematik.

Pufendorf unterscheidet formal drei Modifikationen des Naturzustands:
1. den „status naturalis in ordine ad Deum",
2. den „status naturalis in ordine singulorum hominum ad se ipsos",
3. den „status naturalis in ordine ad alios homines"[27].

Der Naturzustand als Schöpfungszustand Gottes, der insbesondere die Pflicht des Menschen zur Verehrung Gottes sinnfällig macht, hat für die Pufendorfsche Naturrechtskonzeption keine ausschlaggebende Bedeutung, er erscheint durchaus als eine Konzession an den Zeitgeist und als Relikt des traditionellen „status integritatis" der klassisch-christlichen Naturrechtstradition. Dies ergibt sich schon daraus, daß er in der dem Naturzustand gewidmeten besonderen Schrift überhaupt nicht erscheint, in den übrigen Werken lediglich peripher[28].

Der „status naturalis in se" löst die methodischen Postulate Pufendorfs ein; er ist ein fiktiver Zustand vollständiger Vereinzelung des Menschen, wobei der Mensch nicht als moralische Idealnatur im „status integritatis" vorzustellen ist, sondern als eine von „pravitas" infizierte Normalnatur, als Gegenstand täglicher Erfahrung. Die spezifische normative Ausrichtung dieser Modifikation des Naturzustands als eines „status negativus" wird erst durch die inhaltliche Charakteristik deutlich, die Pufendorf diesem Zustand abstrakter Vereinzelung gibt. Hiernach erscheint der „status naturalis in se" als das perfekte negative Gegenbild zum entwickelten Kulturzustand der Menschheit, weniger in politisch-rechtlicher als in zivilisatorisch-technisch-gesellschaftlicher Hinsicht:

Altero modo statum hominis naturalem considerare possumus, si animo fingamus, qualis ejusdem conditio futura esset, si quilibet sibi soli relictus foret sine ullo adminiculo ab iis hominibus accedente, et quidem posita illa naturae humanae conditione, qualis jam deprehenditur. Quae sane miserior quam cujusvis belluae videtur futura fuisse, si expendatur, quanta cum debilitate in hunc mundum jam egrediatur homo, periturus statim sine aliorum auxilio: et quam rudem sit vitam idem exacturus, si nihil aliud cuique adesset, quam quod propriis viribus ingenioque debeat. Quin potius quod ex tanta imbecillitate adolescere potuimus, quod infinitis jam commoditatibus fruamur, quod animum corpusque in nostrum et aliorum usum excoluimus, id omne ab

---

[27] De Officio Hominis et Civis, B. II, K. I, § 2.

[28] Auch in dem speziell dem Naturzustand gewidmeten Kapitel in De Jure Naturae et Gentium, B. II, K. II, wird der status naturalis in ordine ad Deum nicht erwähnt, er erscheint lediglich in der klassifizierenden Übersicht ebda., B. I, K. I, § 7. Auch in De Officio Hominis et Civis erscheint er lediglich in B. II, K. I, § 2 und 3. So ist die gleichrangige Bedeutung, die H. Welzel (Naturrechtslehre, 28) dieser Modifikation des Naturzustands als einem „Stand idealen Menschentums" zuerkennen will, nicht einleuchtend. Sein Verweis (in: Naturrechtslehre, 28, Anm. 26) auf „Pufendorfs Dissertation [!] de statu hominis naturali" ist irreführend. P. bemerkt in De Statu Hominum Naturali, § 4, 589 ausdrücklich „Caeterum hoc loco bifariam potissimum statum hominis naturalem considerabimus" und meint hiermit die o. unter 2. und 3. genannten Formen.

auxilio aliorum hominum provenit. Et in hoc sensu status naturalis opponitur vitae per industriam hominum excultae[29].

Die Gegenbildlichkeit des Naturzustands zum Kulturzustand tritt in zugespitzter Form in einer späteren Äußerung Pufendorfs in „Eris Scandica" noch deutlicher zutage. Hier wird in polemischer Absicht gerade dieses Merkmal des Naturzustands überpointiert, während andere, sein fiktiver Charakter und die Betonung der menschlichen Vereinzelung, zurücktreten:

> statum hominis naturalem consideravimus, prout opponitur illi culturae, quae vitae humanae ex auxilio, industria, et inventis aliorum hominum propria meditatione et ope, aut divino monitu accessit. Ad quem statum designandum supposuimus naturam hominis, qualis ea nunc deprehenditur pravis inclinationibus scatens, et quam summa indigentia, inscitia, atque imbellia comitatur, antequam ab aliis hominibus quid opis ipsi accesserit. Quem statum misserimum esse propter pauperiem, incultum, inscitiam atque infirmitatem pronunciavimus, si cum eo comparemus commoditates, quae postea ope aliorum hominum aut propriam per industriam nobis accedunt. Quae quidem res ita manifesta est, ut sensu plane destitui eum opporteat, qui ista capere nequeat[30].

Obwohl Pufendorf vermeidet, den reinen „status naturalis in se" historisch eindeutig zu fixieren, — er führt die vollkommen abstrakte Situation des einsam auf die Erde geworfenen Menschen[31] ebenso als Beispiel an wie die Lage des neugeborenen, von seinen Eltern verlassenen Kindes[32] oder die Robinson-Situation des Schiffbrüchigen[33], — erscheint der Naturzustand deutlich als Verkehrung des „fortgeschrittenen" gesellschaftlich-zivilisatorischen Zustands der eigenen Gegenwart Pufendorfs ins perfekte Gegenteil. Erst von dieser logisch limitativen Intention und ihrer besonderen inhaltlichen Bestimmung her erhält der Naturzustand seinen normativen Stellenwert. Indem er die Nachteile eines kulturlosen Zustands der Menschheit in seiner extremsten Form hervortreten läßt, werden implizit die Vorteile von Kultur, Technik und Vergesellschaftung für den Menschen der Zeit Pufendorfs sinnfällig gemacht und für den vernünftig Denkenden zu Normen, auf die er sein Handeln ausrichtet. Der Naturzustand wird so zum theoretischen Erklärungsmodell für den Zivilisationsprozeß, das durch seinen Bezug auf die stets präsenten Möglichkeiten fehlerhaften Handelns, die den Menschen in den Naturzustand zurückstürzen lassen würden, implizit Handlungsanweisungen zur Vermeidung dieser Fehler gibt:

Quanquam autem in tali statu et quidem extremo ejus gradu universum genus

---

[29] De Officio Hominis et Civis, B. II, K. I, § 4; s. auch De Jure Naturae et Gentium, B. II, K. II, § 2.

[30] Pufendorf, Specimen Controversiarum, in: Eris Scandica, 219 f.

[31] De Jure Naturae et Gentium, B. II, K. II, § 2.

[32] De Statu Hominum Naturali, § 5, 592.

[33] De Statu Hominum Naturali, § 5, 592 f. Pufendorf bezeichnet diesen Zustand, aufgrund des zivilisatorischen Vorwissens, das der Schiffbrüchige aus seiner Heimat mitbringt, jedoch schon als einen unvollkommenen Grad des Naturzustands

humanum simul et semel nunquam extiterit; haut abs re tamen est eundem hoc modo velut delineari, non solum ut intelligamus, quam multa bona homines hominibus debeant, eoque ad Φιλανϑρωπίαν et socialitatem disponantur; sed etiam quia unus et alter peculiari casu revera in eum penitus, aut in aliquem ejusdem gradum devolvi potest[34].

Trotz seiner abstrakten Fassung ist der perfekte Naturzustand keine ungeschichtliche Konstruktion. Schon die Tatsache der Abstraktion, die von Pufendorf immer wieder betont wird, deutet auf ein reflektiertes historisches Bewußtsein, das seiner Konzeption zugrunde liegt. Denn Abstraktion in einen vorhistorischen Zustand hinein, als bewußter Gegensatz gegen zivilisierte gesellschaftliche Zustände, erscheint erst möglich, wenn die eigene gesellschaftliche Existenz historisch reflektiert und nicht mehr als naturwüchsig akzeptiert wird.

Der bewußte Gegensatz zum Kulturzustand gibt allen Pufendorfschen Schilderungen des Naturzustands eine charakteristische historische Perspektive, die zugleich aufgrund ihres logischen Status und ihrer anthropologischen Determinanten eine bestimmte Sicht von Inhalt, Form und Richtung des Geschichtsverlaufs impliziert:

Quem statum [naturalem] miserrimum esse propter pauperiem, incultum, inscitiam atque infirmitatem pronunciavimus, si cum eo comparemus commoditates, quae postea ope aliorum hominum aut propriam per industriam nobis accedunt[35].

Auf eine kurze Formel gebracht beschreibt Pufendorf das Verhältnis in „De Officio Hominis et Civis" folgendermaßen:

Status naturalis opponitur vitae per industriam hominum excultae[36].

Der Naturzustand selbst gibt als menschliche Grenzsituation keinen empirisch faßbaren historischen Ort an. Er ist eine praktisch absurde Konstruktion, doch von erheblicher theoretischer Relevanz, insofern als er gleichsam den historischen Nullpunkt angibt, von dem alle zivilisatorische Entwicklung auszugehen hat. Infolge der in ihm angelegten anthropologischen Grundbefindlichkeiten ist er der logische, für alle Menschen gültige Ausgangspunkt von Vergesellschaftung und Geschichte, der jedoch niemals empirisch existent sein kann, da er mit der Annahme der aktiven Existenz mehrerer Menschen als Nullpunkt auch schon immer überschritten ist. Der grundlegende logisch-historische Stellenwert dieses Zustands ergibt sich auch daraus, daß Pufendorf mehrfach betont, daß es bei Annahme eines „status naturalis in se" sicher sei, daß die Geschichte der Menschheit aus dieser Situation angefangen habe:

si concipiamus animo hominem sibi soli plane relictum citra omne subsidium humanum post nativitatem ipsi accedens, ac citra omnia inventa humana, queis necessitates aut commoditates hominum sublevantur et promoventur; et ita quidem, ut ponamus hominem non amplioribus animi corporisque

---

[34] De Statu Hominum Naturali, § 5, 592; S. auch ebda., § 23, 629 ff.
[35] Specimen Controversarium, in: Eris Scandica, 219.
[36] De Officio Hominis et Civis, B. II, K. I, § 4.

4*

dotibus instructum, quam nunc in eo nulla praevia cultura deprehendun-
tur . . . Hac igitur duce satis liquido colligere posse, humanum genus non extitisse ab aeterno, sed aliquando initium cepisse[37].

Noch deutlicher bestimmt Pufendorf in „Eris Scandica" die anthropologischen
Faktoren, die den Naturzustand zum Ausgangspunkt menschlicher Geschichte
machen. Wichtig erscheint hier vor allem, daß Pufendorf seine Anschauung vom
Anfang der Geschichte unter bewußtem Absehen von der biblischen Überlieferung konzipiert und den Übergang vom Naturzustand zum historischen Zustand der Menschheit rein weltimmanent erklärt. Der Mensch löst sich nach
Pufendorf aus der von „miseria" und „inopia" bestimmten Situation des Naturzustands zwar aufgrund der von Gott gestifteten menschlichen Eigenschaften,
doch nicht durch direkten göttlichen Eingriff, sondern durch die Tätigkeit des
Menschen selbst:

> si quis abstrahat a cognitione ex sacris literis hausta, et super originibus gene-
> ris humani ex solo rationis lumine meditari incipiat; id sane primo deprehen-
> dit, genus humanum non extitisse ab aeterno, sed aliquando initium cepisse,
> et quidem orbe terrarum iam existente. Inde ulterius progrediendo alterutr-
> um praesupponere cogitur, primos illos homines vel infantes fuisse cum pri-
> mum existerent, vel justa jam statura praeditos. Utrisque colligit tanta mise-
> ria et inopia fuisse conflictandum, ut pereundem ipsis iterum fuerit, nisi Deus
> peculiarem eorum curam egisset, quousque eo provecti forent, ut invento
> adparatu aliquo vitae, et juncta atque communicata ope suae indigentiae
> succurrere didicissent. Et ad hoc colligendum inducit primaeva mortalium
> indigentia et *imbecillitas*, i. e. quam indigi jam sint homines et imbecilles,
> quando recens nascuntur[38].

Als Schlüsselbegriff zur Charakterisierung der Ausgangssituation des Menschen im Naturzustand dient Pufendorf der Terminus „imbecillitas". Die Bedeutung dieses Begriffs für seine Sozialphilosophie erscheint deshalb so grundlegend, weil in ihm sowohl eine neue Sozialisationstheorie wie eine neue Anschauung der Geschichte impliziert sind.

Durch „imbecillitas" ist die für jeden Menschen relevante existentielle Grund-
situation gekennzeichnet, die dann eintritt, wenn er sich außerhalb des gesellschaftlich-historischen Lebenszusammenhangs stellt. „Imbecillitas" markiert aufgrund dieser allgemeinen Relevanz auch die historisch-gesellschaftliche Ursprungssituation der Menschheit als Gattung. Der Mensch im Naturzustand der
„imbecillitas" erscheint als Bedürfnis- und Mängelwesen, das, um zu überleben,
zu eigener Arbeit gezwungen ist. Zugleich ist er auf die gesellschaftliche Reproduktion seiner Lebensbedürfnisse in der Gattung verwiesen, denn die Erhaltung
des individuellen Lebens durch Arbeit ist nach Pufendorf in effektiver und
rationaler Form nur gesellschaftlich, durch Arbeitsteilung und den Austausch
von Arbeitsprodukten auf dem Markt möglich. Die Vergesellschaftung des

---

[37] De Statu Hominum Naturali, § 4, 589.
[38] Specimen Controversarium, in: Eris Scandica, 222 (Hervorh. H. M.).

Menschen ergibt sich so als direkte Konsequenz aus dem Zwang zur Aufhebung des Naturzustands, der durch die Mängel- und Bedürfnisnatur des Menschen gegeben ist:

cupido a miseria status istius naturalis quam longissime discedendi *societatem* inter homines non parum promovit, instituta communicatione rerum ad vitae culturam facientium; per quam omnibus inventa et elaborata velut in medium conferuntur, et cujuslibet industria universis emolumento cedit; cum alias exiguum valde sit, quod unius hominis ingenium invenire, aut industria elaborare citra aliorum auxilium queat. Cui fini in genere humano receptum per informationem priorum inventa in alios transfundere, operas sociare, commercia exercere, domicilia conjungere, congressus celebrare. Ut tamen societates civiles instituerentur, ad hunc quidem finem adeo necessarium non videtur, cum et discere quid ab aliis, et operas communicare, et res permutare liceat cum illis, qui commune nobiscum imperium non agnoscunt[39].

Aber auch der Inhalt des historischen Prozesses, der den Menschen vom Naturzustand zum Kulturzustand führt, wird durch die Antriebe der Mängel- und Bedürfnisnatur bestimmt. Der Versuch zur Überwindung der „imbecillitas" gestaltet sich notwendig als ein historischer Vorgang, da er dauerhaft und gesamtgesellschaftlich nur auf dem Weg der systematischen Tradierung technischer und zivilisatorischer Fertigkeiten innerhalb der Gattung von Generation zu Generation möglich ist. Der in Gesellschaft lebende Einzelne muß, um nicht in die Ausgangssituation des „status naturalis in se" zurückzufallen, immer auf der gattungsgeschichtlichen Erfahrung aufbauen. Er ist gleichsam ein historisch-gesellschaftliches Wesen. Bei seinem Versuch, aus dem selbst auf einer hohen Zivilisationsstufe für ihn potentiell stets gegenwärtigen Naturzustand herauszukommen, ist er auf den historischen Bestand an gesellschaftlich erarbeiteten Informationen und bewährten Verhaltensregeln seiner Gattung angewiesen. Als aktiv in der Gesellschaft Handelnder ist er aber zugleich immer auch Vermittler dieser sozial produzierten historischen Erfahrung[40].

---

[39] De Statu Hominum Naturali, § 6, 597. (Hervorh. H. M.).

[40] S. neben dem vorhergehenden Zitat, De Statu Hominum Naturali, § 4, 590 ff. und bes. § 5, 594 ff. Besonders interessant und wegweisend ist hier die Verwertung völkerkundlicher Zeugnisse und die parallele kritische Interpretation des alten Testaments als einer völkerkundlichen Quelle. Pufendorf geht von einer identischen historischen Ursprungssituation aller Zivilisationen aus, sowohl der griechischen wie der primitiven Kulturen seiner Zeit. Den frühen Gebrauch von Feuer und Eisen bei Adam und seinen Söhnen hält er nur auf dem Weg direkter göttlicher Eingebung für möglich und erklärbar, da es sonst der „Erfahrung" eines sehr viel längeren Zeitraums, von der Existenz der ersten Menschen an gerechnet, bedurft hätte, um die entsprechenden Erfindungen zu machen. Um die Aussagen des alten Testaments nicht mit seinen historischen und völkerkundlichen Zeugnissen in Widerspruch zu bringen, erklärt Pufendorf sie als irrelevant, indem er ein allmähliches Vergessen des Zivilisationsstands der biblischen Stammväter annimmt und von daher einen generellen neuen historisch-gesellschaftlichen Anfang aus der Situation des Naturzustands für alle Zivilisationen behauptet. Allein wichtig ist in unserem Zusammenhang, daß bei allen von Pufendorf angeführten völkerkundlichen Zeugnissen der Aspekt des „historischen Ler-

Die Vergesellschaftung des Menschen wie der Inhalt der Geschichte, die sich beide aus der dem Menschen notwendigen Transzendierung des „status naturalis in se" ergeben, erscheinen so bei Pufendorf als entscheidend von den Zwängen des materiellen Reproduktionsprozesses der Gattung Mensch bestimmt. Eine bestimmte Sicht der menschlichen Natur impliziert so auch eine bestimmte Anschauung von den Ursachen der Vergesellschaftung und vom Inhalt des Geschichtsprozesses: Der durch seine „imbecillitas" zur Auseinandersetzung mit der Umwelt veranlaßte Einzelne steht für sich selbst vor immanenten Leistungsschranken, die er nur gesellschaftlich und historisch überschreiten kann. Die Gesellschaft ist als auf Arbeitsteilung und kommerziellem Austausch beruhendes „System der Bedürfnisse" immer auf historische Vorleistungen der Gattung angewiesen. Als Funktion der Geschichte ergibt sich daher die Rekapitulation der typischen zivilisatorisch-technischen Erfahrungen der Gattung. In bewußtem Absehen von der biblischen Überlieferung erkennt Pufendorf die Menschen selbst als die Autoren ihrer Geschichte. Die Kontinuität der Geschichte erklärt sich als die eines weltimmanenten gesellschaftlichen Handlungszusammenhangs. Ihr Inhalt wird weniger von den Menschen als bewußten Subjekten gestaltet, sondern verläuft als ein kollektiver Lernprozeß mit naturwüchsiger Notwendigkeit auf der Basis des Reproduktionsprozesses der Gattung.

Der „status naturalis in ordine ad alios homines", der zweite Hauptaspekt der Pufendorfschen Darstellung des Naturzustands, behandelt nicht, wie auf den ersten Blick zu vermuten wäre[41], die Struktur der gesellschaftlichen Beziehungen, die sich unmittelbar aus dem im „status naturalis in se" angelegten System der Bedürfnisse ergeben. Logisch geht er als ein Zustand fiktiver Vereinzelung von den gleichen Voraussetzungen aus wie der „status naturalis in se", doch ist er inhaltlich nicht als Gegensatz zum sozial-technisch-zivilisatorisch entwickelten Kulturzustand angelegt, sondern als ein Erklärungsmodell für die politisch-rechtliche Struktur der „societas civilis". Als ein solches fingiert er den Zustand herrschaftsfreier Vereinzelung des Menschen oder solcher menschlichen Gruppen, die bei Pufendorf als moralische Personen gelten[42], und stellt die rechtlich-politischen Konsequenzen dar, die sich unter Voraussetzung der Trieb- und Bedürfnisnatur hieraus ergeben:

nens" vorteilhafter Verhaltensorientierungen in der Auseinandersetzung mit der natürlichen Umwelt im Vordergrund steht.

[41] Ohne die Verdienste der Untersuchung I. Fetschers schmälern zu wollen, muß doch auf die erheblichen Mängel seiner Interpretation des Naturzustands bei Pufendorf hingewiesen werden. Sein rein deskriptives Verfahren und seine schmale Quellenbasis — er benutzt lediglich De Jure Naturae et Gentium — erweisen sich besonders im Falle der Darstellung des „status naturalis in ordine ad alios" als unzureichend. Fetscher sieht hier lediglich die Beziehung zu anderen Menschen thematisiert und erhebt einen der Gesichtspunkte Pufendorfs bei der Untersuchung des „status naturalis in ordine ad alios", die Frage, ob dieser ein Kriegs- oder Friedenszustand sei (behandelt in De Jure Naturae et Gentium B. II, K. II, § 5—12), zum Hauptproblem. Fetscher, Der gesellschaftliche Naturzustand, 11, 18 f.

[42] Zum Begriff der moralischen Person bei Pufendorf s. Welzel, Naturrechtslehre, 29.

Tertio modo statum hominis naturalem consideramus, prout intelliguntur
homines sese invicem habere ex nuda illa et communi cognatione, quae ex
similitudine naturae resultat ante pactum aliquod aut factum humanum, quo
peculiariter unus alteri redditus fuit obstrictus. Quo sensu in statu naturali
invicem vivere dicuntur, qui neque communem habent dominum, et quorum
unus alteri non est subjectus, quique inter se neque beneficio neque injuria
sunt cogniti. Quo sensu status naturalis *opponitur statui civili*[43].

Auch bei Ableitung der Rechte und Pflichten des Einzelnen aus dem Naturzustand im „status naturalis in ordine ad alios" ist die menschliche „imbecillitas" Ausgangspunkt und Eckstein der Argumentation Pufendorfs, wenn als
selbstverständliche Voraussetzung auch oft unausgesprochen. In seiner frühen
Schrift „Elementorum Jurisprudentiae Universalis" (1660) hatte er sein Natur-
rechtssystem noch auf dem Versuch einer Synthese der Prämissen von Hobbes
und Grotius aufgebaut. Rechte und Pflichten leitete er hier aus dem unvermit-
telten Nebeneinander zweier angeborener Triebe (inclinationes), des Triebs zur
Selbsterhaltung (übernommen von Hobbes) und des Triebs zur Gesellschaft
(übernommen von Grotius im Gefolge der stoischen Tradition), ab[44]. In den später verfaßten beiden großen Naturrechtsschriften gelingt es Pufendorf, materiell durch die Einführung des Prinzips der „imbecillitas" und in engstem Zusammenhang damit methodisch durch den Kunstgriff der Naturzustandstheorie,
die in seinem Frühwerk nicht vorkommt, Selbsterhaltungstrieb und Sozialprin-
zip, Rechte und Pflichten des Einzelmenschen in einen unmittelbaren Zusammenhang zu bringen.

Pufendorf stellt den „status naturalis in ordine ad alios" zunächst als einen
Zustand individueller Rechte dar. Unter der Voraussetzung der herrschaftsfreien Vereinzelung des Menschen in einem hypothetischen Naturzustand ergeben sich diese Rechte als unmittelbare Handlungsorientierung aus der Triebnatur des Menschen, insbesondere aus seinem Selbsterhaltungstrieb. Rechtlich-
moralisch erscheint der Naturzustand hiernach als ein „status naturalis libertatis", in dem als oberstes Recht das Prinzip der Selbsterhaltung gilt:

Quae jura porro statum hominis naturalem comitentur, facile colligi potest
tum ex inclinatione illa, omnibus animantibus communi, qua non possunt non
ad conservationem sui corporis, vitaeque; nec non ad dispellenda ea, quae
eandem destruere videntur, omnibus modis incumbere: tum quod in eo qui
tegunt statu nullius hominis imperio sunt subjecti. Ex priori enim consequitur,
quod in naturali statu constituti possint omnibus in medio positis, uti, frui,
omniaque adhibere, et agere, quae ad conservationem sui faciunt, in quantum
aliorum jus inde non laeditur. Ex posteriori autem, quod iidem sicuti propriis
viribus, itaque proprio judicio atque arbitrio ad legem tamen naturalem for-
mato, utantur ad procurandam sui defensionem, atque conservationem. Atque

---

[43] De Officio Hominis et Civis, B. II, K. I, § 5 (Hervorh. H. M.).
[44] Elementorum Jurisprudentiae Universalis, Den Haag 1660, B. II, K. III und IV.
Näheres bei Krieger, Politics of Discretion, 105 und Welzel, Naturrechtslehre, 41.

hoc quoque respectu ille status nomine naturalis libertatis venit, dum quilibet citra antegressum humanum factum sui juris potestatisque, ac nullius alterius hominis potestati subjectus esse intelligitur. Quo ipso etiam quivis cuivis alteri, cui neque ipse subjectus est, neque eundem sibi subjectum habet, aequalis habetur[45].

Pufendorf leitet hier zwar das Recht auf Selbsterhaltung unmittelbar (consequitur) aus der menschlichen Bedürfnisnatur ab, doch ist die Verwirklichung dieses Rechts in der Situation des abstrakt im „status naturalis" isolierten Individuums weder möglich noch sinnvoll. Um die Verwirklichung des Triebs als Recht zu erreichen, ist es für das Individuum nötig, den Rahmen seiner Individualität zu sprengen und bestimmte, ihm durch seine Bedürfnisnatur vorgegebene soziale Beziehungen einzugehen. Diese Notwendigkeit schlägt sich auf der Ebene der im „status naturalis in ordine ad alios homines" thematisierten reinen Rechtsverhältnisse nur indirekt in einer charakteristischen Zuordnung von individuellen Rechten und sozialen Pflichten nieder. Was die spezifische Begründung der Normen angeht, so zeigt sich hierbei, daß für Pufendorf auch alle Rechtsverhältnisse auf der anthropologischen Fundamentalprämisse der „imbecillitas" basieren. Denn auch seine Ableitung der natürlichen Rechte und Pflichten aus der Situation des „status naturalis in ordine ad alios" gründet in entscheidendem Maße auf den Sozialisationszwängen, die durch die menschliche Bedürfnis- und Mängelnatur gegeben sind. Im Naturzustand „ad alios" wird die von der Bedürfnisnatur bewirkte gesellschaftliche Disposition der als isoliert fingierten Rechtspersonen im allgemeinen von Pufendorf einfach vorausgesetzt. Denn reine Rechtsbeziehungen auf der einen Seite, wie sie in dieser Form des Naturzustands dargestellt werden, und die Auswirkungen der menschlichen Bedürfnisnatur in einer aktuellen gesellschaftlichen Konstellation auf der anderen Seite markieren für Pufendorf zwei verschiedene Ebenen der Realität, die einerseits qualitativ so unterschieden sind, daß in der Darstellung der einen die andere nicht zum Vorschein kommen muß, die andererseits aber trotzdem in einer charakteristischen und als selbstverständlich vorausgesetzten Interdependenz stehen.

Pufendorf deutet diesen Zusammenhang an einer Stelle des Kapitels über den Naturzustand in „De Jure Naturae et Gentium" an, wenn er auf die seiner Ansicht nach falschen Schlußfolgerungen einiger nicht näher bezeichneter Naturrechtstheoretiker zu sprechen kommt, die aus der Tatsache der abstrakten Isolation der Individuen im reinen Naturzustand „ad alios" auf deren notwendigen gesellschaftlichen Antagonismus schließen:

Nam status naturalis et vita socialis sibi proprie non opponuntur; cum etiam illi qui in statu naturali vivunt, socialem invicem vitam agere possint, debeantque, et saepe numero soleant[46].

---

[45] De Jure Naturae et Gentium, B. II, K. II, § 3; s. auch De Officio Hominis et Civis, B. II, K. I, § 8.

[46] De Jure Naturae et Gentium, B. II, K. II, § 5.

Die Rechtsverhältnisse der per definitionem durch keinen politischen Konnex zusammengehaltenen Individuen im Naturzustand ergeben sich als Resultante aus der von ihrer Bedürfnisnatur schon vorgängig bewirkten sozialen Disposition und dem Kalkül der „recta ratio"[47]. Nur deshalb ist der „status naturalis in ordine ad alios" überhaupt ein Zustand „ad alios". Nur von diesen Voraussetzungen aus erhält er seinen Rechtscharakter als ein prinzipieller Friedenszustand in immer wieder hervorgehobenem Gegensatz zum Naturzustand des Hobbes[48]. Deutlich wird der Zusammenhang zwischen „imbecillitas", Selbsterhaltungstrieb, Sozialisationszwang und dem sozialen Charakter des Pufendorfschen Naturrechts bei der Ableitung der obersten naturrechtlichen Pflicht. Diese ergibt sich als Gebot der „socialitas" aus dem rationalen Kalkül des vom Selbsterhaltungstrieb motivierten Individuums auf seine Situation der „imbecillitas":

Praeter hunc amorem sui studiumque seipsum omnibus modis conservandi, deprehenditur quoque in homine summa imbecillitas atque naturalis indigentia, ut si homo solus absque ullo auxilio per alios homines accedente, in hoc orbe destitutus concipiatur, vita ipsi in poenam data videri possit. Manifestum quoque est, post divinum Numen homini non plus subsidii atque solatii posse accedere quam ab aliis hominibus ... Ex hisce positis facile est fundamentum legis naturalis invenire. Scilicet manifesto adparet, hominem esse animal sui conservandi studiosissimum, per se egenum, sine sui similium auxilio servari ineptum, ad mutua commoda promovenda maxime idoneum; idem tamen saepe malitiosum, petulans et facile irritabile, ac ad noxam inferendum promtum, ac validum. Eiusmodi animali, ut salvum sit, bonisque fruatur, quae in ipsius conditionem heic cadunt, *necessarium est ut sit sociabile,* id est, ut coniugi cum sui similibus velit, et adversus illos ita se gerat, ut ne isti ansam accipiant eum laedendi, sed potius rationem habeant eiusdem commoda servandi, aut promovendi ... Inde fundamentalis lex naturae isthaec erit: *cuilibet homini, quantum in se, colendam et conservandam esse pacificam adversus alios socialitatem indoli et scope generis humani in universum congruentem*[49].

Pufendorf unterscheidet zwei Varianten des „status naturalis in ordine ad alios homines": den „status merus aut absolutus" und den „status naturalis qui revera existit" oder „status [naturalis] temperatus"[50]. Während es Pufendorf

---

[47] Zur Rolle der „ratio", deren spezifische Bedeutung bei der Ermittlung der Regeln des Naturrechts aus dem Naturzustand in der Einschätzung der Erfolgsaussichten alternativer triebmotivierter Handlungsstrategien gesehen wird, s. De Jure Naturae et Gentium, B. II, K. II, §9 und ebda., B. II, K. III, § 18, wo Pufendorf die Räson der „socialitas" nochmals klar auf den Eigenvorteil begründet.

[48] Praktisch sind alle Abschnitte des Naturzustandskapitels in De Jure Naturae et Gentium ab B. II, K. II, § 5 eine differenzierende und abwägende Auseinandersetzung mit Hobbes.

[49] De Jure Naturae et Gentium, B. II, K. III, § 14 und 15; s. auch De Officio Hominis et Civis B. I, K. III, § 8 und 9 (Hervorh. H. M.).

[50] De Officio Hominis et Civis, B. II, K. I, § 6 und De Jure Naturae et Gentium, B. II, K. II, § 4 und § 7.

mittels des oben dargestellten absoluten Naturzustands unternimmt, ausgehend von der Vorstellung einer fiktiven Vereinzelung triebgesteuerter und zugleich vernunftbegabter Individuen, natürliche Rechte und Pflichten als deren optimale Verhaltensweisen zu konstruieren, versucht der „status naturalis qui revera existit", die aktuellen gesellschaftlichen und historischen, und nicht die potentiell in einer Rechtskonstruktion vorweggenommenen Auswirkungen der Mängel- und Bedürfnisnatur des Menschen mit der formalen Definition des Absoluten Naturzustands als eines Rechtszustands souveräner Individuen zur Deckung zu bringen. Auf diese Weise wird der in der Darstellung des reinen Naturzustands „ad alios" nur mittelbar gegebene Zusammenhang zwischen Anthropologie und den Normen sozialen Verhaltens in der Konzeption des „wirklichen" Naturzustands historisch demonstriert und zugleich einer spezifischen politischen Absicht dienstbar gemacht.

Erst in der Darstellung des wirklichen Naturzustands werden sowohl die unbewußten sozialen Voraussetzungen (Patriarchalismus) wie die bewußten politischen Vorentscheidungen (Absolutismus) der Naturrechtstheorie Pufendorfs sichtbar. Schon deshalb ist die Konzeption des „status naturalis qui revera existit" von zentralem Erkenntniswert. Der qualifizierte Naturzustand wird von Pufendorf folgendermaßen definiert:

status naturalis, qui revera existit, id habet, ut quis cum aliquibus hominibus peculiari societate jungatur; cum reliquis autem omnibus nihil praeter speciem humanam obtineat commune, nec alio nomine quidquam ipsis debeat. Qualis status jam inter diversas civitates ac cives diversarum rerum publicarum existit, et quondam inter patresfamilias segreges obtinebat[51].

Der „status naturalis qui revera existit" ist dadurch charakterisiert, daß in ihm einerseits die aus der Bedürfnisnatur des Menschen resultierende soziale Disposition, also das Moment natürlicher Vergesellschaftung wirksam ist. Andererseits eignet den gesellschaftlichen Einheiten zugleich aber auch schon immer ein bestimmtes herrschaftliches Moment, das sowohl in der Vaterschaft der „patresfamilias segreges" wie der Herrschaft der politischen Souveräne der „diversas civitates" als natürlich gegeben hingestellt wird. Pufendorf fügt durch die Darstellung des wirklichen Naturzustands der schon in seiner Konzeption des „status naturalis in se" angelegten Geschichts- und Gesellschaftstheorie das Herrschaftsmoment ein, indem er die verschiedenen, zunächst widersprüchlich erscheinenden Modifikationen des „status naturalis qui revera existit" als aufeinanderfolgende Stadien in einem einheitlichen historischen Prozeß, einer „Naturgeschichte" der menschlichen Gesellschafts- und Herrschaftsformen begreift. Die Spannweite dieser verschiedenen historischen Stadien des Naturzustands reicht von der Situation der über die Erde verstreuten patriarchalisch verfaßten Großfamilien bis zur Koexistenz der (souveränen) „societates civiles":

Manifestum quippe est universum genus humanum nunquam simul et semel

---

[51] De Officio Hominis et Civis, B. II, K. I, § 6. Weitere wichtige Definitionen De Jure Naturae et Gentium, B. II. K. II, § 4 und ebda, § 7.

in statu naturali extitisse [d. h. im absoluten Naturzustand!]. Qui enim ex protoplastis geniti erant, ex quibus quidquid est mortalium originem ducit, prout divinae tradunt scripturae, eidem potestati patriae subjecti erant. Neque tamen eo minus postea status hicce naturalis inter quosdam homines emersit. Nam primi mortalium, ut orbem adhuc vastum implerent, et laxiorem sibi suisque pecoribus habitationem quaererent, relictis laribus paternis in diversa discesserunt, suamque sibi fere singuli mares familiam constituerunt. Inter quorum posteros itidem sese dispergentes, peculiare cognationis vinculum, et ortus inde affectus, paulatim excolevit, et commune tantum illud, ex similitudine naturae resultans, remansit. Donec postea, cum genus humanum insigniter fuisset multiplicatum, deprehensis vitae segregis incommodis, paulatim proximi quique cohabitantes in civitates coivere, minores primo, dein majores, ex pluribus minoribus ultro aut per vim coalitis. Quas inter civitates utpote nullo alio, quam communis humanitatis vinculo junctas, status naturalis utique existit[52].

Um das Herrschaftsmoment als integralen Bestandteil der Existenz auch der kleinsten sozialen Einheit „ex origine" zu erweisen, läßt Pufendorf seine Naturgeschichte charakteristischerweise nicht bei dem von ihm bereits theoretisch bestimmten historischen Nullpunkt beginnen, dem reinen „status naturalis in se"[53], sondern mit der Existenz Adams und Evas. Jedoch schildert er im Gegensatz zur stoisch-christlichen Tradition der Moralphilosophie seiner Zeit die Ursprungssituation der ersten Menschen nicht als Paradieszustand oder goldenes Zeitalter[54]. Sie ist vielmehr gekennzeichnet durch die Herrschaft Adams und durch einen Zustand absoluten Mangels, der die ersten Menschen zur Arbeit und sofortigen Vergesellschaftung zwingt[55]. Pufendorf benutzt also die christliche Tradition lediglich insoweit, als sie ihm zur sakralen Legitimation eines von seinem theoretischen Ansatz her nicht zu begründenden Herrschaftsverhältnisses notwendig erscheint. Die übrigen Charakteristika der ursprünglichen Situation der biblischen Stammeltern sind in Pufendorfs Darstellung diejenigen des von ihm theoretisch und methodisch ermittelten reinen „status naturalis in se": die menschliche „imbecillitas" und die durch sie bewirkte aktive Haltung des Menschen gegenüber seiner natürlichen Umwelt sowie seine soziale Disposition im Verhältnis zu seinen Mitmenschen[56]. So wird auch als das dynamische Agens hinter der naturgeschichtlichen Entwicklung, die aus der ursprünglichen Situation der ersten beiden Menschen hervorgeht, die aktive Reaktion der Mängel- und Bedürfnisnatur des Menschen auf seine äußere Situation der Kargheit her-

---

[52] De Officio Hominis et Civis, B. II, K. I, § 7.
[53] Hierzu o. 49 ff.
[54] Dies eine der wesentlichsten Fragen in der Auseinandersetzung Pufendorfs mit seinem Lunder Kollegen Josua Schwartz, s. in: Specimen Controversarium, in: Eris Scandica, 220 ff.; zu dieser Frage auch allgemein De Statu Hominum Naturali, § 3, 587 ff.
[55] De Jure Naturae et Gentium, B. II, K. II, § 7.
[56] S. o. 49 ff.

vorgekehrt[57]. Hieraus wird sowohl die Entstehung komplexerer sozialer Zusammenhänge wie auch das Fortschreiten der naturgeschichtlichen Entwicklung
abgeleitet[58].

Als zweite Stufe der Entwicklung der Menschheit bildet sich so notwendig ein
Zustand der in der Welt verstreuten patriarchalisch organisierten Familien heraus, da die Subsistenz der ersten menschlichen Gruppe an einem einzigen Ort
mit der Vermehrung ihrer Mitglieder nicht mehr gesichert ist. Die Vaterherr-
schaft Adams über seine Söhne macht der Herrschaft der Söhne über ihre Familien Platz, wobei die Söhne untereinander sich jedoch in einem Zustand natürlicher Freiheit befinden. Pufendorf charakterisiert diesen Zustand der verstreuten patriarchalisch verfaßten Familien (einschließlich der Sklaven) als denjenigen, der dem reinen Naturzustand am nächsten kommt[59]:

> ab initio ideo societates in genus humanum introductae ... quia genus huma-
> num aliter propagari et servari nequibat. Status autem naturalis inde emer-
> sit, quod multiplicati homines una societate non amplius continerentur[60].

Aber auch die Situation der „patresfamilias segreges“ bleibt ein Zustand
materiellen Mangels und existentieller Gefährdung; einerseits wegen der zivilisatorischen Nachteile, der „incommoda vitae segregis“[61], die sich insbesondere
bei der naturwüchsigen Vermehrung der Menschheit durch einen zu kleinen
Nahrungsspielraum bemerkbar machen und die nur durch eine Intensivierung
der Kommunikation und durch Arbeitsteilung zu überwinden sind[62]; andererseits und vor allem aufgrund der beständigen Unsicherheit, der Gefahr der Verletzung des Friedens, in der die Menschen, bedingt durch die moralische Schwä-
che ihrer Mitmenschen („pravitas“), stehen. Die ungestörte gesellschaftliche Reproduktion der Lebensbedürfnisse in sozialen Einheiten, die über die Großfamilie hinausgehen, die Rechtsgleichheit sowie die Einhaltung von Verträgen
und anderen rechtlichen Verpflichtungen[63] sind erst durch die Etablierung einer
souveränen Gewalt in der „societas civilis“ gewährleistet. So bildet sich mit
logischer Notwendigkeit als dritte Stufe der natürlichen Entwicklung der
Menschheit die „societas civilis“, in der die Bürger zugunsten ihrer Sicherheit

---

[57] De Jure Naturae et Gentium, B. II, K. II, § 7.

[58] De Jure Naturae et Gentium, B. II, K. II, § 7; s. auch De Officio Hominis et
Civis, B. II, K. I, § 7.

[59] Es erscheint vor allem deshalb wichtig zu betonen, daß Pufendorf den Zustand
der verstreuten patriarchalischen Familien als den am meisten mit dem reinen Naturzustand identischen bezeichnet, weil sich hierin deutlich zeigt, daß das Rechtssubjekt,
welches er auch in seiner Darstellung des reinen Naturzustands „ad alios“ vor Augen
hat, der pater familias ist. Dieser und nicht die Situation absoluter Vereinzelung
menschlicher Individuen bildet die Basis seiner politischen Theorie. Der Individualismus Pufendorfs basiert so zumindest unbewußt auf traditionellen Sozialvorstellungen.

[60] De Jure Naturae et Gentium, B. II, K. II, § 7.

[61] De Officio Hominis et Civis, B. II, K. I, § 7.

[62] Hierzu De Statu Hominum Naturali, § 6, 597.

[63] Pufendorf legt großen Wert auf diesen Aspekt und widmet der mangelnden Gewährleistung der Vertragstreue im Naturzustand in De Officio Hominis et Civis einen
besonderen Abschnitt, s. B. II, K. I, § 10.

und ihres materiellen Wohlergehens auf ihre natürliche Freiheit verzichten. Im Naturzustand befinden sich auf dieser höchsten Stufe der Entwicklung der Menschheit nur noch die Souveräne:

Atque isthoc modo temperatus hicce status, inter eos maxime, qui in civitates coiverunt illis quidem incommodis caret, quae mero statui naturali adhaerent; et insuper amplissimi inter mortales fastigii instar habetur, totius civitatis viribus subnixum, inhisce terris neminem superiorem agnoscere. Sic ut civitates earumque rectores statum suum eximie libertatis naturalis nomine insignire queant, quippe qui istis viribus sunt succincti, ut eam secure exercere queant. Cum illis, qui in statu mere naturali singuli degunt, parum laetabile aut utile sit, neminem habere superiorem; quippe queis per propriarum virium tenuitatem salus sua perpetuo in ancipiti haeret[64].

Die Ausübung der Herrschaft durch die Souveräne allerdings wird auf dieser Stufe der naturgeschichtlichen Entwicklung von Pufendorf auf eine neue Legitimationsbasis gestellt. Sie wird nicht mehr als naturwüchsig und traditional gegeben angesehen, wie die „patria potestas" Adams und der Patriarchen, sondern legitimiert sich aus rationaler Notwendigkeit durch ihre Schutzfunktion für den gesellschaftlichen Zusammenhang.

Hierbei ist es von zentraler Bedeutung, daß Pufendorf die Struktur der über die patriarchalische Familie hinausgehenden gesellschaftlichen Beziehungen in der „societas civilis" ganz von einem an Arbeitsteilung und kommerziellem Austausch orientierten Gesellschaftsmodell her begreift und er diesen gesellschaftlichen Beziehungen eine spezifische Priorität vor der Bildung der politisch verfaßten „societas civilis" zuerkennt. Diese Priorität ist mehr logischer als historischer Natur. „Operas sociare, commercia exercere, domicilia coniungere, congressus celebrare" sind direkte Resultanten des Versuchs der Aufhebung menschlicher „imbecillitas", während sich die Legitimation der souveränen Staatsgewalt nur indirekt von daher ergibt, daß sie dieser, ihrer Grobstruktur nach bürgerlichen Gesellschaft „securitas" gewährt und ihr dadurch die Möglichkeit bietet, „citra impedimentum operi incumbere et industriae suae fructum securius capere"[65].

Logisch geht der über die Familie hinausreichende Sozialisationsprozeß der

---

[64] De Jure Naturae et Gentium, B. II, K. II, § 4.

[65] Die bisher von keiner mir bekannten Interpretation Pufendorfs berücksichtigte zentrale Passage in Pufendorfs Schrift über den Naturzustand sei ihrer Wichtigkeit halber ausführlicher zitiert (der hier ausgelassene Text ist aufgeführt o. 53): „cupido a miseria status istius naturalis quam longissime discedendi societatem inter homines non parum promovit... Cui fini in genere humano receptum per informationem priorum inventa in alios transfundere, operas sociare, commercia exercere, domicilia coniungere, congressus celebrare. Ut tamen societates civiles instituerentur, ad hunc quidem finem adeo necessarium non videtur, cum et discere quid ab aliis, et operas communicare, et res permutare liceat cum illis, qui commune nobiscum imperium non agnoscunt. Ex consequenti tamen per civitates cultus vitae insigniter promovetur, dum per eas civibus praestatur securitas, ut et citra impedimentum operi incumbere, et industriae suae fructum securius capere queant." De Statu Hominum Naturali, § 6, 597.

Etablierung der souveränen Staatsgewalt voraus. Diese erscheint als rationales Erfordernis erst aufgrund der Disparitäten des gesellschaftlichen „Systems der Bedürfnisse", das seiner inhaltlichen Charakterisierung nach als eine arbeitsteilige bürgerliche Handels- und Tauschgesellschaft erscheint.

Erst in Pufendorfs Darstellung des „wirklichen" Naturzustands erscheint das, was er zu Beginn seiner Abhandlung über den Naturzustand als Programm formulierte, nämlich durch das Theorem vom Naturzustand den souveränen Staat als Produkt von „necessitas ac ratio"[66] erweisen zu wollen, auch vollständig eingelöst. Denn Pufendorf versucht durch den „status naturalis qui revera existit" einerseits den Realitätsgehalt und die Triftigkeit seiner apriorischen Konstruktion des reinen Naturzustands an einer idealtypisch stilisierten „Naturgeschichte" der menschlichen Gesellschafts- und Herrschaftsformen nachzuweisen, andererseits unternimmt er es, den in der Darstellung des Naturzustands „ad alios" rational abgeleiteten Normen sozialen Verhaltens eine sinnfällige Verbindlichkeit zu geben, indem er die Notwendigkeit ihrer differenzierten Anwendung und Geltung in der „societas civilis" aufzuzeigen versucht.

Letztlich erscheint es als Intention der Darstellung des „wirklichen" Naturzustands, die Verbindlichkeit der individualistischen Postulate der Pufendorfschen Naturrechtstheorie zu relativieren und zugleich eine Rationalisierung des Verfassungszustands des absolutistischen Staatswesens seiner Zeit durch Aufweis seiner naturrechtlichen Dignität zu erreichen. Pufendorf gelingt dies, indem er den Zustand der Souveräne untereinander als den einzig vernünftigen Naturzustand definiert, den es seit Anfang der Geschichte gab, und nur ihnen das Recht auf natürliche Freiheit vindiziert. Demgegenüber stellt er für die Beherrschten den reinen Naturzustand „ad alios" als nicht wünschbar dar, da in diesem die Erfüllung der Ansprüche ihrer Bedürfnisnatur durch permanente „insecuritas" gefährdet sei. So begründet Pufendorf durch den „status naturalis qui revera existit" die Notwendigkeit einer herrschaftlich verfaßten Societas Civilis, indem er diese als optimales Endprodukt einer aus dem reinen Naturzustand „in se" notwendig resultierenden Entwicklung darstellt, welche als einzige Form menschlicher Vergesellschaftung den immerwährenden Versuch der Aufhebung menschlicher „imbecillitas" erfolgreich lösen kann. Rechtliche Vorteile und zivilisatorische Nachteile des reinen Naturzustands werden in der historischen Darstellung des „wirklichen" Naturzustands dauernd gegeneinander aufgewogen und schließlich in der „Räson" der souveränen Staatsgewalt aufgehoben. Durch den „wirklichen" Naturzustand wird der Unterschied zwischen dem reinen Naturzustand als einem Zustand natürlicher Freiheit und Gleichheit und der herrschaftlich verfaßten, sozial differenzierten „societas civilis" eskamotiert, letztere als der bestmögliche Naturzustand dargestellt, der überhaupt zu realisieren ist. Insofern hat die Darstellung des „status naturalis qui revera existit" stark apologetische Tendenzen, da sie auf einen Kompromiß zwischen den individualistischen Prämissen des von Pufendorf theoretisch abge-

---

[66] Ebda, § 1, 583.

leiteten rationalen Naturrechtssystems und den praktisch-politischen Vorentscheidungen im Sinne der absolutistischen Staatstheorie hinausläuft. Nicht mehr die
Balance zwischen individuellen Rechten und sozialen Pflichten erscheint so am
Ende der Pufendorfschen Darstellung des Naturzustands als Gebot der „recta
ratio", sondern die Pflichterfüllung der Staatsbürger und die Herrschaftsausübung des absoluten Souveräns. Diese muß einerseits im Sinne einer Garantie
der allgemeinen Legalität der Beziehungen in der bürgerlichen Gesellschaft geschehen, ist aber zugleich auch als souveräne Dezision nach innen und außen im
Rahmen der Gebote des Naturrechts gerechtfertigt, da sie von der einzigen
Instanz ausgeübt wird, welcher die ursprüngliche naturrechtliche Freiheit noch
rechtmäßig zusteht.

So wird absolute Herrschaft bei Pufendorf einerseits durch ihre Schutzfunktion gegenüber einer im Kern bürgerlichen Gesellschaft naturrechtlich legitimiert, andererseits gerade hierdurch zur Dezision freigesetzt. Sie erscheint als
die einzig real mögliche Form der Ausübung naturrechtlicher Freiheit:

Naturale est equidem imperium, i. e. naturae intentio fuit, ut homines impe-
ria inter se constituerunt. Sed non minus naturale est, ut qui id summum in
alios homines gerit ipse ab imperio humano sit immunis; ad eoque hoc intuitu
libertate naturali gaudeat. Ni summo superius in eodem ordine admittere
velimus. Sicuti et in universum naturale est, ut qui non habet dominium, ex
dictamine propriae rationis se ac suas actiones gubernet[67].

Letztlich findet sich so bei Pufendorf eine Theorie der bürgerlichen Gesellschaft, die absolutistisch legitimiert ist[68].

Für die anglo-schottische Staats- und Gesellschaftstheorie sind jedoch nicht
diese absolutistischen Konsequenzen der Pufendorfschen Darstellung des „wirklichen" Naturzustands bedeutsam gewesen, sondern die Logik seiner Konzeption des „reinen" Naturzustands, ferner der historisch abstrahierte Modell-
charakter des „wirklichen" Naturzustands und die Methode der Ableitung
naturrechtlicher Normen aus anthropologischen Prämissen.

Diese drei Aspekte des Naturzustandstheorems schlugen sich bei Pufendorf
in wichtigen Ansätzen zu einer methodisch begründeten Theorie der bürgerlichen Gesellschaft und der neuen Konzeption einer anthropologisch und methodisch fundierten Geschichtsphilosophie nieder, Ansätzen, die von der anglo-
schottischen Staats- und Gesellschaftstheorie in Richtung auf eine moderne
Sozialwissenschaft, die sich als Emanzipationswissenschaft einer „bürgerlichen
Gesellschaft" verstand, weitergeführt und umgebildet wurden.

---

[67] De Jure Naturae et Gentium, B. II, K. II, § 4.
[68] S. zum allgemeinen Zusammenhang Absolutismus — bürgerliche Gesellschaft E.
Molnar, Les fondements économiques et sociaux de l'absolutisme, in: XI⁰ Congrès
International des Sciences Historiques. Rapports 4. 1965, 155 f.; O. Brunner, Bürgertum und Feudalwelt in der europäischen Sozialgeschichte, in: Geschichte in Wissenschaft und Unterricht 7. 1956, S. 599 ff. Zum Niederschlag in der Sozialphilosophie s.
die prägnanten, kurzen Bemerkungen bei J. Habermas, Die klassische Lehre von der
Politik, 67 ff.

IV. Anthropologie, Naturzustand und politische Theorie bei John Locke: Die geschichts- und sozialphilosophische Dimension der „Two Treatises of Government"

1. Problemansatz

Die Gesellschafts- und Geschichtstheorie, die sich bei Pufendorf am Naturzustandstheorem katalysiert, wird in der politischen Philosophie John Lockes auf zwei Ebenen abgehandelt: material in Lockes Anthropologie, seiner Anschauung von der Natur des Menschen, kategorial in der Darstellung des Naturzustands und der politischen Theorie im engeren Sinne. Nun hängen zwar beide Momente in der politischen Philosophie Lockes auf das engste zusammen, definiert doch Locke den Naturzustand zu Beginn seines „Second Treatise of Government" geradezu als die allgemeinste gesellschaftliche Ausdrucksform der „human nature", als „state all men are naturally in"[1], doch kehrt sich die Rangfolge von Naturzustandstheorie und Anthropologie in der politischen Philosophie Lockes im Vergleich zu Pufendorf und Hobbes gleichsam um: Die logische und methodologische Reflexion des Naturzustandstheorems tritt zugunsten seiner inhaltlichen Darstellung zurück, die sich nur von Lockes Auffassung der menschlichen Natur her verstehen läßt. Die radikal weltimmanente, logisch-systematische Begründung der Naturzustandstheorie, wie sie stringent bei Pufendorf und Hobbes zu finden ist, macht einer eher erkenntnisanthropologischen Deutung Platz, so daß Hans Aarsleff mit Recht die immer wieder angenommene Widersprüchlichkeit der Lockeschen Naturzustandskonzeption auf mangelnde Kenntnis der Anthropologie Lockes zurückführen und über Lockes Auffassung des Naturzustands behaupten kann: „The problem of the state of nature is essentially a question about the nature of man . . . Locke's conception of the state of nature is fitted to . . . [his] conception of man."[2]

Im Vergleich zu Pufendorf ist bei Locke ein Minus an methodisch-systematischer Reflexion der Problematik von Geschichte und Gesellschaft am Paradigma des Naturzustandstheorems festzustellen, gleichzeitig aber ein Plus im Hinblick auf die anthropologisch fundierte Darstellung dieser Thematik. Dem muß die Interpretation durch Verlagerung der Schwerpunkte Rechnung tragen. Im fol-

---

[1] J. Locke, Two Treatises of Government. A Critical Edition with an Introduction and Apparatus Criticus, Hg. P. Laslett, Cambridge 1967², § 4; zitiert als: I. Treatise, bzw.: II. Treatise.

[2] H. Aarsleff, The State of Nature and the Nature of Man in Locke, in: J. W. Yolton Hg., John Locke. Problems and Perspectives, Cambridge 1969, 100 f.

genden soll deshalb zunächst versucht werden, ausgehend von der Lockeschen Anthropologie einige der materialen Grundlagen der Lockeschen Auffassung von Geschichte und Gesellschaft darzustellen. Erst auf der hierdurch gewonnenen Interpretationsbasis soll in einem zweiten Teil unserer Darstellung die kategoriale Ebene des Lockeschen Verständnisses von Geschichte und Gesellschaft im Rahmen seiner Naturzustandsvorstellung und ihr Einbau in seine politische Theorie untersucht werden.

Im Mittelpunkt des ersten Teils der Darstellung wird eine Analyse des Lockeschen „property"-Begriffs stehen, dessen grundlegende Bedeutung für die Naturrechtsauffassung und politische Philosophie Lockes nicht nur von Locke selbst[3], sondern von zahlreichen seiner Interpreten immer wieder herausgestellt wurde[4], dessen anthropologische Fundierung und Einbau in einen spezifischen geschichts- und sozialtheoretischen Rahmen in den bisherigen Interpretationen jedoch nur unzureichend berücksichtigt wurden.

Es wird im Gegensatz hierzu eine der zentralen Thesen unserer Interpretation sein, daß Locke, indem er das Eigentum allein aus der natürlichen Vernunft und der Arbeitsnatur des Einzelmenschen ableitet und es als ein vorgesellschaftliches Naturverhältnis des Menschen zu den Gegenständen seiner Arbeit konstitutiv für Vergesellschaftung und Genesis von Herrschaft sein läßt, sich von allen anderen Naturrechtsphilosophen seiner Zeit unterscheidet und zu einem der Begründer der bürgerlichen Sozialtheorie und Geschichtsphilosophie wird.

Was die geschichtsphilosophische Dimension der Lockeschen Begründung des Eigentums und darüber hinaus seiner Sozialtheorie und politischen Philosophie insgesamt betrifft, so herrscht in der Locke-Forschung, von wenigen Ausnahmen abgesehen[5], auch heute noch eine Anschauung vor, die von der Unvereinbarkeit

---

[3] Auf eine Anfrage seines Vetters Rev. Richard King nach für einen Schüler geeigneter Lektüre von Werken der Staatsphilosophie empfahl Locke in einem Brief vom 15. August 1703 die Politik des Aristoteles, R. Hookers Laws of Ecclesiastical Polity, Pufendorfs De Officio Hominis et Civis und seine eigenen Two Treatises of Government, als deren Verfasser er damals noch nicht bekannt war. Sein eigenes Buch empfahl Locke mit einer Bemerkung, die für den zentralen Stellenwert, den er der „property"-Konzeption im Rahmen seines Gesamtwerkes beimaß, außerordentlich charakteristisch ist: „property I have nowhere found more clearly explained, than in a book entitled, Two Treatises of Government." J. Locke an Rev. Richard King, 25. 8. 1703, in: ders., The Works, Bd. 10, London 1823 (Reprint Aalen 1963), 305 f. Auch im Second Treatise of Government hebt Locke die entscheidende Bedeutung des „property"-Begriffs mehrfach hervor, s. II. Treatise, §§ 94 ff., bes. 124, 134, 138, 222.

[4] Besonders C. B. Macpherson, The Political Theory of Possessive Individualism. Hobbes to Locke. Oxford 1962 (dt. Die Politische Theorie des Besitzindividualismus, Frankfurt 1966). Im folgenden wird die englische Ausgabe zitiert, da die deutsche Ausgabe infolge unzulänglicher Übersetzung weitgehend unbrauchbar ist; ferner R. Polin, La Politique Morale de J. Locke, Paris 1960, 255 ff.; s. im übrigen u. 84 ff. und Anm. 77, 78, 79.

[5] S. die kurzen Hinweise in der sicherlich bedeutendsten Monographie zur politischen Theorie John Lockes, die während der letzten Jahre erschienen ist: M. Seliger, The Liberal Politics of John Locke, London 1968, 230 ff. und die u. 100 f. angeführten Autoren.

des abstrakt-systematischen Anspruchs der Lockeschen theoretischen Aussagen mit jeder materialen historischen Argumentation ausgeht. Zwar findet sich bei vielen Autoren eine relativ präzise Einschätzung des historisch-sozialen Orts der politischen Philosophie Lockes, jedoch geht diese ineins mit einer weitgehenden Vernachlässigung ihrer immanenten geschichtsphilosophischen Gehalte. Für diesen Konsensus der Forschung bezüglich Lockes „unhistorical habit of mind" (C. B. Macpherson)[6], seiner „non-historical theory of politics" (J. G. A. Pocock)[7], kann immer noch die pointiert formulierte Ansicht C. E. Vaughans als repräsentativ gelten:

It is only by a back door and in a blissful absent fit that he [i. e. Locke] admits even the most beggarly elements of history. It never occured to him that to leave even a chink open for them was to destroy his whole argument from top to bottom. Hence the strange contradictions he allowed himself to be ensnared[8].

In der folgenden Interpretation sollen die auch von Vaughan zugestandenen „beggarly elements of history" in Lockes politischer Philosophie nicht von vornherein vernachlässigt oder expressis verbis als unerheblich negiert, sondern auf ihre Bedeutung für die Sozialtheorie und politische Philosophie Lockes befragt werden. Setzt sich dieser Versuch auch in Widerspruch zu dem fast allgemeinen Konsensus der Locke-Forschung, so spricht doch nichts dagegen, Locke gewissermaßen beim Wort zu nehmen. Die Triftigkeit dieses Versuchs wird sich letztlich an den dabei erzielten Ergebnissen auszuweisen haben, etwa an einem möglichen Nachweis der Irrelevanz von bisher konstatierten oder konstruierten Widersprüchen in der politischen Philosophie Lockes.

Es wird nötig sein, als Quellenbasis unserer Interpretation neben den „Two Treatises of Government"[9] auch Lockes „Essay Concerning Human Understanding"[10] und seine zahlreichen anderen zu Lebzeiten oder posthum veröffentlich-

---

[6] Macpherson, Political Theory, 229, s. a. 197, 210, 236.

[7] J. G. A. Pocock, The Ancient Constitution and the Feudal Law. A Study of English Historical Thought in the 17th Century, New York 1967[2] (1957), 235 ff., hier 237.

[8] C. E. Vaughan, Studies in the History of Political Philosophy before and after Rousseau, Bd. I: From Hobbes to Hume, Manchester 1925, 174; auch die Arbeit von L. Strauss, Naturrecht und Geschichte, Stuttgart 1956[2] (1953) ist für die hier behandelte Fragestellung völlig unergiebig; s. hierzu die Bemerkung o. 23, Anm. 37.

[9] Hier benutzt die von P. Laslett edierte, vorzügliche kritische Ausgabe: J. Locke, Two Treatises of Government. A Critical Edition with an Introduction and Apparatus Criticus, Cambridge 1967[2].

[10] Mangels einer besseren kritischen Ausgabe ist trotz schwerwiegender editorischer Mängel (s. Aarsleff, State of Nature, 111 f. Anm. 3) nach wie vor zu benutzen: J. Locke, An Essay Concerning Human Understanding, Hg. u. Einl. A. C. Fraser, 2 Bde. London 1894 (Repr. New York 1959); ergänzend heranzuziehen ist die „Everyman"-Ausgabe des „Essay": J .Locke, An Essay Concerning Human Understanding, Hg. J. W. Yolton, 2 Bde., London 1961; zur Editionsgeschichte der vier ersten Auflagen des „Essay" vgl. Ch. S. Johnston, The Printing History of the First Four Editions of the Essay Concerning Human Understanding, in: R. I. Aaron, John Locke, Oxford 1971[3], Appendix II, 313 ff.

ten Schriften und Tagebucheintragungen[11] heranzuziehen. Obwohl die Legitimität dieser integrierenden, vom Lockeschen Gesamtwerk ausgehenden Betrachtungsweise besonders im Hinblick auf die Vereinbarkeit der Aussagen der „Two Treatises" und des „Essay" von einem der besten Kenner der Lockeschen Philosophie mit gewichtigen Gründen angezweifelt wurde[12], erscheint der Versuch schon deshalb statthaft, weil es auf diese Weise zwei neueren Arbeiten zur Naturrechtsauffassung und politischen Philosophie Lockes unabhängig von einander gelungen ist, entscheidende, bisher bestehende Widersprüche in der Locke-Interpretation zu klären.

Die Ergebnisse der Locke-Forschung[13] waren bis zu den Arbeiten von H. Aarsleff[14] und W. Euchner[15] besonders hinsichtlich der Naturrechtsproblematik völlig kontrovers; — Locke erschien der einen, „traditionalistischen" Interpretationsrichtung[16] als Anhänger der klassischen Politiktradition und Vertreter einer stoisch-christlichen Naturrechtsauffassung, während er sich der anderen, „progressistischen" Interpretationsrichtung[17] als Vertreter eines individualistisch-rationalistischen Naturrechts und Theoretiker der frühbürgerlichen Gesellschaft darstellte —. Dagegen scheint sich jetzt ein Konsens der Forschung dahingehend herzustellen, daß man Locke zwar formal als Anhänger der traditionellen Naturrechtslehre betrachten kann, der Lockeschen Naturrechtsauffassung

---

[11] Wichtig im folgenden: Lord King, The Life of John Locke, with Extracts from his Correspondence, Journals and Commonplace Books, 2 Bde., London 1830²; H. R. Fox Bourne, The Life of John Locke, 2 Bde., London 1876 (Reprint Aalen 1969); J. Locke, Essays on the Law of Nature, Hg. u. Einl. W. v. Leyden, Oxford 1954; R. I. Aaron u. J. Gibb Hgg., An Early Draft of Draft of Locke's Essay, together with Excerpts from his Journals, Oxford 1936; J. L. Axtell Hg., The Educational Writings of John Locke. A Critical Edition with Introduction and Notes, Cambridge 1968.

[12] P. Laslett, Einleitung zu J. Locke, Two Treatises, 79 ff. Laslett begründet die Unvereinbarkeit von „Treatises" und „Essay" vor allem mit dem Widerspruch, der nach seiner Meinung zwischen der radikal empirisch-nominalistischen Erkenntnistheorie des Essay und der Naturrechtsauffassung der Treatises bestehe, welche von der transzendenten, objektiven Existenz und Gültigkeit des Naturrechts ausgehe. Die Naturrechtsauffassung der „Treatises" impliziert nach Laslett die Anerkennung von Ideae Innatae, während die Erkenntniskritik des „Essay" gerade darauf abziele, die Unmöglichkeit der Existenz von Ideae Innatae nachzuweisen.

[13] Zum neuesten Forschungsstand den wichtigen Sammelband: J. W. Yolton Hg., John Locke: Problems and Perspectives. A Collection of New Essays, Cambridge 1969; und R. I. Aaron, Some Recent Writings on Locke's Political Philosophy, in: ders., John Locke, 1971³, Appendix V, 352 ff.

[14] H. Aarsleff, The State of Nature and the Nature of Man in Locke, in: J. W. Yolton Hg., J. Locke. Problems and Perspectives, 99 ff., bes. 121 ff.

[15] W. Euchner, Naturrecht und Politik bei John Locke, Frankfurt 1969.

[16] Bes. R. Polin, La Politique Morale de John Locke; R. Singh, John Locke and the Theory of Natural Law, in: Political Studies 9. 1961, 105 ff.

[17] Diese Richtung besonders dezidiert vertreten von L. Strauss und seiner Schule: Strauss, Naturrecht und Geschichte, 210 ff.; R. Cox, Locke on War and Peace, Oxford 1960; R. A. Goldwin, John Locke, in: L. Strauss u. J. Cropsey Hgg., History of Political Philosophy, Chicago 1964, 433 ff.

aber eine innere Logik zugesprochen werden muß, die in die entgegengesetzte Richtung geht[18].

Übereinstimmend stellten H. Aarsleff und W. Euchner fest, daß die hedonistische Anthropologie Lockes, sein erkenntnistheoretischer Nominalismus und seine natürliche Theologie eine individualistische Deutung des Katalogs natürlicher Rechte und Pflichten, der sich in den „Treatises" findet, notwendig erscheinen lassen und daß sich nur bei Berücksichtigung der besonders im „Essay Concerning Human Understanding" enthaltenen hedonistischen Anthropologie eine plausible Theorie der Naturrechtserkenntnis und eine stringente Begründung der Möglichkeit naturrechtskonformen Handelns überhaupt geben läßt.

Während H. Aarsleff vor allem an der erkenntnisanthropologischen Fundierung der Lockeschen Naturrechtstheorie interessiert ist, geht W. Euchner darüber hinaus und versucht, den Konsequenzen nachzugehen, die sich aus der Neueinschätzung von Lockes Naturrechtstheorie für eine Interpretation seiner Sozialtheorie und politischen Philosophie ergeben. Hierbei kommt er zu dem Ergebnis: „Mit seiner Analyse des nach Selbsterhaltung, Eigentum und Glück strebenden Menschen drang er [Locke] weiter in Richtung auf eine Theorie der bürgerlichen Gesellschaft vor als jeder andere Philosoph seiner Zeit, Hobbes eingeschlossen. Allerdings konnte es ihm nicht gelingen, das von ihm entworfene Bild einer dynamischen, aus egoistischen Individuen bestehenden Gesellschaft mit der klassischen naturrechtlichen Lehre vom guten und gerechten Zusammenleben der Menschen im Staate zu versöhnen."[19]

Euchner charakterisiert so die Lockesche politische Philosophie als eine im Kern frühbürgerliche Gesellschaftstheorie, die zwar im Gewand der stoisch-christlichen Naturrechtstradition aufgetreten sei, doch ihrer inneren Logik nach eindeutig auf eine moderne individualistisch-rationalistische Naturrechtsauffassung hin gravitierte. Euchner trifft sich hier mit der Locke-Deutung C. B. Macphersons, der, von anderen Interpretationsvoraussetzungen ausgehend, aufgrund einer scharfsinnigen ideologiekritischen Analyse der großenteils unbewußten historisch-sozialen Denkvoraussetzungen der politischen Philosophie Lockes diese als eine Theorie der frühbürgerlichen Gesellschaft qualifiziert, die zwar beansprucht, in der naturrechtlichen Tradition zu stehen, doch ihrem immanenten sozialen und politischen Gehalt nach eine moralische Rechtfertigung des besitzbürgerlichen „Klassenstaats"[20] im Rahmen einer naturrechtlichen Gleichheits- und Freiheitsideologie darstellt.

Im Gegensatz zur Deutung Macphersons soll in unserer Interpretation[21] nicht von vornherein eine unbewußte Perzeption und Ideologisierung der Strukturen

---

[18] Hierzu vom Verf. die Rezension der Euchnerschen Arbeit in: Das Historisch-Politische Buch 18. 1970, 7.

[19] Euchner, Naturrecht und Politik, 222.

[20] Macpherson, Political Theory, 194 ff., bes. 245 f., 250 f.

[21] Die im folgenden versuchte Interpretation der geschichts- und sozialtheoretischen Konsequenzen, die sich aus der Lockeschen Anthropologie ergeben, stützt sich auf die vom Gesamtwerk Lockes ausgehenden Forschungsansätze von H. Aarsleff und W.

eines — im 17. Jahrhundert in England noch gar nicht voll ausgebildeten — bürgerlichen Klassenstaats[22] in Lockes politischer Philosophie angenommen werden, um Lockes fortwährende Affirmation naturrechtlicher Freiheit und Gleichheit und seine gleichzeitige Rechtfertigung realer gesellschaftlicher Ungleichheit und Unfreiheit auf einen gemeinsamen interpretatorischen Nenner zu bringen[23]. Dieser Nenner muß solange abstrakt bleiben — auch wenn er angeblich im Rahmen einer historisch-soziologischen Interpretation vermittelt wird —, wie die Dimension historisch-sozialer Selbstreflexion außer acht gelassen wird, wie man Locke einen „unhistorical habit of mind"[24] unterstellt und von daher zur Konstruktion von unbewußten Widersprüchen in der politischen Philosophie Lockes kommt, die möglicherweise in ihr selbst schon reflexiv, wenn auch apologetisch, aufgelöst sind.

2. Lockes Analyse der Motivation menschlichen Handelns

Der Mensch ist für Locke ein Doppelwesen, sowohl mit Verstandes- wie mit Trieb- und Bedürfnisnatur begabt[25]. Sein Verhalten wird immer von diesen beiden Grundelementen seiner Natur bestimmt, wobei die Handlungskomponente der „reason" jeweils über die moralische Qualität einer Handlung entscheidet[26]. Das moralische Vermögen der „reason" bestimmt sich jedoch nicht aus sich selbst, es ist nicht angeboren und abstrakt wirksam, sondern Ergebnis eines konkreten Bildungs- und Erfahrungsprozesses, eines „trial-and-error"-Verfahrens, in dem den Trieben und Bedürfnissen eine entscheidende positive Funktion zukommt. Denn erst in der Erfahrung der von der Trieb- und Bedürfnisnatur des

---

Euchner ebenso wie auf die ideologiekritische Analyse C. B. Macphersons. Doch im Unterschied zu Euchner und Aarsleff liegt der Schwerpunkt der Interpretation weniger auf der Naturrechtsproblematik bei Locke als auf der Herausarbeitung der im „Essay Concerning Human Understanding" und in den anderen Lockeschen Schriften enthaltenen Handlungstheorien, die im Kern eine philosophisch-anthropologische Begründung des Lockeschen Arbeitsbegriffs, seiner „property"-Konzeption und im Zusammenhang damit seiner geschichts- und sozialtheoretischen Anschauungen enthalten, wie sie in den „Two Treatises of Government" entwickelt werden.

[22] Zur Sozialstruktur und sozialen Mobilität der englischen Gesellschaft im 16. und 17. Jahrhundert s. die sozialgeschichtlichen Abschnitte in: Medick, Die Gesellschaft in der politischen Theorie Englands, 9 ff. und bes. 72 ff.

[23] Macpherson, Political Theory, 247 ff., bes. 250 f.

[24] Macpherson, Political Theory, 229.

[25] Von zentraler Bedeutung für die im „Essay Concerning Human Understanding" und in den anderen Lockeschen Schriften enthaltenen anthropologischen Auffassungen ist die in Kap. 21, Buch II des „Essay" („Of Power") entwickelte Motivationstheorie menschlichen Handelns. Auf dieses Kapitel „Of Power" stützt sich die folgende Interpretation in besonders starkem Maße. Zitiert im folgenden als: Essay; Zitierweise nach Paragraphen, nicht nach Seitenzahl; falls nicht anders angegeben nach der von A. C. Fraser hg. und eingel. Ausgabe, s. o. Anm. 10.

[26] Zum Lockeschen Vernunftbegriff s. Aarsleff, State of Nature, 100 f., 108 ff.; und Euchner, Naturrecht und Politik, 136 ff.

Menschen stimulierten Handlungen, in ihrer Überprüfung und Sublimierung bildet sich die angeborene diskursive Fähigkeit des Verstandes zur moralischen Vernunft heran[27]. Insofern gibt die Psychologie des menschlichen Triebverhaltens zugleich die Bedingungen für moralisches Handeln an. Beides steht in einem unlösbaren Zusammenhang. Vernunft als das Vermögen der Erkenntnis naturrechtlicher Normen ist so erst Ergebnis eines konkreten Bildungs- und Erfahrungsprozesses aufgrund bestimmter, dem Menschen eingeborener psychologischer Mechanismen, und nicht etwa, wie in der traditionellen Naturrechtsphilosophie, ein dem Menschen angeborenes Vermögen normativer Erkenntnis[28].

Der Grundimpuls, der in jedem menschlichen Verhalten wirksam ist, ist der Wunsch nach Maximierung individueller „happiness", verstanden als das Bestreben nach der Vermeidung von „pain" und der Gewinnung von „pleasure". Locke bezeichnet diesen Impuls gerade in dem Kapitel des „Essay Concerning Human Understanding", in welchem er die Möglichkeit „eingeborener Ideen" zu widerlegen versucht, als ein „innate practical principle"[29]. Seine fundamentale Wichtigkeit ergibt sich schon hieraus.

Dieses „Glücksstreben" wird von Locke zwar als ein in jedem menschlichen Handeln wirksamer Impuls dargestellt, doch lehnt er es, wie besonders J. W. Yolton und W. Euchner hervorheben[30], ausdrücklich ab, diesen Impuls als eine dem Verstande eingeborene Handlungsnorm im Sinne der Trieb-Norm-Recht-Figur des traditionellen Naturrechts zu bezeichnen. Das „desire of happiness" veranlaßt den Menschen nicht zu einem bestimmten Verhalten; es gibt lediglich ein moralisch indifferentes Grundmuster menschlichen Handelns an, ein rahmenhaftes Handlungsziel, auf das hin sich zwar alles menschliche Handeln bewegt, innerhalb dessen jedoch jeweils verschiedene, von der Trieb- und Verstandesnatur motivierte Handlungen geschehen können.

Die unmittelbare und genaue Bestimmung menschlichen Verhaltens erfolgt durch den Willen. Deshalb stellt sich für Locke die Frage nach den Ursachen, Bedingungen und Motivationen menschlichen Handelns als die nach der Deter-

---

[27] J. Locke, Conduct of the Understanding, Sect. 6, in: ders., The Works, Bd. 3, 216 ff.

[28] Schon in seinen frühen „Essays on the Law of Nature" wendet sich Locke gegen die traditionelle Auffassung der Erkenntnis von Naturrechtssätzen und entwickelt dagegen programmatisch seine Auffassung einer Erkenntnis naturrechtlicher Normen durch ein Zusammenwirken von „reason" und „sense experience". S. J. Locke, Essays on the Law of Nature, Hg. W. v. Leyden, Essay IV: „Can reason attain to the knowledge of natural law through sense experience? Yes", 147 ff. Doch bleiben Lockes Auffassungen hier im Programmatischen stecken, insofern er weder die Frage nach den Motivationen und Sanktionen normgerechten Handelns noch die nach der Erkenntnismöglichkeit der konkreten Inhalte des Naturrechts im Rahmen seiner Prämissen beantwortet. Wie H. Aarsleff gezeigt hat, löst Locke jedoch diese Probleme in seinen späteren Schriften. Aarsleff, State of Nature, 108 ff., 121. Zum Erkenntnisbegriff des traditionellen Naturrechts s. Euchner, Naturrecht und Politik, 14 ff.

[29] Locke, Essay, B. I, K. 2, § 3.

[30] J. W. Yolton, Locke on the Law of Nature, in: Philosophical Review 57. 1958, 477 ff., hier 490; Euchner, Naturrecht und Politik, 96.

mination des Willens. Entgegen der moralphilosophischen Tradition vertritt
Locke die Ansicht, daß es letztlich nicht eine im Bewußtsein vorhandene Vorstellung eines bestimmten ethischen Ziels, eine „bare contemplation... of good
ends"[31] sei, welche den menschlichen Willen bestimme, sondern immer ein Gefühl körperlichen und geistigen „Unbehagens" (uneasiness):

> what is it that determines the will in regard to our actions? And that, upon
> second thoughts, I am apt to imagine is not, as is generally supposed, the
> greater good in view; but some (and for the most part the most pressing)
> u n e a s i n e s s a man is at present under. This is that which successively
> determines the will, and sets us upon those actions we perform. This un-
> easiness we may call, as it is, d e s i r e ; which is an uneasiness of the mind
> for want of some absent good. All pain of the body, of what sort soever,
> and disquiet of the mind, is uneasiness: and with this is always joined desire,
> equal to the pain or uneasiness felt; and is scarce distinguishable from it. For
> desire being nothing but an uneasiness in the want of an absent good, in
> reference to any pain felt, ease is that absent good; and till that ease be
> attained, we may call it desire; nobody feeling pain that he wishes not to be
> eased of, with a desire equal to that pain, and inseparable from it. Besides
> this desire of ease from pain, there is another of absent positive good; and
> here also the desire and uneasiness are equal. As much as we desire any absent
> good, so much are we in pain for it. But here all absent good does not, ac-
> cording to the greatness it has, or is acknowledged to have, cause pain equal
> to that greatness; as all pain causes desire equal to itself: because the absence
> of good is not always a pain, as the presence of pain is. And therefore absent
> good may be looked on and considered without desire[32].

Zwar gibt es nach Locke auch bei der Motivation durch eine „most pressing
uneasiness" immer ein impliziertes „absent good", das den Menschen zum Han-

---

[31] Locke, Essay, B. II, K. 21, § 5.

[32] Locke, Essay, B. II, K. 21, § 31 (Hervorh. i. Orig.), s. auch §§ 29, 33, 34, 35. Die
Ausarbeitung dieses Konzepts einer handlungsdeterminierenden „uneasiness" in Buch II,
K. 21 des „Essay" stellt einen wichtigen Zusatz in der 2. Auflage des „Essay" dar,
wie Locke selbst in der einleitenden „Epistle to the Reader", Essay, 16 f. andeutet und
in der Formulierung von B. II, K. 21, § 31 — s. auch §§ 35, 73, daß ihm das Konzept
erst „upon second thoughts" gekommen sei — zugibt. Doch ist der Zusatz nicht so
entscheidend, wie man aufgrund dieser Bemerkungen Lockes anzunehmen geneigt
sein könnte und wie es z. B. Euchner, Naturrecht und Politik, 98 hervorhebt. Zwar
heißt es in der ersten Auflage des Essay, B. II, K. 21, § 29 tatsächlich: „Good then,
the greater Good, is that which determines the will", doch hat H. Aarsleff aufgrund
eines ausführlichen Vergleichs der verschiedenen Auflagen des „Essay" und dieser mit
den Lockeschen Frühschriften (Draft A und Draft B des Essay, Of Ethics in General,
Tagebucheintragungen für 1676—77) nachgewiesen, daß die Argumentation der revi-
dierten Fassung von K. 21 in der 2. Auflage des „Essay" von 1794, auch schon in der
ersten Auflage und darüber hinaus in den Lockeschen Frühschriften angelegt ist. Somit muß der Einwand, die revidierte Fassung des Kapitels „Of power" komme für
eine integrierende Interpretation des „Essay" und der „Treatises" nicht in Frage, da
sie erst von 1694 datiere, als irrelevant erscheinen. Aarsleff, State of Nature, 116 ff.

deln treibt, doch handlungsmotivierend wirkt dieses „absent good" nur über eine unmittelbar empfundene Assoziation von „pain", „disquiet" und „absent good". Diese bestimmt den Willen gleichsam negativ dazu, das Gefühl des Unbehagens im Handeln aufzuheben und hierdurch ein gegenwärtiges Glück zu realisieren. Bei der bloßen Vorstellung eines abstrakten ethischen Ziels fehlt dieses unmittelbare Gefühl des Unbehagens, das erst die Realisierung des ethischen Ziels als notwendigen Bestandteil gegenwärtigen Glücksempfindens erscheinen lassen würde und so zum Handeln führen könnte[33].

In Lockes Auffassung von der Bestimmung des Willens aus „uneasiness" drückt sich zunächst vor allem die Überzeugung von den primären und sekundären Motivationen menschlichen Handelns aus. Locke gelingt es auf diese Weise einerseits, die Impulse der Trieb- und Bedürfnisnatur als konstituierende Faktoren in seine allgemeine Theorie von der Motivation menschlichen Handelns einzubringen. Im Zusammenhang damit gibt er seiner Glückslehre eine eindeutig hedonistische Ausrichtung, indem er das Erstreben von „happiness" immer an subjektiven Lustempfindungen bzw. der Aufhebung von Unlustempfindungen festmacht[34]. Andererseits ermöglicht es Locke seine Lehre von der Determination des Willens aus „uneasiness", ergänzt durch das Konzept einer willenssuspendierenden „reason", zu einer plausiblen Begründung naturrechtlichen und moralischen Handelns auf der Basis einer hedonistischen Motivationstheorie zu gelangen[35].

Im Normalfall entstammen die konstitutiven Impulse der „uneasiness" der Trieb- und Bedürfnisnatur des Menschen, sowie anerzogenen, unreflektierten gesellschaftlichen Gewohnheiten, welche ebenfalls triebhafte Formen angenommen haben. Die Stimulierung durch diese Formen der „uneasiness" macht den größten Teil der menschlichen Lebensäußerungen aus:

The ordinary necessities of our lives fill a great part of them with the uneasiness of hunger, thirst, heat, cold, weariness, with labour, and sleepiness, in their constant returns, etc. To which, if besides accidental harms, we add the fantastical uneasiness (as itch after honour, power, or riches, etc) which acquired habits, by fashion, example, and education, have settled in us, and a thousand other irregular desires, which custom has made natural to us, we shall find that a very little part of our life is so vacant from these uneasinesses, as to leave us free to the attraction of remoter absent good. We are seldom at ease, and free enough from the solicitation of our natural or adopted desires, but a constant succession of uneasinesses out of that stock which natural wants or acquired habits have heaped up, take the will in their turns; and no sooner is one action dispatched, which by such a deter-

---

[33] Locke, Essay, B. II, K. 21, §§ 36 ff., bes. §§ 41, 45; s. a. Euchner, Naturrecht und Politik, 99, 106.

[34] Locke, Essay, B. II, K. 21, § 42.

[35] Hierzu ausführlich Aarsleff, State of Nature, 110 ff.

mination of the will we are set upon, but another uneasiness is ready to set us on work[36].

Die Funktion der Determination des Willens durch „uneasiness" besteht nach Locke zu allererst darin, die Selbsterhaltung des Individuums und der Gattung gewissermaßen durch einen psychischen Automatismus, durch „causes not in our power"[37] auf Dauer zu sichern und zu garantieren. Selbsterhaltung wird so zu einer notwendigen Grundorientierung menschlichen Handelns, auf die das Reflexionsvermögen des Menschen keinen mindernden Einfluß hat. In dieser Einschätzung der Rolle der Selbsterhaltung besteht — wie zu zeigen sein wird — eine der wichtigsten Übereinstimmungen zwischen der Handlungstheorie des „Essay Concerning Human Understanding" und der Naturrechtsanschauung der „Two Treatises of Government"[38]. Die Gefühle des Unbehagens, welche von der Trieb- und Bedürfnisnatur hervorgerufen werden, veranlassen den Menschen zu einer zielgerichteten Aktivität, die darauf gerichtet ist, seine Bedürfnisse, die „ordinary necessities of ... life", zu befriedigen und sein Leben dadurch zu reproduzieren. Diese Impulse der „uneasiness" sind nicht nur intermittierend vorhanden, sondern sie sind gerade durch ihre „constant returns", „constant successions", charakterisiert. Das Glück, das die Menschen durch tätige Aufhebung der Gefühle des Unbehagens anstreben, ist nur von vorübergehender Dauer. Die Menschen sind fortwährend gezwungen sich zu betätigen, um eine relative Balance zwischen „happiness" und „uneasiness" zu erreichen.

Die Trieb- und Bedürfnisnatur des Menschen kann so gleichsam als Instrument einer göttlichen List erscheinen, die es auf dem Wege der konstanten Evozierung von „uneasiness" erreicht, den Menschen zu einem fortdauernden aktiven Verhalten gegenüber seiner natürlichen Umwelt zu stimulieren, das darauf gerichtet ist, sein Leben und das der Gattung durch „industry" und „action" zu erhalten[39].

Die primären Motivationen durch die Trieb- und Bedürfnisnatur stimulieren den Menschen zwar zum aktiven Handeln, zur produktiven Auseinandersetzung mit der Umwelt in der „Arbeit", sie sind jedoch nur fundamentale Antriebe, die noch nicht die „humane" Qualität des Handelns, wie auch die spezifische Struktur menschlicher Arbeit, ausmachen. Menschliches Handeln, speziell die menschliche Arbeit geht nach Locke nicht im Reflex der Anreize auf, die als „uneasinesses" von der Trieb- und Bedürfnisnatur evoziert werden. In diesem Sinne ist auch Lockes Äußerung im „Essay": „the chief, if not the only spur to human industry and action is uneasiness"[40] dahingehend zu interpretieren, daß die von der Trieb- und Bedürfnisnatur stimulierten Anreize eben nur die auslösenden Impulse, „spurs", für „industry" und „action" sind, doch nicht etwa not-

---

[36] Locke, Essay, B. II, K. 21, § 46.
[37] Ebda., § 59.
[38] S. u. 76 ff.
[39] Locke, Essay, B. II, K. 21, § 34.
[40] Locke, Essay, B. II, K. 20, § 6.

wendige Ziele vordefinieren, auf die sich menschliches Handeln richtet. Locke betont, daß die Menschen, wären sie in den Funktionskreis ihrer Triebe und Bedürfnisse eingebunden, nur einer „company of poor insects"[41] ähneln würden. Zwar umfaßt der psychische Motivationsmechanismus, der auf Vermeidung von „pain" und Maximierung von „pleasure" ausgerichtet ist und durch „uneasiness" in Bewegung gehalten wird, alles menschliche Handeln, doch gilt nach Locke die Determination des Willens durch die unmittelbar von der Trieb- und Bedürfnisnatur stimulierten „uneasinesses" nicht absolut. Locke unterbricht diesen Zwangszusammenhang dadurch, daß er der Vernunft die Fähigkeit zuerkennt, die unmittelbare Umsetzung eines triebmotivierten „desire" in einen Willensakt zu suspendieren, in einem „trial-and-error"-Verfahren verschiedene mögliche Ziele menschlichen Handelns gegeneinander abzuwägen und hierbei auch ein „absent good" einer unmittelbaren Triebbefriedigung vorzuziehen. Doch muß diese Abwägung immer ausgerichtet sein an der Verwirklichung individueller „happiness":

> There being in us a great many uneasinesses, always soliciting and ready to determine the will, it is natural, as I have said, that the greatest and most pressing should determine the will to the next action; and so it does for the most part, but not always. For, the mind having in most cases, as is evident in experience, a power to *suspend* the execution and satisfaction of any of its desires; and so all, one after another; is at liberty to consider the objects of them, examine them on all sides, and weigh them with others. In this lies the liberty man has ... This is the hinge on which turns the *liberty* of intellectual beings, in their constant endeavours after, and a steady prosecution of true felicity, — that they *can suspend* this prosecution in particular cases, till they have looked before them, and informed themselves whether that particular thing which is then proposed or desired lie in the way to their main end, and make a real part of that which is their greatest good. For, the inclination and tendency of their nature to happiness is an obligation and motive to them, to take care not to mistake or miss it; and so necessarily puts them upon caution, deliberation, and wariness, in the direction of their particular actions, which are the means to obtain it[42].

Ausgehend von der konkreten sinnlichen Erfahrung eines unmittelbar triebmotivierten „desire" ermittelt die Vernunft so als „unparteiischer Richter"[43] auf dem Wege des Vergleichs, der Erinnerung und der Abschätzung zukünftiger

---

[41] Locke, Essay B. II, K. 21, § 56.

[42] Locke, Essay, B. II, K. 21, §§ 48, 54 (Hervorh. H. M.).

[43] Locke gebraucht das Bild von der unparteiischen Richtertätigkeit der Vernunft als einer quasi-moralischen Instanz ähnlich wie später D. Hume und A. Smith, s. hierzu Essay, B. II, K. 21, § 54: „But the forbearance of a too hasty compliance with our desires, the moderation and restraint of our passions, so that our understandings may be free to examine, and *reason unbiassed give its judgement,* being that whereon a right direction of our conduct to true happiness depends; it is in this we should employ our chief care and endeavour." (Hervorh., H. M.).

Konsequenzen gegenwärtigen Handelns den Stellenwert einer zunächst nur abstrakt vorzustellenden ethischen Maxime in den Kategorien potentieller „happiness". Auch hier spielt der „pain-pleasure-uneasiness"-Mechanismus eine entscheidende Rolle. Alles menschliche Handeln kann sich nur unter der Gesetzlichkeit dieser psychischen Grundverfassung artikulieren. Die Suspensionskraft der Vernunft leistet hierbei lediglich, daß ein zunächst als abstrakte Maxime vorgestelltes Ziel, das nicht im Stande war, den Willen zu bestimmen, in den Determinationsmechanismus aus „uneasiness" einbezogen wird. Die zunächst unvergleichlich erscheinenden Impulse der Trieb- und Bedürfnisnatur und die dem handelnden Menschen äußerlichen moralischen Forderungen werden so auf eine Ebene gehoben; sie können als unmittelbar empfundene „uneasinesses" innerhalb eines an „pain" und „pleasure" ausgerichteten Motivationshorizonts verglichen, beurteilt, verrechnet und in Handlung umgesetzt werden.

Auf diese Weise bestimmt die Vernunft gewissermaßen in einem sekundären Motivationsprozeß den Willen zu denjenigen Handlungen, welche geeignet sind, das größte Ausmaß an Glück, „true happiness", „real bliss", zu vermitteln, wobei nicht nur momentane Lustempfindungen in das Kalkül möglicher Handlungskonsequenzen einbezogen werden, sondern auch zukünftige, nur durch unmittelbaren Lustverzicht langfristig zu realisierende „happiness" schon gegenwärtiges Handeln motivieren kann.

Aus dieser hier nur verkürzt dargestellten Lockeschen Theorie der Motivation menschlichen Handelns ergeben sich zwei wichtige Konsequenzen: Locke gelingt es, mit seiner durch die Konzepte der „uneasiness" und der suspendierenden Vernunfttätigkeit ergänzten Glückslehre sowohl eine Theorie menschlicher Arbeit und Kulturtätigkeit wie auch eine Theorie moralischen und naturrechtlichen Handelns aus anthropologischen Prämissen heraus zu formulieren. Im hier behandelten Zusammenhang ist von unmittelbarem Interesse lediglich die in der Lockeschen Handlungslehre implizierte Theorie der Arbeit. Auf sie wird im folgenden einzugehen sein.

3. Das Naturrecht auf Eigentum und das Eigentum am Naturrecht: „Property"

a) Materielle Existenz und moralische Autonomie: Die Zuordnung der dinglichen und persönlichen Komponenten im Lockeschen „Property"-Begriff und die Begründung des Eigentums als Naturrecht

Zwischen Lockes Motivationsanalyse menschlichen Handelns im „Essay Concerning Human Understanding" und seiner Begründung des Eigentums als Naturrecht in den „Two Treatises of Government" besteht ein enger Zusammenhang, der bisher in der Forschung nicht genügend berücksichtigt worden ist[44], da das Interesse bei der Frage nach der Vereinbarkeit von „Treatises" und „Essay" meist abstrakt auf die Vereinbarkeit der nominalistischen Erkenntnistheorie des „Essay" mit der Naturrechtskonzeption der „Treatises" beschränkt blieb[45], ohne die für Lockes Naturrechtskonzeption, insbesondere aber für seine Begründung des Naturrechts auf Eigentum zentrale Motivationstheorie menschlichen Handelns heranzuziehen, die im „Essay" und in einigen anderen Lockeschen Schriften entwickelt wird.

Auch in den „Two Treatises" liefert die bedürfnis- und triebgesteuerte, durch Vernunft sublimierte Handlungsnatur des Menschen die essentielle Basis für die Begründung des Rechts auf Eigentum als Naturrecht. Ausgangspunkt der Lockeschen Begründung ist der Selbsterhaltungstrieb des Menschen, der in Lockes Naturrechtsauffassung eine fundamentale Rolle spielt. An einer wichtigen Stelle des I. Treatise[46] wird dieser Selbsterhaltungstrieb als eingepflanzt, „planted in, planted in him" bezeichnet. Er ist also neben dem „desire of happiness" das einzige Prinzip menschlichen Handelns, das nach Locke eingeboren ist. Indirekt ergibt sich diese grundlegende Bedeutung des Selbsterhaltungstriebs — wie bereits gezeigt wurde — auch schon aus der Handlungstheorie des „Essay"[47]. Der Selbsterhaltungstrieb stellt einerseits lediglich eine vorrechtliche, natürliche Existenzbedingung des Menschen dar, doch ist er als solche nach Locke zugleich auch konstitutiv für das entsprechende Recht bzw. die korrespondierende Pflicht. Zwar erscheint das natürliche Bedürfnis nach Selbsterhaltung als Recht erst unter der Anleitung der „reason", doch ergibt sich der Schluß vom Trieb auf das Recht gleichsam als eine notwendige Folgerung kraft Evidenz[48]. Mit dem durch die Selbsterhaltung gesetzten Rechtszweck ist nach Locke auch ein Recht auf die Gewährleistung der natürlichen Voraussetzungen und Mittel zur

---

[44] Euchner geht zwar programmatisch von dieser Voraussetzung aus (Naturrecht und Politik, 109), er macht sie im allgemeinen auch zur erfolgreichen Grundlage seiner Interpretation, doch hält er gerade in seiner Darstellung der Lockeschen Begründung des Eigentums (property) als Naturrecht an seiner Absicht nicht fest, indem er keine Analyse der Struktur des von Locke im II. Treatise verwendeten Arbeitsbegriffs gibt und diesen nicht von der im „Essay" entworfenen allgemeinen Theorie menschlichen Handelns her zu verstehen sucht, obwohl sich gerade von hieraus eine plausible Deutung der Lockeschen Legitimierung des „property" durch Arbeit hätte geben lassen.

[45] S. o. Anm. 12.

[46] I. Treatise, § 86.

[47] S. o. 73.

[48] Mit Recht betont Euchner, Naturrecht und Politik, 63 ff., daß dem Selbsterhaltungsprinzip in der Lockeschen Naturrechtsauffassung vor allem aufgrund dieser engen Konjunktion von Trieb und Recht ein zentraler Stellenwert im Katalog natürlicher Rechte und Pflichten zukomme, dies vor allem deshalb, weil die natürlichen sozialen Pflichten nach Locke aus der Reflexionstätigkeit der „reason" abzuleiten seien, ohne daß die Vernunft, wie im traditionellen Naturrecht, durch einen normativ präformierten Trieb orientiert werde. So kommt es nach Euchner zu einem „natürlichen Übergewicht des Selbsterhaltungsprinzips über das Geselligkeitsprinzip bei Locke". Ebda., 77.

Realisierung dieses Zwecks gegeben. Diese natürlichen Mittel der Selbsterhaltung faßt Locke unter dem Begriff „property" zusammen. In Buch I, § 86 der „Two Treatises" ergibt sich somit das Eigentumsrecht als unmittelbares Derivat des Selbsterhaltungsrechts, als ein durch „reason" verrechtlichtes, existentielles Grundbedürfnis des Menschen. Es steht im Dienst der Selbsterhaltung und macht diese Selbsterhaltung erst möglich:

> God having made man, and planted in him, as in all other animals, a strong desire of self-preservation, and furnished the world with things fit for food and rayment and other necessaries of life... God, I say, having made man and the world thus, spoke to him, (that is) directed him by his senses and reason, as he did the inferior animals by their sense, and instinct, which he had placed in them to that purpose, to the use of those things, which were serviceable for his subsistence, and given him as means of his p r e s e r v a - t i o n . And therefore I doubt not, ..., Man had a right to a use of the creatures, by the will and grant of God. For the desire, strong desire of preserving his life and being having been planted in him, as a principle of action by God himself, reason, w h i c h w a s t h e v o i c e o f G o d i n h i m , could not but teach him and assure him, that pursuing that natural inclination he had to preserve his being, he followed the will of his maker, and therefore had a right to make use of those creatures, which by his reason or senses he could discover would be serviceable thereunto. And thus man's p r o p e r t y in the creatures, was founded upon the right he had, to make use of those things, that were necessary or useful to his being[49].

Differenzierter als im I. Treatise zeigt sich an Lockes Begründung des Privateigentums als Naturrecht im berühmten Kapitel „Of Property" des II. Treatise[50], daß die im „Essay" entwickelte Konzeption von der aktiven Bedürfnis- und Handlungsnatur des Menschen ein integraler Bestandteil der Lockeschen Naturrechtslehre ist. Im Unterschied zur Naturrechtslehre seiner Zeit, insbesondere zu Grotius und Pufendorf[51], motiviert Locke die Begründung des Privateigentums nicht als künstliche Schöpfung.

---

[49] I. Treatise, § 86, s. a. § 87 (Hervorh. i. Orig.).

[50] II. Treatise, Kap. V, §§ 25—51.

[51] *Exkurs:* Bei Grotius und Pufendorf erscheint das Privateigentum noch als eine künstliche Schöpfung der Menschen durch Vertrag oder Konvention und nicht als Naturrecht. (Zum Eigentumsbegriff bei Grotius s. De Jure Belli ac Pacis, 1646 (1625), N. Aufl., Hg. F. W. Kelsey, 2 Bde., Oxford 1924 (Classics of International Law Edition), B. II, K. II—X, bes. II, III; zum Eigentumsbegriff bei Pufendorf s. De Jure Naturae et Gentium, 1688 (1672), N. Aufl., Hgg. C. H. und W. A. Oldfather, Oxford 1935 (Classics of International Law Edition), B. IV, K. IV; ferner De Officio Hominis et Civis, 1682 (1673), N. Aufl., Hg. W. Schücking, Oxford 1927 (Classics of International Law Edition), B. I, K. XII, XIII. Zu den Eigentumsvorstellungen beider Autoren bes. R. Schlatter, Private Property. The History of an Idea, London 1951, 124 ff.; ferner M. Seliger, Liberal Politics, 180 ff.
Im Naturzustand hat der Mensch sowohl bei Grotius wie bei Pufendorf zwar ein Recht auf Selbsterhaltung und hiermit auf Aneignung von Lebensmitteln zur sofortigen

Locke knüpft zwar zu Beginn seines Kapitels „Of Property" an die traditionelle naturrechtliche Vorstellung eines ursprünglichen Gemeineigentums aller
Menschen an, doch hat dieser „common state" bei ihm weder einen positiven
noch einen negativen sozialen Rechtscharakter, er ist eine rein hypothetische

---

Konsumtion; dies impliziert jedoch keinen Rechtstitel auf Privateigentum. Aufgrund
der im Verhältnis zum Überfluß an Naturprodukten relativ kleinen Zahl von Menschen erscheint die Notwendigkeit der dauerhaften privaten Aneignung im Naturzustand zunächst nicht gegeben. Erst mit dem Kleinerwerden des Nahrungsspielraums
und den dadurch entstehenden Verteilungsproblemen, welche die Herausbildung negativer menschlicher Eigenschaften wie Habgier, Ehrgeiz und den Wunsch nach einem
besseren Leben im Gefolge haben, ergibt sich die Notwendigkeit des Privateigentums.
    Neben diesen einheitlichen Zügen der Eigentumsauffassung bei Grotius und Pufen-
dorf gibt es erhebliche Unterschiede, die besonders das Pufendorfsche Eigentumskon-
zept demjenigen Lockes annähern.
    Bei Grotius wird ein ursprünglicher Zustand positiven Gemeineigentums im Sinne
einer gemeinsamen gleichberechtigten Verfügung aller Menschen über die Natur angenommen. Dies bedingt mit den gleichen Rechten aller eine entsprechende gegenseitige Rücksichtnahme und die Beschränkung des Einzelnen auf Befriedigung seiner unmittelbaren Konsumbedürfnisse (s. De Jure Belli ac Pacis, B. I, K. II, und R. Schlatter, Private Property, 125 f.). Bei Pufendorf dagegen bestimmt sich das ursprüngliche
Gemeineigentum negativ, als prinzipielles, uneingeschränktes Verfügungsrecht eines
jeden über die Schätze der Natur, irrespektive der gleichen Rechte der anderen Menschen. Diese „communitas negativa" wird von Pufendorf folgendermaßen definiert:
    „Illo modo communes res dicuntur, prout considerantur, antequam ullum extiterit
factum humanum, quo peculiariter ad hunc magis, quam ad illum pertinere declaren-
tur. Eodem sensit etiam ejusmodi res dicuntur nullius, sensu magis negativo, quam
privativo, i. e. quod nondum certo alicui sint assignatae, non quod certo alicui assign-
ari nequeant. Vocantur etiam res in medio quibusvis expositae." (Pufendorf, De
Jure Naturae et Gentium, B. IV, K. IV, § 2, 362; zur „communitas negativa" bei Pufendorf: Seliger, Liberal Politics, 182 ff.).
    Pufendorf unterscheidet von dieser „communitas negativa", einem Zustand, in dem
es keine definierten Besitzrechte gibt, die „communitas positiva", einen Zustand nach
Einführung des Privateigentums. Dieser unterscheidet sich von individuellem Privateigentum nur dadurch, daß das Eigentum der „communitas positiva" einer fest umris-
senen Mehrzahl von Menschen, z. B. einer Korporation, gehört, die alle gleiche Besitzrechte genießen und alle anderen Menschen rechtmäßig von der Teilhabe ausschließen
können.
    Entsprechend der unterschiedlichen Konzeption vom ursprünglichen Gemeineigen-
tum bei Grotius und Pufendorf wird bei beiden die Einführung des Privateigentums
jeweils verschieden begründet. Bei Grotius impliziert sie den Verzicht auf gleiche gemeinsame Rechte an der „communitas primaeva", die Aufteilung des Gemeinbesitzes
und die gegenseitige Verpflichtung durch Vertrag, die Rechte des Einzelnen zu respek-
tieren. Ein entscheidender Mangel der Grotiusschen Theorie liegt darin, daß sie keine
schlüssige Motivation dafür anbietet, daß die Mitglieder der „communitas primaeva"
die ursprüngliche Gleichheit ihrer Rechte zugunsten des von Anfang an ungleich ver-
teilten Privateigentums aufgeben. Zwar behauptet Grotius, daß die vertragliche Begründung des Privateigentums gerade dazu dient, diese Gleichheit zu wahren (Grotius, De Jure Belli ac Pacis, B. II, K. XII, 322), doch besteht das „Eigen", auf das jeder
ein gleiches Recht hat, lediglich im ungleichen faktischen Besitzen, der „occupatio"
zur Zeit des Vertragsschlusses.
    Bei Pufendorf ist die Vertragsbegründung des Privateigentums besser motiviert. Der

(und polemisch verwandte[52]) Denkfigur, die sich gegen Sir Robert Filmers Behauptung eines prinzipiell-notwendigen Eigentumsvorbehalts aller absolutistischen Souveräne[53] ebenso richtet wie gegen die Funktion des Topos im traditionellen und zeitgenössischen naturrechtlichen Denken, die naturrechtliche Folie
abzugeben für die positiv-rechtliche Begründung des Privateigentums[54]. Auch
das Charakteristikum der Pufendorfschen „communitas negativa", das Recht
eines jeden an Gegenständen, die schon von anderen okkupiert sind, ist in der

---

„status negativus" macht bei der Begründung des Privateigentums keinen expliziten
Verzicht auf vorher existente, gemeinsame Rechte notwendig. Diese Begründung erzeugt im Gegenteil zu allererst einen sozialen Rechtszustand. Pufendorf kommt einer
naturrechtlichen Begründung des Privateigentums sehr nahe, indem bei ihm der Verzicht auf die gleichen Rechte der „communitas primaeva" fortfällt und die Einführung des Privateigentums nur die explizite Verpflichtung zur Respektierung bereits
bestehender Besitzverhältnisse begründet (Pufendorf, De Jure Naturae et Gentium,
B. IV, K. IV, §§ 6, 10; s. dazu Schlatter, Private Property, 146 f.).

[52] Die subtile Polemik Lockes, die in der Anwendung des „common state"-Topos
sichtbar wird, erweckt den Eindruck, als habe Locke das Konzept des „common state"
im Property-Kapitel gleichsam nur als Spielmarke hervorgehoben, um Filmers adami-
tische Eigentumstheorie a priori ad absurdum zu führen, s. bes. II. Treatise, § 25.

[53] II. Treatise, § 25. Der Anlaß für die Abfassung der „Treatises of Government"
war eine Widerlegung der patriarchalischen Staatslehre Sir Robert Filmers, die dieser
in mehreren Abhandlungen, vor allem aber in seiner Schrift „Patriarcha", während des
englischen Bürgerkriegs entwickelt hatte. (Sir Robert Filmer, Patriarcha and other
Political Works, Hg. u. Einl. P. Laslett, Oxford 1949, 20 ff.) Im Mittelpunkt von Filmers Staatslehre stand die Kritik an der naturrechtlichen Doktrin der „communitas
primaeva", des allgemeinen, ursprünglichen Zustandes der Freiheit und Gleichheit, besonders in der Form, die Grotius ihr gegeben hatte.
Durch Rekurrieren auf biblische und weltliche Geschichte sowie „natural reason"
im Rahmen einer „patriarchalischen Universalgeschichte" deckte Filmer die Inkonsi-
stenzen der Grotiusschen Begründung des Privateigentums auf. Aus der normativen
Annahme eines ursprünglichen Zustandes der Gleichheit und Freiheit läßt sich nach
Filmer die Begründung einer politischen und sozial differenzierten, stabilen Herr-
schafts- und Gesellschaftsordnung durch Vertrag nicht sinnvoll ableiten. Und selbst
wenn dieser Vertrag auf Grundlage freiwilliger Übereinkunft geschlossen worden sein
sollte, biete er keine Garantie für die kontinuierliche Existenz der Gesellschaft, da
durch Verträge nur immer die Vertragsschließenden gebunden werden könnten, nicht
aber ihre Nachfahren, vor allem aber dann nicht, wenn der vorvertragliche Zustand
weiterhin normative Geltung als „natural law" beanspruchen könne.
Als denknotwendige Annahme, der als einzige Voraussetzung die faktische Existenz-
berechtigung der Gesellschaft zugrunde zu legen ist, ergibt sich so für Filmer die Ableitung der „power of Kings from the original dominion of Adam", eine „natural
dominion of Adam". Auch die Sicherheit des Eigentums läßt sich nicht auf freiwillige
Verträge ursprünglich prinzipiell Gleicher gründen, in deren Interesse es nicht liegen
kann, die Gleichheit aufzugeben, sondern bedarf notwendig der Annahme eines grundsätzlichen Verfügungsrechts und Vorbehalts des von Gott eingesetzten Königs.
„I have briefly presented here the desperate inconveniences which attend upon the
doctrine of natural freedom and community of all things. These and many more absurdities are easily removed if on the contrary we maintain the natural and private
dominion of Adam to be the fountain of all government and propriety." Filmer,
Patriarcha and other Political Works, 77; zu Filmer s. u. 116 ff.

[54] II. Treatise, § 25.

Lockeschen Annahme eines „common state" nicht enthalten[55]. Insofern kann, wie M. Seliger zu Recht betont[56], der Lockesche Zustand ursprünglichen Gemeineigentums als die perfekte „communitas negativa" angesehen werden, sind die Gegenstände der Natur nach Locke doch nur solange Gemeinbesitz der Menschen, wie sie in keiner unmittelbaren Beziehung zu ihnen stehen. Sobald die Dinge der Natur ihrem göttlich vorbestimmten Zweck, der Befriedigung menschlicher Bedürfnisse und menschlichen Glücksverlangens zugeführt werden — und die Notwendigkeit hierzu ist mit der Existenz des ersten Menschen gegeben — ist der „common state" beendet und die Annahme faktischer privater Aneignung „of necessity" erforderlich:

> God, who hath given the world to men in common, hath also given them reason to make use of it to the best advantage of life, and convenience. The earth, and all that is therein, is given to men for the support and comfort of their being. And though all the fruits it naturally produces, and beasts it feeds, belong to mankind in common, as they are produced by the spontaneous hands of nature; and no body has originally a private dominion, exclusive of the rest of mankind, in any of them, as they are thus in their natural state; yet being given for the use of men, there must of necessity be a means t o a p p r o p r i a t e them some way or other before they can be of any use, or at all beneficial to any particular man. The fruit, or venison, which nourishes the wild I n d i a n ... must be his, and so his, i. e. part of him, that another can no longer have any right to it, before it can do him any good for the support of his life[57].

Die Notwendigkeit faktischer privater Aneignung ergibt sich bei Locke infolgedessen schon als Konsequenz aus der vorgesellschaftlichen Bedürfnissituation des Einzelmenschen. Die menschliche Gesellschaft schafft bei Locke nicht das Eigentum, sondern wird politisch erst konstituiert, um das Eigentum zu schützen. Alle Argumentation von der naturrechtlichen Wirksamkeit der „communitas primaeva" und einer dementsprechenden Notwendigkeit gesellschaftlichen Konsenses vor Anerkennung der Rechtswirksamkeit privater Aneignung erweist sich gegenüber dieser anthropologischen „necessity" als absurde Behauptung:

> If such a consent as that was necessary, man had starved, notwithstanding the plenty God had given him[58].

Die faktische private Aneignung muß, soll sie ihrer anthropologischen Zweckbestimmung genügen, notwendig individuellen Rechtscharakter annehmen, in der Form, daß derjenige, der sich die Dinge der Natur zum Zwecke der Selbsterhaltung, „for the support of his life" zuführt, auch das ausschließliche Nutzungsrecht an ihnen hat:

---

[55] Seliger, Liberal Politics, 189.
[56] Ebda, 190.
[57] II. Treatise, § 26 (Hervorh. i. Orig.).
[58] Ebda., § 28.

the condition of humane life, ..., necessarily introduces p r i v a t e p o s - s e s s i o n s[59].

Durch diesen Gedankengang Lockes ist zwar das Privateigentum als faktische, mit der Existenz des Menschen gegebene Notwendigkeit demonstriert, jedoch noch nicht als Naturrecht begründet. Dies zeigt sich schon darin, daß Locke den Terminus „private possessions" verwendet und nicht etwa „property".

Die differentia specifica der Lockeschen Begründung des Eigentums als Naturrecht, als „property", liegt in der Einführung des Arbeitsbegriffes als eines grundlegenden Legitimationskriteriums. Locke geht hierbei nicht etwa vom „statement of fact" menschlicher Arbeit aus und leitet davon als normative Behauptung das Naturrecht des Menschen an den Produkten seiner Arbeit ab, durch eine Argumentation qua Augenschein, wie es ihm in einer eher deskriptiven als analytischen Interpretation W. Euchner zu unterstellen scheint[60]. Der Ausgangspunkt der Lockeschen Begründung ist vielmehr eine evidente normative Vorgegebenheit: die moralische Autonomie des Individuums und die freie Verfügung jedes Menschen über seine Person:

every man has a property in his own person. This no body has any *right* to but himself[61].

Doch ist die Gewährleistung dieses fundamentalsten Rechts des Menschen nach Locke an die Bedingungen seiner materiellen Existenz gebunden, die nur durch Arbeit und ihre Vergegenständlichung im dinglichen Privateigentum garantiert werden kann.

Nur durch Arbeit und die Produkte dieser Arbeit kann der Mensch seine moralische Autonomie gegenüber anderen Menschen manifestieren. Arbeit ist bei Locke nicht etwa eine durch sozialen Zwang von außen auferlegte Notwendigkeit, Resultat einer gesellschaftlich vorherbestimmten Sklavenstellung, sondern Ausfluß der vorgesellschaftlichen Bedürfnis- und Lebenssituation jedes Individuums. Bei Locke behindert die Notwendigkeit der materiellen Reproduktion des Lebens durch Arbeit nicht etwa die moralische Autonomie und Freiheit des Menschen — wie dies in der gesamten Tradition der Moralphilosophie und des Naturrechts seit der Antike angenommen wurde[62] —, im Gegenteil werden die moralische Autonomie und Freiheit des Individuums erst durch Arbeit gewährleistet. Es ist nicht zuletzt dieser Bruch mit der Tradition, der

---

[59] Ebda., § 35 (Hervorh. i. Orig.).
[60] Euchner, Naturrecht und Politik, 82. Eine ähnliche Interpretation, die Locke allerdings kritisch auf einen nicht verarbeiteten Widerspruch zwischen „statement of fact" und „moral rule" bei der Begründung des Rechts auf Eigentum als Naturrecht festzulegen versucht, gibt J. Plamenatz, Man and Society, Bd. I, London 1963, 241 ff., bes. 244 f.
[61] II. Treatise, § 27 (Hervorh. H. M.).
[62] Hierzu H. Arendt, Vita Activa oder vom tätigen Leben, Stuttgart 1960, 18 ff., 76 ff.; ferner I. Fetscher, Arbeit, in: Veränderung der Gesellschaft, Hg. u. Einl. H. Bussiek, Frankfurt 1970, 44 ff.

Locke zu einem bürgerlichen Denker macht und der seine Begründung des Naturrechts auf Eigentum als eine grundlegende Wende in der politischen Philosophie erscheinen läßt.

Menschliche Arbeit gewinnt so bei Locke moralische Dignität und wird zum wesentlichen Bestandteil des persönlichen „property"[63] jedes Menschen:

Every man has a p r o p e r t y in his own p e r s o n. This no body has any right to but himself. The l a b o u r of his body, and the w o r k of his hands, we may say, are properly his[64].

Doch erfüllt Arbeit ihre moralische Zweckbestimmung erst darin, daß ihre Produkte individuelle Naturrechtsqualität erhalten. Denn erst durch diesen individuellen Naturrechtscharakter der Produkte der Arbeit, die Erhebung der „private possessions" zum Rang eines dinglichen „property", ist die materielle wie moralische Autonomie des Menschen, sein persönliches „property" endgültig garantiert. Bildhaft ausgedrückt, geht im Arbeitsprozeß gewissermaßen das persönliche „property" des Menschen auf die „private possessions" über und macht sie so ebenfalls zum „property". Das personale „property" des Menschen wird, vermittelt durch die legitimierende Leistung der Arbeit, zur Quelle des dinglichen „property":

Man (by being master of himself, and p r o p r i e t o r o f h i s o w n p e r s o n, and the actions or l a b o u r of it) had . . . in himself the great f o u n d a t i o n o f p r o p e r t y[65].

Nur aufgrund dieses spezifischen Begründungszusammenhangs verdient der dingliche Niederschlag der Arbeit in den Gegenständen, die der Reproduktion des Lebens dienen, überhaupt den Namen „property", nur so wird verständlich, warum Locke, über das Recht des faktischen Besitzens hinausgehend, ein notwendiges Naturrecht des Menschen auf Privateigentum behauptet. Auf diesem hier aufgezeigten Hintergrund der Lockeschen Gedankenführung wird auch die bildhafte Argumentation in der zentralen Passage des Property-Kapitels verständlich, in der Locke eher konkretistisch-deskriptiv als analytisch-begründend das „original law of nature for the beginning of property"[66] aufzeigt:

Though the earth, and all inferior creatures be common to all men, yet every man has a p r o p e r t y in his own p e r s o n. This no body has any right to but himself. The l a b o u r of his body, and the w o r k of his hands, we may say, are properly his. Whatsoever then he removes out of the state that nature has provided, and left it in, he hath mixed his l a b o u r with, and joyned to it something that is his own, and thereby makes it his p r o p - e r t y. It being by him removed from the common state nature placed it in, it hath by this *l a b o u r* something annexed to it, that excludes the common

---

[63] S. u. 85 ff.
[64] II. Treatise, § 27 (Hervorh. i. Orig.).
[65] Ebda., § 44 (Hervorh. i. Orig.); s. auch §§ 28, 32: „The labour that was mine . . . has fixed my property in them [i. e. den Dingen]."
[66] Ebda., § 30.

right of other men. For this *l a b o u r*, being the unquestionable property of the labourer, no man but he can have a right to what that is once joyned to, at least where there is enough, and as good left in common for others[67].

Das durch Arbeit geschaffene Privateigentum ist als vorgesellschaftliches Naturrecht ebenso vergegenständlichter symbolischer Ausdruck der obersten subjektiven Rechte des Menschen wie Mittel und Voraussetzung zu ihrer Gewährleistung. Dieser enge Zusammenhang zwischen dinglichem Eigentum und den obersten subjektiven Rechten des Menschen auf moralische Autonomie und Selbsterhaltung drückt sich im Bedeutungsspektrum aus, das den „property"-Begriff in den „Two Treatises of Government" kennzeichnet. Der Terminus „property" wird von Locke sowohl in einer weiteren wie einer engeren Wortbedeutung verwandt. „Property" dient Locke einmal als Kollektivausdruck zur Bezeichnung der obersten subjektiven Rechte des Menschen, unter Einschluß des Eigentums:

Man ... hath by nature a power ... to preserve his property, that is, his life, liberty and estate[68].

Locke war sich der speziellen Bedeutung dieser weiteren Definition bewußt, denn an mehreren Stellen weist er ausdrücklich darauf hin, daß er den „property"-Begriff in seiner extensiven Wortbedeutung gebrauche:

By property I must be understood here, as in other places, to mean that property which men have in their persons as well as goods[69].

[Men's] lives, liberties and estates ... I call by the general name p r o p e r t y[70].

Von dieser weiteren Definition des „property"-Begriffes bei Locke ist eine engere zu unterscheiden, die „property" nur als materiellen Besitz faßt. Diese Wortbedeutung steht im Kap. V des II. Treatise: „Of Property" im Vordergrund[71], allerdings mit der Einschränkung, daß Locke auch hier die Naturrechtsqualität des dinglichen „property" aus dem persönlichen „property" ableitet[72].

Als ein entscheidendes Hindernis für ein Verständnis der Lockeschen Intentionen erweist sich jedoch, daß nicht an allen Stellen, an denen der „property"-Begriff in den „Two Treatises" vorkommt, ersichtlich ist, welche spezifische Variante des Begriffs Locke meint. Besonders in den entscheidenden Abschnitten des II. Treatise, in denen Locke den Schutz des individuellen „property" als Hauptzweck der Konstituierung der „civil society" und gleichzeitig als Ursache der gesetzlichen Beschränkung ihrer herrschaftsmäßigen Kompetenzen herausstellt, ist die Wortbedeutung des „property"-Begriffs ambivalent. Es

---

[67] Ebda., § 27 (Hervorh. i. Orig.).
[68] Ebda., § 87.
[69] Ebda., § 173.
[70] Ebda., § 123 (Hervorh. i. Orig.); zu anderen Stellen in den „Two Treatises", an denen Locke die erweiterte Wortbedeutung von „property" gebraucht, s. die Verweise P. Lasletts in der Anmerkung zu § 87 des II. Treatise.
[71] Ebda., §§ 25—51.
[72] Ebda., § 27; s. hierzu 81 f.

wechseln Stellen, an denen Locke den Begriff ausschließlich im Sinne von dinglichem Privateigentum verwendet[73], mit solchen ab, an denen sich der erweiterte
„property"-Begriff findet[74]; es finden sich schließlich aber auch Passagen, wo die
spezifische Bedeutung des Begriffs auf den ersten Blick offen bleibt[75].

Es fällt jedoch hinsichtlich der Anwendung des „property"-Begriffs in diesem
Zusammenhang auf, daß sich zwar Stellen finden, in denen durch Verwendung
der engen Wortbedeutung der Schutz von materiellem Eigentum als Zweck des
Staates besonders hervorgehoben wird[76], dagegen nie Varianten des „property"-
Begriffs vorkommen, in denen isoliert der Schutz von „life" und „liberty" als
Staatszweck betont wird. Gerade aus dieser ambivalenten und doch zugleich —
durch die Betonung der dinglichen Komponente — schwergewichtigen Anwendung des „property"-Begriffs im Hinblick auf die Definition des Staatszwecks
läßt sich der Schluß ziehen, daß für Locke die politische Sicherheitsgarantie des
individuellen Naturrechts auf dingliches Privateigentum in gewisser Weise die
Voraussetzung und Bedingung für die Gewährleistung der anderen subjektiven
Rechte des Menschen ist; anders ist seine besondere Hervorhebung des dinglichen Elements im „property"-Begriff nicht zu erklären.

Es kann als das große Verdienst J. W. Goughs[77], besonders aber J. Viners[78]
und in seinem Gefolge P. Lasletts[79] angesehen werden, auf die Existenz der
extensiven Wortbedeutung des „property"-Begriffs bei Locke erstmals hingewiesen zu haben. Viner und Laslett unternehmen darüber hinaus den Versuch,
durch einen begriffsgeschichtlichen Vergleich der Lockeschen Anwendung des
„property"-Begriffs mit dem zeitgenössischen Wortgebrauch die Bedeutung des
Terminus auf die ursprünglichen Lockeschen Intentionen zurückzuführen. Um
diese Intentionen Lockes überhaupt in den Blick zu bekommen, ist es zunächst

---

[73] Ebda., §§ 138—140, 193.
[74] Ebda., §§ 123—124.
[75] Ebda, § 94.
[76] Ebda., §§ 138—140, 193.
[77] J. W. Gough, John Locke's Political Philosophy, Oxford 1950, 73 ff., bes. 77 u.
80; ders., Fundamental Law in Englisch Constitutional History, Oxford 1955, 134.
Gough hat jedoch keine klaren Vorstellungen von der Signifikanz der extensiven Wortbedeutung von „property" bei Locke.
[78] Die wegweisende Interpretation des Lockeschen „property"-Begriffs durch J. Viner,
die sich in einem unveröffentlichten Manuskript Viners von ca. 1940 findet, ist vor
allem über die kritische Ausgabe der „Two Treatises" durch P. Laslett wirksam geworden. S. Lasletts Einleitung zu J. Locke, Two Treatises of Government, Anm. S.
101 f., Anm. S. 226 und Anm. S. 368. Viner selbst hat seine Auffassungen in einer
ausführlichen kritischen Rezension der Arbeit C. B. Macphersons, Political Theory of
Possessive Individualism, dargestellt: J. Viner, Possessive Individualism as Original
Sin, in: The Canadian Journal of Economics and Political Science 29. 1963, 548 ff. In
der sich anschließenden Kontroverse mit Macpherson präzisierte Viner seine Vorstellungen: s. C. B. Macpherson, Scholars and Spectres: A Rejoinder to Viner, ebda.,
559 ff., und J. Viner, The Perils of Reviewing: A Counter Rejoinder, ebda., 562 ff. —
Der Verf. ist Prof. Viner (†), Princeton, für freundliche Auskünfte und Erläuterungen
zu Dank verpflichtet.
[79] Laslett, Einleitung zu Locke, Two Treatises, 101 ff.

notwendig, vom gegenwärtigen Vorverständnis des Begriffs zu abstrahieren, das den Bedeutungsgehalt von „property" nahezu vollständig auf die gegenständliche Komponente des „Privateigentums" festlegt. Dem heutigen Leser erscheint die Wortbedeutung von „property" als synonym mit materiellem Besitz, wie es etwa die Definition des „Concise Oxford Dictionary" in der lapidaren Gleichsetzung von „property" und „thing owned" zum Ausdruck bringt[80].

Von einem solchen Vorverständnis des „property"-Begriffs her, das analog zur gegenwärtigen Wortbedeutung auch den Inhalt des Begriffs bei Locke allzu leicht auf seine dingliche Komponente reduziert, muß eine zureichende Interpretation der Lockeschen „property"-Konzeption als kaum möglich erscheinen; stellt doch dieses Vorverständnis nicht den begriffsgeschichtlichen Wandlungsprozeß seit dem 17. Jahrhundert in Rechnung, im Verlaufe dessen im Bedeutungsgehalt des „property"-Begriffes die an Privateigentum gebundene Verfügung über die materiellen Produkte menschlicher Arbeitskraft gegenüber der moralischen Autonomie und Selbstbestimmung des Individuums in den Vordergrund trat, ja diese zum Verschwinden brachte.

Ungeachtet dieser komplexen Verstehensproblematik gingen und gehen die meisten Interpreten der politischen Philosophie Lockes von der Voraussetzung eines auf dingliches Privateigentum verengten „property"-Begriffs auch bei Locke aus und kommen so zu einer verkürzten Darstellung der Lockeschen Intentionen, indem sie ihn zum Propheten eines verdinglichten „kapitalistischen" Eigentumsbegriffs stilisieren[81].

Demgegenüber kann eine vom gegenwärtigen Wortgebrauch absehende begriffsgeschichtliche Interpretation darauf verweisen, daß die Normalbedeutung des „property"-Begriffs im Verständnis der Zeitgenossen Lockes der extensiven Definition von „property" in den Two Treatises glich. Der Terminus „property"

---

[80] Oxford Dictionary of Current English, Oxford 1951[4].

[81] So behauptet L. Strauss, Naturrecht und Geschichte, 256 f.: „Lockes Eigentumslehre ist heute unmittelbar verständlich, wenn man sie als die klassische Lehre des ‚Geistes des Kapitalismus' ... versteht." Auch in der Darstellung, die W. Euchner von der Lockeschen Eigentumskonzeption gibt (Naturrecht und Politik, 80 ff.), wird das Verhältnis von engerem und weiterem „property"-Begriff nur unzureichend problematisiert, obwohl es für die Lockesche Begründung des Privateigentums als Naturrecht in Kap. V. des II. Treatise wichtig ist; doch findet sich bei Euchner, 202 eine Passage, in der darauf hingewiesen wird, daß der harte und unantastbare „Kern" des extensiven Lockeschen „property"-Begriffs das Recht auf Eigentum als Naturrecht sei. Ratlosigkeit gegenüber der Lockeschen Anwendung des „property"-Begriffs spiegelt sich in der Common-Sense-Interpretation C. E. Vaughans. Er bezeichnet den engen Bedeutungsgehalt von „property" im Sinne von materiellem Besitz im Gegensatz zur begriffsgeschichtlichen Wirklichkeit als das „natural meaning of the word" und kommt zu dem Ergebnis, daß „by a curious straining of terms, he [i. e. Locke] uses the word ‚property' to include ‚life, health and liberty' " (C. E. Vaughan, Studies in the History of Political Philosophy, Bd. I, 168). Vgl. die kritischen Bemerkungen J. Viners zur Einschätzung des Lockeschen „property"-Begriffs durch die neo-klassischen Locke-Interpreten, in: ders., Possessive Individualism as Original Sin, 554 ff.

oder „propriety"[82] wurde als Synonym für die obersten subjektiven Rechte des Menschen unter Einschluß des Rechts auf Privateigentum verstanden. Hierin stimmen in ihren jeweiligen sozialen und politischen Auffassungen so unterschiedlich orientierte Autoren bzw. Personengruppen wie Th. Hobbes[83], R. Baxter[84] und die Levellers[85] überein. Doch kann ein begriffsgeschichtlicher Vergleich allein die Problematik der „property"-Konzeption bei Locke nicht lösen, denn es erscheint aufgrund eines solchen Vergleichs nicht möglich, die spezifische Zuordnung von dinglichem Eigentum und subjektiven Freiheitsrechten zu erklären, die sich in Lockes „property"-Begriff findet und die ihm erst seine eigentümliche Signifikanz verleiht.

In der Auseinandersetzung J. Viners und C. B. Macphersons um die Interpretation des „property"-Begriffs bei Locke[86] ist Macpherson insofern recht zu geben, als dieser einen Vorrang des dinglichen Elements in der Lockeschen „property"-Konzeption behauptet[87], während J. Viner zu unspezifisch auf der Dominanz des „common usage character of the ‚broad' meaning of ‚property'"

---

[82] „Property und „propriety" waren in der Anwendung durch die Zeitgenossen Lockes austauschbar.

[83] „Of things held in propriety, those that are dearest to a man are his own life, and limbs; and in the next degree (in most men), those that concern conjugall affection; and after them riches and means of living." Th. Hobbes, Leviathan, K. 182.

[84] „Propriety is naturally antecedent to government, which doth not give it, but regulate it to the common good: Every man is born with a propriety in his own members, and nature giveth him a propriety in his children, and his food and other just acquisitions of his industry. Therefore no ruler can justly deprive men of their propriety, unless it be by some law of God (as in execution of justice on such as forfeit it) or by their own consent, by themselves or their delegates or progenitors; and men's lives and liberties are the chief parts of their propriety. That is the peoples just reserved property, and liberty, which neither God taketh from them, by the power which his own laws give the ruler, nor is given away by their own foresaid consent." R. Baxter, The Second Part of the Nonconformist's Plea for Peace, 1680, 54 f., zit. bei P. Laslett Hg., John Locke, Two Treatises, II. Treatise, § 27, Anmerkung.

[85] „To every individuall in nature is given an individual property by nature, not to be invaded or usurped by any: for every one as he is himselfe, so he has a selfe propriety, else could he not be himselfe, and on this no second may presume to deprive any of, without manifest violation and affront to the very principles of nature, and of the rules of equity and justice between man and man; mine and thine cannot be except this be: No man has power over my rights and liberties and I over no man's; I may be but an individuall, enjoy myselfe, and my selfe propriety, and may write my selfe no more than my selfe, or presume any further; If I doe, I am an encroacher and an invader upon an other man's right, to which I have no right. For by naturall birth, all men are equally and alike borne to like propriety, liberty and freedome, and as we are delivered of God by the hand of nature into this world, every one with a naturall, innate freedome and propriety (as it were writ in the table of every man's heart, never to be obliterated) even so are we to live, every one equally and alike to enjoy his birth-right and priviledge; even all whereof God by nature has made him free." R. Overton, An Arrow against all Tyrants, 1646, 3 f., zit. bei Macpherson, Political Theory, 140.

[86] S. o. Anm. 78.

[87] Macpherson, Political Theory, 247 ff.

in der politischen Philosophie Lockes insistiert, und somit einen Konsensus der Lockeschen Anwendung des Property-Begriffs mit der zeitgenössischen Normalbedeutung behauptet[88].

Doch erkennt Macpherson kein Bedingungs- und Zuordnungsverhältnis von materiellem „property" und persönlichem „property" bei Locke, sondern kommt zur Konstruktion eines völlig ungerechtfertigten Widerspruchs zwischen traditionellen und modernen Aspekten der Lockeschen Anwendung des „property"-Begriffs, wobei er die weitere Definition von „property" im Sinne von „life, liberty, and estate" als unbewußtes, objektiv überflüssiges Relikt eines traditionellen Sprachgebrauchs in der politischen Philosophie Lockes abtut: „His [i. e. Lockes] confusion absolut the definition of property, sometimes including life and liberty and sometimes not, my be ascribed to the confusion in his mind between the remnant of traditional values and the new bourgeois values"[89].

So ergibt sich, daß weder die begriffsgeschichtliche Interpretation Viners noch die ideologiekritische Macphersons letztlich eine schlüssige Darstellung des Lockeschen „property"-Begriffs zu geben vermögen, da sie nicht auf das Zuordnungs- und Bedingungsverhältnis abheben, das — wie in der vorliegenden Interpretation nachgewiesen wurde — bei Locke zwischen der politischen Sicherheitsgarantie des Privateigentums und der Gewährleistung der im persönlichen „property" ausgedrückten Freiheits- und Lebensrechte „life and liberty" besteht. Weit davon entfernt, auf seine dingliche Komponente reduziert zu werden, erscheint das „Naturrecht auf Eigentum" in den „Two Treatises" nicht als Selbstzweck, sondern als Mittel, das „Eigentum am Naturrecht" jedes Einzelmenschen zu sichern.

b) Die spezifische Arbeitslegitimation des Eigentums: Produktive Arbeit und technisch-innovatorische Rationalität als Triebkraft des Fortschritts und Rechtfertigung des Eigentums

In der Lockeschen Darstellung der Legitimation des Privateigentums durch Arbeit ist die allgemeine formal-moralische Legitimation —- Arbeit als Bestandteil des persönlichen, moralischen „property" geht auf ihre Gegenstände über und verleiht ihnen so Naturrechtsqualität — von einer spezifischen Legitimationsleistung zu unterscheiden, die in der anthropologischen Struktur des Arbeitsbegriffs selbst angelegt ist. Es erscheint vor allem deshalb als entscheidend, diese spezifische Legitimationsleistung der Arbeit in der Lockeschen Begründung des Privateigentums als Naturrecht zu berücksichtigen, weil erst durch sie dynamisch-historische Strukturelemente in die Lockesche Sozial- und politische Theorie eingebracht werden, die es berechtigt erscheinen lassen, auch in der politi-

---

[88] Viner, The Perils of Reviewing, 563.

[89] Macpherson, Political Theory, 220, s. a. 198: „It is true that Locke somewhat confused matters by sometimes defining that property whose preservation is the reason for entering Civil Society in u n u s u a l l y w i d e t e r m s." (Sperrung H. M.).

schen Philosophie Lockes von einer wesentlichen geschichtsphilosophischen Komponente zu sprechen.

Menschliche Arbeit wird von Locke im II. Treatise als ein rationaler Reflex der aktiv-spontanen Bedürfnis- und Glücksnatur des Menschen auf seine existentielle Mängelsituation dargestellt:

> God, when he gave the world in common to all mankind, commanded man also to labour, and the penury of his condition required it of him. God and his reason commanded him to subdue the earth, i. e. improve it for the benefit of life, and therein lay out something upon it that was his own, his labour . . . God commanded, and his wants forced him to labour[90].

Zweckrational motiviertes Handeln und von der Bedürfnisnatur stimuliertes Verhalten gehen im Lockeschen Arbeitsbegriff eine Synthese ein. Das spezifische Verhältnis beider Komponenten bestimmt Locke in den „Two Treatises of Government" jedoch nur ungenau. Es fällt vor allem auf, daß er rein triebstimulierte Tätigkeiten wie die des Aufsammelns von Früchten[91] und das Trinken von Wasser[92] zur Befriedigung unmittelbarer Nahrungsbedürfnisse ebenso als Legitimationsgrundlage des Privateigentums gelten läßt wie die vergleichsweise mit einem erheblich größeren Ausmaß an Verstandestätigkeit und Kraftanstrengung verbundene Tätigkeit des Jagens[93] oder gar eine rationalisierte, sich durch technisches Know-How qualifizierende Arbeitsleistung wie landwirtschaftliche[94] oder bergbauliche[95] Betätigung.

Um eine zureichende Interpretationsperspektive für den in den „Two Treatises" verwendeten, aber nicht näher erläuterten Arbeitsbegriff zu gewinnen, erscheint es notwendig, auf einen Text zurückzugreifen, der nicht nur eine theoretisch-anthropologische Begründung des Lockeschen Verständnisses menschlicher Arbeit im Rahmen einer allgemeinen Handlungstheorie gibt, sondern darüber hinaus von zentraler Bedeutung für die Lockesche Gesamtphilosophie ist[96].

In einer erst jüngst beachteten Tagebucheintragung, die Locke am 8. Februar 1677 während seines Frankreichaufenthaltes niederschrieb, fragt er sich unter

---

[90] II. Treatise, §§ 32, 35.
[91] Ebda., §§ 28, 31, 37.
[92] Ebda., § 33.
[93] Ebda., §§ 30, 37.
[94] Ebda., §§ 32, 38.
[95] Ebda., § 28.
[96] Erstmals wurde die entscheidende Bedeutung der Lockeschen Tagebucheintragung v. 8. Februar 1677 von Aarsleff, State of Nature, 124 f. erkannt, doch wertet Aarsleff diesen Text nur für seine Darstellung des erkenntnisanthropologischen Aspekts der Lockeschen Naturrechtstheorie aus: „Though it is brief, this entry may well be considered the best, most comprehensive and succinct statement of the ideas that are most fundamental to Locke's entire philosophy and to the motives and aspirations that inspired him in his search for the means to happiness . . . Even the structure of this brief discourse reveals a clarity and symmetry that convey conviction and authority." (Ebda., 125), W. Euchner, Naturrecht und Politik, 57 nennt die Tagebucheintragung bemerkenswert und gibt eine kurze Inhaltsangabe.

dem etwas irreführenden Titel: „Quod volumus facile credimus. Q(uery) how far and by what means the will works upon the understanding and assent"[97] nach den Möglichkeiten, welche die erkenntnismäßige und organische Ausstattung des Menschen für die Erlangung irdischen und himmlischen Glücks bietet. Im Mittelpunkt seiner Frage nach den irdischen Glücksmöglichkeiten steht der Versuch einer anthropologischen Neueinschätzung der menschlichen Arbeit als des entscheidenden Mittels zur Erlangung irdischen Glücks. Locke stellt zunächst einen unaufhebbaren Mangel des menschlichen Erkenntnisvermögens fest, den er jedoch nicht für nachteilig, sondern für sinnvoll hält, insofern er den Menschen auf eine praktische Bewältigung und Lösung derjenigen Aufgaben verweist, die ihm durch seine Natur, „constitution of our nature", und seine umweltbedingte existentielle Situation, „circumstances of our being", vorgegeben sind:

> Our mindes are not made as large as truth nor suited to the whole extent of things amongst those that come within its ken it meets with a great many too big for its graspe, and there are not a few that it is faine to give up as incomprehensible ... This state of our mindes however remote from that perfection whereof we our selves have an idea, ought not however to discourage our endeavours in the search of truth or make us thinke we are incapeable of knowing any thing because we cannot fully understand all things. We shall finde that we are set out into the world furnished with those facultys that are fit to obteine knowledg, and knowledg sufficient if we will but confine it within those purposes and direct it to those ends which the constitution of our nature and the circumstances of our being point out to us[98].

Nicht nur in bezug auf einen möglichen Absolutheitsanspruch des Erkenntnisvermögens ist der Mensch nach Locke mangelhaft ausgestattet, auch seine organische Natur ist in einem Zustand fortwährender Bedürftigkeit und dauernden Mangels, der gleichsam als natürlichen Reflex eine permanente Arbeitsanstrengung notwendig macht, die als Reflex aber doch immer nur imstande ist, die natürlichen Bedürfnisse zu reproduzieren. Doch hier setzt die praktische Aufgabe und Zweckbestimmung menschlicher Erkenntnis ein, auf welche sie gerade durch ihren eigenen Mängelcharakter verwiesen wird. Menschliche Erkenntnis ermöglicht als technische Vernunft eine progressive Rationalisierung der materiellen Reproduktionstätigkeit des Menschen, indem sie die aus seiner existentiellen Mängelsituation heraus notwendige Arbeitsanstrengung durch ein produktives Vermögen ergänzt, das nicht nur die Reproduktion der Bedürfnisse sichert, sondern darüber hinaus die dauernde Aufhebung der Mängelsituation ermöglicht und hierdurch die Erlangung von „conveniency" und „happiness" gewährleistet:

> If we consider our selves in the condition we are in this world we cannot but observe that we are in an estate the *necessitys* whereof call for a constant

---

[97] Abgedruckt bei R. I. Aaron u. J. Gibb Hgg., An Early Draft of Locke's Essay, 84 ff.

[98] Aaron u. Gibb, An Early Draft of Locke's Essay, 84.

supply of meat drinke cloathing and defence from the weather and very often physick; and our *conveniences* demand yet a great deale more. To provide these things nature furnish us only with the materials for the most part rough and unfitted to our uses(,) it requires *labour art and thought* to suit them to our occasions, and if the *knowledg of men* had not *found out ways to shorten the labour and improve severall things* which seeme not at first sight to be of any use to us we should spend all our time to make a scanty provision for a poore and miserable life, a sufficient instance whereof we have in the inhabitants of that large and firtill part of the world the west Indies, who lived a poore uncomfortable laborious life with all their industry scarce able to subsist and that perhaps only for want of knowing the use of that stone out of which the inhabitants of the old world had the skill to draw iron and thereof make them selves utinsils necessary for the carrying on and improvement of all other arts noe one of which can subsist well, if at all, without that one mettall. Here then is a large feild [sic] for *knowledg proper for the use and advantage of men in this world viz. to finde out new inventions of dispatch to shorten or ease our labours, or applying sagaciously togeather severall agents and patients to procure new and beneficiall productions whereby our stock of riches (i. e. things usefull for the conveniencys of our life) may be increased or better preserved.* And for such discoverys as these the minde of man is well fitted, though perhaps the essence of things(,) their first originall, their secret way of workeing and the whole extent of corporeall beings be as far beyond our capacity as it is besides our use[99].

In der Lockeschen Vorstellung von menschlicher Arbeit und Reproduktionstätigkeit, die in der Tagebuchnotiz im Unterschied zu den Treatises[100] noch nicht terminologisch fixiert ist, gehen „labour, art and thought", körperliche Anstrengung, tradierte Fertigkeiten und technisch-innovatorische Rationalität, eine Synthese ein, wobei das entscheidende Element „thought" darstellt. „Thought", im Sinne von technischer Vernunft, praktisch anwendbarem Wissen, stellt den eigentlich produktiven Faktor in der Auseinandersetzung des Menschen mit seiner Umwelt durch Arbeit dar. Arbeit, verstanden als Synthese von „labour, art and thought" ist nicht dadurch charakterisiert, daß sie als unmittelbare Bedürfnisbefriedigung, d. h. als spontane Aneignung der Gegenstände zum sofortigen Konsum verstanden wird, ohne daß eine planvolle Investition an Arbeitskraft in die Veränderung oder Veredelung dieser Naturprodukte eingegangen wäre, sondern dadurch, daß sie „produktive" Arbeit ist, indem sie die Gegenstände der Natur künstlich zum Zwecke menschlicher „conveniency" formiert. Arbeit ist so als „labour" — Locke gebraucht hier den Terminus noch in seiner herkömmlichen Form — zwar unmittelbarer Reflex der Bedürfnisnatur des Menschen, weist aber, ergänzt durch „art and thought", als

---

[99] Aaron u. Gibb, An Early Draft of Locke's Essay, 84 f. (Hervorh. H. M.).
[100] Hierzu u. 93 ff.

produktive wertschaffende Arbeit immer schon über diese Bedürfnisnatur hinaus. Arbeit in diesem umfassenden Sinne hilft dem Menschen, aus dem statischen Funktionskreis einer bloßen Reproduktion des Lebens, aus einer quasi-instinktiven Eingebundenheit in seine natürliche Umwelt herauszutreten und über die Notwendigkeiten seiner Bedürfnisnatur hinaus sein Leben nach Gesichtspunkten der „conveniency" frei gestalten zu können. Menschliche Arbeit wird von Locke als ein im weitesten Sinne zivilisierender und zivilisatorischer Faktor dargestellt. Die Mängel- und Bedürfnisnatur des Menschen veranlaßt, der ursprüngliche Besitz und der sich kumulierende Erwerb schöpferischer Potenzen in der Arbeit ermöglicht dem Menschen den schrittweisen Aufbau der Zivilisation.

Der Mensch ist nach Locke nicht von Anfang an mit diesen technisch-innovatorischen, produktiven Fähigkeiten begabt, sie gehören nicht zur natürlichen organischen Ausstattung des Individuums, sondern müssen in einem kollektiven Arbeits- und Lernprozeß der Gattung erst „historisch-gesellschaftlich" produziert werden. Im Verlauf dieses historischen Prozesses der Auseinandersetzung mit der natürlichen Umwelt, der von der ursprünglichen Bedürfnis- und Mängelsituation der Gattung ausgelöst wird, verändert menschliche Arbeit ihren quantitativen wie qualitativen Charakter. War sie ursprünglich primär „labour" im Sinne einer individuellen körperlichen Anstrengung zur Reproduktion der Bedürfnisse und ermöglichte auch in ihrer intensivsten Form keine Transzendierung der naturgegebenen Mängelsituation, wie Locke am Beispiel der Eingeborenen Westindiens verdeutlicht, so resultiert der durch praktische Anwendung menschlicher Erkenntniskraft hervorgerufene Rationalisierungsprozeß in der Einführung von Werkzeugen, Techniken und kollektiven Arbeitsformen (Arbeitsteilung?), welche einerseits eine Reduktion des zur Lebenserhaltung notwendigen Maßes an körperlicher Anstrengung („ways to shorten labour") im Gefolge haben, andererseits zu einer gleichzeitigen Erhöhung der produktiven Potenzen der Menschen führen, die ihnen die Erlangung von „conveniency" und „happiness", über die unmittelbar notwendige Bedürfnisbefriedigung hinaus ermöglicht.

„Knowledge" in Form technisch-innovatorischer Rationalität im Arbeitsprozeß der Gattung ist bei Locke gewissermaßen der Demiurg der zivilisatorischen Entwicklung der Menschheit, sie setzt die Menschen aus einer Situation existentieller Bedürftigkeit, in der Mangel auch in einer reichen natürlichen Umgebung herrscht, in einen Zustand potentiellen Überflusses frei, in dem die Reichtümer der Natur durch Arbeit aktualisiert werden können und die Befriedigung gesellschaftlicher Bedürfnisse nicht nur nach Maßgabe der „necessity", sondern nach den Maßstäben von „conveniency" und „happiness" möglich wird. Das historische Niveau des jeweiligen Zivilisationsstands bemißt sich hierbei nach dem Niveau der technischen ratio. „Knowledge" und „plenty" gehen ebenso Hand in Hand wie „wants" und „ignorance". Eine besondere produktive Rolle spielen für Locke technische Erfindungen und Entdeckungen. Sie sind gleichsam

die Knotenpunkte und Katalysatoren der historischen Zivilisationsprozesse der
Menschengattung, deren Wirkung, weit über den Bereich ihrer unmittelbaren
Anwendung hinausgehend, Konsequenzen für die Gesamtheit der menschlichen
Lebensäußerungen hat und denen deshalb eine quasi-moralische Dignität („vir-
tue") zukommt:

> Of what consequence the discovery of one natural body and its properties
> may be to human life, the whole great continent of America is a convincing
> instance: whose *ignorance* in useful arts, and *want* of the greatest part of
> the conveniences of life, in a country that abounded with all sorts of natural
> plenty, I think may be attributed to their ignorance of what was to be found
> in a very ordinary, despicable stone, I mean the mineral of iron. And what-
> ever we think of our parts or improvements in this part of the world, where
> *knowledge* and *plenty* seem to vie with each other; yet to any one that will
> seriously reflect on it, I suppose it will appear past doubt, that, were the use
> of iron lost among us, we should in a few ages be unavoidably reduced to
> the *wants* and *ignorance* of the ancient savage Americans, whose natural
> endowments and provisions come no way short of those of the most flourish-
> ing and polite nations. So that *he who first made known the use of that*
> *contemptible mineral, may be truly styled the father of arts, and the author*
> *of plenty* ... The study of nature ... if rightly directed, may be of greater
> benefit to mankind than the monuments of exemplary charity that have at
> so great charge been raised by the founders of hospitals and almshouses. He
> that first invented printing, discovered the use of the compass, or made
> public the *virtue and right use of kin kina* [i. e. Chinin], did more for the
> propagation of knowledge, for the supply and increase of useful commodi-
> ties, and saved more from the grave than those who built colleges, work-
> houses, and hospitals[101].

Es erscheint in diesem Zusammenhang wichtig, auf das reflektierte historische
Bewußtsein hinzuweisen, das in Lockes Anschauung vom Zivilisationsprozeß
sichtbar wird und im Gedankenexperiment des Versuchs, sich die Existenz seiner
zeitgenössischen europäischen Gesellschaft ohne ihre technischen Errungenschaften vorzustellen, besonders deutlich hervortritt. Locke geht, dies wird in der
hypothetischen Parallelisierung der zeitgenössischen okzidentalen mit der alt-
amerikanischen Zivilisation deutlich, von einer identischen historischen Ursprungssituation aller Kulturen und Gesellschaftsordnungen aus, wie er dies
prägnant in dem Diktum der „Two Treatises of Government" zum Ausdruck
bringt:

> in the beginning all the world was America, and more so than that [i. e.
> Amerika selbst] is now[102].

---

[101] Locke, Essay, B. IV, K. 12, §§ 11, 12 (Hervorh. H. M.).

[102] II. Treatise, § 49. Die logische Präzision des historischen Denkens Lockes wird
besonders durch den Nachsatz „more so than that is now" deutlich. Locke billigt damit auch den zeitgenössischen amerikanischen Eingeborenenzivilisationen einen beschränkten Fortschritt vom historischen Nullpunkt aus zu.

Dieser historische Nullpunkt liefert als ein Zustand des Mangels für die aktiv-spontane Bedürfnisnatur des Menschen zugleich mit seiner Existenz auch schon den Anreiz zu seiner Transzendierung durch einen historischen Take-Off. Fortgang und Inhalt des so inaugurierten Zivilisationsprozesses werden weitgehend von Form und Struktur des materiellen Reproduktionsprozesses bestimmt, durch den die jeweilige Gesellschaft sich am Leben erhält. Hierbei liefern technische Rationalisierung und Vergesellschaftung der Arbeitsformen gleichsam den Motor und die Grundlage des gesellschaftlichen Fortschritts.

Obwohl Locke in den „Two Treatises of Government" menschliche Arbeitsleistung im allgemeinen mit dem Ausdruck „labour" umschreibt, ohne, wie er es noch in seiner Tagebuchnotiz getan hatte, terminologisch den jeweils größeren oder geringeren Grad von Produktivität und Rationalität zu charakterisieren, der in eine bestimmte Arbeitsleistung eingeht, so liegt eine Differenzierung zwischen produktiver, wertschaffender Arbeit und lediglich die Bedürfnisse befriedigender, unproduktiver Arbeit als selbstverständliche Denkvoraussetzung doch seinem in den Treatises angewandten Arbeitsbegriff zugrunde, ja, es ist gerade die spezifisch produktive Leistung der Arbeit, die in der zweckrationalen Zurichtung der Gegenstände der Natur besteht, welche in den „Two Treatises" die Legitimationsgrundlage für die Begründung des Privateigentums als Naturrecht liefert. Das wird schon in den Synonyma deutlich, mit denen Locke neben dem Terminus „labour" die Legitimationsleistung der Arbeit umschreibt: „improve"[103], „cultivate"[104], „progress"[105], „labour of his body and work of his hands"[106].

Erst durch die Veränderung der Gegenstände im produktiven, wertschaffenden Arbeitsprozeß geht das persönliche „property", das jeder Mensch an seiner Person hat, auf die Naturgegenstände der „communitas primaeva" über und legitimiert sie als naturrechtlichen Bestandteil der individuellen menschlichen Existenz. Locke demonstriert diese spezifische Legitimationsleistung der Arbeit besonders eindringlich am Beispiel der Aneignung von Land, sie gilt jedoch, wie er in diesem Zusammenhang bemerkt, darüber hinaus für alle Gegenstände, auf die sich menschliche Arbeit richtet:

Nor is it so strange, as perhaps before consideration it may appear, that the p r o p e r t y o f l a b o u r should be able to over-ballance the community of land. For 'tis l a b o u r indeed that p u t s t h e d i f f e r e n c e o f v a l u e on every thing; and let any one consider, what the difference is between an acre of land planted with tobacco, or sugar, sown with wheat or barley; and an acre of the same land lying in common, without any husbandry upon it, and he will find, that the improvement of l a b o u r m a k e s the far greater part of t h e v a l u e ...

---

[103] II. Treatise, §§ 32, 33, 34, 40, 41, 42.
[104] Ebda., §§ 32, 35.
[105] Ebda., § 42.
[106] Ebda., § 27.

From all which it is evident, that though the things of nature are given in common, yet man (by being master of himself, and p r o p r i e t o r o f h i s o w n p e r s o n, and the actions or labour of it) had still in himself t h e g r e a t f o u n d a t i o n o f p r o p e r t y; and that which made up the great part of what he applyed to the support or comfort of his being, when invention and arts had improved the conveniences of life, was perfectly his own, and did not belong in common to others[107].

Locke liest die spezifische Legitimationsleistung der produktiven Arbeit sogar unbewußt in die spontane, von „necessity" diktierte Form der Aneignung, etwa das Aufsammeln von Früchten, zurück und begründet das ursprüngliche Recht auf Eigentum unter den Bedingungen einer primitiven Ökonomie der Subsistenz mit Charakteristika, die eigentlich nur intensiver Leistung des hochrationalisierten und technisierten „improvement" eignen:

He that is nourished by the acorns he pickt up under an oak, or the apples he gathered from the trees in the wood, has certainly appropriated them to himself ... That labour put a distinction between them and common. *That added something to them more than nature,* the common mother of all, had done; and so they became his private right[108].

Insbesondere die Lockesche Begründung des Naturrechts auf Eigentum als eines Naturrechts auf Akkumulation ist nur bei Berücksichtigung der produktiven und wertschaffenden Komponente des Lockeschen Arbeitsbegriffs und der damit verbundenen geschichts- und sozialphilosophischen Perspektive verständlich.

Noch in den frühen „Essays on the Law of Nature" (um 1660) wird Eigentum von Locke als ein starres, ungeschichtliches, gesellschaftlich und nicht individuell fundiertes Rechtsverhältnis primär in seinem sozialen Pflichtencharakter gesehen. Der nahezu konstant bleibende Besitzstand der Gesamtgesellschaft, charakteristischerweise als „inheritance" gekennzeichnet, und die mit der Vermehrung der Menschen expandierende Summe der Bedürfnisse machen eine verantwortliche Bindung des Eigentums an die sozialen Tugenden der „justice, friendship, generosity" zur Pflicht[109]. Eine Ausübung der Eigentumsrechte nach Maßgabe individueller Interessen dagegen würde nach Locke die Existenz der Gesellschaft in Frage stellen:

the inheritance of the whole of mankind is always one and the same, and it does not grow in proportion to the number of people born ... the things provided [by nature] have been bestowed in a definite way and in a predetermined quantity; they have not been fortuitously produced nor are they increasing in proportion with what men need or covet. Clothes are not born with us, nor do men, like tortoises, possess and carry about shelters that have originated with them and are growing up together with them. Whenever

---

[107] Ebda., §§ 40, 44 (Hervorh. i. Orig.).
[108] Ebda., § 28 (Hervorh. H. M.); vgl. ebda., § 37.
[109] Locke, Essays on the Law of Nature, Hg. W. v. Leyden, Essay VIII, 213.

either the desire or the need of property increases among them, there is no extension, then and there, of the world's limits ... And so, when any man snatches for himself as much as he can, he takes away from another man's heap the amount he adds to his own, and it is impossible for anyone to grow rich except at the expense of someone else[110].

Lockes Begründung des Privateigentums in den „Treatises" unterwirft dieses zunächst den gleichen Einschränkungen, denen es in den frühen „Essays on the Law of Nature" unterworfen wurde, aber nur, um mit der anschließenden Analyse nicht nur eine neue Eigentumstheorie zu begründen, sondern um die traditionellen naturrechtlichen Beschränkungen des Eigentums durch historische Relativierung endgültig zu entkräften.

Dem Menschen ist nach Locke ursprünglich der Erwerb von Eigentum nur zur Deckung seines persönlichen Bedarfs[111] („spoilage limitation", C. B. Macpherson) und unter Rücksichtnahme auf das gleiche Lebensrecht des Mitmenschen[112] („sufficiency limitation", C. B. Macpherson) gestattet. Wichtig erscheint jedoch bei Locke die Fixierung dieser naturrechtlichen Einschränkungen auf eine bestimmte historische Stufe der Menschheitsentwicklung und der damit eng zusammenhängende Modus der Begründung des Verpflichtungscharakters der Einschränkungen, der sie als einen zweckrationalen Reflex auf die gesellschafts- und umweltbedingte Situation dieser „first ages of the world"[113] erscheinen läßt. Locke betont, daß die ursprünglichen naturrechtlichen Einschränkungen ihren Pflichtencharakter dadurch erhalten, daß in einem Zustand natürlichen Überflusses, aber mangelhafter Produktivität der Arbeit die rationale Interessenmotivation des Einzelnen keine anderen sittlichen Forderungen zuließe:

And thus considering the plenty of natural provisions there was a long time in the world, and the few spenders, and to how small a part of that provision the industry of one man could extend itself, and ingross it to the prejudice of others; especially keeping within the bounds, set by reason of what might serve for his use; there could be then little room for quarrels or contentions about property so establish'd ...

it is very easie to conceive without any difficulty, how labour could at first begin a title of property in the common things of nature, and how the spending it upon our uses bounded it. So that there could then be no reason of quarrelling about title, nor any doubt about the largeness of possession it gave. *Right and conveniency went together;* for as a man had a right to all he could employ his labour upon, so he had no temptation to labour for more than he could make use of ... This left no room for controversie about the title nor for incroachment on the right of others[114].

---

[110] Locke, Essays on the Law of Nature, Essay VIII, 211.
[111] II. Treatise, § 31; vgl. hierzu Macpherson, Political Theory, 201, 204 ff.
[112] II. Treatise, §§ 27, 33; vgl. hierzu Macpherson, Political Theory, 201, 211 ff.
[113] II. Treatise, § 36.
[114] II. Treatise, §§ 31, 51 (Hervorh. H. M.); vgl. hierzu auch R. Polin, La Philosophie Morale, der treffend (ebda. 269) bemerkt, daß die ursprünglichen naturrechtlichen

Das „overplus"[115] der produktiven Arbeit jedoch erzeugt in Verbindung mit der Einführung des Geldes die Bedingungen für eine Aufhebung der naturrechtlichen Beschränkungen des Privateigentums und macht das Naturrecht auf Eigentum zum Naturrecht auf unbeschränkte individuelle Akkumulation. Hierbei schafft der von der produktiven Arbeit ermöglichte Überschuß über die jeweiligen unmittelbaren Bedürfnisse des Arbeitenden zunächst latente Voraussetzungen für die Aufhebung der ursprünglichen naturrechtlichen Beschränkungen, die durch die Einführung des Geldes lediglich eingelöst, und nicht, wie in der Forschung oft vermutet[116], erst geschaffen werden. Das durch die produktive Arbeit des Einzelnen bereitgestellte Potential an „conveniency" ist der Summe seiner individuellen Bedürfnisse gewissermaßen immer schon voraus und erhält auf dem Weg über die mit der Einführung des Geldes möglichen Marktbeziehungen lediglich die Gelegenheit, sich in einem gesellschaftlichen „System der Bedürfnisse" als unbeschränkter Erwerb von Eigentum zu realisieren. Aus dem ursprünglich durch Arbeit und Eigentum gesetzten „privaten" Verhältnis der Menschen zur Natur entsteht durch eine von der Trieb- und Bedürfnisnatur des Menschen ausgelöste, von seiner Vernunft produzierte historische Dynamik der Arbeit ein gesellschaftliches Verhältnis, das die naturrechtlichen Beschränkungen des Privateigentums überflüssig macht, indem sie produktiv aufgehoben werden.

Locke macht über den historisch-sozialen Ort des Zustands, in welchem die ursprünglichen Beschränkungen des Privateigentums gegenstandslos werden, im Unterschied zu seiner ausführlichen Analyse der „first ages of the world"[117] nur

---

Einschränkungen des Privateigentums von Locke als Ergebnis einer „force des choses" dargestellt würden, allerdings läßt Polin die entscheidende historische Perspektive der Lockeschen Arbeitslegitimation des Privateigentums außer acht, wenn er behauptet, daß Locke im Unterschied zu Hegel „le rôle historique" nicht erkannt habe „accordé au travail dans le developpement de l' humanité" 264. Polins relativ ausführliche Darstellung des Lockeschen Arbeitsbegriffs (261 ff.) gelangt aufgrund falscher Prämissen auch zu einer Unterschätzung der Rolle der Arbeit in der Lockeschen Begründung des Privateigentums: „Mais il ne faut se méprendre, Locke n'a jamais dit que le travail avait une valeur en lui même; ce qui a une valeur, c'est ce qu'il est capable de produire, dans la mesure où ce produit est utile é l'homme. Il ne s'agit pas de prouver la valeur du travail, mais de sauvegarder la valeur de la propriété." (269).

[115] II. Treatise, § 50. Locke gebraucht den Terminus hier ganz im Sinne der Marxschen Wertlehre.

[116] Hierzu bes. II. Treatise, § 48: „And as different degrees of industry were apt to give men possession in different proportions, so this invention of money gave them the *opportunity* to continue and enlarge them." (Hervorh. H. M.) Die Einführung des Geldes verschafft also lediglich die „opportunity" für eine Vergrößerung individuellen Privatbesitzes, die schon vorher in der wertschaffenden Qualität der Arbeit angelegt war. Es ist nicht, wie Macpherson (Political Theory, 207) behauptet, Geld als Kapital, das im „property"-Kapitel des II. Treatise als dynamisches Agens im Vordergrund steht, sondern die wertproduzierende Qualität der Arbeit. Locke rechtfertigt im „property"-Kapitel zwar die Akkumulation von Privateigentum als Kapital, doch sieht er entgegen Macphersons Annahme die Funktion des Geldes primär als die eines Mediums für kommerziellen Austausch.

[117] II. Treatise, §§ 36, 38, 41.

relativ sparsame, verstreute Andeutungen. Einen hohen Indikationswert hat jedoch Lockes Annahme, daß in diesem Zustand Städte[118] („cities") existieren und in ihm nicht wie in den „first ages" eine Ökonomie der Subsistenz auf Familienbasis herrscht, sondern eine kommerzielle Tauschgesellschaft, die auf intensiver, technisierter, agrarischer Überschußproduktion beruht[119].

Die naturrechtliche „spoilage limitation" wird auf dieser Ebene der Tauschgesellschaft gegenstandslos, indem sich jeder durch individuelle Arbeit erzeugte Überschuß an verderblichen Konsumgegenständen auf dem Weg über den Markt unmittelbar in permanente Geldwerte umsetzen läßt, die nicht der Einschränkung der „spoilage" unterliegen[120]. Die „sufficiency limitation" wird überflüssig, da die unbeschränkte Aneignung von Eigentum nach Maßgabe individuellen Interesses — Locke denkt hierbei vor allem an die intensive Bewirtschaftung von durch „enclosure" eingehegten Ländereien[121] — durch Produktivitätszuwachs den gemeinsamen Fundus der Menschheit an Nahrungsmitteln vergrößert, statt ihn zu verkleinern[122], wie es noch die frühen „Essays on the Law of Nature" vorausgesetzt hatten.

Die im „overplus" der produktiven Arbeit bereits angelegte Möglichkeit der Vergrößerung des Privateigentums über die individuellen Bedürfnisse hinaus erhält nach Locke durch die Einführung des Geldes lediglich die Gelegenheit („opportunity"), sich in einer durch den Marktmechanismus vermittelten gesellschaftlichen Differenzierung der Eigentumsverhältnisse voll durchzusetzen[123]. Diese in der produktiven Arbeitsnatur des Menschen begründete gesellschaftliche Dynamik der Eigentumsverhältnisse manifestiert sich unter den Bedingungen einer Tauschgesellschaft individuell als ein permanentes „desire of having more than men needed"[124]. Angesichts der mit der Differenzierung der Eigentumsverhältnisse antagonistisch werdenden gesellschaftlichen Beziehungen steht dieses „desire of having more" in der dauernden Gefahr zu einem „amor sceleratus habendi"[125] zu degenerieren und den „Naturzustand" der bürgerlichen Gesellschaft aus einem „state of peace" zu einem „state of war" zu pervertieren.

---

[118] Ebda., § 38, in Korrelation mit § 45.
[119] Bes. ebda., § 48.
[120] Ebda., § 46.
[121] Ebda., § 37.
[122] Ebda., § 37; s. hierzu auch Macpherson, Political Theory, 211 ff.
[123] II. Treatise, § 48.
[124] Ebda., § 37.
[125] Ebda., § 111.

4. Der Naturzustand der institutionsfreien Gesellschaft und die Legitimationsproblematik des bürgerlichen Rechts- und Gesetzesstaats

a) Die Darstellung der Lockeschen Naturzustandsauffassung in der Forschung

Die traditionell bei der Diskussion um die Problematik des Naturzustandstheorems vorherrschende Fragestellung, ob der Naturzustand als ein (ursprünglicher) vorhistorischer Zustand, als Ausgangspunkt der menschlichen Zivilisation und Kontrastmodell zur bürgerlichen Gesellschaft aufzufassen sei oder als eine meta-historische normative Fiktion, ist auch bei der Behandlung der Lokkeschen Naturzustandskonzeption bis in die jüngste Zeit Hauptgegenstand der Diskussion geblieben, ohne daß sich bisher eine eindeutige Richtung der Forschungsmeinung abzeichnet. Die scheinbare Richtungslosigkeit der Auseinandersetzung wurde vor allem auch dadurch gefördert, daß Locke, im Unterschied zu Hobbes und Pufendorf, die methodische Konzeption und den logischen Ort seiner Auffassung vom Naturzustand, von wenigen Andeutungen abgesehen, nicht explizit erörtert und die Interpretation so weitgehend auf die inhaltliche Exegese der Lockeschen Äußerungen zum Naturzustand im II. Treatise of Government angewiesen ist.

Im Gegensatz zur herkömmlichen Populär-Interpretation[126], die den Lockeschen Naturzustand vor allem als eine vorhistorische normative Idylle sieht, wird von Leo Strauss und seinen Schülern R. Cox und R. A. Goldwin[127] die Auffassung vertreten, daß unter Naturzustand bei Locke ein der Begründung der „civil society" historisch vorausgehender ursprünglicher Zustand rechtlich ungesicherter Freiheit und Gleichheit zu verstehen sei, der mit einer Situation der Barbarei und Unkultur koinzidiere. Für Strauss, Cox und Goldwin erfüllt der Naturzustand bei Locke tendenziell die gleiche negative Legitimations- und Kontrastfunktion bei der Begründung der „civil society" wie der Hobbessche Naturzustand. Alle auf eine positive normative Einschätzung hindeutenden Aspekte der Lockeschen Naturzustandsdarstellung werden als für die Grundintention der Lockeschen politischen Philosophie nicht relevante Konzessionen

---

[126] So etwa in der einflußreichen Essay-Sammlung von B. Willey, The Seventeenth Century Background. Studies in the Thought of the Age in Relation to Poetry and Religion, Harmondsworth 1962², 240: „The ‚State of Nature' in Locke, is so far from resembling the ‚ill condition' described by Hobbes, that it approximates rather to the Eden of the religious tradition, or the golden age of the poets. After Locke this conception becomes an expression of the current faith that, on the whole, things if left to themselves are more likely to work together for good than if interfered with by meddling man." S. auch W. A. Dunning, A History of Political Theories, New York 1921, 345, und A. Cobban, In Search of Humanity, London 1960, 93; ferner L. Stephen, History of English Thought in the 18th Century, 2 Bde., London 1927³, Bd. II, 137.

[127] Strauss, Naturrecht und Geschichte, 231 ff.; R. Cox, Locke on War and Peace, Oxford 1960, 45 ff.; R. A. Goldwin, John Locke, in: L. Strauss und J. Cropsey Hgg., History of Political Philosophy, Chicago 1964, 433 ff.

Lockes an die zeitgenössische öffentliche Meinung dargestellt. Die subtilste Form dieser krypto-logischen Überinterpretation, die Locke als einen „Hobbes in disguise" (R. Ashcraft) zu erweisen versucht, gibt R. Cox[128]. Er unterstellt Locke die bewußte Verschleierungsabsicht, den Naturzustand im II. Treatise of Government zwar ursprünglich als normativen Friedenszustand dargestellt zu haben, so daß in ihm menschliches Handeln und naturrechtliche Normen zusammenfallen, dies jedoch nur, um im Verlauf der heimlichen Argumentationskette des II. Treatise hiermit den wahren Naturzustand des Menschen kontrastieren zu können, der als Zustand einer ursprünglichen Naturverfallenheit des Menschen dem Hobbesschen Bellum Omnium Contra Omnes sehr nahe komme und die negative Basis der politischen Theorie Lockes bilde[129].

Eine zweite Hauptrichtung der Interpretation wird neben älteren Autoren von M. Seliger und J. Dunn vertreten[130]. Sie sehen die Funktion des Naturzustands im Rahmen der politischen Theorie Lockes vor allem als die eines grundlegenden juristisch-moralischen Theorems, das sich gerade deshalb zur normativen Analyse sozialen und individuellen menschlichen Handelns wie politischer Verfassungszustände eigne, da es bewußt von allen konkreten historischen und politischen Situationen abstrahiert. Abgesehen von dieser gemeinsamen Einschätzung der Lockeschen Naturzustandskonzeption als einer grundlegenden normativ-analytischen Kategorie unterscheiden sich die Auffassungen Dunns und Seligers jedoch erheblich. Von seiner bestreitbaren Intention her, Locke als einen religiös orientierten Theoretiker des politisierenden Puritanismus zu erweisen, sieht Dunn den Naturzustand als ein theologisch sanktioniertes naturrechtliches Theorem, das gerade dadurch, daß sein absoluter Geltungsanspruch nicht auf die reale Wirklichkeit sozialen und politischen Verhaltens zugeschnitten sei, normative Wirkung entfalte[131].

Für M. Seliger, der zweifellos eine der bisher bedeutendsten Locke-Monographien verfaßt hat, ist der normative Anspruch des Naturzustandstheorems nur mittelbar mit dem absoluten Geltungsanspruch des Naturrechts verknüpft[132]. Der Lockesche Naturzustand stellt nach Seliger ein theoretisches Modell gesellschaftlichen Normalverhaltens dar, unter Abstraktion von allen politischen Verhältnissen, und ist gerade hierdurch einerseits Legitimationsinstanz für rationale politische Institutionen wie andererseits Falsifikationskriterium für patho-

---

[128] Cox, Locke on War and Peace, 45 ff.

[129] Ebda., 73 ff. S. zu Cox' „concealment hypothesis" die Kritik bei H. Aarsleff, Some Observations on Recent Locke-scholarship, in: Yolton Hg., John Locke, Problems and Perspectives, 264 ff.

[130] Seliger, Liberal Politics 82 ff.; J. Dunn, The Political Thought of John Locke. An Historical Account of the Argument of the „Two Treatises of Government", Cambridge 1969, 96 ff. Ältere normativ-abstrakte Interpretationen des Naturzustands finden sich bei Sir Fr. Pollock, Locke's Theory of the State, in: Proceedings of the British Academy, 1903—04, 241 ff.; G. H. Sabine, A History of Political Theory, London 1951[3], 445; Ch. H. Monson, Locke and his Interpreters, PSt 6. 1958, 120 ff.

[131] Dunn, Political Thought, 110 f.

[132] Seliger, Liberal Politics, 83 f., 90 f., 261.

logische Verfassungszustände. Der Naturzustand ist gewissermaßen eine experimentelle Versuchsanordnung, durch die im Medium der reinen Theorie die Differenz zwischen dem Geltungsanspruch des Naturrechts und der Realisierung dieses Geltungsanspruchs im Handeln des Normalmenschen unter gesellschaftlichen Bedingungen aufgewiesen und problematisiert wird. Der Naturzustand steht unter den Normen des Naturrechts, ohne daß jedoch das Handeln der Menschen im Naturzustand, das abwechselnd von „reason" und „passion" motiviert wird, mit diesen Normen notwendig zusammenfällt.

Als ein psychisch-soziales Modell gesellschaftlichen Normalverhaltens indiziert der Naturzustand so ein notwendiges gesamtgesellschaftliches Defizit an Verwirklichung naturrechtlicher „reason". Er beweist einerseits die Notwendigkeit politischer Institutionen, durch welche die Naturrechtskonformität des gesellschaftlichen Handlungszusammenhangs garantiert wird, und liefert andererseits eine theoretische Kritik derjenigen politischen Institutionen, die hinter dem begrenzten Grad an Vernunft, der im Naturzustand herrscht, zurückbleiben. Als logisch-normative Hypothese ist der Naturzustand nach Seliger so zwar vorpolitisch, aber nicht vorhistorisch. Er existiert nicht in origine sondern ex origine. Seine hermeneutische wie seine normative Intention beziehen sich auf alle denkbaren historischen und politischen Situationen, in denen Menschen gesellschaftlich handeln.

Während Seliger mit Recht gegenüber den Deutungsversuchen der Strauss-Schule die normativ-abstrakte Komponente des Lockeschen Naturzustands hervorhebt, relativiert seine Interpretation einseitig diejenigen Momente der Naturzustandsdarstellung im II. Treatise, welche darauf hindeuten, daß das Naturzustandstheorem, indem es auch einen vorhistorischen Zustand bezeichnet, in einen bestimmten geschichtstheoretischen Rahmen eingebaut ist. Seliger bemerkt diese Momente, bezeichnet sie jedoch als bloße „manner of speech"[133], als rhetorische und konventionelle Floskeln, die für die Gesamtintention der politischen Philosophie Lockes unwichtig seien.

Ansätze zur Überwindung der traditionellen Dichotomie zwischen historischer und normativ-abstrakter Einschätzung der Lockeschen Naturzustandsauffassung finden sich bei H. Aarsleff und R. Ashcraft[134].

Aarsleff gibt, unabhängig von Seligers Forschungen, eine dessen Deutung sehr nahekommende Interpretation des Naturzustands als der gesamtgesellschaftlichen Ausdrucksform der Lockeschen Anschauung von der Natur des Menschen, wobei er besonders die Problematisierung der Möglichkeit naturrechtskonformen Handelns im Naturzustandstheorem hervorhebt. Neu ist Aarsleffs allerdings nur am Rande angeführter Hinweis darauf, daß die normativ-analytische Auffassung des Naturzustands bei Locke nicht von einer typisierenden historisch-genetischen Betrachtungsweise geschieden werden kann, welche „civil society" und Naturzustand durch ein historisches Progreßmodell verbindet, in

---

[133] Seliger, Liberal Politics, 84.
[134] Aarsleff, State of Nature, 99 ff.; R. Ashcraft, Locke's State of Nature: Historical Fact or Moral Fiction?, in: American Political Science Review 62. 1968, 898 ff.

der Weise, daß die rationalste Form der politischen Verfassung bei Locke als notwendiges Ergebnis eines historisch-genetischen Entwicklungsprozesses dargestellt wird, der vom Naturzustand seinen Ausgangspunkt nimmt:

„His [d. h. Lockes] political theory had to be presented as an account of the progress of man from a non-political state to civil society and government by consent ... Locke felt bound to illustrate his principles as a set of forces that produced a series of events in history that progressed toward civil society. His historical and conjectural model was designed to place government by consent in the nature of creation, in the nature of man"[135].

Obwohl die Arbeit Aarsleffs die materielle Problematik der Lockeschen Anthropologie zum Gegenstand hat, deckt dieser Hinweis auf den historischen Stellenwert des Lockeschen Naturzustands nur die formal-logische Seite der Lockeschen Argumentation auf. Von der Absicht seiner Arbeit her, die erkenntnis-anthropologische Fundierung der Lockeschen Naturrechtstheorie aufzuzeigen, bekommt Aarsleff die historische und soziale Dimension der Lockeschen Anthropologie nicht in den Blick; er stellt deshalb auch keinen expliziten Zusammenhang zwischen der Lockeschen Anthropologie und ihrem Einbau in einen geschichtstheoretischen Rahmen durch das Naturzustandstheorem her.

R. Ashcraft schließlich macht den ersten Versuch, das Naturzustandstheorem bei Locke von der Problematik des Verhältnisses von politischer Theorie und Geschichte her zu begreifen und kommt zu dem Ergebnis: „Locke regards the state of nature both as an historical and a moral description of human existence."[136]

Ashcraft sieht bei Locke zwei Ebenen der Naturzustandsdarstellung, eine normativ-legale und eine historisch-empirische. Während der Naturzustand als normatives Theorem den Menschen als potentielles moralisches Wesen bezeichnet und konstituierend für die politische Theorie Lockes ist, kommt nach Ashcraft den historischen Modifikationen des Naturzustands analog der allgemeinen Bestimmung des Verhältnisses von politischer Theorie und Geschichte, die sich bei Locke findet, primär eine Verifikationsfunktion zu. Darüber hinaus erkennt Ashcraft aber in den Darstellungen der Entwicklungsgeschichte des Eigentums (Kap. V: „Of Property") und der Regierungsformen (Kap. VIII: „Of the Beginning of Political Societies"), die sich im II. Treatise finden, eine materiale geschichtsphilosophische Ebene in der politischen Theorie Lockes, ohne diese jedoch in einen stringenten Zusammenhang mit der Naturzustandsproblematik bringen zu können.

---

[135] Aarsleff, State of Nature, 103 f.
[136] Ashcraft, Locke's State of Nature, 898.

b) Normativer Naturzustand („properly the state of nature") und empirischer Naturzustand („ordinary state of nature") als theoretische Muster des idealen gesellschaftlichen Rechtszustands und der normalen Sozialbeziehung

Als ein „state all men are naturally in" wird der Naturzustand von Locke zu Beginn des II. Treatise als die normative Vorgegebenheit aller legitimen Herrschaftsausübung eingeführt:

> To understand political power right, and derive it from its original, we must consider what state all men are naturally in, and that is, a s t a t e o f p e r f e c t f r e e d o m to order their actions, and dispose of their possessions, and persons as they think fit, within the bounds of the law of nature, without asking leave, or depending upon the will of any other man.
>
> A s t a t e also o f e q u a l i t y , wherein all the power and jurisdiction is reciprocal, no one having more than another: there being nothing more evident, than that creatures of the same species and rank promiscuously born to all the same advantages of nature, and the use of the same faculties, should also be equal one amongst another without subordination or subjection ...
>
> But though this be a s t a t e o f l i b e r t y , yet it is not a state of l i c e n c e ... The s t a t e o f n a t u r e has a law of nature to govern it, which obliges every one: and reason, which is that law, teaches all mankind, who will but consult it, that all being equal and independent, no one ought to harm another in his life, health, liberty, or possessions[137].

Der logische Status des Naturzustands als eine normativen Prinzips, das eine hermeneutische Funktion erfüllt („understand political power right"), wird in der grundlegenden Eingangsdefinition von Locke ebenso hervorgekehrt wie der historisch invariante, allgemeingültige Anspruch dieses normativ-analytischen Theorems, der dadurch betont wird, daß Locke vom „state all men *are* naturally in"[138] und nicht etwa vom „state all men were naturally in" spricht. Der Naturzustand markiert gerade in der Hinsicht den „Ursprung" (original) aller legitimen Gewalt, daß er die notwendigen theoretischen Voraussetzungen ihrer Legitimität festlegt und nicht etwa die tatsächlichen historischen Bedingungen ihrer Genesis nachzeichnet. Abgesehen von allen inhaltlichen Qualifikationen, erscheint der Naturzustand zunächst als ein normatives Koordinatensystem, auf das hin alle politische Organisation der Gesellschaft ausgerichtet werden muß. Der Naturzustand bezeichnet in dieser Form keinen vorhistorischen Zustand der Menschheit, sondern eine jederzeit präsente und effiziente normative Wirklichkeit, die allen historisch-politischen Situationen, in denen Menschen handeln, ko-existiert[139].

Auch der inhaltlichen Darstellung nach erscheint der Naturzustand zu Beginn des II. Treatise als ein moralisch-juristisches Theorem. Der Naturzustand wird

---

[137] II. Treatise, §§ 4, 6 (Hervorh. i. Orig.).
[138] Hierauf weist hin Seliger, Liberal Politics, 83 (Hervorh. H. M.).
[139] Ebda., 83 f.

zunächst als ein idealer Rechts- und Sozialzustand dargestellt, der die Konsequenzen, die sich aus den Forderungen des Naturrechts als eines „law of reason" für das Handeln des Menschen ergeben, veranschaulicht. Als Zustand der Freiheit, Rechtsgleichheit und Herrschaftsunabhängigkeit beschreibt er die grundlegenden moralischen Vorgegebenheiten, nach denen sich das soziale Handeln der Menschen zu richten und an denen sich jede politische Ordnung zu rechtfertigen hat.

Obwohl die drei konstituierenden Merkmale der „moralischen" Definition des Naturzustands nahezu austauschbar sind und — wie noch zu zeigen sein wird — auf eine einheitliche Grundintention zurückgeführt werden können, erscheint es notwendig, ihre Begrifflichkeit zunächst getrennt zu analysieren. Denn erst ihre spezifischen Definitionen und Qualifikationen verweisen auf einen sozialen und politischen Begründungszusammenhang hinter der scheinbar abstrakt-individualistischen Gestalt des Naturzustandstheorems, der für die politische Theorie Lockes entscheidend ist und der einen normativen Rahmen für die Erörterung der Strukturprobleme der bürgerlichen Gesellschaft abgibt, die dieser Theorie zugrunde liegen.

Die Freiheit des Menschen im Naturzustand wird von Locke in ihrer ideal-moralischen Form („perfect freedom") sowohl als ein subjektives Recht wie eine objektive soziale Rechtsnorm definiert. Sie erscheint von vorneherein nicht als isolierte Willensfreiheit, sondern als gesellschaftliche Handlungsfreiheit, als Freiheit von der Willkür anderer unter den sozialen Klauseln des Naturrechts. Als solche erfüllt „natürliche" Freiheit zwei politische Funktionen: Sie dient einmal der Sicherung eines Bereichs moralischer und materieller Autonomie des Individuums, der freien Verfügung über „persons and possessions", dann aber auch der restriktiven Abschirmung einer Sphäre privatautonomen „gesellschaftlichen" Verkehrs der Individuen untereinander vor willkürlicher politischer Herrschaft. Als wesentlicher Inhalt dieser gesellschaftlichen Autonomie des Individuums erscheint die Selbsterhaltung in den Grenzen des Naturrechts:

The natural liberty of man is to be free from any superior power on earth, and not to be under the will and legislative authority of man, but to have only the law of nature for his rule ... This freedom from absolute, arbitrary power, is so necessary to, and closely joined with a man's preservation, that he cannot part with it, but by what forfeits his preservation and life together[140].

Die spezifisch gesellschaftliche Struktur der von Locke anvisierten idealen Sozialbeziehung des Naturzustands, die allerdings zugleich die sozialen Beziehungen im Naturzustand als potentiell antagonistische erscheinen läßt, ergibt sich aus der Qualifizierung der perfekten natürlichen Freiheit als einer gesetzlichen Freiheit. Denn „perfect freedom" ist für Locke nur in der freiwilligen Unterwerfung des handelnden Individuums unter die generellen, abstrakten und unparteiischen Rechtssätze des Naturrechts denkbar. Die Freiheit des Na-

---

[140] II. Treatise, §§ 22, 23.

turzustands bestimmt sich nicht als eine Summe wohlerworbener Rechte oder analog der willkürlichen subjektiven Freiheit des Hobbesschen Naturzustands, sondern als Freiheit unter der Herrschaft der Gesetze, durch welche alle Momente subjektiver Willkür aus dem Verkehr der Individuen ausgeschaltet werden und dieser als eine rationale, kalkulierbare Kommunikation, als ein Verkehr, der sich gemäß berechenbaren Erwartungen gestaltet, erst möglich wird. Gerade die abstrakte Allgemeinheit der gesetzmäßigen Freiheit bietet die Gewähr dafür, daß die ihr unterworfenen Individuen in ihrem Interesse an der subjektiven Verfügung über materielles und persönliches „property" erst freigesetzt werden:

For l a w , in its true notion, is not so much the limitation as t h e d i r e c - t i o n o f a f r e e a n d i n t e l l i g e n t a g e n t to his proper interest, and prescribes no farther than is for the general good of those under that law . . . in all the states of created beings capable of laws, w h e r e t h e r e i s n o l a w , t h e r e i s n o f r e e d o m . For l i b e r t y is to be free from restraint and violence from others which cannot be, where there is no law: But freedom is not, as we are told, a l i b e r t y f o r e v e r y m a n t o d o w h a t h e l i s t s : (for who could be free, when every other man's humour might domineer over him?). But a l i b e r t y to dispose, and order, as he lists, his person, actions, possessions, and his whole property, within the allowance of those laws under which he is[141].

Locke postuliert ein bonum commune, „general good", das materiell darin besteht, daß die Verwirklichung des moralischen und materiellen „property" jedes Einzelnen garantiert ist. Doch hat die Lockesche Definition des bonum commune nicht nur individuelle, sondern auch gesellschaftliche Implikationen ganz bestimmten Zuschnitts. Aufgrund der bereits interpretierten Relation von persönlichem und materiellem „property" bei Locke[142] ergibt sich, daß die juristische und politische Garantie der ökonomischen Grundverfassung eines internen freien Marktes die Voraussetzung für das individuelle moralische „property" eines Menschen ist.

Lockes normative Definition der Gleichheit aller Menschen im Naturzustand ist einerseits auf das engste mit seiner Bestimmung der natürlichen Freiheit verbunden, andererseits koinzidiert sie mit seiner Definition der natürlichen Herrschaftsunabhängigkeit. Sie läßt sich in ihrer Substanz auf diese beiden Merkmale zurückführen. Als eigenständiger Bestandteil der Lockeschen Naturzustandskonzeption stellt Gleichheit eine quantité negligeable dar. Wie Locke selbst in einer nachträglichen Präzisierung seines Begriffs der natürlichen Gleichheit bemerkt, versteht er darunter ein „equal right that every man hath to his natural freedom", also Rechtsgleichheit auf der Basis natürlicher Freiheit und ferner Gleichheit der Exekutivgewalt über das Naturrecht[143]. Die Gleich-

---

[141] Ebda., § 57 (Hervorh. i. Orig.).
[142] S. o. 83 ff.
[143] II. Treatise, § 54.

heit aller Menschen im Naturzustand schließt so zwar direkte politische Herrschaft aus, nicht jedoch die Ausübung informeller Herrschaft durch soziale Unterordnungsverhältnisse[144].

Die Gleichheit aller Menschen in bezug auf die Exekutivgewalt eines jeden über das Naturrecht stellt das zweite entscheidende normative Kriterium des Lockeschen Naturzustandskonzepts dar. Erst hierdurch wird der Naturzustand als ein Zustand der Abstraktion von aller politisch-herrschaftlichen Organisation eindeutig charakterisiert, als ein „s t a t e ... of e q u a l i t y, wherein all the power and jurisdiction is reciprocal"[145].

Fixiert die Lockesche Bestimmung der natürlichen Freiheit aller Menschen im Naturzustand gewissermaßen die moralischen Vorbedingungen der gesellschaftlichen und politischen Existenz des Menschen, so legt das zweite Naturzustandskriterium, das jedem Menschen die Exekutivgewalt über das Naturrecht zuspricht, die allgemeinen juristischen Voraussetzungen dieser Existenz fest. Denn nach Locke ist die legitime Form der „civil society" umkehrbar eindeutig dadurch charakterisiert, daß jedes ihrer Mitglieder seine natürliche Exekutivgewalt durch individuellen „consent" aufgibt und diese Exekutive stellvertretend für jedes Mitglied der „civil society" durch einen unparteiischen Richter mittels allgemeinverbindlicher Gesetze geübt wird:

Where-ever therefore any number of men are so united into one society, as to quit every one his executive power of the Law of Nature, and to resign it to the publick, *there and there only* is a p o l i t i c a l or c i v i l s o c i e t y. And this is done where-ever any number of men, in the state of nature, enter into Society to make one people, one body politick under one supreme government, or else when any one joyns himself to, and incorporates with any government already made. For hereby he authorizes the society, or which is all one, the legislative thereof to make laws for him as the publick good of the society shall require; to the execution whereof, his own assistance (as to his own decrees) is due[146].

Obwohl der Naturzustand so per definitionem von allen politisch-herrschaftlichen Unterordnungsverhältnissen absieht, ist er deshalb kein unpolitischer Zustand. Locke stellt ihn als ein politisch-rechtliches Sozialverhältnis dar, in dem die entscheidenden Merkmale, welche in der „civil society" dem Souverän eignen, „power and jurisdiction", gewissermaßen sozialisiert sind[147]. Als Attribute jedes einzelnen Menschen entbehren sie zwar der institutionalisierten Form, nicht aber der potentiellen Wirksamkeit. Denn jeder Mensch ist im Naturzustand nicht nur Richter in eigener Sache, sondern auch Richter über das naturrechtskonforme Verhalten aller anderen.

Im Gegensatz zu Hobbes ist der Naturzustand so bei Locke als politischer und sozialer Rechtszustand definiert. Da dem Naturzustand, wenn auch in auf-

---

[144] Ebda., § 54.
[145] Ebda., § 4 (Hervorh. i. Orig.).
[146] Ebda., § 89 (Hervorh. H. M. u. i. Orig.).
[147] Ebda., §§ 7, 13.

gesplitterter Form, bereits die wesentlichen Merkmale der „civil society" eignen, kommt dem Übergang vom Lockeschen Naturzustand zur „civil society"
auch nicht wie bei Hobbes der Charakter einer „Transsubstantiation" (W. Euchner) zu[148]. Die „civil society" impliziert bei Locke keine politische Neuschöp-
fung der Gesellschaft, sondern lediglich eine Affirmation ihrer natürlichen
Rechtsform. Sie stellt keine notwendige Vorbedingung der gesellschaftlichen
Existenz des Menschen überhaupt, sondern lediglich deren normative Rationalisierung dar.

Allerdings ergeben sich aus der bisherigen Darstellung des Lockeschen Naturzustands als eines idealen Rechts- und Sozialzustands, in welchem eine vollkommene Konkordanz zwischen den Normen des Naturrechts und der Handlungsmotivation aller Menschen besteht, keinerlei Gründe dafür, den moralischen Anspruch jedes Individuums auf natürliche Freiheit und Souveränität
durch Eintritt in die „civil society" zu beschränken und die individuelle Souveränität vollkommen, die Freiheit teilweise an einen überparteilichen Richter
zu entäußern. Charakterisiert doch Locke den Zustand, in dem die Menschen
ihrer naturrechtlichen Vernunft konform handeln, als einen Zustand der perfekten Harmonie zwischen Einzel- und Gesamtinteresse, als einen „state of
peace, good will, mutual assistance and preservation"[149], der einem unsozialen
„state of war" diametral entgegengesetzt ist:

> „And here we have the plain d i f f e r e n c e b e t w e e n t h e s t a t e o f
> n a t u r e a n d t h e s t a t e o f w a r, which however some men have
> confounded, are as far distant, as a state of peace, good will, mutual assist-
> ance and preservation, and a state of enmity, malice, violence, and mutual
> destruction are one from another. Men living together according to reason,
> without a common superior on earth, with authority to judge between them,
> is p r o p e r l y t h e s t a t e o f n a t u r e."[150]

Entgegen dem Eindruck, der sich aus dieser pointierten Gegenüberstellung
von „state of nature" und „state of war" ergeben könnte, ist die inhaltliche
Darstellung des gesellschaftlichen Verhaltens der Menschen im Naturzustand,
die Locke im II. Treatise gibt, nicht eindeutig auf den naturrechtskonformen
„state of peace" festgelegt. Locke charakterisiert diesen „state of peace" ausdrücklich als idealen, „ p r o p e r l y t h e s t a t e o f n a t u r e". Das Bild
jedoch, welches Locke vom normalen Verhalten der Menschen im Naturzustand
entwirft, oszilliert beständig um die Mitte zwischen den zwei extremen Möglichkeiten eines perfekten Naturzustands und eines „state of war". Der totale
„state of war" als ein Zustand vollkommener gesellschaftlicher Dissoziation ist
deshalb nicht als ein perfektes Gegenbild zu einem normalerweise prinzipiell

---

[148] Euchner, Naturrecht und Politik, 92; ähnliche Hinweise finden sich bei P. Laslett, Einleitung zu John Locke, Two Treatises, 99 und bei Sheldon S. Wolin, Politics
and Vision. Continuity and Innovation in Western Political Thought, Boston 1960,
305 ff., bes. 306.
[149] II. Treatise, § 19.
[150] Ebda., § 19 (Hervorh. i. Orig.).

friedlichen Naturzustand aufzufassen, sondern als eine der zwei extremen Möglichkeiten des Naturzustands, auf die hin er unter bestimmten historischen, gesellschaftlichen und politischen Bedingungen konvergiert[151].

Der vollkommene „state of war" bezeichnet ebenso wie der „state of peace" ein limitatives Prinzip und einen Grenzfall, nicht etwa die Wirklichkeit des Naturzustands. Beide Extreme stellen als hermeneutische Hilfskonstruktionen theoretische, prinzipielle Möglichkeiten menschlichen Handelns im gesellschaftlichen Zusammenhang dar. Sie bezeichnen als idealtypische Abstraktionen gesellschaftliche Ausnahmezustände, welche für die Begründung der politischen Theorie Lockes nur mittelbar Relevanz haben. Der Normalfall des Lockeschen Naturzustands entspricht keinem dieser zwei regulativen Grenzwerte gesellschaftlichen Verhaltens der Menschen, er stellt eine Mischform dar, in der die extremen Möglichkeiten jeweils wechselnde Verhältnisse eingehen. Hierauf weist schon die Lockesche Terminologie hin. Locke spricht neben dem perfekten naturrechtskonformen *properly the state of nature*"[152] von einem *ordinary state of nature*"[153], den er als einen Zustand gesellschaftlicher „inconveniences"[154] zeichnet, d. h. als einen Zustand moralisch defekten Verhaltens Einzelner, in dem zwar „equity" und „justice" verletzt werden, der aber trotzdem nicht eine Situation vollkommener Depraviertheit aller Menschen ist. Die Menschen im Naturzustand werden von Locke als zum Handeln nach den moralischen Normen des Naturrechts befähigte Wesen dargestellt, sie sind „beings capable of laws"[155], ohne daß ihr wirkliches Handeln auch in jedem Fall mit den Forderungen des Naturrechts koinzidiert[156]. Ihre Handlungsmotivationen schwanken in einer unsicheren Balance zwischen den Geboten der „reason" und den Antrieben der „passion". Zwar sind es oft „passion", „interest", „ill nature", und „revenge"[157], die den Menschen im Naturzustand von den Normen des Naturrechts abweichen lassen, doch führt diese trieb- und interessenmoti-

---

[151] Zur historischen, gesellschaftlichen und politischen Bedingtheit der verschiedenen Varianten des Naturzustandes s. u. 131 ff. Locke deutet die Möglichkeit einer Konvergenz von „state of nature" und „state of war" jedoch auch schon im Rahmen seiner normativ-abstrakten Schilderung des Naturzustands an einer entscheidenden Stelle des II. Treatise of Government an, in der er auf das wechselseitige Bedingungsverhältnis von „state of war", „state of nature" und „civil society" zu sprechen kommt: „To avoid this state of war, (wherein there is no appeal but to heaven, and wherein every the least difference is apt to end, where there is no authority to decide between the contenders) is one great reason of mens putting themselves into society and quitting the state of nature." II. Treatise, § 21.

[152] Ebda., § 19 (Hervorh. H. M.).

[153] Ebda., § 97 (Hervorh. H. M.).

[154] Zum Lockeschen Gebrauch des Begriffs der „inconveniences of the state of nature", einem Schlüsselbegriff zur Charakterisierung der menschlichen Situation im „normalen" Naturzustand, s. II. Treatise, §§ 13, 90, 101, 127, 136; s. ferner die ähnliche Schilderung des Naturzustands im II. Treatise, §§ 130, 124—126.

[155] Ebda., § 57; s. auch ebda., §§ 59, 60, 61.

[156] Ebda., § 61; s. hierzu auch Ashcraft, State of Nature, 907 f.

[157] II. Treatise, §§ 13, 124—125, 136.

vierte Regelverletzung nicht zu einem allseitigen Kriegszustand, sondern lediglich zu einer Situation gesellschaftlicher „inconveniences".

Vorsätzlich geplante Gewaltsamkeiten werden im Naturzustand immer nur von Einzelnen ausgeführt[158], ihnen gegenüber stellt die „natural community" des Naturzustands eine Rechtsgemeinschaft mit individueller Jurisdiktions- und Exekutionsbefugnis zur Gewährleistung des naturrechtskonformen Verhaltens aller dar. Der Naturzustand ist bei Locke so zwar ein Zustand ungesicherten Friedens, nicht jedoch ein bellum omnium contra omnes. Die Dialektik von Trieb- und Vernunftnatur im Einzelmenschen wiederholt sich im Naturzustand auf gesellschaftlicher Ebene, in der Gegenüberstellung eines ungesicherten gesellschaftlichen Friedenszustands und eines dennoch bestehenden, erkennbaren und einlösbaren Geltungsanspruchs des Naturrechts[159].

Der Naturzustand stellt also die im Medium methodischer Abstraktion auf einen gesellschaftlichen Horizont projizierte existentielle Situation des Einzelmenschen dar. Der Konzeption des Naturzustandstheorems liegt hierbei die Absicht zugrunde, den Geltungsanspruch, die Motivationskraft und die Wirksamkeit des Naturrechts unter denjenigen praktischen Bedingungen zu überprüfen, auf die hin es immer schon konzipiert war: auf die Situation des durch äußere Notwendigkeit, durch Trieb und Vernunft motivierten Zusammenlebens von Menschen, welche versuchen, ihre Selbsterhaltung, vergegenständlicht im individuellen „property", durch gesellschaftliche Arbeit und Austausch im Hinblick auf eine permanente Befriedigung der „happiness" zu maximieren.

c) Naturzustand der „Gesellschaft" und „civil society": Die Legitimation des bürgerlichen Rechts- und Gesetzesstaats als der Vermittlungsinstanz zwischen Norm und „gesellschaftlicher" Wirklichkeit des Naturrechts

Nur als ein „gesellschaftlicher" Zustand des ungesicherten Friedens als „ordinary state of nature" erhält der Naturzustand eine plausibel begründende Funktion bei der Bestimmung von Zweck und Ziel der „civil society". Denn in keinem der hypothetischen Extremfälle — weder im „state of peace" noch im „state of war" — bestünde ein Motiv für den Eintritt der Menschen in die „civil society". Der von perfekter Vernünftigkeit geregelte gesellschaftliche Zusammenhang würde ihn ebenso überflüssig machen, wie der totale Kriegszustand unmöglich. Dagegen zeigt Locke durch das hermeneutische Mittel des „normalen" Naturzustands, daß die Motivationskraft des Naturrechts unter den Bedingungen einer von allen staatlichen Institutionen abstrahierenden herrschaftsfreien Gesellschaft nicht ausreicht, um die friedliche individuelle Selbsterhaltung in einem sozialen Kommunikationszusammenhang zu gewährleisten.

---

[158] Hinweis und Belege bei Ashcraft, State of Nature, 904.
[159] II. Treatise, § 15.

Der Naturzustand, wie er bei Locke seiner sozialen Struktur nach dargestellt wird, trägt weder die Merkmale einer idealen noch die einer pervertierten sozialen Koexistenz, sondern gibt die gesellschaftlichen Auswirkungen der menschlichen Normalnatur wieder. Diese strebt aus einer existentiellen Bedürfnissituation heraus vor allem nach Selbsterhaltung und dem Mittel ihrer permanenten Sicherung, nach „property", gibt hierbei jedoch kurzsichtig den unmittelbaren Forderungen der Trieb- und Bedürfnisnatur nach Maximierung subjektiver individueller Rechte den Vorrang vor den objektiven sozialen Normen und Standards des Naturrechts, deren Einhaltung erst eine friedliche, dauerhafte und maximale Gewährleistung dieser Rechte sicherstellen würde. Es bedarf deshalb der permanenten Institutionalisierung der naturrechtlichen Vernunft in der „civil society", um den im „property" symbolisierten natürlichen Anspruch jedes einzelnen Menschen auf Selbsterhaltung und Freiheit in einem friedlichen gesellschaftlichen Kontext auf Dauer zu gewährleisten:

If man in the state of nature be so free, as has been said; if he be absolute lord of his own person and possessions, equal to the greatest, and subject to no body, why will he part with his freedom? Why will he give up his empire, and subject himself to the dominion and controul of any other power? To which 'tis obvious to answer, that though in the state of nature he hath such a r i g h t , yet the e n j o y m e n t of it is very uncertain, and constantly exposed to the invasion of others. For all being kings as much as he, every man his equal, and the greater part no strict observers of equity and justice, the enjoyment of the property he has in this state is very unsafe, very unsecure. This makes him willing to quit a condition, which however free, is full of fears and continual dangers: And 'tis not without reason, that he seeks out, and is willing to joyn in society [i. e. civil society] with others who are already united, or have a mind to unite for the mutual p r e - s e r v a t i o n of their lives, liberties and estates, which I call by the general name, p r o p e r t y .
The great and c h i e f e n d therefore, of mens uniting into common-wealths, and putting themselves under government, i s t h e p r e s e r v a - t i o n o f t h e i r p r o p e r t y . To which in the state of nature there are many things wanting[160].

Der Naturzustand erfüllt einerseits eine hermeneutische und analytische Funktion, indem er in einer gedanklichen Experimentalsituation als ein theoretisches Modell die gesellschaftlichen Konsequenzen eines überwiegend trieb- und interessemotivierten menschlichen Normalverhaltens verdeutlicht und so implizit die Forderung nach einem spezifischen Modus politischer Herrschaft begründet, welcher imstande sein soll, das Defizit gesellschaftlicher Verwirklichung naturrechtlicher „reason" zu korrigieren. Andererseits erfüllt der Naturzustand im gleichen Zusammenhang eine normative Funktion, indem er als ein begrenzter Rechtszustand die allgemeinen Legitimitätsvoraussetzungen und die inhalt-

---

[160] II. Treatise §§ 123, 124 (Hervorh. H. M. u. i. Orig).

liche Zweckbestimmung für politische Herrschaft in der „civil society" rahmenhaft festlegt. Denn jede Form der Machtausübung durch politische Institutionen hat sich nach Locke dadurch zu legitimieren, daß sie das natürliche Recht des Menschen auf „life, liberty and estates" d. h. auf „property" besser garantiert als der Naturzustand:

> „But though men when they enter into society, give up the equality, liberty, and executive power they had in the state of nature, into the hands of the society, to be so far disposed of by the legislative, as the good of the society shall require; yet it being only with an intention in every one the better to preserve himself his liberty and property; (for no rational creature can be supposed to change his condition with an intention to be worse) the power of the society, or l e g i s l a t i v e constituted by them, c a n n e v e r b e s u p p o s ' d t o e x t e n d f a r t h e r t h a n t h e c o m m o n g o o d ."[161]

Der Naturzustand stellt somit einen theoretischen normativen Fluchtpunkt dar, von dem aus sich die in einer bestimmten Verfassung institutionalisierte Macht, die nur als Garant naturrechtlicher Freiheiten sinnvoll vorzustellen ist, permanent zu legitimieren hat, und von dem aus sie als eine legitime oder illegitime Form politischer Herrschaft jederzeit beurteilt werden kann. Der Naturzustand ist hierbei jedoch nicht nur ein normativ-analytischer Parameter zur Identifizierung einer gerechten Verfassung, sondern auch ein Horizont, der Maßstäbe praktisch-politischen Handelns bereitstellt. Denn leistet eine bestimmte politische Verfassung diese Aufgabe der Korrektur des naturrechtlichen Defizits des gesellschaftlichen Handlungszusammenhangs nicht, so stellt sich für die einzelnen Verfassungsträger die Rechtssituation des Naturzustands wieder her, sie erhalten ihre nur sich selbst verantwortliche politische Handlungsfreiheit im Rahmen des Naturrechts wieder zurück und werden Richter und Exekutoren in eigener Sache. Für die Herrschaftsunterworfenen bedeutet dies das Recht zur „Revolution"[162] sowie die Notwendigkeit, eine neue legitime Form

---

[161] Ebda., § 131 (Hervorh. i. Orig.); s. auch ebda., § 137.
[162] Hierzu ebda., K. XIX: „Of the Dissolution of Government", bes. §§ 218 ff. Es stellt sicherlich eine der auffälligsten und zugleich aufschlußreichsten Paradoxien in Lockes II. Treatise of Government dar, daß er zwar terminologisch an dem in seiner Zeit gebräuchlichen ‚zirkulären', aus der Astronomie entlehnten Revolutionsbegriff orientiert ist, aber im Rahmen seiner Bestimmung des Widerstandsrechts des Volkes ein Modell politischen Handelns der Gesamtgesellschaft in verfassungspolitischen Ausnahmesituationen („society" versus „government", wobei unter „government" die Institutionen der Legislative eingeschlossen sind) entwickelt, das auf den neuen ‚progressiven' Revolutionsbegriff des 18. Jahrhunderts zumindest verweist. Locke läßt bei einem manifesten oder latenten Konflikt über eine Verletzung der Verfassung oder einen Bruch des „trust" durch einen oder die Gesamtheit der Verfassungsträger die prinzipielle Kompetenz — Kompetenz an die Gesellschaft („society", „people") zurückkehren. Er hält die Gesellschaft in diesem Falle auch ohne ihre politischen Institutionen und über den Kreis der Wahlberechtigten hinaus für politisch handlungsfähig, nimmt eine rechtliche „dissolution of government" an, welche eine faktische Wiederherstellung der Rechtssituation des Naturzustands im Gefolge hat, aus der heraus eine Neukonstituierung der Verfassungsinstitutionen irrespektive rechtlicher und historischer Präzedenzfälle möglich und notwendig wird. Wenn Lockes Entdeckung der

politischer Herrschaft einzurichten, für die Herrschaftsausübenden dagegen die selbstverschuldete Herbeiführung eines rechtlich-moralischen Kriegszustands[163], der, auch wenn de facto die Herrschaftsverhältnisse stabil bleiben sollten, dauernd in Gefahr steht, zu einem wirklichen Kriegszustand zu werden.

it is easie to discern who are, and who are not, in p o l i t i c a l   s o c i e t y together. Those who are united into one body, and have a common establish'd law and judicature to appeal to, with authority to decide controversies between them, and punish offenders, a r e   i n   c i v i l   s o c i e t y one with another: but those who have no such common appeal, I mean on earth, are still in the state of nature, each being, where there is no other, judge for himself, and executioner; which is, as I have before shew'd it, the perfect s t a t e o f   n a t u r e[164].

Für Locke ist der Naturzustand als ein beschränkter Rechtszustand immer potentiell gegenwärtig, solange moralisches Verhalten nicht durch legitime politische Institutionen auf Dauer ermöglicht wird. Die Kriterien für diese Institutionen ergeben sich als unmittelbare Konsequenz aus der Rechtslage und Mängelsituation des Naturzustands gleichermaßen. Das Spannungsverhältnis zwischen individuellem natürlichem „right" und dessen unvollkommenem „enjoyment"[165], das im Naturzustandstheorem problematisiert wird, ist konstitutiv für die Zweckbestimmung der „civil society".

„Gesellschaft" als einer eigenwertigen Sozialbeziehung im Naturzustandstheorem faßbar wird und die Ableitung seiner politischen Theorie aus dem Naturzustand Locke unzweifelhaft als Theoretiker der „bürgerlichen Gesellschaft" erscheinen läßt, der de facto die Aristotelestradition der politischen Philosophie weit hinter sich läßt, so wird in der Lockeschen Bestimmung der Bedingungen „revolutionären" Handelns, in seiner expliziten Gegenüberstellung von „society" und „government", diese Trennung von der Aristotelestradition auch begrifflich deutlich.

Erstmals wurde dieses Lockesche Modell „revolutionären" politischen Handelns der Gesamtgesellschaft im Notstandsfall von Seliger (Liberal Politics, 294 ff., bes. 312 ff., 320 ff., bereits vorher als Aufsatz u. d. T. Locke's Theory of Revolutionary Action, in: Western Political Quarterly 16. 1963) analysiert. Mit Recht bezeichnet es Seliger angesichts des bis heute in der Interpretation unbewußt oder bewußt vorherrschend gebliebenen Whig-Mythos, der Locke zum Apologeten der „Glorious Revolution" stilisiert, als eine „irony of fate", daß „Locke gets not so much as a mention in the attempts to trace the emergence of the modern conception of revolution, or, if his name is mentioned, his views are evaluated in such a way as to justify those who do not find him worth mentioning. This disregard is hardly excusable... what has been regarded as specifically characteristic of the 17th century concept of revolution is absent in the Second Treatise; whereas what is said to be still absent in that concept is at least adumbrated in the Treatise" (Seliger, Liberal Politics, 320 f.). Eine differierende Interpretation der Lockeschen Revolutionsauffassung ganz im Sinne des zirkulären Revolutionsbegriffs des 17. Jahrhunderts gibt ohne Berücksichtigung der charakteristischen Paradoxie im Lockeschen Revolutionskonzept V. F. Snow, The Concept of Revolution in 17th Century England, in: Historical Journal 5. 1962, 167 ff., hier 172 ff.

[163] Bes. II. Treatise, §§ 17, 222, 226, 227, 232.
[164] Ebda., § 87 (Hervorh. i. Orig.).
[165] Ebda., § 123.

Nicht etwa durch eine nahtlose, unproblematische Konstruktion von den objektiven Normen des Naturrechts her wird die politische Theorie Lockes begründet, sondern gerade aus dem Spannungsverhältnis von normativen Naturrechtsforderungen und praktischem gesellschaftlichen Verhalten der Menschen erhält sie ihre spezifische Struktur und Legitimation.

Die natürlichen Rechtsansprüche eines jeden wie auch die gesellschaftlichen „inconveniences" des Naturzustands müssen in der „civil society" positiv und auf Dauer aufgehoben sein, sie dürfen nicht durch Konstituierung eines einseitigen Herrschaftsverhältnisses oder durch zeitlich begrenzte Aushilfen verdrängt werden. Das bedeutet zunächst, daß die Einschränkung der natürlichen Rechte durch die „civil society" innerhalb des notwendigen Minimums zu verbleiben hat und daß diese Einschränkung für alle ohne Ausnahme verbindlich sein muß. Darüber hinaus legen der Rechtsanspruch wie das Rechtsdefizit des „ordinary state of nature" sowie die Erklärung dieser Differenz aus einem bestimmten gesellschaftlichen Verhalten der Menschen sowohl den Modus der Entstehung und die Kompetenzen, wie auch die institutionelle Struktur der „civil society" eindeutig fest.

In der Nichtbeachtung dieses spezifischen Begründungszusammenhangs, der zwischen Naturzustandstheorem und politischer Theorie bei Locke besteht, sind nicht nur die entscheidenden Mängel der klassischen liberalen Whig-Interpretation Lockes zu sehen; auch die kritikwürdigsten Aspekte der Arbeit W. Euchners liegen in seiner mangelnden Berücksichtigung der konstituierenden Funktion des Naturzustands für die politische Theorie Lockes. Indem Euchner eine allzu lineare Abhängigkeit der Lockeschen politischen Theorie von der Naturrechtskonzeption konstruiert, wird er weder der Komplexität dieser politischen Theorie noch ihrem „gesellschaftlichen" Hintergrund gerecht[166].

---

[166] Hierzu Euchner, Naturrecht und Politik, 77 f., 91 f., 192 ff. Euchner fehlt in seiner Darstellung die adäquate Einsicht in die logische Konzeption des Lockeschen Naturzustands als eines normativ-analytischen Theorems und im Zusammenhang damit in die logische Konzeption der politischen Theorie Lockes überhaupt. Er glaubt, angebliche „Unschärfen und Widersprüche der Lockeschen Schilderung des Naturzustands" (77) aus den heterogenen Schichten des Lockeschen Menschenbildes ableiten zu müssen und vermutet eine „Ungenauigkeit Lockes" (77) dort, wo vielmehr eine Ungenauigkeit der Interpretation vorzuherrschen scheint. Indem Euchner in den verschiedenen Varianten der Lockeschen Darstellung des Naturzustands gerade nicht den Versuch Lockes erkennt, seine „individualistischen" normativen Konzeptionen im Horizont der „sozialen" Strukturproblematik der bürgerlichen Gesellschaft zu überprüfen, sondern diese verschiedenen Varianten rein individualistisch aus dem komplexen geistesgeschichtlichen Rezeptionsmuster der Lockeschen Anthropologie ableitet, verfehlt er die Intention Lockes und löst sein eigenes Vorhaben, „Sozialgeschichte der Ideen" zu treiben, an einem wichtigen Punkte nicht ein.
Auch in denjenigen Zusammenhängen seiner Arbeit, in denen Euchner in Ansätzen auf die soziale Problematik der Naturzustandsvorstellung zu sprechen kommt (vor allem 192 ff.), fehlt eine Berücksichtigung der logischen Konzeption des Theorems. Indem Euchner die verschiedenen Varianten des Naturzustands und das staatliche Zusammenleben der Menschen bei Locke als zeitlich aufeinanderfolgende Phasen deutet, erkennt er zwar eine historische Dimension des Naturzustandstheorems, übersieht

Grundbedingung der Legitimität von Herrschaft ist für Locke der Konsensus der Herrschaftsunterworfenen. Seine Notwendigkeit ergibt sich als unmittelbare Folge aus der Rechtslage des Menschen im Naturzustand:

Men being, as has been said, by nature, all free, equal and independent, no one can be put out of his estate, and subjected to the political power of another, without his own c o n s e n t. The only way whereby any one devests himself of his natural liberty, and p u t s o n t h e b o n d s o f c i v i l s o c i e t y is by agreeing with other men to joyn and unite into a community[167].

Jede Institutionalisierung von Herrschaft in der „civil society" setzt demnach, zumindest auf der Ebene einer grundsätzlichen normativ-abstrakten Betrachtung, einen vorgängigen, in der herrschaftsfreien Atmosphäre des Naturzustands erzielten gesamtgesellschaftlichen Fundamentalkonsens („original compact")[168] über die Form dieser Herrschaft voraus. Doch resultieren die spezifische Form und der Zweck der Herrschaftsausübung nicht nahtlos und unmittelbar aus einem freien, individuellen, in seinen Entscheidungen nicht festgelegten Konsens. Konsens ist zwar eine notwendige Vorbedingung, doch kein hinreichendes Bestimmungskriterium für die Legitimität der Herrschaftsausübung in der „civil society". Auch absolute Herrschaft kann nach Locke auf Konsens beruhen, ohne deshalb schon legitim zu sein[169]. Erst die dauernde Konstitutionalisierung und Institutionalisierung des Konsenses unter den spezifischen Bedingungen eines bürgerlichen Rechts- und Gesetzesstaats schafft über den einmaligen Akt des „original compact" hinaus die endgültigen Legitimitätsvoraussetzungen der „civil society". Diese Voraussetzungen sind aber ex negativo durch die gesellschaftlichen „inconveniences" des Naturzustands eindeutig vorgegeben und gleichzeitig damit auch eingegrenzt.

Die „inconveniences" des Naturzustands bestehen vor allem darin, daß der gesetzliche und allgemeinverbindliche Charakter der natürlichen Rechte von den in der vollkommenen Freiheit des Naturzustands handelnden Menschen nur unzulänglich erkannt und befolgt wird, obwohl erst mit der Anerkennung der natürlichen Freiheiten als genereller, allgemeinverbindlicher Grundsätze ihre dauernde Realisierung in einem gesellschaftlichen Kontext verbürgt wäre. Es fehlen im Naturzustand ein „established, settled, known law", ein „known and indifferent judge", sowie die notwendige „power", um die Naturrechtskonformität des gesellschaftlichen Handlungszusammenhangs auch zu gewährleisten. Da im Naturzustand jeder Mensch als „judge, interpreter and execu-

---

aber seine spezifische normativ-analytische Funktion im Rahmen der politischen Theorie Lockes, welche den Naturzustand als eine methodische Abstraktion von allen staatlich-politischen Verhältnissen erscheinen läßt und nicht etwa als deren historische Voraussetzung. Wie unten 131 ff. noch zu zeigen sein wird, kann von der temporalen Wertigkeit her eine bestimmte Variante des Naturzustands und die ihr korrespondierende Form politischer Herrschaft durchaus als zeitlich ko-existent angesehen werden.
[167] II. Treatise, § 95 (Hervorh. i. Orig.).
[168] Ebda., § 97.
[169] Hierzu Seliger, Liberal Politics, 306 f.

tioner"[170] über die Rechtmäßigkeit seiner eigenen Handlungen wie auch der aller anderen entscheidet, sein praktisches Verhalten aber überwiegend von Gesichtspunkten einer trieb- und bedürfnismotivierten Maximierung des Eigeninteresses bestimmt wird und deshalb in Konfliktsituationen sich für dieses Eigeninteresse irrespektive der normativen Ansprüche des Naturrechts entscheiden wird, sind die Bedingungen für die materielle und moralische Autonomie des Individuums, die Locke in seiner zentralen Kategorie der „preservation of property" zusammenfaßt, im „ordinary state of nature" nicht gegeben. Diese sind erst unter gesellschaftlichen Verhältnissen gewährleistet, in denen sich das Verhalten aller an allgemeingültigen und unparteiischen Gesetzen ausrichtet und somit individuelles Interesse und allgemeine Gerechtigkeit konvergieren können.

Zweck und Aufgabe der „civil society" bestehen dementsprechend allein in der Sicherung der Gesetzmäßigkeit und Justizförmigkeit des durch die natürlichen Rechte vorgegebenen sozialen Handlungszusammenhangs. Dieser wird durch die „civil society" nicht konstituiert, sondern lediglich in seiner Rationalität garantiert und in bezug auf seine „inconveniences" korrigiert. Legitime Herrschaft erhält an dieser Aufgabe ihre Bestimmung ebenso wie ihre Grenze. Sie kann sich nicht als Willkür, Befehl oder Anordnung manifestieren, in Form von „extemporary arbitrary decrees", sondern besteht wesentlich im Vollzug der Gesetze und in der dementsprechenden öffentlichen Definition und Sicherung von Rechten; Rechten, welche im Naturzustand schwer bestimmbar und noch schwieriger aktualisierbar sind:

> Supream authority, cannot assume to its self a power to rule by extemporary arbitrary decrees, but is b o u n d t o d i s p e n s e j u s t i c e, and decide the rights of the subject by p r o m u l g a t e d s t a n d i n g l a w s, and k n o w n a u t h o r i s' d j u d g e s[171].

Notwendige Voraussetzung für die Aufhebung der „inconveniences" des Naturzustands ist die allgemeine Entäußerung der natürlichen Exekutivgewalt und ihre Ersetzung durch ein „common established law" und eine gemeinsame „judicature", die jedem die Einklagung von Rechtsansprüchen ermöglicht, Rechtsstreitigkeiten schlichtet und eine effektive Verfolgung und Bestrafung bei Rechtsverletzungen sicherstellt:

> there, and there only is p o l i t i c a l s o c i e t y, where every one of the members hath quitted this natural power, resign'd it up into the hands of the community in all cases that exclude him not from appealing for protection to the law established by it. And thus all private judgement of every particular member being excluded, the community comes to be umpire, by settled standing rules, indifferent and the same to all parties; and by men having authority from the community, for the execution of those rules, decides all the differences that may happen between any members of that society, concerning any matter of right; and punishes those offences, which any member

---

[170] II. Treatise, § 136.
[171] Ebda., § 136 (Hervorh. i. Orig.).

hath committed against the society, with such penalties as the law has established: Whereby it is easie to discern who are, and who are not, in p o l i t i c a l   s o c i e t y   together. Those who are united into one body, and have a common establish'd law and judicature to appeal to, with authority to decide controversies between them, and punish offenders, a r e   i n   c i v i l   s o c i e t y   one with another: but those who have no such common appeal, I mean on earth, are still in the state of nature, each being, where there is no other, judge for himself, and executioner; which is, as I have before shew'd it, the perfect s t a t e   o f   n a t u r e[172].

Die Gewährleistung dieser Funktion der „civil society" ist für Locke jedoch nicht durch Rechtsstaatlichkeit per se gegeben, sondern ist an einen komplexen Zusammenhang von institutionellen Vorkehrungen und von durch diese geregelten polititischen Prozessen gebunden, einen Zusammenhang, der durch die gängige Formel von Locke als einem Theoretiker des liberalen Rechts- und Gesetzesstaats nur unzulänglich umschrieben wird. Nur in einer politischen Ordnung, in welcher ein staatliches Gewaltmonopol existiert[173], in welcher ferner durch die Suprematie der Legislative über die Exekutive[174] und durch ein „ballancing the power of government, by placing several parts of it in different hands"[175] die Sicherheit gegeben ist, daß auch die Herrschenden den Gesetzen unterworfen sind, wo außerdem durch die Institutionalisierung des Konsenses in einem Repräsentativsystem gewährleistet ist, daß sich selbst die wählbaren Mitglieder

---

[172] Ebda, § 87 (Hervorh. i. Orig.).

[173] Ebda., §§ 87, 89.

[174] Ebda., §§ 89, 131, 134; 135: „legislative ... the supream power in every commonwealth"; § 138: „the supream legislative power"; §§ 149, 150, 153, 157; 212: „[the] legislative ... is the soul, that gives form, life, and unity to the commonwealth."

[175] Ebda., § 107. Locke verficht im II. Treatise als optimales Organisationsprinzip der Verfassung eines politischen Gemeinwesens nicht etwa, wie in der Dogmengeschichte der liberalen politischen Theorie oft angenommen, die Gewaltenteilung oder -trennung, sondern das Prinzip der gemischten Verfassung, eine Balancetheorie der „mixed and compounded forms of government" (II. Treatise, § 132), welche nicht etwa die verschiedenen politischen Grundfunktionen einer Verfassung selbständigen Verfassungträgern zuweist, sondern das Zusammenwirken und die wechselseitige Einschränkung der Verfassungsträger in einer politischen Grundfunktion, der Legislative, für wesentlich hält, um die individuelle „preservation of property" zu sichern. Spricht Locke von der „separation" von Exekutive und Legislative (II. Treatise, §§ 143, 144), dann faßt er dies nicht funktionell oder institutionell, sondern temporal auf, im Sinne einer zeitweiligen Auflösung der Legislative, um die Legislative nicht übermächtig werden zu lassen und sie dem Zwang auszusetzen, sich den von ihr selbst gemachten Gesetzen periodisch zu unterwerfen. Zur Unterscheidung und Typologie von Gewaltenteilungsprinzip und Balancetheorie s. K. Kluxen, Die Herkunft der Lehre von der Gewaltentrennung, in: Aus Mittelalter und Neuzeit. Festschrift für G. Kallen, Bonn 1957, 219 ff., jetzt in: H. Rausch Hg., Zur heutigen Problematik der Gewaltentrennung, Darmstadt 1969, 131 ff. Kluxen charakterisiert Locke als Balancetheoretiker und sieht seinen Einfluß auf die Entstehung der Lehre von der Gewaltentrennung lediglich mittelbar darin gegeben, daß auch der Grundgedanke des Lockeschen Verfassungsdenkens der Schutz der individuellen Rechtssphäre durch Einschränkung der obersten Gewalt gewesen sei; s. hierzu jetzt auch Seliger, Liberal Politics, 324 f.

der Legislative periodisch den von ihnen konzipierten Gesetzen unterwerfen müssen[176], dort sind die „inconveniences" des Naturzustands ganz beseitigt.

5. Die geschichtsphilosophische Dimension der politischen Theorie Lockes

Die Lockesche Konstruktion des Rechtsstaats zielt auf die politische Garantie einer gesellschaftlichen Grundverfassung, welche auf der abstrakt-normativen Ebene der Naturzustandsdarstellung lediglich durch die subjektiven Rechte der Freiheit, Rechtsgleichheit, Herrschaftsunabhängigkeit und ihre Symbolisierung im Recht der „preservation of property" charakterisiert ist. Die gesellschaftlichen Strukturen und Handlungszusammenhänge, welche von diesen subjektiven Rechten her intendiert sind, ergeben sich auf der abstrakten Ebene des „ordinary state of nature" und seiner ideal-moralischen Ergänzung im „state of peace" nur undeutlich. Doch hat die Lockesche Vorstellung eines „ordinary state of nature" und die auf ihr aufbauende Konstruktion des bürgerlichen Rechtsstaats einen ganz konkreten geschichtsphilosophischen Stellenwert, der sich aus einem bisher von der Forschung vernachlässigten Aspekt der politischen Theorie Lockes ergibt. Erst bei Berücksichtigung dieses geschichtsphilosophischen Aspekts erweist sich, daß sich hinter der methodischen Fiktion und Abstraktion des „normalen" Naturzustands bei Locke eine normativ und zugleich historisch orientierte Theorie der Strukturprobleme der frühen bürgerlichen Gesellschaft verbirgt und daß in der politischen Philosophie Lockes Anthropologie, Sozialtheorie und Geschichte eine reflektierte materiale und kategoriale Synthese eingehen, die Locke zu einem wichtigen Vorläufer der bürgerlichen Sozialwissenschaft und Geschichtstheorie des 18. Jahrhunderts macht.

a) Die Auseinandersetzung mit Sir Robert Filmers patriarchalischer Weltgeschichte

Entscheidende Hinweise darauf, daß geschichtsphilosophische Fragen nicht ohne Bedeutung für die in den „Two Treatises of Government" entwickelte politische Theorie sind, ergeben sich aus der Auseinandersetzung Lockes mit den zeitgenössischen Vertretern der patriarchalisch-monarchischen Staats- und Geschichtsauffassung, insbesondere mit Sir Robert Filmers „Patriarcha"[177]. Peter Laslett hat zwar auf die strukturgebende Bedeutung hingewiesen, die der Polemik Lockes gegen die patriarchalische Staatstheorie für die inhaltlichen Aussagen wie den formalen Aufbau der „Two Treatises" zukommt[178], dies nicht

---

[176] Zu diesem Zusammenhang Seliger, Liberal Politics, 328 f.

[177] Zu Robert Filmer und den Patriarchalisten s. P. Laslett, Einleitung zu: Robert Filmer, Patriarcha; ferner P. Laslett, Sir Robert Filmer: The Man versus the Whig Myth, in: WMQ, 3. Ser. 5. 1948, 523 ff.

[178] P. Laslett, Einleitung zu: John Locke, Two Treatises, XV, 33 f., bes. 50 ff. u. 67 ff.

zuletzt deshalb, weil es sich bei Sir Robert Filmer um keinen archaischen Out-
sider der politischen Theorie, sondern um einen zeitgenössisch repräsentativen,
konservativen Denker handelte, der, in ungleich höherem Maße als Locke selbst,
die dominanten sozio-politischen Wert- und Denkmuster der englischen Gesellschaft des 17. Jahrhunderts zum Ausdruck brachte[179]. Jedoch unterließ es Laslett, die geschichtsphilosophischen Gehalte dieses Disputs angemessen zu berücksichtigen[180]. Dies muß nicht nur deshalb als Versäumnis erscheinen, weil Locke
in der Auseinandersetzung mit Filmers spezifischer Methode der historisch-
genetischen Begründung politischer Normen durch eine „patriarchalische Weltgeschichte"[181] ebenfalls gezwungen ist, mit einer weltgeschichtlichen Perspektive
zu argumentieren und sich zu grundsätzlichen methodischen und theoretischen
Fragen der Geschichtswissenschaft zu äußern[182], sondern auch deshalb, weil der
geschichtsphilosophisch motivierten Kritik Lockes an Filmer darüber hinaus
grundsätzliche Bedeutung für seine politische Theorie zukommt: Indem Locke
den absoluten Geltungsanspruch der patriarchalischen Staatstheorie Sir Robert
Filmers geschichtsphilosophisch relativiert und — unter anderen normativen
Prämissen als Filmer selbst — auf eine frühe historische Stufe der Menschheitsgeschichte verortet, legitimiert er zugleich seine eigene politische Theorie historisch. Der bürgerliche Rechts- und Gesetzesstaat erscheint als die einzige, den
komplexen ökonomischen und sozialen Verhältnissen der zeitgenössischen „civil society" angemessene politische Organisationsform. Lockes „historische"
Auseinandersetzung mit Filmer verbleibt somit nicht im Rahmen bloßer Pole-

---

[179] Hierzu neben den in Anm. 177 angegebenen Arbeiten Lasletts auch ders., The
World we have lost, London 1971², 190 ff. und vor allem die im Umkreis von Lasletts
Forschungsinstitut „Cambridge Group for the History of Population and Social Struc-
ture" entstandene sozialgeschichtliche Pionierarbeit von G. J. Schochet, Patriarchalism,
Politics and Mass Attitudes in Stuart England, HJ 12. 1969, 413 ff.

[180] Laslett spricht in der Einleitung zu: John Locke, Two Treatises, 82, zwar
von einem „anthropological relativism" bei Locke — er hätte treffender von einem
„socio-political relativism" gesprochen —, ohne diesem „anthropological relativism"
jedoch eine geschichtstheoretische Relevanz für die politische Theorie der „Two Treatises" zuzuerkennen. Mit Recht verweist L. (75 ff.) darauf, daß der Rekurs auf die
gängigen Geschichtsmythen der zeitgenössischen Whigs und Common-Law-Juristen,
wie etwa die Lehre von den angelsächsischen Freiheiten („Ancient Constitution") und
vom „Norman Yoke" in den „Two Treatises" vollkommen fehlt, doch wird sein hieraus gezogener Schluß, daß der systematisch-abstrakte Charakter der politischen Theorie Lockes eine Vernachlässigung historischer Argumentation zur Folge gehabt habe,
im folgenden kritisch zu überprüfen sein; hierzu auch W. Seliger, Liberal Politics, 233,
der die Auffassung Lasletts ebenfalls in Zweifel zieht.

[181] Zum zeitgenössischen Hintergrund von Filmers Geschichtsschreibung mehr als
zu deren methodologischen und theoretischen Implikationen s. W. H. Greenleaf, Filmer's Patriarchal History, HJ. 9. 1969, 957 ff.

[182] Diejenigen Passagen der „Two Treatises", in denen Locke zu Fragen der Geschichte und Geschichtswissenschaft Stellung nimmt, sind fast ausschließlich auf die
Kontroverse mit Sir Robert Filmer bezogen; s. I. Treatise, §§ 57, 113, 114, 118, 128,
129, 141, 142, 143, 168; II. Treatise §§ 101, 103, 104, 105, 106, 112.

mik, wie dies etwa von John Dunn behauptet wird[183], sondern setzt sowohl methodisch wie inhaltlich neue Maßstäbe, die ebenso über die Intentionen Filmers wie die der gesamten Tradition der exemplarischen Geschichtsschreibung seit der Antike hinausgehen und diese durch eine neue Form der Geschichtsphilosophie aufheben wollen, die ihre volle Bedeutung erst als integrierender Bestandteil der politischen Theorie Lockes erhält.

Filmer löst die Frage nach der Legitimität von Herrschaft und politischer Macht historisch, indem er im Sinne der Jus-Divinum Lehre seiner Zeit alle Herrschaft als Resultat eines weltgeschichtlichen Abstammungs- und Vererbungsprozesses aus der Vatergewalt Adams ableitet. Herrschaft ist nach Filmer nur als absolute Souveränität einer Person über alle anderen vorstellbar und in ihrer Ausübung per definitionem unteilbar an diese eine Person gebunden. Es ergibt sich deshalb die Notwendigkeit, daß Souveränität, nachdem sie ursprünglich in der Vatergewalt Adams zentriert war, nur ungeteilt, durch historische Deszendenz, auf dessen unmittelbare Nachfolger, die legitimen Könige der jeweiligen Zeit, übergegangen sein kann. Als ein direktes Ergebnis göttlicher Rechtsetzung erhält der ursprüngliche Zustand der Menschheit so kraft seiner Qualität als exemplarisches historisches Faktum auch normative Funktion: Die patriarchalisch-monarchische Herrschaft des absoluten Souveräns erscheint als zeitlos notwendiger Modus gesellschaftlicher Existenz des Menschen[184].

Locke begegnet in seiner Kritik den Patriarchalisten zunächst auf ihrer eigenen Argumentationsebene, der Ebene historischer Faktizität, indem er sich bemüht, die geschichtliche Tatsächlichkeit eines menschlichen Zustands naturrechtlicher Gleichheit und Freiheit aufzuzeigen, um damit Sir Robert Filmers Behauptung von der notwendigen Allgemeinheit eines Zustands patriarchalisch-monarchischer Herrschaft zu widerlegen[185]. Er gibt zwar zu, daß von der historischen Existenz des Naturzustands, den er allgemein im „beginning of any polities in the world"[186] als gegeben ansieht, relativ wenig bekannt sei, doch führt er dies auf die notwendig lückenhafte geschichtliche Überlieferung, nicht auf die Unmöglichkeit der historischen Existenz des Naturzustands zurück[187].

Als Beispiel für die historische Existenz dieses Naturzustands werden von Locke die Überlieferungen der Anfänge Roms, Venedigs[188], Tarents[189], sowie völkerkundliche Zeugnisse aus Joseph Acostas Werk „The Naturall and Morall Historie of the Indies" (1604)[190] angeführt, welche über die Lebensverhältnisse der Eingeborenen in Peru, Florida und Brasilien berichten. Allen diesen Beispie-

---

[183] J. Dunn, The Political Thought of John Locke. An Historical Account of the Argument of the „Two Treatises of Government", Cambridge 1969, 106.

[184] Hierzu scharfsinnig Pocock, The Ancient Constitution, 187 ff., bes. 189 f.

[185] Entscheidend wichtig für die im folgenden behandelten Zusammenhänge ist II Treatise, K. VIII: Of the Beginning of Political Societies.

[186] II. Treatise, § 101.

[187] Ebda., § 101.

[188] Ebda., § 102.

[189] Ebda., § 103.

[190] Ebda., § 102.

len ist gemeinsam, daß in ihnen die moralisch-juristischen Definitionsmerkmale des Naturzustands als eines Zustands der Freiheit, Rechtsgleichheit und Herrschaftsunabhängigkeit gewissermaßen historisch verortet werden und zur Kennzeichnung einer Situation dienen, die den Stellenwert eines Anfangs der Geschichte hat[191].

Locke versucht somit zunächst auf der Ebene historischer Fakten zu beweisen, daß die Behauptung der patriarchalischen Staatstheoretiker, alle politische Herrschaft sei geschichtliches Resultat einer ursprünglichen Vatergewalt, selbst an den eigenen methodischen Forderungen der Patriarchalisten gemessen, nichtig ist. Anhand der von ihm gewählten Beispiele zeigt er dagegen, daß historische Institutionalisierung von politischer Herrschaft, unbeschadet ihrer jeweiligen Formen, auf der Basis eines Konsenses freier und gleicher Individuen aus der rechtlichen Situation des Naturzustands heraus nicht nur vorstellbar, sondern auch real möglich ist:

> Thus I have given several examples out of history, of p e o p l e   f r e e   a n d   i n   t h e   s t a t e   o f   n a t u r e, that being met together incorporated and   b e g a n   a   c o m m o n w e a l t h[192].

Im gleichen Zusammenhang jedoch geht Locke über seine Kritiker hinaus und macht die qualitative Differenz deutlich, die seine Argumentationsebene von der ihren trennt, indem er den logischen Status seiner Naturzustandskonzeption und der sich aus ihr ergebenden politischen Konsequenzen als normativer theoretischer Abstraktionen hervorhebt, deren Gewißheitsgrad über den aller historischen Fakten hinausgeht und die durch Rekurrieren auf historische Fakten weder zu begründen noch zu widerlegen, sondern allenfalls zu bestätigen sind:

> if the want of such instances be an argument to prove that government were not, nor could not be so begun, I suppose the contenders for paternal empire were better let it alone, than urge it against natural liberty. For if they can give so many instances out of history, of governments begun upon paternal right, I think ... one might, without any great danger yield them the cause[193].

Die methodische Essenz seiner Position gegen die prätendierte „Faktenlogik" der Patriarchalisten faßt Locke in dem Satz zusammen:

> at best an argument from what has been, to what should of right be, has no great force[194].

---

[191] Der historische Ort der von Locke angeführten Beispiele wird durch Begriffe mit einer bestimmten temporalen Wertigkeit wie „births", „beginnings", „infancies", „original", „foundation" charakterisiert: II. Treatise, §§ 101—104.

[192] Ebda., § 103 (Hervorh. i. Orig.).

[193] Ebda., § 103.

[194] Ebda, § 103. Bei der Seltenheit methodologischer Bemerkungen Lockes in den Treatises erscheint es angebracht, auf eine Parallelstelle im I. Treatise hinzuweisen, in der L. sich, wieder in expliziter Argumentation gegen Filmer, dagegen ausspricht, daß „the example of what hath been done, be the rule of what ought to be": „But if the example of what hath been done, be the rule of what ought to be, history would have furnish'd our A[uthor] with instances of this absolute fatherly power in its heighth and

Hinter dieser im Kontext der Lockeschen Darstellung in den „Two Treatises" lediglich am Rande eingestreuten methodischen Bemerkung steht eine neue Anschauung von Funktion und Aufgabe der Geschichte, die in den „Two Treatises" zwar materiell eine große Rolle spielt, in ihrer grundsätzlichen Problematik dort jedoch nur unzureichend reflektiert wird. Es wird deshalb im folgenden aus dem Gesamtzusammenhang der Lockeschen Schriften hierauf einzugehen sein.

b) John Locke als Geschichtstheoretiker

Lockes zahlreiche Einzeläußerungen über Geschichte und Geschichtswissenschaft, die sich vor allem in seinen pädagogischen Schriften sowie in seinen bisher nur teilweise publizierten Briefen und Tagebüchern finden[195], erscheinen auf den ersten Blick als widersprüchlich oder zumindest ambivalent[196]. Eine genauere Analyse jedoch, welche die verschiedenen Argumentationsebenen berücksichtigt, auf denen Locke jeweils zu Fragen der Geschichte und Geschichtswissenschaft Stellung bezieht, läßt diese Ambivalenz als auflösbar erscheinen. Auf der pragmatischen Ebene der Erziehungsberatung, in seinen veröffentlichten pädagogischen Schriften[197] oder in privaten, brieflich abgefaßten Ratschlägen an Angehörige des hohen und niederen Adels[198] äußert sich Locke, je nach dem sozialen Rang des Addressaten[199] und dem literarischen Kontext[200], positiver oder

---

perfection, and he might have shew'd us in Peru, people that begot children on purpose to fatten and eat them." I. Treatise, § 57.

[195] Einen ersten Überblick ermöglicht eine vorzügliche, neue Edition der pädagogischen Schriften Lockes, die auch relevante Briefe und Tagebuchaufzeichnungen enthält: J. L. Axtell Hg., The Educational Writings of John Locke. A Critical Edition with Introduction and Notes, Cambridge 1968; s. bes. 226 f., 292 ff., 356, 378, 393 ff., 400 ff., 407 f., 422; besonders wichtig für den hier behandelten Zusammenhang ist eine von Axtell nach dem Originalmanuskript wiedergegebene Tagebucheintragung von 1677 mit dem Titel: „Of Study" (405 ff.). Durch Axtells Edition dieser Tagebucheintragung wird der ungenaue ältere Abdruck bei Lord King, The Life of John Locke, 2 Bde., London 1830², Bd. I, 171 ff. ersetzt; der Verf. dankt Herrn G. H. Nadel, Horsham/ Sussex, für interessante Hinweise auf die im folgenden behandelten Zusammenhänge.

[196] Dahingehend äußert sich etwa Axtell, Educational Writings, 227, Anm. 1 und im (unvollständigen) Register seiner Edition unter dem Stichwort „History", 439.

[197] Hierzu John Locke, Some Thoughts Concerning Education (1693), abgedr. bei Axtell, Educational Writings, 226 f., 292 ff. und John Locke, Some Thoughts Concerning Reading and Study for a Gentleman (1703), abgedr. bei Axtell, Educational Writings, 400 ff.

[198] S. die Briefe an Edward Clarke (Gentleman) v. 15. 3. 1686 und v. 15. 7. 1687, abgedr. bei Axtell, Educational Writings, 356, 378 und den Brief an die Countess of Peterborough zur Erziehung ihres Sohnes v. 1697, abgedr. bei Axtell, Educational Writings, 393 ff.

[199] Die verhältnismäßig positivste, jedoch keineswegs unqualifizierte Einstellung zum historischen Studium und zur Lektüre historischer Klassiker (Livius) findet sich im Brief an die Countess of Peterborough, kritischer — jedoch nicht ablehnend — äußert sich Locke in den Briefen an Edward Clarke.

[200] In der Tagebucheintragung „Of Study" (s. Zitat u. 123), einem Versuch der Selbstverständigung über die vorteilhafteste Art des literarischen und philosophischen

negativer zu Fragen historischer Lektüre und zu Funktion und Aufgaben der Geschichtsschreibung. Nie jedoch erscheint Lockes Einstellung zur Geschichte als einer etablierten literarischen Disziplin sui generis als uneingeschränkt positiv. Selbst als Erziehungsberater fordert er ihre Einordnung in ein strukturierendes Gerüst von Chronologie und Geographie[201] und einen Bezug auf theoretisch-systematisches Wissen in Gestalt von „moral philosophy" oder „morality", „politics" und naturrechtlichem „civil law"[202]. Doch geht Lockes Einstellung zu Geschichte und Geschichtswissenschaft nicht in diesem pragmatischen Zusammenhang auf. Auf einer grundsätzlichen, logisch-methodologischen Ebene der Betrachtung verficht Locke als erkenntniskritischer Philosoph und systematischer politischer Theoretiker einen spezifischen Primat der normativ-abstrakten Komponente der politischen und moralischen Theorie vor der Erkenntnisleistung der „history", ohne jedoch eine wechselseitige Beziehungslosigkeit oder gar Ausschließlichkeit beider zu behaupten.

Als eine spezielle Form desjenigen Wissens, das auf Erfahrung gegründet ist und auf die Ermittlung von Fakten zielt, kann Geschichte, „history"[203], für Locke nur dann eine nützliche Erkenntnisfunktion wahrnehmen und sinnvolle Erkenntnisinhalte bieten, wenn sie in einem prinzipiellen normativ-theoretischen Rahmen eingebracht ist[204]. Die hierin implizierte Abwertung der Erkenntnisleistung der „history" gegenüber „morality" und „politics" gründet einmal in Lockes genereller Kritik am traditionellen Wahrheitsanspruch aller Formen

---

Studiums, bezieht Locke, ohne Zwang der Anpassung an die standesbedingten Verhaltenserwartungen eines Adressaten — wie dies in seinen pädagogischen Schriften und Ratschlägen der Fall war — eine ausgesprochen kritische Position zur gesamten „Historia Magistra Vitae"-Tradition, die sich in dieser Schärfe und Eindeutigkeit in seinen publizierten pädagogischen Schriften oder Briefen nicht feststellen läßt; vgl. aber die Äußerung Lockes in „Some Thoughts Concerning Education", abgedr. bei Axtell, Educational Writings, 226 f.

[201] S. z. B. im Brief an Edward Clarke vom 15. 7. 1687: „history ... is the great mistress of prudence and civil knowledge, and ought to be the proper study of a gentleman or man of business in the world; [but] without geography and chronology, I say, history will be very ill retained and very little useful, but be only a jumble of matters of fact confusedly heaped together without order or instruction. It is by these two the actions of mankind are ranked into their proper places of times and countries; under which circumstances they are not only easier kept in the memory, but in that natural order are only capable to afford those observations which make a man the better and abler for reading of them." Axtell, Educational Writings, 378; vgl. ebda., 292.

[202] Hierzu Axtell, Educational Writings, 356, 395, 422.

[203] Zur erkenntniskritischen Bestimmung von „history" s. Locke, Essay, B. IV, K. XII, § 10 und B. IV, K. XVI, §§ 6 ff., bes. § 7; vgl. auch R. I. Aaron u. J. Gibb Hgg., An Early Draft of Locke's Essay, 116: „There are two sorts of knowledge in the world, general and particular, founded upon two different principles, i. e. true ideas and matter of fact or history."

[204] Im oben erwähnten Tagebucheintrag „Of Study", abgedr. bei Axtell, Educational Writings, 422 bezeichnet Locke das Studium der Geschichte nur für denjenigen von Nutzen, „who hath well settled in his mind the principles of morality and knows how to make a judgment on the actions of men".

von Tatsachenerkenntnis, denen Locke, gleich auf welches Objekt sie sich beziehen, stets nur den logischen Status einer nicht schlüssig zu verifizierenden „probability" zuspricht[205]. Darüber hinaus aber ist Geschichte als besondere Wissensdisziplin einem zusätzlichen kognitiven Defizit dadurch unterworfen, daß sie über keinen unmittelbaren Zugang zu ihrem Erkenntnisobjekt verfügt und deshalb auf die Auswertung überlieferter Zeugnisse und die Kenntnis der bloßen Außenseite historischer Vorgänge angewiesen ist. Dieses kognitive Defizit kann durch methodisches Vorgehen des Historikers allenfalls verringert, aber nicht aufgehoben werden:

There is not ... much solidity in the knowledge of ... historical occurences. With how little exactness, and conformity to truth, are matters related in histories! This we may see in things of our own knowledge, when they come to be writ by others. How shall we do, then, to distinguish the true from the false — the certain from the doubtful? We are sure every historian is a liar; either without design, if he be sincere, or a cheat, if he be not. But since neither the one nor the other ever gives me notice where he warps, it is impossible for me to avoid being deceived. In this regard, we are less abused in the perusal of romances; because one brings no expectation of truth to the reading of them: But 'tis that we aim at in the study of history; and yet we are scarce ever sure to find it there. Where relations cannot be said directly to be false, how far are they even there unlike the things themselves! 'Tis but the skeleton of affairs we have in history, void of those secret springs, and stripped of those circumstances that gave rise and success to them. It presents us only the outside of actions, without the design, the soul, that enlivened them; and sets before us the matter of fact, bare and naked, or, perhaps, some few of those circumstances on which it depended; whereas, there was not one of those occurences, which was not the effect of an infinite number of causes with which it had connexion, and which were as the sinews and flesh that sustained and fashioned it. The knowledge then of history is a very pitiful business; and, instead of furnishing us with matter of vain satisfaction, it gives us just occasion to humble ourselves under the sense of our own weakness; since, having our heads filled with ideas drawn from history, we find ourselves unable to distinguish the true from the false; and under a necessity of contenting ourselves with a knowledge altogether superficial[206].

---

[205] Hierzu Essay, B. IV, K. XVI, §§ 6 ff.

[206] John Locke, Discourses: translated from Nicole's Essays ... with important variations from the original French ... First printed from the autograph of the translator, Hg. Thomas Hancock, London 1828; zu den bisher kaum von der Forschung herangezogenen „Discourses", die Locke während seiner Frankreichreise zwischen September 1676 und Juli 1678 nach dem Original von Pierre Nicole (Essais de Morale: contenus en divers traittez sur plusieurs devoirs importants. Volume premier, Paris 1671) übersetzte und bearbeitete, s. Aarsleff, State of Nature, in: John Locke: Problems and Perspectives, 99 ff., hier 135, Anm. 1; Aarsleff weist mit Recht darauf hin, daß die „Discourses" entscheidende Fragestellungen sowohl des „Essay Con-

Lockes Verhältnis zur Geschichte ist jedoch nicht allein unter dem Aspekt dieser erkenntniskritischen Wertung zu sehen. Als etablierte literarische Disziplin erscheint ihm Geschichte, „history", vor allem von ihren konkreten Erkenntnisinhalten und normativen Zielsetzungen her fragwürdig: Locke sieht die gesamte Tradition der exemplarischen Geschichtsbetrachtung seit der Antike von einem in hohem Grade inhumanen Erkenntnisinteresse bestimmt, das einer kriegerischen, barbarischen Vergangenheit zwar angemessen sein mochte, kaum jedoch den Wertvorstellungen eines bürgerlich-humanen Zeitalters:

the stories of Alexander and Caesar . . . are not one jot to be preferred to the history of Robin Hood, or the seven wise masters. I do not deny but history is very useful and very instructive of human life; but if it be studied only for the reputation of being an historian, it is a very empty thing, and he that can tell all the particularities of Herodotus and Plutarch, Curtius and Livy, without making other use of them may be an ignorant man with a good memory, and with all his pains hath only filled his head with Christmas tales. And which is worse, the greatest part of history being made up of wars and conquest, and their style, especially the Romans, speaking of valour, as the chief if not almost the only virtue, we are in danger to be misled by the general current and business of history; and looking on Alexander and Caesar and such like heroes, as the highest instances of human greatness, because they each of them caused the death of several 100 000 men, and the ruin of much a greater number, overran great parts of the earth, and killed their inhabitants to possess themselves of their countries, we are apt to make butchery and rapine the chief marks and very essence of human greatness. And if civil history be a great dealer of it, and to many readers thus useless, curious and difficult enquiries in antiquity [d. h. antiquarische Geschichtsbetrachtung] are much more so, as the exact dimensions of the Colossus, or figure of the Capitol, the ceremonies of the Greek and Roman marriages, or who it was that first coined money. These I confess set a man well off in the world, especially amongst the learned, but set him very little on in his way[207].

Trotz dieser eindeutigen Ablehnung der gesamten Tradition der „Historia Magistra Vitae"-Geschichtsschreibung ist Lockes politische Theorie, wie sie sich in den „Two Treatises" findet, weder von der Methode noch vom Inhalt her als unhistorisch anzusehen. Im Gegenteil läßt sich die politische Theorie Lockes nur als eine historisch orientierte Theorie seines eigenen Zeitalters verstehen. Als „historisch" ist diese politische Theorie hierbei in mehrfacher Hinsicht zu qualifizieren.

---

cerning Human Understanding" wie der „Two Treatises of Government" vorwegnehmen. Auf A.s angekündigte Arbeit über die „Discourses" darf man gespannt sein; vgl. auch zum hier angeführten Zitat die interessante Parallelstelle in Locke, Essay, B. IV, K. XVI, § 11.

[207] Locke, Tagebucheintragung „Of Study", abgedr. bei Axtell, Educational Writings, 409 f.; vgl. Locke, Some Thoughts Concerning Education, bei Axtell, Educational Writings, 226 f.

Einmal hält Locke, mit neuen erkenntnistheoretischen Perspektiven an der faktisch-empirischen Erkenntnisleistung der alten Geschichtswissenschaft durchaus fest, anders ist seine bekannte und oft verkannte Forderung nach einer „historical, plain method" in der Einleitung zum „Essay Concerning Human Understanding" nicht zu erklären[208]. Nur besteht er darauf, daß diese Erkenntnisleistung im Bereich der „principles of morality" und „politics" in einen normativ-systematischen Rahmen eingeholt werden muß[209]. Dies zeigt sich in den „Two Treatises" daran, daß er die normativen Forderungen und den systematischen Anspruch seiner politischen Theorie immer wieder auf empirische Plausibilität und Praktizierbarkeit hin kontrolliert und die Stimmigkeit von „reason" und „examples of history" in seinen Aussagen betont[210].

Jedoch macht dieses methodische Prinzip noch nicht den spezifisch „historischen" Charakter der politischen Theorie Lockes aus. Dieser ist erst dadurch gegeben, daß der systematische Anspruch seiner Theorie, die — wie Locke an hervorragender Stelle eingangs des zweiten Treatise betont — in ihren normativen Aussagen den „state all men are naturally in"[211] treffen will, notwendig auch zu einer Systematisierung und Theoretisierung seines Geschichtsverständnisses führt. Die in der Anthropologie Lockes — in seiner Anschauung von der Bedürfnis- und Arbeitsnatur des Menschen als des entscheidenden Motors gesellschaftlich-zivilisatorischen Fortschritts — angelegte materiale Geschichtsphilosophie wird unter dem Systemzwang seiner politischen Theorie und unter dem Eindruck seiner Auseinandersetzung mit Sir Robert Filmers Patriarchalischer Weltgeschichte gleichsam auf eine kategoriale Ebene, zur Würde einer Geschichtstheorie erhoben. Locke konstruiert seine politische Theorie, wie sich in aller Deutlichkeit in Kap. VIII des II. Treatise: „Of the Beginning of Political Societies" zeigt, als eine ideal-typische „naturall and morall historie"[212] der

---

[208] Locke, Essay, Introduction, 27; vgl. auch den in die gleiche Richtung zielenden Hinweis, den Locke nach seiner erkenntniskritischen Analyse des Wahrheitsgehalts und Aussagewerts historischer Zeugnisse im „Essay" gibt: „I would not be thought here to lessen the credit and use of h i s t o r y : it is all the light we have in many cases, and we receive from it a great part of the useful truths we have, with a convincing evidence." Locke, Essay, B. IV, Kap. XVI, § 11 (Hervorh. i. Orig.).

[209] Tagebucheintragung „Of Study", in: Axtell, Educational Writings, 422.

[210] So zum Abschluß seiner historisch-empirischen Widerlegung von Filmers potentiellen Argumenten gegen seine Naturzustandsauffassung: „But to conclude, reason being plain on our side, that men are naturally free, and the examples of history shewing, that the governments of the world, that were begun in peace, had their beginning laid on that foundation, and were made by the consent of the people; there can be little room for doubt, either were the right is, or what has been the opinion, or practice of mankind, about the first erecting of governments." II. Treatise, § 104; vgl. ebda., §§ 112, 175.

[211] Ebda., § 4; vgl. o. 102 ff.

[212] Obwohl der Ausdruck von Locke im II. Treatise nicht direkt gebraucht wird, erscheint er unter Hinzufügung der systematisierenden und abstrahierenden Betrachtungsweise als ein quellenadäquater Begriff zur Kennzeichnung der spezifisch geschichtsphilosophischen Intention Lockes, zumal er völkerkundliche Werke und Reisebeschreibungen vom Typ der „Naturall and Morall Histories" in großer Zahl in sei-

menschlichen Gesellschafts- und Herrschaftsformen. Ausgehend von einer identischen Ursprungssituation aller Zivilisationen — „in the beginning all the world was America"[213]—, wird der bürgerliche Rechts- und Gesetzesstaat als historisch spätestes, den gesellschaftlichen, ökonomischen und zivilisatorischen Verhältnissen der Zeit Lockes angemessenstes Produkt eines rational-moralischen, durch die Dynamik der Trieb- und Bedürfnisnatur vermittelten Selbsterzeugungsprozesses der einheitlichen Menschengattung dargestellt. Locke zeigt, wie im Detail noch nachzuweisen sein wird, durch das Mittel dieser idealtypischen Geschichte der Gesellschaft- und Herrschaftsformen, wie sich die von ihm in der Darstellung des Naturzustands als eines „state of peace" thematisierten gleichbleibenden naturrechtlich-moralischen Ansprüche und Verpflichtungen jedes Menschen nur durch wechselnde, jeweils historisch adäquate Formen politischer Herrschaft rational einlösen und garantieren lassen.

In der systematischen Darstellung der Interdependenz historisch-gesellschaftlicher Verhältnisse und wechselnder Formen politischer Herrschaft bei gleichbleibenden naturrechtlichen Legitimationsbedingungen ist das Spezifikum des geschichtsphilosophischen Aspekts der politischen Theorie Lockes zu erblicken: Die naturrechtliche Vernunft löst sich bei Locke zwar nicht in Geschichte auf, doch wird die reale Chance ihrer politischen Verwirklichung entscheidend von historisch-gesellschaftlichen Triebkräften beeinflußt. Locke verficht zwar einen Primat der moralisch-naturrechtlichen Normen vor der Geschichte, doch behauptet er zur gleichen Zeit eine historisch-gesellschaftliche Bedingtheit der Verwirklichungschancen dieser Normen.

Dementsprechend veranschaulicht er in seiner „naturall and morall historie", die in Kapitel VIII des II. Treatise dargestellt wird, daß das Handeln der Menschen nach naturrechtlichen Normen nicht nur von individuellen Handlungsmotivationen abhängig ist, sondern von der gesellschaftlich-geschichtlichen Umwelt, in der diese Menschen leben. Nur relativ auf diese sozio-historische Umwelt läßt sich die Möglichkeit der Naturrechtskonformität politischer Bedingungen gewährleisten. Das Verhältnis der Handlungsmotivation der einzelnen Menschen und der Motivationskraft des Naturrechts in der Bestimmung der Handlungen dieser Einzelnen ist so nicht etwa zufällig und beliebig durch individuelle Handlungsantriebe oder durch die zeitlose Vernunftnatur des Individuums festgelegt, sondern historisch und gesellschaftlich bedingt. Auf den verschiedenen Stufen gesellschaftlich-zivilisatorischer Entwicklung der Menschheit ergibt sich jeweils ein verschiedenes Verhältnis von individueller Handlungsmotivation und Forderungscharakter des Naturrechts. Politische Herrschaft

---

ner Bibliothek hatte und sie häufig in seinen Schriften zitiert; s. P. Laslett u. J. Harrison, The Library of John Locke (Oxford Bibliographical Society Publications, N. S. Bd. 13), Oxford 1965, sowie bes. das Zitat im II. Treatise, § 102 (aus: Joseph Acosta (Übers. Edward Grimestone), The naturall and morall historie of the Indies, 1604) und die von Laslett vermutete Benutzung der Rochefort zugeschriebenen Histoire naturelle et morale des les illes Antilles, Rotterdam 1658, (s. II. Treatise, § 108).

[213] II. Treatise, § 49.

wird von Locke immer gefordert, um dieses unsichere Verhältnis zu stabilisieren: „Government is hardly to be avoided amongst men that live together"[214]. Dies gilt nach Locke für die Eingeborenen Südamerikas ebenso wie für die Mitglieder einer „civil society". Doch muß politische Herrschaft, um legitim zu sein, in ihrer jeweiligen Form und Intensität immer den wechselnden soziohistorischen Verhältnissen angepaßt sein, sie muß diese naturrechtlich rationalisieren, sofern dies nicht durch die gesellschaftliche Eigendynamik geleistet wird. Diejenigen politischen Institutionen, die unter bestimmten historisch-gesellschaftlichen Bedingungen mit der naturrechtlichen Vernunft übereinstimmen und die Naturrechtskonformität des gesellschaftlichen Handlungszusammenhangs garantieren, haben diese rational-moralische Funktion nicht für alle Zeiten. Unter wechselnden historisch-gesellschaftlichen Bedingungen müssen sie durch andere Institutionen ersetzt werden.

c) Lockes Naturgeschichte der Gesellschafts- und Herrschaftsformen

Nur bei Berücksichtigung dieser hier dargelegten methodischen und inhaltlichen Grundlagen des „historischen" Aspekts der politischen Philosophie Lockes wird verständlich, warum Locke im Kapitel „Of the Beginning of Political Societies" es zwar einerseits unternimmt, die zentrale These der Staatslehre Filmers, daß von Natur aus alle politische Herrschaft patriarchalisch-monarchischen Charakter trage, zu widerlegen, andererseits aber im gleichen Zusammenhang behauptet, daß patriarchalische Herrschaft in einem bestimmten Stadium der historisch-gesellschaftlichen Entwicklung der Menschheit die „natürliche" und legitime politische Form menschlichen Zusammenlebens darstellen könne, die durchaus mit der normativen Grundforderung an jede politische Ordnung, die sich aus der rechtlichen Situation der Menschen im Naturzustand ergibt, — nämlich der Voraussetzung des Konsensus der Herschaftsunterworfenen als Bedingung der Legitimität von Herrschaft —, in Einklang stehe:

> I will not deny, that if we look back as far as history will direct us, towards the original of commonwealths, we shall generally find them under the government and administration of one man ... yet it destroys not that, which I affirm, (viz.) That the beginning of *politick* society depends upon the *consent* of the individuals, to joyn into and make one society; who, when they are thus incorporated, might set up what form of government they thought fit[215].

Für Locke begründet die historische Tatsächlichkeit und das Alter einer Regierungsform noch nicht ihre Legitimität schlechthin. Ihre normative „reason"[216]

---

[214] Ebda., § 105.

[215] Ebda., §§ 105, 106 (Hervorh. H. M.).

[216] Hierzu ebda., § 106: „But this [i. e. die historische Existenz der patriarchalisch-monarchischen Regierungsform) having given occasion to men to mistake, and think, that by nature government was monarchical, and belong'd to the father, it may not be amiss here to consider why people in the beginning generally pitch'd upon this

muß erst historisch-gesellschaftlich nachgewiesen werden: Die Legitimität patriarchalischer Herrschaft ist nach Locke nur unter den spezifischen Bedingungen einer frühen zivilisatorischen Stufe der Menschheitsentwicklung gegeben, auf der die historisch invarianten naturrechtlich-moralischen Ansprüche und Verpflichtungen des Einzelnen durch eine patriarchalisch-monarchische Organisation politischer Herrschaft optimal eingelöst werden, so daß ein allgemeiner Konsensus zu dieser Herrschaftsform, gleichgültig ob „express" oder „tacit", auf jeden Fall „scarce avoidable" ist[217].

Die psychische Gewöhnung an die Herrschaft des Vaters in der Familie, ferner die zu diesem Zeitpunkt noch geringe politische Erfahrung und ganz besonders die gesellschaftliche und ökonomische Interessenlage werden von Locke als Faktoren dafür angeführt, daß in den „first ages of the world"[218] die patriarchalisch-monarchische Herrschaftsform im „natürlichen" und rationalen Interesse jedes Einzelnen liege:

First then, in the beginning of things, the father's government of the childhood of those sprung from him, having accustomed them to the r u l e o f o n e m a n, and taught them that where it was exercised with care and skill, with affection and love to those under it, it was sufficient to procure and preserve to men all the political happiness they sought for, in society. It was no wonder, that they should pitch upon, and naturally run into that form of government, which from their infancy they had been all accustomed to; and which, by experience, they had found both easie and safe. To which,

---

form, which though perhaps the father's preheminency might in the first institution of some common-wealths, give a rise to, and place, in the beginning, the power in one hand; Yet it is plain, that the *reason*, that continued the form of government in a single person, was not any regard, or respect to paternal authority; since all petty monarchies, that is, almost all monarchies, near their original, have been commonly, at least upon occasion, elective." (Hervorh. H. M.). Zum Begriff der „reason" in der politischen Philosophie des 17. Jahrhunderts siehe die interessante begriffsgeschichtliche Abhandlung von Christopher Hill, „Reason" and „Reasonableness" in Seventeenth-Century England, in: British Journal of Sociology 20. 1969, 235 ff. Hill übersieht allerdings die historisch-soziale Problematisierung des „Reason"-Begriffs bei Locke.

[217] Zur Lockeschen Gleichsetzung von „express", „tacit" und „scarce avoidable consent" bei der Legitimation der patriarchalisch-monarchischen Regierungsform s. II. Treatise, §§ 74, 75. Der explizite individuelle Konsensus, der auf der normativ-abstrakten Ebene der politischen Theorie Lockes als Voraussetzung jeder politischen Herrschaft dargestellt wird, erweist sich auf der historischen Ebene der politischen Theorie Lockes als dasjenige, als was er von vornherein konzipiert ist: eine normativ-hermeneutische Hilfskonstruktion und hypothetische Rechtsfigur, welche als Legitimationskriterium für eine Verfassung nur der rationalen Möglichkeit nach anwendbar sein muß und als gegeben vorausgesetzt wird, wenn die Existenz einer spezifischen Regierungsform als Resultat der rationalen Interessenmotivation jedes einzelnen Herrschaftsunterworfenen „gedacht" werden kann. Zur Problematik des „consent" bei Locke: Seliger, Liberal Politics, 219 ff., ferner H. Pitkin, Obligation and Consent, APSR 59. 1965, 990 ff.; J. Dunn, Consent in the Political Theory of John Locke, HJ. 10. 1967, 153 ff. und Ashcraft Locke's State of Nature, 912 ff.

[218] II. Treatise, §§ 36, 74.

if we add, that m o n a r c h y being simple, and most obvious to men, whom neither experience had instructed in forms of government, nor the ambition or insolence of empire had taught to beware of the encroachments of prerogative or the inconveniencies of absolute power, which monarchy, in succession, was apt to lay claim to and bring upon them, it was not at all strange, that they should not much trouble themselves to think of methods of restraining any exorbitances of those, to whom they had given the authority over them, and of ballancing the power of government by placing several parts of it in different hands. They had neither felt the oppression of tyrannical dominion, nor did the fashion of the age, nor their possessions or way of living, (which afforded little matter for covetousness or ambition) give them any reason to apprehend or provide against it: and therefore, 'tis no wonder they put themselves into such a f r a m e o f g o v e r n m e n t as was not only as I said, most obvious and simple, but also best suited to their present state and condition; which stood more in need of defence against foreign invasions and injuries than of multiplicity of laws. The equality of a simple poor way of liveing confineing [sic] their desires within the narrow bounds of each mans small propertie made few controversies and so no need of many laws to decide them: And there wanted not of justice where there were but few trespasses, and few offenders[219].

Since then those who liked one another so well as to join into society, cannot but be supposed to have some acquaintance and friendship together, and some trust one in another; they could not but have greater apprehensions of others, than of one another: and therefore their first care and thought cannot but be supposed to be, how to secure themselves against foreign force. 'Twas natural for them to put themselves under a f r a m e o f g o v e r n m e n t, which might best serve to that end; and chuse the wisest and bravest man to conduct them in their wars, and lead them out against their enemies, and in this chiefly be their r u l e r[220].

Besonders bemerkenswert an der Lockeschen Analyse der Räson der patriarchalisch-monarchischen Herrschaft erscheint ihre Zuordnung zu und Herleitung aus einem bestimmten historischen Typus ökonomischer Verhältnisse und der aus diesen Verhältnissen resultierenden gesellschaftlichen Organisationsform. Locke stellt die patriarchalisch-monarchische Herrschaft gleichsam als die logische politische Konsequenz derjenigen historisch-gesellschaftlichen Situation dar, in der eine Ökonomie der Subsistenz herrscht und in der kein Zwang und keine Möglichkeit zur Akkumulation von Eigentum gegeben sind. Die in dieser

---

[219] Eine interessante Variante des letzten hier zitierten Satzes in Lockes endgültigem Manuskript der „Two Treatises" lautet: „... frame of government ... which stood more in need of defence against foreign invasions and injuries than of multiplicity of laws, *where there was but very little property, and wanted not the variety of rulers and abundance of officers to direct and look after their execution* where there were but few trespasses and few offenders ...", s. die Kollation zu § 107 des II. Treatise bei P. Laslett Hg., J. Locke, Two Treatises, 484 (Hervorh. der Variante H. M.).

[220] II. Treatise, § 107 (Hervorh. i. Orig.).

Gesellschaftsordnung existierende Gleichheit der Bedürfnis- und Mängelsituation eines jeden, die „equality of a simple poor way of liveing" schließt
Konflikte über die Verteilung des Eigentums praktisch aus[221].

Es fehlen einerseits auf seiten des Herrschers irgendwelche Motive für die
Ausweitung seiner Herrschaftsbefugnisse, wie andererseits im Verhältnis der
Gesellschaftsmitglieder untereinander keine Anlässe vorhanden sind, die zur
Entstehung gesellschaftlicher Antagonismen führen könnten. Infolge dieses Fehlens gesellschaftlicher Spannungen und Konflikte besteht nach Locke in den
„first ages of the world" kaum eine Notwendigkeit zur Ausübung von Herrschaft im Innern der politischen Gemeinschaft[222]. Die „few trespasses" und „few
offenders" machen weder positive allgemeinverbindliche Gesetze notwendig, um
die Naturrechtskonformität gesellschaftlichen Verhaltens zu wahren, noch er-
fordern sie permanente politische Institutionen und eine bürokratisierte Verwaltung („abundance of officers"[223]), um die Allgemeinverbindlichkeit dieser
Gesetze zu garantieren. Die Naturrechtskonformität des gesellschaftlichen
Handlungszusammenhangs ergibt sich normalerweise zwanglos. Sie wird durch
das spontane Zusammenwirken der Gesellschaftsmitglieder mit dem Herrscher
wieder hergestellt, falls sich durch naturrechtswidriges Verhalten Einzelner die
Notwendigkeit dazu ergeben sollte[224]. Locke betont mehrfach, daß das gesell-
schaftliche Verhalten in diesem „poor but virtuous age"[225] normalerweise durch
Motivationen individueller „innocence" und „sincerity"[226] gekennzeichnet ist.
Somit kommen die „first ages of the world" dem naturrechtskonformen, idealen
Rechtszustand, den Locke im „state of peace" anvisiert hatte, sehr nahe.

Die Notwendigkeit der Ausübung politischer Herrschaft ergibt sich auf dieser
frühen historischen Stufe der zivilisatorischen Entwicklung der Menschheit fast
allein zum Zwecke der Verteidigung der Gemeinschaft gegen Angriffe von
außen. Die Effektivität dieser Verteidigung setzt zwar die Zentralisierung der
Befehlsgewalt in einer Person voraus, dies jedoch nur vorübergehend im „casus
belli". Die von Locke als rationale politische Konsequenz aus den historisch-
gesellschaftlichen Verhältnissen der „first ages of the world" abgeleitete patriarchalisch-monarchische Herrschaft ist so ihrer politischen Form nach ein Wahl-
königtum auf Zeit.

Im Gegensatz zur Staatslehre Filmers ergibt sich aus der Lockeschen Analyse
der historischen Räson der patriarchalisch-monarchischen Herrschaft ein Maximum an „natural freedom" für den Einzelnen, nicht ein Maximum absoluter
Herrschaftsbefugnis eines Einzelnen wie bei Filmer:

„Thus we see, that the k i n g s of the I n d i a n s in A m e r i c a, which
is still a pattern of the first ages in A s i a and E u r o p e, whilst the

---

[221] II. Treatise, §§ 107, 108, 75.
[222] Ebda., § 108.
[223] Variante zu II. Treatise, § 107; vgl. o. Anm. 219.
[224] II. Treatise, § 105.
[225] Ebda., § 110.
[226] Ebda., § 110.

inhabitants were too few for the country, and want of people and money gave men no temptation to enlarge their possessions of land, or contest for wider extent of ground, are little more than g e n e r a l s o f t h e i r a r m i e s ; and though they command absolutely in war, yet at home and in time of peace they exercise very little dominion, and have but a very moderate sovereignty, the resolutions of peace and war, being ordinarily either in the people, or in a council. Though the war itself, which admits not of plurality of governors, naturally devolves the command into the k i n g 's s o l e a u t h o r i t y "[227].

Das Spezifikum der Lockeschen Naturgeschichte, die systematische Darstellung der Interdependenz historisch-gesellschaftlicher Verhältnisse und wechselnder Formen legitimer politischer Herrschaft wird in Lockes Begründung der Räson der „civil society" vollends deutlich. Der bürgerliche Rechts-, Gesetzes- und Verwaltungsstaat, seine politischen Institutionen und gewaltenteiligen Verfassungsprozesse werden von Locke als die rationale Konsequenz einer sich mit dem Fortschreiten des Zivilisationsprozesses herausbildenden, marktorientierten Tauschgesellschaft dargestellt, die auf Geldwirtschaft beruht und zur Differenzierung der Eigentumsverhältnisse wie zu größerer Komplexität der gesellschaftlichen Beziehungen führt. Der in dieser Gesellschaftsordnung herrschende „amor sceleratus habendi"[228] zerstört die selbstläufige Naturrechtskonformität gesellschaftlichen Handelns, die unter den zivilisatorischen Bedingungen der „first ages of the world" noch gegeben war und führt zu einer „variety of opinions and contrariety of interests"[229]. Diese gesellschaftlichen Antagonismen machen nach Locke die aktive Ausübung von Herrschaft vermittels der politischen Institutionen eines Rechts- und Gesetzesstaats notwendig, nicht, um die Besitzverhältnisse und gesellschaftlichen Beziehungen wieder nach dem Modell der ursprünglichen „equality of a simple poor way of liveing"[230] zu entstrukturieren und entdifferenzieren, sondern, um auf der Basis einer Gesellschaftsordnung, für die wirtschaftliche Produktivität und wirtschaftliches Wachstum konstituierend sind, naturrechtswidrige gesellschaftliche Unregelmäßigkeiten zu beseitigen.

Die Notwendigkeit der Formalisierung, Institutionalisierung und Bürokratisierung politischer Herrschaft in einem Rechts- und Gesetzesstaat ergibt sich nach Locke also daraus, daß sich aus der anfänglich naturwüchsigen, von den unmittelbaren Bedürfnissen vermittelten Arbeitsbeziehung zwischen Mensch und Natur im Verlauf eines historischen Prozesses, in dem sich dieses Verhältnis rationalisiert und produktiver gestaltet, gesellschaftliche Verhältnisse ergeben, die sich fortlaufend komplizieren und der rationalen Kontrolle des Menschen

---

[227] Ebda., § 108 (Hervorh. i. Orig.); vgl. die interessante Parallele in: J. Locke, Third Letter on Toleration, London 1692, 171, abgedr. bei P. Laslett Hg., J. Locke, Two Treatises, II. Treatise, Anm. zu § 108.

[228] II. Treatise, § 111.

[229] Ebda., § 98.

[230] Ebda., § 107.

entgleiten. Aber nicht nur die Übereinstimmung des gesellschaftlichen Handlungszusammenhangs mit den Normen des Naturrechts, sondern auch die Einhaltung der legitimen Grenzen der Machtausübung durch einen monarchischen Herrscher ist in dieser „fortgeschrittenen" gesellschaftlichen Situation infolge der Anreize von „ambition" und „luxury" nicht mehr gewährleistet[231], so daß die politischen Institutionen der „civil society" zwei Aufgaben zu erfüllen haben: Sie müssen sowohl die Naturrechtskonformität der gesellschaftlichen Verhältnisse wahren als auch sicherstellen, daß die Machtausübung des Herrschers innerhalb der durch den „Herrschaftszweck" der „preservation of property" gesetzten Grenzen bleibt.

Berücksichtigt man die hier dargestellte geschichtsphilosophische Perspektive, die in der Lockeschen Begründung der historisch-sozialen Ratio der verschiedenen Formen politischer Herrschaft sichtbar wird, so erweist sich nicht nur die gängige Vorstellung von Lockes „unhistorical habit of mind" (C. B. Macpherson), von seiner „non-historical theory of politics" (J. G. A. Pocock) als revisionsbedürftig, auch der Gesamtzusammenhang seiner politischen Theorie zeigt sich unter neuen Aspekten: Locke erscheint keineswegs als der reine Ideologe einer bürgerlichen Klassengesellschaft, als Erzvater eines harmonistischen „Laissez-Faire"-Liberalismus und Advokat der Minimisierung jeder politischen Herrschaft, als der er in der Dogmengeschichte der liberalen politischen Theorie wie auch in der Geschichte ihrer ideologiekritischen Hinterfragung immer wieder bemüht worden ist, eher wäre er als ein frühliberaler politischer Theoretiker zu charakterisieren, der — gewissermaßen noch guten Gewissens — von den Widersprüchen der bürgerlichen Gesellschaft ausgeht anstatt sie zu verhüllen. Ebendies tritt in der Lockeschen Funktionsbestimmung des Rechts- und Gesetzesstaats zutage. Ihr Ausgangspunkt ist nicht die harmonistische Fiktion vom sich selbstläufig herstellenden naturrechtlichen Zustand einer freigesetzten Markt- und Tauschgesellschaft, sondern vielmehr die Einsicht in den Konflikt- und Widerspruchscharakter der „civil society", einer Gesellschaft, welche die freie Akkumulation von Eigentum in Tausch- und Marktzusammenhängen zwar zu ihrer Existenzgrundlage hat, ohne daß diese Existenzgrundlage jedoch schon als die positive Norm, als Garant des naturrechtskonformen Handelns der Gesellschaftsmitglieder betrachtet würde. Gerade aus der institutionell geregelten „politischen" Vermittlung der Berechtigungen und Gewährleistungen des Naturrechts mit den antagonistischen „gesellschaftlichen" Verhältnissen der „civil society" zieht der Rechts- und Gesetzesstaat in der politischen Philosophie Lockes sein Prestige und seine Legitimation.

Auch die Funktion des Naturzustands in der politischen Theorie Lockes zeigt sich bei Berücksichtigung der dieser politischen Theorie eigenen geschichtsphilosophischen Perspektive in neuem Licht. Der Naturzustand erscheint in den „Two Treatises" zwar als ein normativ-analytisches Theorem, durch welches die Differenz zwischen dem Forderungscharakter des Naturrechts und den aktuellen

---

[231] Ebda., § 111.

gesellschaftlichen Handlungsmotivationen unter Abstraktion von allen politischen Verhältnissen problematisiert wird[232], jedoch haben die unterschiedlichen Modifikationen des Naturzustands, die bei Locke zwischen einer Darstellung des Naturzustands als eines spontanen, naturrechtskonformen „state of peace" auf der einen Seite und einer Situation gesellschaftlicher „inconveniences" und Antagonismen auf der anderen Seite schwanken[233], jeweils auch ganz konkrete historische Wertigkeiten auf der Lockeschen Skala der „Naturgeschichte" der Gesellschafts- und Herrschaftsformen. Daß eine solche „historische" Auffassung der Naturzustandsproblematik keine willkürliche interpretatorische Extrapolation darstellt, sondern die quellenadäquate Möglichkeit einer Auflösung der immer wieder konstatierten Widersprüchlichkeiten in der Lockeschen Naturzustandsauffassung[234] bietet, ergibt sich aus der historischen Verortung der zwei Grundvarianten des Naturzustands, die direkt oder indirekt im II. Treatise selbst angelegt ist.

Einerseits findet sich, wie bereits gezeigt wurde, neben der normativ abstrakten Ebene der Naturzustandsdarstellung im II. Treatise eine explizite historische Korrelation des Naturzustands mit einem Anfangsstadium der zivilisatorischen Entwicklung der Menschheit[235]. Die gesellschaftlichen Beziehungen in dieser historischen Phase werden von Locke als im allgemeinen friedlich und naturrechtskonform im Sinne des „state of peace" dargestellt[236]. Andererseits lassen die Lockesche Schilderung des partiell antagonistischen Naturzustands[237], in welchem die „preservation of property" dadurch gefährdet ist, daß „the greater part" der Gesellschaftsmitglieder die Gebote der „equity" und „justice" nicht beachten, und die Legitimation der „civil society" aus eben dieser spezifischen Struktur des Naturzustands, nur den Schluß zu, daß die hierdurch anvisierten gesellschaftlichen Verhältnisse in einem historisch fortgeschrittenen Stadium der zivilisatorischen Entwicklung der Menschheit liegen, in welchem Marktbeziehungen, Ungleichheit in der Verteilung des Eigentums und der Zwang zur Akkumulation gesellschaftliche Antagonismen bewirken, welche die Einführung des bürgerlichen Rechts- und Gesetzesstaats notwendig machen. Hinter der Lockeschen Darstellung eines antagonistischen Naturzustands und der von Locke hieraus als notwendig gefolgerten Begründung eines parlamentarischen Gesetzesstaats verbirgt sich somit eine Problematisierung der wirtschaftlichen und sozialen Grundstrukturen der zeitgenössischen „civil society" als einer bürgerlichen Gesellschaft. Der Rechts- und Gesetzesstaat erscheint gewissermaßen als der rationale gemeinsame Nenner, als das Mittel, durch welches der Widerspruch zwischen dem „Naturzustand der bürgerlichen Gesellschaft" als einer freigesetzten Eigentums- und Tauschgesellschaft und dem

---

[232] Hierzu o. 108 ff.
[233] S. o. 102 ff.
[234] S. o. 98 ff.
[235] S. o. 118 f.
[236] S. o. 129 u. 118 f.
[237] Bes. II. Treatise, §§ 123 ff. u. o. 107 f.

moralischen Naturzustand eines gesamtgesellschaftlichen „state of peace" überbrückt werden kann. Auf einer normativ abstrakten Ebene der Lockeschen politischen Theorie erfüllt das Naturzustandstheorem damit die gleiche Funktion wie die rationale „Naturgeschichte" der Gesellschafts- und Herrschaftsformen auf einer historisch-systematischen Ebene. Wenn sich am Naturzustandstheorem auch zeigt, daß die historische Ebene und die normativ-abstrakte Ebene der politischen Theorie Lockes keine vollständige Synthese eingehen, so wird in der Darstellung der verschiedenen Varianten des Naturzustands und in der Möglichkeit ihrer historischen Verortung doch nochmals die spezifische Intention der Lockeschen Geschichtsphilosophie deutlich: durch eine historisch gerichtete Theorie der bürgerlichen Gesellschaft seiner Zeit die Notwendigkeit spezifischer politischer Organisationsformen aufzuzeigen, durch welche allein die Naturrechtskonformität der Gesellschaft auf Dauer gewährleistet werden konnte.

Wenn der Rechts- und Gesetzesstaat für Locke gerade aufgrund dieser spezifischen Leistung den positiven Endpunkt der „Naturall and Morall Historie" darstellt, über den hinaus kein Fortschritt und keine Zukunft gedacht werden kann, so wäre es dennoch verfehlt, der Geschichtsphilosophie Lockes deshalb ein eindimensional harmonisierendes Progreßdenken zu unterstellen: Locke sieht im Gegenteil in seiner „Naturall and Morall Historie" mit dem zivilisatorisch-technischen Fortschritt zur „civil society" eine moralische Regression der Menschen einhergehen, die durch den materiellen Fortschritt nicht etwa kompensiert sondern als ein „amor sceleratus habendi" zuallererst hervorgerufen wird. Erst die Institutionen der „civil society" ermöglichen die Stillegung dieser Dialektik von Fortschritt und Rückschritt in der Konvergenz eines zivilisatorischen Idealzustands mit einem rechtlich-moralischen Normalzustand. Die normative naturrechtliche „reason" und die materielle zivilisatorische „conveniency" können nach der Auffassung Lockes erst unter den Bedingungen des bürgerlichen Rechts- und Gesetzesstaats seiner Zeit zu einer Einheit werden.

V. Die geschichtsphilosophische Transformation des rationalen Naturrechts und die naturrechtliche Intention der aufklärenden Geschichtsphilosophie: Die „Natural History of Society" im Rahmen der angloschottischen Moralphilosophie und Sozialwissenschaft des 18. Jahrhunderts

1. Problemgeschichtlicher Überblick

Die systematische Theorie der Gesellschaft als eines eigengesetzlichen, vom Staat einerseits, von der Familie und vom Individuum andererseits abgehobenen Handlungszusammenhangs, wie sie sich in der Naturrechtsphilosophie Pufendorfs und Lockes in Ansätzen zeigte, konnte — bedingt durch ihre deduktive naturrechtliche Methode und ihre individualistischen normativen Prämissen — gleichsam nur indirekt und in einer abstrakt-verfremdeten Form zum Erkenntnisgegenstand werden. Das Naturrecht war Vernunftrecht nicht nur hinsichtlich seiner Methode, sondern auch in bezug auf die materialen Gehalte seiner politischen und sozialtheoretischen Aussagen. Dies trifft vor allem für die Hauptdenkfigur des Naturrechts, die Vertragstheorie, zu. Die durch den prinzipiellen Individualismus und Rationalismus der naturrechtlichen Methode modelltheoretisch festgelegte Konstruktion der Vertragstheorie implizierte eine Anschauung vom Sozialisationsprozeß, die besagte, daß die Natur den Menschen nur mittelbar zur „Gesellschaft" bestimmt hat und nur individuelle Einsicht in die Zweckmäßigkeit und Vernünftigkeit des gesellschaftlichen Zusammenlebens sowie ein dementsprechender Konsensus den einzelnen Menschen zur Vergesellschaftung führen.

Zwar legten die im rationalen Naturrecht enthaltenen normativen Prämissen einer allgemeinen individuellen Rechtsgleichheit und Freiheit sowie der in der naturrechtlichen Methode enthaltene Anspruch auf allgemeingültige, systematische Erkenntnis eine Auffassung der „Gesellschaft" als eines gesetzmäßigen sozialen Systems nahe, in dem die allgemeine Gewährleistung formaler Rechtsgleichheit durch ein institutionelles, herrschaftsmäßiges „System zwingender Berechtigungen" (Habermas) auch gegen den empirischen Einzelwillen zur Bedingung der rationalen Gewährleistung jedes individuellen Interesses werden konnte; doch mußte sich innerhalb der Naturrechtstheorie die Erkenntnis von der „Gesellschaft" als eines eigengesetzlichen, überindividuellen, „sozialen" Funktionszusammenhangs erst quasi indirekt gegen die vernunftrechtliche Kom-

ponente der naturrechtlichen Methode und die dadurch bedingte Systemkonstruktion der politischen Theorie zur Geltung bringen.

Diese Ambivalenz der naturrechtlichen Methoden und Kategorien gegenüber
dem Erkenntnisobjekt „Gesellschaft" zeigt sich auch im Naturzustandstheorem
selbst: Einerseits wurde durch die formale Definition des Naturzustands als
einer notwendigen Abstraktion von allen staatlichen und politischen Verhältnissen die Problematisierung der „Gesellschaft" als eines eigenwertigen „sozialen"
Handlungszusammenhangs überhaupt erst ermöglicht, doch stand andererseits
die von der naturrechtlichen Methode her gegebene inhaltliche Festlegung des
Naturzustands als eines allgemeinen Rechtsverhältnisses isolierter individueller
Freiheit und Gleichheit der Erkenntnis der „Gesellschaft" als eines sozio-ökonomischen „Systems der Bedürfnisse" zumindest partiell entgegen[1].

Diesem Befund kommt nicht nur ein allgemeiner dogmengeschichtlicher, sondern auch ein spezieller realhistorischer Erkenntniswert zu. Denn gerade darin,
daß die im Naturzustandstheorem zur Darstellung gelangende Gesellschaftstheorie und Geschichtsphilosophie ein in bezug auf die Kategorien und Methoden des Naturrechts nicht vollkommen systemkonformes Element beinhaltet,
das sich dem Naturrecht als Vernunftrecht und insbesondere seiner vertrags-
rechtlichen Denkfigur nicht fugenlos integriert, zeigt sich der konkrete historisch-soziale Realitätsbezug des rationalen Naturrechts als einer Form der politischen Theorie, welche in normativem Gewand die neue Legitimationsproblematik der bürgerlichen Gesellschaft zum Gegenstand hat.

Insbesondere die Anthropologie des rationalen Naturrechts, in welcher die
Anschauung von der Bedürfnis- und Arbeitsnatur des Menschen einen in der
klassischen Naturrechtslehre nicht gegebenen zentralen Stellenwert erhält und
— wie sich in unserer Interpretation zeigte — nicht nur formal-abstrakt, sondern auch historisch-sozial in bezug zu den Normen individueller Freiheit und
Gleichheit gebracht wird, macht diesen konkreten Realitätsbezug deutlich.

Das rationale Naturrecht Lockes und Pufendorfs beschreibt zumindest tendenziell Formen sozialen Handelns, die sich nicht mehr nach dem Muster einer
adelig-herrschaftlichen, auf begrenzten Freiheitsrechten basierenden Lebensform
erfassen lassen, wie es für die Aristotelestradition der politischen Philosophie
als dem begrifflichen Ausdruck der herrschaftlichen und politischen Verfassung
der alteuropäischen „societas civilis" der Fall war[2]. Es formuliert im Gegenteil

---

[1] Hierzu die interessanten Bemerkungen bei N. Luhmann, Gesellschaft, in: ders.,
Soziologische Aufklärung. Aufsätze zur Theorie sozialer Systeme, Opladen 1971²,
137 ff., hier 140 f.; vgl. ders., Moderne Systemtheorien als Form gesamtgesellschaftlicher Analyse, in: J. Habermas und N. Luhmann, Theorie der Gesellschaft oder Sozialtechnologie — Was leistet die Systemforschung?, Frankfurt 1971, 9.

[2] Zur Aristotelestradition in der politischen Philosophie der Neuzeit s. die verschiedenen Abhandlungen von M. Riedel, bes.: Zur Topologie des klassisch-politischen
und des modern naturrechtlichen Gesellschaftsbegriffs, 290 ff.; ferner ders., Der Begriff
der „Bürgerlichen Gesellschaft" und das Problem seines geschichtlichen Ursprungs, in:
ders., Studien zu Hegels Rechtsphilosophie, Frankfurt 1969, 135 ff.; ders., Aristotelestradition am Ausgang des 18. Jahrhunderts. Zur deutschen Übersetzung der „Politik"

die Prinzipien der Emanzipation der bürgerlichen Gesellschaft als eines durch Arbeit und Verkehr integrierten „Systems der Bedürfnisse", wenn es die Räson aller Formen von Herrschaft, ob nun in ihrer absolutistischen (Pufendorf) oder liberalen Variante (Locke), auf die Garantie individueller Berechtigungen bezieht, auf den Einzelnen, der in Verfolgung seines materiellen Selbstinteresses die politische Gesellschaft erst schafft und nicht von dieser erst geschaffen wird.

So läßt sich zwar durchaus zu Recht sagen, daß in der naturrechtlichen Vertragskonstruktion noch die alte aristotelische Identitätsformel einer Einheit von „civitas" und „societas civilis" impliziert war — wie etwa in der Lockeschen Gleichsetzung von „civil society" und „political society" —, doch war dies lediglich in formal-begriffstheoretischer Hinsicht der Fall. In den begrifflichen Hülsen der alten „societas civilis" kündigten sich jedoch neue Inhalte an, die bei gleichbleibender Wortgestalt des Terminus diesem eine grundlegend veränderte Bedeutung gaben. Material war von der sozialgeschichtlichen Erfahrungsdimension her, durch den Ausgang des rationalen Naturrechts vom Einzelnen und seinem Recht auf Verfolgung individueller Bedürfnisse im System gesellschaftlicher Arbeit, eine neue Legitimationsproblematik von Staat und Gesellschaft entstanden, die sich im Rahmen der alten aristotelischen Formeln nicht mehr lösen ließ, aber — darauf weist Manfred Riedel[3] zu Recht hin — innerhalb der aporetischen Vertragskonstruktion des rationalen Naturrechts ebenfalls nicht schlüssig lösbar war. Dem Naturrecht als Vernunftrecht verdeckte sich durch das Paradoxon seiner Vertragslehre in gewisser Weise seine eigene Problematik als der entscheidenden Vorform einer Wissenschaft von der „bürgerlichen Gesellschaft", da diese Vertragslehre in ein und demselben Zusammenhang eine Differenz zwischen Einzelnem und politischem Ganzen behauptete und zugleich das rationale Mittel zur Überwindung dieser Differenz sein wollte.

Die im Naturrecht des 17. Jahrhunderts der Methode wie dem Gegenstand nach nur unvollkommen integrierten Ansätze zu einer systematischen Sozialtheorie mit geschichtsphilosophischer Perspektive, die als gegenwartsbezogene Theorie einer arbeitsteiligen Handels- und Verkehrsgesellschaft erscheint, wurden im 18. Jahrhundert in der anglo-schottischen Moralphilosophie in einem komplexen Rezeptions- und Umformungsprozeß assimiliert, modifiziert und zu

durch Johann Georg Schlosser, in: Alteuropa und die moderne Gesellschaft. Festschrift für Otto Brunner, Göttingen 1962, 178 ff.; Riedel geht in seinen Arbeiten in Übereinstimmung mit den Auffassungen der Heidelberger begriffsgeschichtlichen Schule von der Annahme einer Kontinuität der aristotelischen Politiktradition auch in der neuzeitlichen Naturrechtslehre insofern aus, als er die alte aristotelische Identifikationsformel von „civitas" und „societas civilis" zumindest in den Folgesätzen des rationalen Naturrechts, insbesondere in der naturrechtlichen Vertragskonstruktion wirksam sieht. In seinem Beitrag „Bürgerliche Gesellschaft" in: O. Brunner, W. Conze, R. Koselleck Hgg., Lexikon politisch-sozialer Begriffe der Neuzeit, Bd. 1, Stuttgart 1972, hat Riedel seine ursprünglichen Auffassungen differenziert.

[3] Ders., Bürgerliche Gesellschaft und Staat bei Hegel. Grundprobleme und Struktur der Hegelschen Rechtsphilosophie, Neuwied 1970, § 3: „Entdeckung der bürgerlichen Gesellschaft: Die Aporien des naturrechtlichen Vertragsmodells und seine Überwindung [bei Hegel, H. M.]", 39 ff., hier 41.

einer Theorie der bürgerlichen Gesellschaft ausgebildet, die sich in methodisch reflektierter Form als eine „Theoretical" oder „Natural History of Society" (Dugald Stewart) als normative Sozialwissenschaft und Geschichtsphilosophie, zugleich als eine wissenschaftlich systematisierte Theorie der Gesellschaft und als praktische Anleitung zur Veränderung der bestehenden Gesellschaft verstand.

Die im rationalen Naturrecht nur indirekt und abstrakt vorhandene geschichtsphilosophische und sozialtheoretische Dimension erscheint in der „Natural History of Society" gleichsam in expliziter und konkreter Form, als integrierender Bestandteil einer Wissenschaft von der bürgerlichen Gesellschaft. War das Naturrecht nur in einer durch die vernunftrechtliche Systemkonstruktion methodisch verfremdeten Form „Wissenschaft" einer Gesellschaft, für die gesellschaftliche Arbeit, Handel und Verkehr konstituierend waren, so wird die im Rahmen der schottischen Moralphilosophie des 18. Jahrhunderts entwickelte Sozialwissenschaft ihrem zentralen Erkenntnisgegenstand wie auch der praktischen Selbstreflexion nach unmittelbar zur geschichtsphilosophischen „Wirklichkeitswissenschaft der bürgerlichen Gesellschaft"[4], ohne jedoch in einem affirmativen Bezug auf diese Gesellschaft ganz aufzugehen.

Hierbei ist das historische Verhältnis von Naturrechtstradition und moralphilosophischer Sozialwissenschaft des 18. Jahrhunderts durchaus nicht als das einer einfachen dogmengeschichtlichen Disjunktion zu charakterisieren, wie dies unter anderem W. Sombart[5], H. Freyer[6], aber auch R. Pascal[7] darzustellen versucht haben: „Erst mußte die alte rationale Betrachtungsweise in Trümmer geschlagen werden, ehe die Bahn für die neue Wissenschaft frei wurde" [W. Sombart][8]. „Es ist vollkommen richtig gesehen, daß alles rationale Naturrecht, ebenso wie alle theokratische Staatslehre, die Soziologie als Erfahrungswissenschaft von der geschichtlichen Gesellschaft ausschließt. Wenn Recht, Staat und Gesellschaftsordnung per dictamen rectae rationis entstanden oder im Willen Gottes begründet sind, können empirisch-geschichtliche und profan-geschichtsphilosophische Denkweisen dem sozialen Gegenstand unmöglich adäquat sein" [H. Freyer][9].

Wichtige Elemente der rationalen Naturrechtstradition gingen auf dem Weg über die schottische Moralphilosophie des 18. Jahrhunderts in die Genesis der modernen Sozialwissenschaften ein, die sich während der zweiten Hälfte des

---

[4] Formulierung in Anlehnung an H. Freyer, Soziologie als Wirklichkeitswissenschaft. Logische Grundlegung des Systems der Soziologie (Leipzig 1930), Reprint Darmstadt 1964.

[5] W. Sombart, Die Anfänge der Soziologie, in: Hauptprobleme der Soziologie. Erinnerungsgabe für Max Weber, Hg. M. Palyi, Bd. I, München 1923, 3 ff.

[6] Freyer, Soziologie als Wirklichkeitswissenschaft, Kap. II, 114 ff.; ferner ders., Einleitung in die Soziologie, Leipzig 1931, 28 ff.

[7] R. Pascal, Property and Society. The Scottish Historical School of the Eighteenth Century, in: Modern Quarterly 1. 1938, 167 ff.

[8] Sombart, Anfänge der Soziologie, 9.

[9] Freyer, Soziologie als Wirklichkeitswissenschaft, 118.

18. Jahrhunderts in Schottland zunächst innerhalb der traditionellen Moralphilosophie zu entwickeln und sich dann aus ihrem umfassenden Rahmen zu emanzipieren begannen[10].

Andererseits bildeten sich diese Sozialwissenschaften, und hierin ist Sombart, Freyer und Pascal recht zu geben, auch in einem spezifischen Gegensatz gegen die abstrakten sozialen und politischen Modellkonstruktionen der Naturrechtstradition heraus. Insbesondere waren es der prinzipielle Individualismus (Naturzustandstheorem) und der apriorische Konstruktivismus (Vertragstheorie), die von ihnen verworfen wurden. Beibehalten wurde jedoch der normative Rahmen des Naturrechts, sein erkenntnisleitender praktischer Anspruch auf Verwirklichung von Freiheit und Rechtsgleichheit als allgemeiner Normen sozialen und politischen Handelns, deren konkrete Verwirklichungschance in Geschichte, Gegenwart und Zukunft jetzt zum eigentlichen Erkenntnisgegenstand der neuen „Natural History of Society" wurde.

Der Beginn der Emanzipation der Einzelwissenschaften von Mensch und Gesellschaft aus dem traditionellen Rahmen der praktischen Philosophie ist zwar kein Prozeß, der allein für die schottische Moralphilosophie der zweiten Hälfte des 18. Jahrhunderts als typisch anzusehen ist; er läßt sich etwa gleichzeitig für die französische Aufklärungsphilosophie ebenso nachweisen[11] wie für die „Lehre der Politik an den deutschen Universitäten"[12]. Doch nimmt er in Schottland angesichts der besonderen bildungs- und wissenschaftsgeschichtlichen, aber auch allgemeinen sozio-ökonomischen und politischen Voraussetzungen der schottischen Kultur des 18. Jahrhunderts spezifische Züge an.

Die geschichtlichen Hintergründe und Bedingungen dieser schottischen Sonderentwicklung zur modernen Sozialwissenschaft sind weitgehend unerforscht[13]

---

[10] S. u. Kap. VI, 2., 180 ff.

[11] Hierzu R. Hubert, Les sciences sociales dans l'Encyclopédie. La philosophie de l'histoire et le problème des origines sociales, Paris 1923.

[12] H. Maier, Die Lehre der Politik an den deutschen Universitäten, vornehmlich vom 16. bis 18. Jahrhundert, in: D. Oberndörfer Hg., Wissenschaftliche Politik. Eine Einführung in Grundfragen ihrer Tradition und Theorie, Freiburg 1962, 59 ff., hier 87 ff., jetzt in: ders., Politische Wissenschaft in Deutschland, 15 ff.

[13] Die bisher einzige umfassende Untersuchung lieferte G. Bryson, Man and Society. The Scottish Inquiry of the Eighteenth Century, Princeton 1945 (Reprint New York 1968). Brysons Arbeit enthält zwar eine Vielzahl von Detailinformationen, geht jedoch im Gesamtergebnis über eine eklektische Deskription geistesgeschichtlicher Phänomene kaum hinaus. Vor allem kommt Bryson mangels entsprechender Fragestellung zu keiner Bestimmung der differentia specifica der schottischen Sozialwissenschaften und Aufklärungsphilosophie; vgl. zu Brysons Arbeit die kritische Rezension von E. C. Mossner, in: Philological Quarterly 25. 1946, 137 ff.; zum sozialgeschichtlichen Ursprung der schottischen Aufklärungsbewegung, deren systematisch-theoretisierte und praktisch-reflektierte Zielvorstellungen die schottische Sozialwissenschaft zum Ausdruck bringt, J. Clive, The Social Background of the Scottish Intellectual Renaissance, in: Scotland in the Age of Improvement. Essays in Scottish History in the Eighteenth Century, N. T. Phillipson u. R. Mitchison Hgg., Edinburgh 1970, 255 ff.; ferner die anregende und hypothesenreiche Arbeit von H. R. Trevor-Roper, The Scottish Enlightenment, in: Transactions of the Second International Congress on the Enlighten-

und können auch im folgenden nur in einigen Punkten angedeutet werden. Die Institutionalisierung des rationalen Naturrechts in den Moralphilosophiekursen der schottischen Universitäten und der gleichzeitige unvermittelte Abbruch der Aristotelestradition seit dem Ausgang des 17. Jahrhunderts wären als notwendige Voraussetzungen[14] hier ebenso anzuführen wie die enge Beziehung von Naturrecht und Gesellschaft, die durch das am römischen Usus Modernus orientierte schottische Rechtssystem und durch die führende soziale und politische Rolle naturrechtlich geschulter Juristen in der schottischen Quasi-Republik des 18. Jahrhunderts gegeben war[15].

Das für die Sozialgeschichte der schottischen Sozialwissenschaft entscheidende wissenschaftssoziologische Moment jedoch dürfte im spannungsreichen und widersprüchlichen Verhältnis zu suchen sein, in welchem die politische Kultur Schottlands zur englischen Gesellschaft stand, nachdem beide Länder durch die Union von 1707 politisch und wirtschaftlich vereinigt worden waren[16].

---

ment, Bd. IV (Studies on Voltaire and the Eighteenth Century, Bd. 58), Genf 1967, 1635 ff. Trotz dieser beachtenswerten Ansätze ist der Bemerkung eines der besten Kenner der Geschichte der europäischen Aufklärungsbewegungen des 18. Jahrhunderts vorläufig noch uneingeschränkt zuzustimmen: „We are still waiting for a comprehensive study of the Scottish Enlightenment. This is one of the most necessary pieces of research in the field of eighteenth century European history." F. Venturi, Utopia and Reform in the Enlightenment, Cambridge 1971, 117 ff., hier 132; die demnächst erscheinende Studie von N. T. Phillipson (s. Anm. 16) verspricht, diese Forschungssituation allerdings in einigen wesentlichen Punkten zu ändern.

[14] Hierzu u. 296 ff.

[15] Clive, Social Background, 228 ff.

[16] Zur Sonderentwicklung der schottischen politischen Kultur im 18. Jahrhundert s. den in Anm. 13 genannten Sammelband: Scotland in the Age of Improvement; hierin insbesondere die Beiträge von N. T. Phillipson, Scottish Public Opinion and the Union in the Age of the Association (ebda., 125 ff.); R. Mitchison, The Government and the Highlands, 1707—1745 (ebda., 24 ff.); J. M. Simpson, Who Steered the Gravy Train, 1707—1766 (?) (ebda., 47 ff.); ergänzend heranzuziehen die ausgezeichnete, stark sozial- und wirtschaftsgeschichtlich orientierte Darstellung von T. C. Smout, A History of the Scottish People, 1560—1830, London 1969, bes. Kap. IX—XIX, 21 ff.; ferner N. T. Phillipson, Nationalism and Ideology, in: Government and Nationalism in Scotland. An Enquiry by Members of the University of Edinburgh, Hg. J. N. Wolfe, Edinburgh 1969, 167 ff.; demnächst die bahnbrechende Studie N. T. Phillipsons, Culture and Society in the Eighteenth Century Province: The Case of Edinburgh and the Scottish Enlightenment, in: L. Stone Hg., The University in Society: Studies in the History of Higher Education, Princeton 1972.

Die hier angeführten Autoren gehören zu einer Gruppe vorwiegend jüngerer Historiker, die in den letzten Jahren eine grundlegende Revision des Verständnisses der schottischen Geschichte des 18. Jahrhunderts eingeleitet haben, welche zur Zeit noch im Gange ist. Diese Revision erstreckte sich zunächst vor allem auf Fragen der Sozial-, Wirtschafts- und Verfassungsgeschichte, umfaßt aber seit neuestem auch die Erforschung jener spezifischen Kulturtradition, welche in der schottischen Aufklärungsbewegung der 2. Hälfte des 18. Jahrhunderts kulminierte (hierzu demnächst: Phillipson, Culture and Society). Die „Revisionisten" entfernen sich mit ihrem Neuansatz gleich weit von der traditionellen „britischen" Whig-Geschichtsauffassung wie vom nationalistischen schottischen Geschichtsbild. Beide älteren Betrachtungsweisen waren — positiv oder negativ — von der Prämisse ausgegangen, daß mit der „Act of Union"

Dieses Verhältnis war durch die gleichzeitige Gegenbewegung einer politisch-ökonomischen Assimilation und einer sozio-kulturellen Differenzierung gekennzeichnet[17]. Die große Diskrepanz, welche zu Beginn des 18. Jahrhunderts zwischen der ökonomischen, rechtlichen und politischen Rückständigkeit Schottlands und dem fortgeschrittenen Zustand der englischen Gesellschaft bestand, machte nach der Union von 1707 die Modernisierung durch ökonomischen Fortschritt, Rechtssicherheit und politische Stabilität nicht nur zur existentiellen Frage der schottischen Gesellschaft, sondern in verallgemeinerter Form auch zum wesentlichen Erkenntnisobjekt der neuen Sozialwissenschaft.

---

von 1707 der Terminus ad quem der „schottischen" Geschichte erreicht war. In der stillschweigenden Annahme, daß ohne Parlament keine nationale Identität möglich sei, schrieben britische Whigs wie schottische Nationalisten gleichermaßen die Geschichte Schottlands seit 1707 primär als eine Geschichte der Aufstandsbewegungen gegen eine wie immer verstandene britische Oberherrschaft fort. Beide Betrachtungsweisen fetischisierten — jede auf ihre Weise — den parlamentarischen Nationalstaat, indem sie ihn zur Hauptkategorie historischen Urteils erhoben, ja diesen, wenn sie sich ausschließlich an politischer Ereignis- und Institutionengeschichte orientierten, auch zum methodischen Grundprinzip ihres Forschens machten. Demgegenüber kommen die „Revisionisten" neuerdings zu der Auffassung, daß der Verlust des schottischen Parlaments im Jahre 1707 keineswegs den sofortigen Verlust der schottischen Eigenständigkeit bedeutete: Weit davon entfernt, auf den Status einer noch nicht vollständig pazifizierten Ansammlung englischer Grafschaften abzusinken, behielt Schottland während des gesamten 18. Jahrhunderts ein beträchtliches Ausmaß an lokaler Autonomie, das seine Verfassung derjenigen der amerikanischen Kolonien und Irlands vergleichbar machte. Dadurch, daß Rechtswesen, Bildungssystem, Kirchenverfassung, Lokalverwaltung, Fiskalverfassung, wie auch die regionale politische Machtstruktur weitgehend unabhängig von England blieben und sich in den administrativen und politischen Beziehungen Schottlands und Englands bald nach 1707 ein System informeller Regelungen herausbildete, das die Einflußnahmen der englischen Zentrale in innerschottische Angelegenheiten eher zur selten gehandhabten Ausnahme als zur Regel machte, läßt sich die schottische Gesellschaft des 18. Jahrhunderts als eine unabhängige Quasi-Republik beschreiben, die von einer regionalen Führungselite — bestehend aus Gentry und Juristen — regiert wurde. Doch fehlte dieser Gesellschaft nach der Union von 1707 ein direkter politisch-institutioneller Rahmen, der es ihr ermöglicht hätte, denjenigen Zusammenhalt und diejenige Integration zu finden, welche das schottische Parlament zwischen 1660 und 1707 kurzfristig für die schottische Adelsgesellschaft geschaffen hatte. Es ist das große Verdienst N. T. Phillipsons (ders., Culture and Society), die positive kulturelle Integrationsleistung herausgestellt zu haben, welche die schottische Aufklärungsbewegung mit ihrer spezifischen „Ideologie", ihren Institutionen und Kommunikationsformen als Ersatz für diese verloren gehende politische Identität der schottischen Gesellschaft vollbrachte.

[17] Zur Genese einer spezifisch schottischen Bildungs- und Aufklärungstradition während des 18. Jahrhunderts s. die verschiedenen Arbeiten von G. E. Davie, bes. das Einleitungskapitel zu ders., The Democratic Intellect. Scotland and her Universities in the Nineteenth Century, Edinburgh 1964² (zu dieser Arbeit vgl. u. 292 Anm. 406); ferner ders., Anglophobe and Anglophile, in: Scottish Journal of Political Economy 14. 1967, 291 ff. und ders., Hume, Reid and the Passion for Ideas, in: Edinburgh in the Age of Reason. A Commemoration, Edinburgh 1967, 23 ff. (die beiden letztgenannten Arbeiten Davies sind Vorstudien eines geplanten größeren Werks über die spezifischen Erziehungs- und Bildungskonzeptionen der schottischen Aufklärung).

Was sich in England bereits ereignet hatte, der Fortschritt zu einer Arbeits-
und Tauschgesellschaft mit den entsprechenden rechtlichen und politischen Institutionen, präsentierte sich im Schottland des 18. Jahrhunderts noch als theoretisches Problem und zugleich als die entscheidende praktisch-politische Zukunfts-
aufgabe. Sie wurde von der schottischen Gesellschaft zwar nach englischem
Vorbild, aber zugleich in weitgehender Eigenständigkeit in Angriff genommen[18]
und von der intellektuellen Avantgarde dieser Gesellschaft, Juristen, Hoch-
schullehrern, dem gemäßigten presbyterianischen Klerus und einer verhältnismäßig kleinen Zahl von Literaten und Privatgelehrten systematisch theoretisiert und auf ihre praktische Lösungsmöglichkeit hin reflektiert[19]. Der Beitrag
der schottischen Intellektuellen erschöpfte sich hierbei nicht lediglich in einer
ideologischen Dienstleistungsfunktion für die Interessen der anderen, am
Modernisierungsprozeß beteiligten gesellschaftlichen Gruppen. Wie Nicholas
Phillipson nachgewiesen hat[20], übernahmen die schottischen Intellektuellen seit
etwa der Mitte des 18. Jahrhunderts gerade in der Modernisierungsdebatte die
praktische Initiative und versuchten als eine aufklärende Kulturelite auf dem
Weg über die spezifischen Institutionen und Kommunikationsformen der zeitgenössischen „Öffentlichkeit"[21] diejenigen Führungs- und Integrationsfunktio-
nen für ihre Gesellschaft wahrzunehmen, welche die traditionelle politische
Elite Schottlands nicht mehr wahrnehmen konnte oder wollte. In mehr als einer
Hinsicht verdient das Schottland der 2. Hälfte des 18. Jahrhunderts deshalb
eine Gelehrtenrepublik genannt zu werden.

Aus der spezifischen Reaktion dieser provinziellen Avantgarde auf die Mo-
dernisierungsproblematik ihrer Gesellschaft erklärt sich auch weitgehend die
Sonderform der schottischen Sozialwissenschaft. Mit einer grundsätzlichen Be-
jahung der Modernisierung nach englischem Vorbild verband sich bei den schottischen Intellektuellen besonders seit der Niederwerfung des letzten Jakobiten-
aufstands von 1745 das Bewußtsein eines besonderen Eigenwerts der schotti-

---

[18] S. die o. Anm. 16 genannte Literatur; zum wirtschaftsgeschichtlichen Aspekt vor
allem Smout, History of the Scottish People, 240 ff., 280 ff.; ferner ders., Scottish
Landowners and Economic Growth, 1650—1850, ScJPE 11. 1964, 218 ff.

[19] Hierzu Phillipson, Culture and Society, passim (s. o. Anm. 16); einen interessanten ökonomischen Aspekt der schottischen Modernisierungsdebatte (die Auseinandersetzung zwischen David Hume u. Josiah Tucker) beleuchtet B. Semmel, The Rise of
Free Trade Imperialism. Classical Political Economy, the Empire of Free Trade and
Imperialism 1750—1850, Cambridge 1970, 14 ff.

[20] Phillipson, Culture and Society passim.

[21] Hierzu die materialreiche, aber unsystematische und perspektivlose Arbeit: D. D.
MacElroy, Scotland's Age of Improvement. A Survey of Eighteenth-Century Literary
Clubs and Societies, Pullman (Washington) 1969; die Arbeit MacElroys stellt die ge-
kürzte Fassung einer Edinburgher Dissertation von 1952 dar (ders., The Literary
Clubs and Societies of Eighteenth Century Scotland, PhD Thesis, University of Edinburgh 1952); eine gegenüber dem ursprünglichen Dissertationsmanuskript wie gegenüber der Buchveröffentlichung erheblich erweiterte Fassung der Arbeit (Stand 1969)
befindet sich in der University Library Edinburgh und in der National Library of
Scotland, Edinburgh.

schen Kultur, den man in den „demokratischen" Bildungsinstitutionen des Landes und in der in diesen verfestigten pragmatisierend-humanistischen Bildungstradition verkörpert sah und den man als spezifisch schottisches Plus in den Emanzipationsprozeß einzubringen versuchte[22]. Nicht etwa der Inferioritätskomplex einer Provinzelite gegenüber der Kultur der englischen Metropole bestimmte — wie John Clive und Bernard Bailyn behauptet haben[23] — die spezifischen Wertvorstellungen der schottischen Aufklärung wie der schottischen Sozialwissenschaft, sondern das Bewußtsein einer eigenen kulturellen Identität, der das „fortgeschrittenere" zeitgenössische England nichts Vergleichbares entgegenzusetzen hatte.

Die umstrittene Frage, ob die soziale Offenheit des schottischen Elementar- und Universitätsbildungssystems im 18. Jahrhundert den positiven Vorstellungen der schottischen Kulturelite als seiner Repräsentanten und Träger auch wirklich entsprach[24], kann hier unerörtert bleiben. Allein wesentlich erscheint, daß die bildungshumanistische Rationalisierung der intellektuellen Vorzüge der sozio-ökonomischen Rückständigkeit Schottlands durch diese Elite in der Weise praktisch wurde, daß sie als grundlegende normative Vorstellung und als Medium kritischer Beurteilung des Modernisierungsprozesses Eingang in die schottische Sozialwissenschaft fand und deren singuläres Charakteristikum ausmachte. Die schottische Sozialwissenschaft des 18. Jahrhunderts verstand sich zwar durchaus als positive Wissenschaft der bürgerlichen Gesellschaft, sie postulierte jedoch darüber hinaus Normen und Maßstäbe einer allgemeinen Aufklärung und Bildung als Menschenrecht, aus deren Perspektive die bürgerliche Gesellschaft als Mittel und Voraussetzung, jedoch kaum als Ziel erschien.

Dogmengeschichtlich kann es als das hervorragendste Charakteristikum dieser schottischen Sonderentwicklung zur modernen Sozialwissenschaft gelten, daß in der schottischen Moralphilosophie des 18. Jahrhunderts die Traditionen des rationalen Naturrechts Pufendorfs, Grotius' und Lockes zu einer neuen Synthese von „Jurisprudence, History and Philosophy" (Dugald Stewart) fortent-

---

[22] Hierzu die o. Anm. 17 genannten Arbeiten von G. E. Davie.

[23] Clive, Social Background, und vor allem die ältere Gemeinschaftsarbeit B. Bailyn und J. Clive, England's Cultural Provinces: Scotland and America, WMQ 3. Ser. 11. 1954, 200 ff.

[24] Hierzu die differenzierende Untersuchung von D. J. Withrington (Education and Society in the Eighteenth Century, in: Scotland in the Age of Improvement, 169 ff.), die relativ aausführlich auf die Entwicklung des Elementar- und Sekundarschulwesens während des 18. Jahrhunderts eingeht und zu einer positiven Einschätzung der sozialen Offenheit und Anpassungsfähigkeit des schottischen Bildungssystems an die sozialen und ökonomischen Wandlungsprozesse des 18. Jahrhunderts kommt; für die Universitäten vgl. den allerdings summarischen Überblick bei R. G. Cant, The Scottish Universities and Scottish Society in the Eighteenth Century, in: Transactions of the Second International Congress on the Enlightenment, Bd. IV (Studies on Voltaire and the Eighteenth Century, Bd. 58), Genf 1967, 1953 ff., ferner die wichtige Spezialuntersuchung: W. M. Mathew, The Origins and Occupations of Glasgow Students, 1740 to 1839, in: Past and Present 33. 1966, 74 ff.; s. auch den Exkurs u. 296 ff. und die dort angegebene Literatur.

wickelt wurden, welche in der „Theoretical" oder „Natural History of Society" eine inhaltlich konkretisierte, methodisch abgesicherte und praktisch reflektierte Form annahm. Die spezifische Erkenntnisintention der „Natural History" könnte als die einer historischen Sozialwissenschaft in gegenwartspädagogischer Absicht bezeichnet werden: „Historisch" war sie insofern, als sie eine notwendige systematisch-geschichtstheoretische Dimension jeder Erkenntnis von Mensch und Gesellschaft behauptete; „sozial" deshalb, weil ihr zentrales Erkenntnisobjekt von vornherein nicht, wie in der Naturrechtsphilosophie, das Individuum, sondern der vergesellschaftete Mensch in der Vielzahl seiner Lebensäußerungen, Institutionen und Verhaltensformen sowie in seiner Bestimmtheit durch dasjenige dynamisch-autonome Agens bildete, was als „society" jetzt erstmals in den Mittelpunkt des Interesses rückte; als „Wissenschaft" beanspruchte die „Natural History" ihrem Selbstverständnis nach zu gelten, weil sie einerseits am Anspruch des Naturrechts auf methodisch-systematische Erkenntnis festhielt, ihn aber andererseits — unter dem maßgeblichen Einfluß der Newtonschen Methode — erfahrungswissenschaftlich konkretisierte, ohne das Methodenideal der Naturwissenschaften hierbei jedoch schematisch zu kopieren. Eine gegenwartspädagogische, praktische Absicht schließlich muß der „Natural History" insofern zuerkannt werden, als gerade ihre geschichtstheoretische Intention auf die systematische Aufklärung des praktischen Bewußtseins einer bürgerlichen Öffentlichkeit gerichtet war, ohne hierbei methodische Strenge als solche aufzugeben, aber auch ohne zugleich den Unterschied zwischen technischer Zwangsläufigkeit und praktischem Handeln zu ignorieren und die Vermittlung von Geschichte, Gegenwart und Zukunft in einer eindimensionalen Logik notwendigen gesellschaftlichen Fortschritts aufzuheben.

Die „Natural History" bildete hierbei nicht den Gegenstand einer eigenen wissenschaftlichen Disziplin. Sie ließe sich eher als eine zwar inhaltlich und methodisch definierte, doch zugleich rahmenhafte Erkenntnisweise und Erkenntnisabsicht für die systematische Erforschung aller Bereiche des sozialen Handelns des Menschen beschreiben. Als solche stellte sie gewissermaßen das einigende Band der Sozialwissenschaften dar, die sich, je nach ihrem spezifischen Gegenstand, während der zweiten Hälfte des 18. Jahrhunderts als Politische Ökonomie, Soziologie, Politische Wissenschaft und Rechtswissenschaft neuen Typs aus dem Corpus der traditionellen Moralphilosophie ausgliederten[25]. Jedoch war die Erkenntnisweise der „Natural History" nicht auf die neuen Sozialwissenschaften im engeren Sinne beschränkt. Ihr systematisches, historisch-soziologisches Verfahren wurde für die Geschichtsschreibung ebenso zum Vorbild wie für Sprachphilosophie und Literaturtheorie.

Als Pioniere des neuen Verfahrens lassen sich eine verhältnismäßig kleine Anzahl von Juristen, Moralphilosophen, Historikern, Literaten und Privatgelehrten abgrenzen, die — bereits von Zeitgenossen als „Schule"[26] betrachtet

---

[25] Hierzu u. Abschn. VI, 2: „Sozialwissenschaftliches System und soziale Einzelwissenschaften", 180 ff.
[26] S. u. 146.

— etwa seit 1750 den Kern der schottischen Aufklärungsbewegung bildeten. Zu ihnen gehörten unter anderem die Juristen Lord Kames (1696—1782)[27] und John Millar (1735—1801)[28], die Moralphilosophen Adam Ferguson (1723 bis 1816)[29] und Dugald Stewart (1753—1828)[30], der Historiker William Robertson (1721—1793)[31], als nicht professionalisierter Philosoph, Literat und Historiker

[27] Henry Home, Lord Kames, Oberrichter am Court of Session, Agrarreformer, juristischer Schriftsteller, Literat, sozialer Mittelpunkt und aktiver Förderer der schottischen Aufklärungsbewegung, insbesondere durch Patronage junger Talente (Adam Smith und John Millar); wichtigste Schriften: Essays upon Several Subjects in Law, Edinburgh 1732; Historical Law Tracts, Edinburgh 1758; Elements of Criticism, 3 Bde., Edinburgh 1762; Sketches of the History of Man [Anon.], 2 Bde., Edinburgh 1774; zu Kames' historisch-systematischer Jurisprudenz s. die wichtige Arbeit von I. Ross, Quaffing the „Mixture of Wormwood and Aloes": A Consideration of Lord Kames's Historical Law Tracts, in: Texas Studies in Literature and Language 8. 1967, 499 ff.; ferner W. C. Lehmann, The Historical Approach in the Juridical Writings of Lord Kames, in: Juridical Review N. S. 9. 1964, 17 ff.; jetzt auch ders., Henry Home, Lord Kames, and the Scottish Enlightenment: A Study in National Character and in the History of Ideas, Den Haag 1971; demnächst I. Ross, Lord Kames and the Scotland of his Day, Oxford 1972.

[28] Zu Millar s. u. 186 ff.

[29] Inhaber des moralphilosophischen Lehrstuhls der Universität Edinburgh (1764 bis 1785); wichtigste Schriften: An Essay on the History of Civil Society, Edinburgh 1767, textkritische Neuausgabe Hg. und Einl. D. Forbes, Edinburgh 1966; Principles of Moral and Political Science, 2 Bde., Edinburgh 1792; beste Gesamtdarstellung: D. Kettler, The Social and Political Thought of Adam Ferguson, Columbus/Ohio 1965; unoriginell: H. H. Jogland, Ursprünge und Grundlagen der Soziologie bei A. Ferguson, Berlin 1959; Pionierarbeit: W. C. Lehmann, Adam Ferguson and the Beginnings of Modern Sociology, New York 1930.

[30] Stewart war Nachfolger Adam Fergusons auf dem Edinburgher moralphilosophischen Lehrstuhl (1785—1810); s. zu D. Stewarts Schriften u. 145 ff.; zur Biographie s. J. Veitch, Memoir of D. Stewart, in: D. Stewart, Collected Works, Hg. Sir W. Hamilton, Bd. 10, Edinburgh 1858; zu Stewarts außerordentlich erfolgreicher Tätigkeit als Hochschullehrer s. J. H. Hollander, The Founder of a School, in: Adam Smith, 1776 to 1926. Lectures to Commemorate the Sesquicentennial of the Publication of the Wealth of Nations, New York 1928 (Reprint 1966), 22 ff., hier 29 ff.

[31] Historiographer Royal, Prinzipal der Universität Edinburgh, Führer der gemäßigten Partei („Moderates") des schottischen Presbyterianismus, von 1763 bis 1780 Präsident der Generalversammlung der schottischen Kirche; wichtigste Schriften: The History of the Reign of the Emperor Charles V, with a View of the Progress of Society in Europe from the Subversion of the Roman Empire to the Beginning of the Sixteenth Century, 3 Bde., London 1769; ders., History of Scotland during the Reigns of Queen Mary and of King James VI till his Accession to the Crown of England. With a Review of the Scotch History Previous to that Period and an Appendix Containing Original Papers, 2 Bde., London 1759; History of America, 2 Bde., London 1777. Zu Robertsons Historiographie s. M. Schlenke, William Robertson als Geschichtsschreiber des europäischen Staatensystems. Untersuchungen zur Architektonik seines Gesamtwerks, Phil. Diss. Marburg 1953; teilweise veröffentlicht als ders., Kulturgeschichte oder politische Geschichte in der Geschichtsschreibung des 18. Jahrhunderts? William Robertson als Historiker des europäischen Staatensystems, in: Archiv für Kulturgeschichte 37. 1955, 60 ff.; ferner ders., Aus der Frühzeit des englischen Historismus. William Robertsons Beitrag zur methodischen Grundlegung der Geschichtswissenschaft im 18. Jahrhundert, in: Saeculum 7. 1956, 107 ff. Angesichts der

David Hume (1711—1776)[32] sowie als entscheidende Figur der „Newton der Sozialwissenschaften", Adam Smith (1723—1790)[33].

Inhalt und methodisches Verfahren der „Natural History", insbesondere ihr „materialistischer" geschichtstheoretischer Ansatz, sind in der Forschung bereits mehrfach dargestellt worden[34]. Doch wurde bisher weder ihre diskontinuierliche Genesis aus der Naturrechtstradition noch ihre konkrete normative Intention als einer gegenwartsorientierten Geschichtsphilosophie in praktisch-aufklärender Absicht untersucht. Die „Natural History" wurde zwar als Phänomen beschrieben, aber nicht verstanden. Eine Berücksichtigung ihrer diskontinuierlichen Genesis wie ihrer konkreten normativen Intention erscheint aber deshalb als entscheidend wichtig, weil sich nur so der praktische Motivationshorizont und soziale Bezugsrahmen der neuen Wissenschaften der zweiten Hälfte des 18. Jahrhunderts erschließen, die in ein und demselben Zusammenhang historisch-systematische Wissenschaften einer bürgerlichen Gesellschaft und der zukünftigen Verwirklichungschancen und Hindernisse einer aufgeklärten Gesellschaft waren.

2. Dugald Stewarts Bericht über die Emanzipation der „Natural History" aus der Tradition des rationalen Naturrechts

Beides, den Einfluß der Tradition des rationalen Naturrechts auf die moderne Sozialwissenschaft wie die spezifische dogmengeschichtliche Zäsur, die in der

---

inzwischen wieder anerkannten Eigenwertigkeit der Aufklärungshistoriographie hat der Versuch Schlenkes, Robertson als einen Vorläufer Rankes zu reklamieren, erheblich an Interesse eingebüßt.

[32] Zu Humes Schriften s. T. E. Jessop Hg., A Bibliography of David Hume and of Scottish Philosophy, New York 1966[2] (1938); definitive Biographie: E. C. Mossner, The Life of David Hume, Oxford 1970[2] (1954): gute Darstellung der Moralphilosophie und politischen Philosophie: J. B. Stewart, The Moral and Political Philosophy of D. Hume, London 1963; zu Humes Geschichtsphilosophie s. die hervorragende Einleitung von E. Rotwein zu: D. Hume, Writings on Economics, Hg. und Einl. E. Rotwein, Madison/Wisc. 1955, 32 ff.; ferner D. F. Norton und R. H. Popkin Hgg., David Hume, Philosophical Historian, Indianapolis 1965; zu Humes Geschichtsschreibung s. die informative Einleitung zu: D. Hume, The History of Great Britain. The Reigns of James I and Charles I, Hg. und Einl. D. Forbes, Harmondsworth 1970.

[33] Zu Adam Smith s. u. Kap. VI, 171 ff.

[34] Vgl. insbes. A. Skinner, Natural History in the Age of Adam Smith, PSt 15. 1967, 32 ff.; ders., Economics and History. The Scottish Enlightenment, ScJPE 12. 1965, 1 ff.; ders., Economics and the Problem of Method: An Eighteenth Century View, ScJPE 12. 1965, 267 ff. Zu Skinners Interpretation der „Natural History" s. u. 265, Anm. 303; R. L. Meek, The Scottish Contribution to Marxist Sociology, in: ders., Economics and Ideology and other Essays, London 1967, 34 ff.; R. Pascal, Property and Society. The Scottish Historical School of the Eighteenth Century, MQ 1. 1938, 167 ff.; A. W. Swingewood, Origins of Sociology: The Case of the Scottish Enlightenment, BJS 21. 1970, 164 ff.

sozialwissenschaftlich-historischen Umformung der Naturrechtstradition im Rahmen der schottischen Moralphilosophie des 18. Jahrhunderts zu erblicken ist, hat der letzte große Vertreter der schottischen Philosophenschule, Dugald Stewart (1753—1828), in einem leider Fragment gebliebenen Überblick über die neuzeitliche Entwicklung der Wissenschaften und Philosophie in Europa mit speziellem Blick auf die schottischen Verhältnisse behandelt. Stewart hebt in seiner „Dissertation Exhibiting the Progress of Metaphysical, Ethical and Political Philosophy since the Revival of Letters in Europe"[35] (1816—1821) unter besonderem Hinweis auf die neue „Science of Political Economy" einen spezifischen, in der moralphilosophischen Lehrtradition der schottischen Universitäten des 18. Jahrhunderts institutionalisierten Zusammenhang zwischen Naturrecht, Moralphilosophie und der Genesis der modernen Sozialwissenschaften hervor:

> Notwithstanding the just neglect into which they [d. h. die Naturrechtstheorien] have lately fallen in our Universities, it will be found, on a close examination, that they form an important link in the history of modern literature. It was from their school that most of our best writers on ethics have proceeded, and many of our most original inquirers into the human mind; and it is to the same school (as I shall endeavour to show in the second part of this discourse)[36] that we are chiefly indebted for the *modern science of Political Economy*[37].

Insbesondere die Naturrechtslehren von Grotius und Pufendorf wirkten nach Stewart schulbildend auf die schottische Moralphilosophie des 18. Jahrhunderts ein. Stewart bemerkt, daß seit dem Ende des 17. Jahrhunderts

> the writings of Grotius and of Pufendorf began to be generally studied, and soon after made their way into the universities. *In Scotland, the impression produced by them was more particularly remarkable.* They were everywhere adopted as the best manuals of ethical and of political instruction that could be put into the hands of students; and gradually contributed to form that memorable school, from whence so many Philosophers and Philosophical historians were afterwards to proceed[38].

---

[35] In: Dugald Stewart, Collected Works, Hg. Sir W. Hamilton, 10 Bde. (und ein Reg. Bd.), Edinburgh 1854—58, hier Bd. I, 1854; ursprünglich veröffentlicht in 2 Teilen als Einleitung der Ergänzungsbände zur 4. und 5. Auflage der Encyclopedia Britannica v. 1816 bzw. 1821. Kritisch verarbeitetes Vorbild der Stewartschen „Dissertation" war D'Alemberts einleitende Abhandlung zur „Encyclopédie" von 1751. S. hierzu Stewarts „Preface containing some Critical Remarks on the Discourse prefixed to the French Encyclopédie", in: Dissertation, 1 ff.

[36] Dieses Kapitel des zweiten Teils seiner „Dissertation", das den Titel „Progress of Ethical and Political Philosophy during the 18th Century" tragen sollte, hat Stewart bis auf den Schlußabschnitt (Stewart, Dissertation, 487 ff.) nie vollendet, er deutet dies schon im Vorwort des zweiten Teils der „Dissertation" an: „At my advanced years, I can entertain but a very faint expectation (though I do not altogether abandon the hope) of finishing my intended sketch of the Progress of Ethical and Political Philosophy during the Eighteenth Century." (Ebda., 202).

[37] Ebda., 171 (Hervorh. H. M.).   [38] Ebda., 93 (Hervorh. H. M.).

Die dogmengeschichtliche Zäsur von Naturrecht und moralphilosophischer Sozialwissenschaft tritt in Stewarts Darstellung selbst jedoch stärker hervor als ihre Verbindung. Stewart gibt in den die Naturrechtslehre betreffenden Teilen seiner Arbeit hauptsächlich eine gedrängte Übersicht über die Lehren der verschiedenen neuzeitlichen Naturrechtsschulen. Lediglich vereinzelt macht er Andeutungen über den Einfluß der Naturrechtstheorien Grotius' und Pufendorfs auf die moralphilosophische Lehrtradition der schottischen Universitäten im 18. Jahrhundert. Als durchgängiges Kennzeichen seiner Ausführungen erscheint, daß er immer wieder die gesellschafts- und geschichtsferne Abstraktheit der Theoreme des rationalen Naturrechts kritisiert, welche die Anwendung auf konkrete menschliche Verhältnisse verhindert habe:

a defect ... [most] important and radical in the systems of Natural Jurisprudence considered as models of universal legislation [is], that their authors reason concerning laws too abstractedly, without specifying the particular circumstances of the society to which they mean that their conclusions should be applied[39].

In besonderem Maße wird nach Stewart dieser Mangel des Naturrechts an methodisch-empirischer Stimmigkeit und gesellschaftlich-praktischer Anwendbarkeit im Naturzustandstheorem deutlich, das er als eine der „most common ideas of Natural Jurisprudence" bezeichnet:

Among the different ideas which have been formed of Natural Jurisprudence, one of the most common ... supposes its object to be — to lay down those rules of justice which w o u l d be binding on men living in a social state, without any positive institutions; or (as it is frequently called by writers on this subject) living together in a s t a t e o f n a t u r e ... it would obviously be absurd to spend much time in speculating about the principles of this natural law, as applicable to men, before the establishment of government. The same state of society which diversifies the condition of individuals to so great a degree as to suggest problematical questions with respect to their rights and their duties, necessarily gives birth to certain conventional laws or customs, by which the conduct of the different members of the association is to be guided; and agreeably to which the disputes that may arise among them are to be adjusted[40].

Stewart macht bei seiner Kritik am abstrakten Charakter des Naturrechts jedoch eine bezeichnende und höchst wichtige Ausnahme, wenn er darauf hinweist, daß die inhaltlichen Aussagen des Naturrechts zwar „reprehensible in point of form", doch „favourable to active virtue"[41] gewesen seien und deshalb einen erheblichen Fortschritt über die ethischen Doktrinen der aristote-

---

[39] Ebda., 187; Im gleichen Zusammenhang äußert Stewart seine persönliche Meinung über das rationale Naturrecht: „I ... consider ... an abstract code of laws as a thing equally unphilosophical in the design, and useless in the execution." Ebda., 187; s. auch 188, 193.

[40] Ebda., 173/176 (Sperrung i. Orig.).

[41] Ebda., 179.

lisch-scholastischen Moralphilosophie hinaus bedeuteten[42]. Vor allem die apriorisch-deduktive Methode des Naturrechts erscheint also Stewart als defizient, nicht jedoch das sich in der naturrechtlichen Anthropologie niederschlagende Ideal eines aktiven, tätigen Menschen, der seine Existenz durch Arbeit reproduziert und durch Akkumulation von Privateigentum in einer Handels- und Tauschgesellschaft sichert. Eindeutig erkennt Stewart diese Handels- und Tauschgesellschaft als den wesentlichen Gegenstand des Naturrechts, der jedoch infolge unzulänglicher methodischer Voraussetzungen vom Naturrecht selbst nicht konsequent genug erfaßt worden sei. Dies tritt für Stewart vor allem im Naturzustandstheorem zutage, in dem zwar ein Recht auf Privateigentum postuliert werde, aber ohne zureichende Berücksichtigung der gesellschaftlichen und politischen Voraussetzungen, unter denen allein Privateigentum zu realisieren sei:

> The imaginary state referred to under the title of the s t a t e o f n a t u r e, though it certainly dos not exclude the idea of a moral right of property arising from labour, yet excludes all that variety of cases concerning its alienation and transmission, and the mutual covenants of parties, which the political union alone could create; — *an order of things, indeed, which is virtually supposed in almost all the speculations about which the law of nature is commonly employed*[43].

Die sparsamen Äußerungen, die sich in Stewarts „Dissertation" zum positiven Einfluß der rationalen Naturrechtstradition auf die schottische Moralphilosophie im 18. Jahrhundert finden, lassen sich dahingehend zusammenfassen, daß Stewart bis in die Mitte des 18. Jahrhunderts einen schulbildenden Einfluß des Naturrechts Grotiusscher und Pufendorfscher Provenienz auf die Moralphilosophiekurse der schottischen Universitäten als gegeben ansieht[44]. Den Einfluß Lockes schätzt Stewart ebenfalls sehr hoch ein, doch ordnet er Locke nicht der Tradition des rationalen Naturrechts zu, mit dem interessanten Hinweis, daß die ökonomischen und politischen Auffassungen Lockes sehr viel weniger apriorisch-abstrakt seien als die der rationalen Naturrechtslehrer, daß Locke im Gegenteil wichtige Gesichtspunkte der moralphilosophischen Sozialwissenschaft der zweiten Hälfte des 18. Jahrhunderts antizipiert habe[45]. Insbesondere das naturrechtliche System Pufendorfs, dem eine „idea of Jurisprudence, which

---

[42] Ebda., 177 ff., bes. 179.
[43] Ebda., 176 (Sperrung i. Orig., Hervorh. H. M.).
[44] Ebda., 93, 177 ff., bes. 178 Anm. 1, und 179, 216.
[45] Ebda., 216 und 251; s. auch die Hinweise auf die Einschätzung Lockes durch Stewart bei Aarsleff, The State of Nature and the Nature of Man in Locke, 104, 135; doch bringt Aarsleff keine Belege für seine Interpretation, daß Stewart Lockes Methode in den „Two Treatises" als eine Antizipation des Verfahrens der „Conjectural History" bei den schottischen Moralphilosophen dargestellt habe. Ein solcher Beleg bei Stewart würde eine entscheidende Bekräftigung der in dieser Arbeit vorgetragenen Argumentation bedeuten, doch war es dem Verfasser trotz intensiven Suchens in Stewarts gesammelten Werken nicht möglich, einen direkten Hinweis zu finden.

identifies its object with that of Moral Philosophy"[46] zugrunde gelegen habe, beherrschte nach Stewart weitgehend die moralphilosophischen Lehrmeinungen während der ersten Hälfte des 18. Jahrhunderts und führte zu einer fast ausschließlichen Orientierung der Moralphilosophie auf das Naturrecht[47].

Aus den Stewartschen Äußerungen zur Naturrechtstradition an den schottischen Universitäten des 18. Jahrhunderts läßt sich also erschließen, daß in den Moralphilosophiekursen während der ersten Hälfte des 18. Jahrhunderts die Lehren Pufendorfs, Grotius' und Lockes gewissermaßen institutionalisiert waren (s. hierzu Exkurs I, u. S. 296 ff.).

Um die Mitte des 18. Jahrhunderts jedoch stellt Stewart einen grundlegenden Wandlungsprozeß der schottischen Moralphilosophie fest, den er — in einseitiger Überschätzung[48] — auf den maßgeblichen Einfluß von Montesquieus „De L'Esprit des Lois" zurückführen zu können glaubt und den er vor allem in einer Veränderung der philosophisch-methodischen Grundkonzeption der Moralphilosophie resultieren sieht, die sich in einer Abschwächung des gesellschafts- und geschichtsfernen normativen Rigorismus, in einer spezifischen „Historisierung" der traditionellen Naturrechtswissenschaft bemerkbar machte, ohne daß

---

[46] Stewart, Dissertation, 177.

[47] Ebda., 178, Anm. 1.

[48] Montesquieus Methode der Analyse rechtlicher, sozialer und politischer Institutionen kann zwar als soziologisch-historisch bezeichnet werden, verfährt dabei aber im allgemeinen statisch. Der Fortschrittsgedanke spielt weder im „De L'Esprit des Lois" noch in den übrigen Werken Montesquieus die Rolle des erkenntnisorganisierenden und erkenntnisintegrierenden Leitprinzips wie bei den schottischen Moralphilosophen, Soziologen und Historikern (mit der partiellen Ausnahme D. Humes). Nach R. Hubert, La Notion du Devenir Historique dans la Philosphie de Montesquieu, in: Revue de Metaphysique et de la Morale 46. 1939, 587 ff., bes. 609 f. gibt es bei Montesquieu zwar „une théorie ... du devenir historique", aber keine „théorie du progrès". Die Geschichte der Menschheit erscheint bei Montesquieu grundsätzlich als ein diskontinuierlicher, disparater Zusammenhang einer Vielzahl von Zivilisationen, innerhalb deren es zwar einzeln Fortschritt oder Niedergang gibt, die aber insgesamt von Montesquieu nicht aus der Perspektive eines einheitlichen, regelhaftfortschrittlichen universalen Wirkungszusammenhangs gesehen werden. Wenn D. Stewart in seiner Biographie A. Smiths schreibt: „Montesquieu ... considered laws as originating chiefly from the circumstances of society, and attempted to account for the changes in the condition of mankind, which take place in the different stages of their „progress" for the corresponding alterations which their institutions undergo" (Stewart, Account of the Life and Writings of Adam Smith, in: ders.: Works, Bd. 10, 35), so liest er nachträglich in Montesquieu hinein, was in Wirklichkeit die Pionierleistung Adam Smiths war: die Integration einer soziologisch-historischen Betrachtungsweise des Naturrechts mit dem Gedanken des „progress of society". (Montesquieu erklärte zwar die strukturellen Verschiedenheiten politischer Systeme aus ihren unterschiedlichen sozialen und ökonomischen Bedingungen, sah diese Verschiedenheiten aber nicht als Konsequenz sozialen und ökonomischen Wandels an). Stewart übernimmt diese Interpretation Montesquieus ohne ihre ursprünglichen Qualifikationen aus einem Bericht John Millars über die Glasgower Moralphilosophie-Vorlesungen Adam Smiths, an denen Millar als einer der erfolgreichsten Schüler Smiths teilgenommen hatte: „in ... that branch of Morality which relates to Justice ... he [i. e. Smith] followed the plan that seems [Sic!] to be suggested by Mon-

jedoch damit eine Aufgabe ihrer normativen und systematisch-theoretischen Grundintentionen verbunden gewesen wäre:

Montesquieu enjoys an unquestionable claim to the grand idea of connecting Jurisprudence with History and Philosophy, in such a manner, as to render them all subservient to their mutual illustration. Some occasional disquisitions of the same kind may, it is true, be traced in earlier writers, particularly in the works of Bodinus; but they are of a nature too trifling to detract from the glory of Montesquieu. When we compare the jurisprudential researches of the latter with the systems previously in possession of the schools, the step which he made appears to have been so vast as almost to justify the somewhat too ostentatious motto prefixed to them by the author; p r o l e m   s i n e   m a t r e m   c r e a t a m ... He combined the science of law with the history of political society, employing the latter to account for the varying aims of the legislator; and the former, in its turn, to explain the nature of the government, and the manners of the people ... convinced that the general principles of human nature are everywhere the same, he searched for new lights among the subjects of every government, and the inhabitants of every climate; and while he thus opened inexhaustible and unthought-of resources to the student of Jurisprudence, he indirectly marked out to the legislator the extent and the limits of his power, and recalled the attention of the philosopher from abstract and useless theories, to the only authentic monuments of the history of mankind.

This view of law, which unites History and Philosophy with Jurisprudence, has been followed out with remarkable success by various authors since Montesquieu's time; and for a considerable number of years after the publication of the S p i r i t   o f   t h e   l a w s became so very fashionable (*particularly in this country*) [d. h. in Schottland] that many seem to have considered it, not as a step towards a farther end, but as exhausting the whole science of Jurisprudence[49].

Stewart bestimmt die Inhalte und die methodische Konzeption dieser neuen Einheit von Recht, Philosophie und Geschichte in seiner Darlegung und Kritik des Naturrechts nicht näher. Aus dem Zusammenhang seiner „Dissertation" sowie seinen übrigen philosophiegeschichtlichen und philosophischen Schriften ergibt sich jedoch, daß er den Wandel der philosophisch-methodischen Grundkonzeption der Moralphilosophie um die Mitte des 18. Jahrhunderts als Bestandteil eines umfassenderen Wandlungsprozesses von Inhalt und Methode

---

tesquieu; endeavouring to trace the gradual progress of jurisprudence both public and private, from the rudest to the most refined ages, and to point out the effects of those arts, which contribute to subsistence, and to the accumulation of property, in producing correspondent improvements or alterations in law and government. This important branch of his labours he also intended to give to the public, but this intention ... he did not live to fulfil." Stewart, Account, 12. Es fällt auf, daß Millar im Unterschied zu Stewart die Abhängigkeit Smiths von Montesquieu durch die Wendung „seems to be suggested" relativiert.

[49] D. Stewart, Dissertation, 190 f. (Sperrung i. Orig., Hervorh. H. M.).

wissenschaftlich-philosophischer Erkenntnis auf den verschiedensten Wissensgebieten sieht. Diese neue Erkenntnisweise einer „Natural" oder „Theoretical History of Society" basiert nach Stewart auf einer „incontrovertible logical maxim" und gründet in der Entdeckung eines bestimmten gesetzmäßigen Zusammenhangs zwischen individuellen menschlichen Grundeigenschaften und der ungeheuren Vielfalt der gesellschaftlich-historischen Lebensäußerungen und Lebensformen des Menschen auf den verschiedensten Gebieten, nicht nur im Bereich von Recht, Gesellschaft und Politik, sondern auch in der Religion, der Sprache und selbst in der Geschichte der Wissenschaften:

> That the capacities of the human mind have been in all ages the same, and that the diversity of phenomena exhibited by our species is the result merely of the different circumstances in which men are placed, has been long received as an incontrovertible logical maxim; or rather, such is the influence of early instruction, that we are apt to regard it as one of the most obvious suggestions of common sense. And yet, till about the time of Montesquieu, it was by no means so generally recognized by the learned as to have a sensible influence on the fashionable tone of thinking over Europe. The application of this fundamental and leading idea to the *natural or* t h e o r e t i - c a l   h i s t o r y   o f   s o c i e t y in all its various aspects; — to the history of languages, of the arts, of the sciences, of laws, of government, of manners, and of religion —, is the peculiar glory of the latter half of the eighteenth century, and forms the characteristic feature in its philosophy[50].

3. Das Verhältnis von Fortschritt und gesellschaftlicher Aufklärung in der „Natural History"

Die „Natural" oder „Theoretical History of Society" erscheint in der Darstellung Stewarts zunächst als die systematisch-theoretische Anwendung einer Alltagsweisheit des „common sense", durch welche das komplexe empirische Erscheinungsbild menschlichen Verhaltens im Rahmen des Erfahrungshorizonts der Gattung („diversity of experience exhibited by our species") aus einer einfachen Grundannahme erklärbar wird. Diese „fundamental and leading idea" ist inhaltlicher und nicht unmittelbar methodischer Natur und gründet in einer bestimmten Anschauung von Gesellschaft und Geschichte, die — wie zu zeigen sein wird — aus der zeitgenössischen Wirklichkeit perzipiert und abstrahiert ist. Ihr Kern ist in der Auffassung zu suchen, daß das soziale, politische und kulturelle Verhalten des Menschen, welches individuell als zufällig erscheint, als Produkt überindividueller, nicht zufälliger Faktoren erklärbar ist, wenn es als Resultante aus zeitinvarianten anthropologischen Konstanten und historisch variablen, nichtsdestoweniger allgemeinen „circumstances" angesehen wird, d. h.

---

[50] Ebda., 69 f. (Sperrung i. Orig., Hervorh. H. M.).

aus Bedingungszusammenhängen gesellschaftlicher, rechtlicher, politischer und zivilisatorischer Natur.

Organisierendes Prinzip dieser neuen Erkenntnisweise einer „Natural" oder „Theoretical History" sowohl in bezug auf ihre Erkenntnisinhalte wie ihre normative Ausrichtung ist der Fortschrittsgedanke. Erst dieser erkenntnisorganisierende Leitfaden bietet für Stewart die Möglichkeit, ein quasi-wissenschaftliches Erklärungsmodell zu finden, welches die „logical maxim" der konstanten anthropologischen Grundeigenschaften und die Vielfalt ihrer gesellschaftlich-historischen Äußerungsformen vermittelt. Stewart legitimiert die Notwendigkeit dieses neuen Organisationsprinzips wissenschaftlicher Erkenntnis aus einer spezifischen Einschätzung seiner zeitgenössischen sozialen, politischen und kulturellen Wirklichkeit. Diese stellt sich ihm in ihren Grundkonstellationen als eine Situation progressiven Wandels dar, des Wandels im Hinblick auf ihren Unterschied zu allen vorhergehenden Zivilisationsstufen der Menschheit, des Wandels aber auch im Hinblick auf ihre eigene Temporalstruktur. „Perpetual change" im Sinne eines „progress of society" „progress of reason", „progress of knowledge and civilization" ist für Stewart das charakteristische Signum seiner Gegenwart gegenüber aller Vergangenheit[51]. Dies gilt für alle gesellschaftlichen Lebensäußerungen des Menschen, für Wirtschaft und Politik ebenso wie für Technik, Wissenschaften und die menschliche Sprache, ganz besonders jedoch für die Vermittlungs- und Kommunikationsformen menschlichen Wissens, die durch die Erfindung des Buchdrucks und die dadurch ermöglichte Entstehung einer literarischen und politischen Öffentlichkeit auf eine neue Basis gestellt wurden:

it may be remarked in general, that in the course of these latter ages, a variety of events have happened in the history of the world, which render the condition of the human race essentially different from what it ever was among the nations of antiquity, and which, of consequence, render all our reasonings concerning their future fortunes, in so far as they are founded merely on their past experience, unphilosophical and inconclusive. The alterations which have taken place in the art of war, in consequence of the invention of firearms, and of the modern science of fortification, have given to civilized nations a security against the irruptions of barbarians, which they never before possessed. The more extended and the more constant intercourse, which the improvements in commerce and in the art of navigation have opened, among the distant quarters of the globe, cannot fail to operate in undermining local and national prejudices, and in imparting to the whole species the intellectual acquisitions of each particular community ... Among all the circumstances, however, which distinguish the present state of

---

[51] D. Stewart, Elements of the Philosophy of the Human Mind, Bd. I, in: ders., Works, Bd. II, 223 (im folgenden zitiert: Elements of the Philosophy of the Human Mind, Bd. I, in: Works Bd. II: als „Elements I"; Elements of the Philosophy of the Human Mind, Bd. II, in: Works Bd. III: als „Elements II"); s. ferner den gesamten fragmentarischen Schlußteil der „Dissertation": Progress of Ethical and Political Philosophy during the Eighteenth Century, ebda., 487 ff.

mankind from that of ancient nations, the invention of printing is by far the most important; and, indeed, this single event, independently of every other, is sufficient to change the whole course of human affairs.

The influence which printing is likely to have on the future history of the world, has not, I think, been hitherto examined by philosophers, with the attention which the importance of the subject deserves. One reason for this may, probably, have been, that as the invention has never been made but once, it has been considered rather as the effect of a *fortunate accident,* than as the result of *those general causes on which the progress of society seems to depend.* But it may be reasonably questioned how far this idea be just; for, although it should be allowed that the invention of printing was accidental with respect to the individual who made it, it may, with truth, be considered as the natural result of a state of the world, when a number of great und contiguous nations are all engaged in the study of literature, in the pursuit of science, and in the practice of the arts; insomuch, that I do not think it extravagant to affirm, that if this invention had not been made by the particular person to whom it is ascribed, the same art, or some analogous art, answering a similar purpose, would have infallibly been invented by some other person, and at no very distant period. The art of printing, therefore, is entitled to be considered as a step in the *natural history of man,* no less than the art of writing; and they who are sceptical about the future progress of the race, merely in consequence of its past history, reason as unphilosophically as the member of a savage tribe, who, deriving his own acquaintance with former time from oral tradition only, should affect to call in question the efficacy of written records, in accelerating the progress of knowledge and of civilisation.

What will be the particular effects of this invention (which has been, hitherto, much checked in its operation, by the restraints on the liberty of the press in the greater part of Europe), it is beyond the reach of human sagacity to conjecture; but, in general, we may venture to predict with confidence, that in every country it will gradually operate to widen the circle of science and civilization; to distribute more equally among all the members of the community, the advantages of the political union; and to enlarge the basis of equitable governments, by encreasing the number of those who understand their value and are interested to defend them. The science of legislation, too, with all the other branches of knowledge which are connected with human improvement, may be expected to advance with rapidity; and, in proportion as the opinions and institutions of men approach to truth and to justice, they will be secured against those revolutions to which human affairs have always been hitherto subject[52].

Die „Natural" oder „Theoretical History" zieht aus dieser realhistorischen Erfahrung des fundamentalen Wandels aller menschlichen Verhältnisse in Rich-

---

[52] Stewart, Elements I, 242 ff. (Hervorh. H. M.).

tung auf einen permanenten „progress of society", in dem technisch-ökonomischer Fortschritt und politisch-moralische Emanzipation gleichsam als zwei Seiten desselben historischen Prinzips erscheinen, inhaltliche, methodologische und praktische Konsequenzen.

Wie Stewart zu Beginn des vorstehenden Zitats andeutet, werden angesichts der neuen Erfahrungszusammenhänge die Erkenntnisinhalte der traditionellen exemplarischen Geschichtsbetrachtung fragwürdig: „all... reasonings... concerning future fortunes, in so far as they are founded merely in... past experiences" erscheinen angesichts der neuen Wirklichkeit des Fortschritts als „unphilosophical and inconclusive". An die Stelle einer exemplarischen Modellhaftigkeit vergangener Ereignisse für zukünftiges Handeln, welche die Tradition der exemplarischen Geschichtsschreibung von der Antike bis ins 18. Jahrhundert beherrscht hatte[53] und die — wie Stewart bemerkt — ihren realgeschichtlichen Ursprung in der relativen Konstanz, Kontinuität und Stabilität des soziokulturellen Erfahrungszusammenhangs der alteuropäischen societas civilis hatte, tritt die Vorstellung von der Einmaligkeit und universalen Wirksamkeit des geschichtlichen Ablaufs des Fortschritts, die von Stewart als ein fundamentaler Bruch mit der Tradition begriffen wird[54]. Dieser realhistorisch begründeten Einsicht hat sich die wissenschaftliche Erkenntnis auch in ihrer Methode anzupassen. Exemplarisch-empirische und systematisch-theoretische Betrachtungsweisen müssen in ihr am Leitfaden des Fortschrittsbegriffs zusammenschießen. An die Stelle des singulären Faktums als methodischem Terminus a quo und Terminus ad quem der traditionellen „history"[55] tritt angesichts der historischen Wirk-

---

[53] Zur Tradition der exemplarischen Geschichtsschreibung s. die Pionierstudie von G. H. Nadel, Philosophy of History before Historicism, HT 3. 1964, 291 ff. Nadel weist ebda., 313 auf den durch D. Stewart und die schottischen Geschichtsphilosophen des 18. Jahrhunderts herbeigeführten Traditionsbruch hin, ohne diesen Gesichtspunkt jedoch im Rahmen seiner Fragestellung weiterzuverfolgen; s. ferner die wichtige Arbeit von R. Koselleck, Historia Magistra Vitae. Über die Auflösung des Topos im Horizont neuzeitlich bewegter Geschichte, in: Natur und Geschichte. Karl Löwith zum 70. Geburtstag, Hgg. M. Riedel und H. Braun, Stuttgart—Berlin 1967, 196 ff. Koselleck gibt im Unterschied zu Nadel keine Untersuchung der Tradition der exemplarischen Geschichtsschreibung als einer literarisch-philosophischen Disziplin, sondern analysiert vom Methodenansatz der Heidelberger begriffsgeschichtlichen Schule her das Bedingungsverhältnis zwischen vormodernem, realhistorischem Erfahrungszusammenhang und der statischen geschichtsphilosophischen Konzeption der exemplarischen Geschichtsschreibung einerseits, bzw. den Zuammenhang zwischen neuzeitlicher Geschichtsphilosophie und „neuzeitlich bewegter [Real]-Geschichte" andererseits. Auch Koselleck geht auf Stewart, der den von ihm dargestellten Zusammenhang bereits zeitgenössisch reflektiert, nicht ein.

[54] Hierzu bes. Stewart, Elements I, 223.

[55] Zur Begriffsgeschichte von „history" und seinen verschiedenen Wortverbindungen (natural history, moral history, civil history usw.) liegen bisher keine befriedigenden Untersuchungen vor. Erste, unvollständige Hinweise gibt das New English Dictionary. Hier werden 4 Hauptbedeutungen des Terminus unterschieden, die „history" fassen:

1. als Bericht über vergangenes Geschehen „a relation of incidents... a narrative, tale, story, ... a written narrative constituting a continuous methodical record, in or-

samkeit des Fortschritts die neue methodische Konzeption einer „Theoretical History", welche Geschichte als einen zeitlich gerichteten, fortschrittlich strukturierten Prozeß, als den universalen Ereignis-, Wirkungs- und Kommunikationszusammenhang der „history of the world", „history of mankind", „history of the species" begreift. Die neue Betrachtungsweise richtet ihr Interesse auf „those general causes on which the progress of society seems to depend". Nur diejenigen historischen Ereignisse und Triebkräfte sind für sie relevant, welche den Fortschritt der Menschheit befördern.

---

der of time, of important public events . . ."
    2. als eine allgemeine Form der Erkenntnis, die vergangene Ereignisse zum Gegenstand hat, „that branch of knowledge which deals with past events, as recorded in writings or otherwise asserted . . ."
    3. als Folge von Ereignissen, einen Ereigniszusammenhang, „a series of events . . . the whole train of events connected with a particular country, society, person, thing etc . . . the aggregate of past events in general, the course of events of human affairs".
    4. als systematische Beschreibung natürlicher Gegenstände „a systematic account (without reference to time) of a set of natural phenomena".
    Die dritte Variante von „history" erscheint im NED als wortgeschichtlich jüngste Prägung. Insbesondere für die Wortbedeutung von „history" als universellem Ereigniszusammenhang führt das NED einen ersten Beleg aus der Mitte des 17. Jahrhunderts auf, der aber noch stark an heilsgeschichtlichen Modellvorstellungen orientiert ist: Whitlock, Zootomia, 306: „Take a turn in the temple of History, and there meet with the instructive lectures of Providence". Der zweite Beleg des NED für diese Wortbedeutung stammt erst aus der Mitte des 19. Jahrhunderts und verweist bezeichnenderweise auf einen Geschichtsphilosophen der Aufklärung: J. S. Mill, Essays, Bd. II, 221: „It was Lessing by whom the course of history was styled the education of the human race." Die Geschichtswissenschaft und Geschichtsphilosophie der Aufklärung selbst jedoch erscheint in den Begriffsbestimmungen des NED vollständig ausgeklammert. Der Verfasser beabsichtigt hierüber demnächst eine Untersuchung vorzulegen. Wichtige Ansätze hierzu sind bereits in der o. Anm. 53 genannten Studie von G. H. Nadel vorweggenommen, ebenso in einer anderen Arbeit desselben Verfassers: Francis Bacon's Theory of History, HT 5. 1966, 275 ff. Das entscheidende Ergebnis der Untersuchung von Nadel ist in dem Nachweis zu erblicken, daß eine im strengen Sinne erkenntnistheoretische Problematisierung der Geschichte als eigener „wissenschaftlicher" Disziplin vor Bacon nicht gegeben war. Die Tradition der exemplarischen Geschichtsbetrachtung schied nach ihrem eigenen Selbstverständnis wie auch dem der theoretischen Wissenschaften aus dem Bereich strenger theoretischer Erkenntnis aus. Mit Bacon erfolgte der entscheidende Schritt, daß „history" als eine methodisch qualifizierte Form der Erkenntnis zur Basis wissenschaftlicher Erkenntnis überhaupt wird und damit in den Bereich der erkenntnistheoretischen Grundlagendiskussion der neuen Wissenschaften einrückt. Die zweite Stufe des begriffsgeschichtlichen Wandlungsprozesses von „history" während der Neuzeit wird im 18. Jahrhundert erreicht, mit der geschichtsphilosophischen Transformation des Naturrechts und der Moralphilosophie durch die „Theoretical" oder „Natural History". Dieser Zusammenhang soll in der beabsichtigten Studie unter besonderer Berücksichtigung von Shaftesbury, Bolingbroke sowie der schottischen Moralphilosophen und philosophischen Historiker dargestellt werden. Wichtige Erkenntnisse hierzu liefern die Vorlesungsmanuskripte der „Lectures on Pneumatics and Moral Philosophy" des Edinburgher Moralphilosophen Adam Ferguson, die in ihrem ersten Teil umfangreiche Exkurse zu logischen und methodologischen Problemen der moralphilosophischen Sozialwissenschaften der zweiten Hälfte des 18. Jahrhunderts enthalten. Die in der

Wie Stewart im oben angeführten Beispiel verdeutlicht, sind es nicht die Leistungen bestimmter Personen oder zufällige Ereignisse (accidents), welche den Gegenstand der „Natural History" bilden, sondern technisch-wissenschaftliche Innovationen und ökonomische Veränderungen in ihrer Einwirkung auf den „Progress of Knowledge and Civilization". So markiert die Erfindung des Buchdrucks, die formal betrachtet eine rein technische „Einzelheit" darstellt, nicht deshalb ein wichtiges Stadium der „Natural History of Man", weil sie von einem Individuum hervorgebracht wurde oder als ein unerwartetes Ereignis (accident) in die Welt kam, sondern aufgrund ihrer ursächlichen Bedingtheit durch eine überindividuelle, gesellschaftlich-zivilisatorische Bedürfnissituation und ihre universellen aufklärerischen Wirkungen im Sinne des „progress of knowledge and civilization".

Dieser „progress of knowledge and civilization" wird von Stewart primär als ein Bildungs- und Aufklärungsprozeß begriffen, der auf der notwendigen Basis individueller ökonomischer Unabhängigkeit in einer arbeitsteiligen Tauschgesellschaft und unter Voraussetzung einer politisch zu verwirklichenden allgemeinen Bildungspflicht[56] zur Intensivierung, Rationalisierung und Demokratisierung der Kommunikation aller Gebildeten, zur universellen „mutual communication of lights"[57] in einer weltbürgerlichen Öffentlichkeit führt. Erst als Bildungsprozeß hat der „progress of knowledge and civilization" auch unmittelbare moralisch-politische Wirkungen[58]. Stewart sieht ihn in einer wahrscheinlichen Annäherung an einen universellen Zustand politischer Gerechtigkeit, sozialer Billigkeit und weltbürgerlichen Friedens resultieren[59], in welchem eine räsonnierende bürgerliche Öffentlichkeit als aufklärendes Vehikel des Fortschritts die Funktion des moralisch-politischen Gesetzgebers übernimmt und Herrschaft dadurch überflüssig macht, daß Wissen herrscht:

> k n o w l e d g e   i s   p o w e r. It is indeed the only species of power which the people can exercise without the possibility of danger to themselves. Under all governments, even the most despotic, the superiority in point of physical force must belong to the multitude; but, like the physical force of the brutes, it is easily held in subjection by the reason and art of higher and more cultivated minds. Vis consilii expers mole ruit sua. *In proportion as public opinion becomes enlightened, the voice of the people becomes the voice of reason; or, to use the old proverbial phrase, it becomes the voice of God, unchangeable, irresistible, and omnipotent*[60].

Als auffällig an Stewarts Analyse des Fortschritts der Menschheit erscheint also, daß in ihr zwar der technisch-ökonomisch-soziale und der moralisch-poli-

---

Edinburgher Universitätsbibliothek aufbewahrten Manuskripte (Edinburgh Univ. Library Ms. Dc 1. 84/85) sind bisher (infolge irrtümlicher Katalogisierung) nicht ausgewertet worden.

[56] Stewart, Dissertation, 510 ff.
[57] Ebda., 505.
[58] Ebda., 515 ff.
[59] Stewart, Elements I, 244.
[60] Stewart, Dissertation, 524 (Sperrung i. Orig., Hervorh. H. M.).

tische Fortschritt zwei Seiten desselben historischen Vorgangs bilden, ohne jedoch nahtlos ineinander aufzugehen. In Stewarts Einschätzung des moralisch-politischen Fortschritts zeigt sich eine eigentümliche Ambivalenz, die von ihm selbst allerdings nicht auf ihre Widersprüchlichkeit hin untersucht wird. Einerseits stellt Stewart den moralisch-politischen Fortschritt als die notwendige, sich gleichsam selbstläufig ergebende Konsequenz des technisch-ökonomisch-sozialen Fortschritts dar — er spricht von den „congenial tendencies of commerce" und „enlightenment"[61], andererseits erscheint in seiner Einschätzung des moralisch-politischen Fortschritts der Menschheit eine eigentümlich praktische Dimension, die nicht im ökonomisch-technisch-sozialen Progreß aufgeht, obwohl sie ihrer objektiven Möglichkeit und Verwirklichungschance nach „historisch" auf ihn verwiesen bleibt. Moralisch-politischer Fortschritt wird von Stewart nicht als substantielles historisches Wirkungsgesetz dargestellt, das sich hinter dem Rükken der Menschheit mit der bewußtlosen Zwangsläufigkeit eines Naturgesetzes realisiert[62], sondern eher als eine realhistorische Tendenz, die sich in der Gegenwart nur unvollständig durchgesetzt hat und zu ihrer Realisierung auf zukünftige, bewußte politische Praxis angewiesen ist, die sich am Telos einer herrschaftsfreien, öffentlich kommunizierenden, intellektuellen Besitzbürgergesellschaft orientiert. Jedoch erkennt Stewart dieser aufklärenden politischen Praxis keinen unbegrenzten Spielraum zu, er grenzt sie streng von einer „utopischen"[63] politischen Praxis ab und sieht sie als historisch ebenso bedingt an, wie er die historischen Bedingungen des moralischen Fortschritts als durch sie gesetzt betrachtet: Stewart behauptet eine enge Verbindung zwischen ökonomisch-technisch-sozialem und moralisch-politischem Fortschritt in der Form, daß er den ökonomisch-technischen Fortschritt als das bewegende historische Prinzip darstellt und ein bestimmtes Niveau dieses Fortschritts als die notwendige Voraussetzung und Basis erachtet, auf der sich auch der moralische Fortschritt annäherungsweise realisieren kann[64]. Eine politisch zu vermittelnde allgemeine Aufklärung durch Bildung hat jedoch hinzuzukommen, um die „progressive emancipation of the human mind"[65] zu gewährleisten.

Durch seine spezifische Betonung der Bildungsfaktoren innerhalb des von ihm konzipierten regulativen Ideals individueller bürgerlicher Autonomie und durch seine Forderung nach einer gesamtgesellschaftlichen Verwirklichung dieses Ideals erweist sich Stewart als ein typischer Vertreter der schottischen Aufklärung[66]. Besitz und Bildung gehen in seiner Autonomie-Vorstellung zwar eine

---

[61] Ebda., 512.
[62] Dies wird besonders deutlich in Stewarts Kritik am unbedingten Fortschrittsoptimismus Turgots und seiner Schule, s. hierzu Dissertation, 493 ff.
[63] Besonders Stewart, Elements I, 227 ff., 232 ff., aber auch Dissertation, 493 ff.
[64] Stewart, Dissertation, 508 f. und ders., Account, 58 ff.
[65] Stewart, Dissertation, 491.
[66] Hierzu besonders D. Stewart, Of the Education of the Lower Orders, in: ders., Lectures on Political Economy, Bd. II, in: ders., Works, Bd. IX, 327 ff. Stewart gibt in diesem Teil seiner Vorlesung über Politische Ökonomie einen Überblick über das europäische Schul- und Bildungswesen im 18. Jahrhundert. Von einem Standpunkt

Synthese ein in der Form, daß materielle, an Verfügung über Privateigentum gebundene Autonomie die notwendige Voraussetzung einer aufgeklärt-autonomen bürgerlichen Existenz bildet; doch identifiziert Stewart den Privateigentümer ebensowenig mit dem autonomen Menschen schlechthin, wie er die arbeitsteilige bürgerliche Tauschgesellschaft schon für notwendig aufgeklärt hält. Das Moment individueller Bildung stellt die entscheidende aufklärende Potenz dar, deren universelle Verwirklichung sich nicht nahtlos aus den gesellschaftlichen Interessenlagen ergibt, die sich mit dem ökonomisch-technischen Fortschritt herstellen. Der ökonomisch-technische Fortschritt kommt der Aufklärung zwar entgegen, macht sie aber noch nicht aus; er ist ihre notwendige Voraussetzung, nicht aber ihre hinreichende Bedingung. Die Verwirklichung des Ideals allgemeiner Bildung ist deshalb in einer noch nicht vollkommen aufgeklärten Gesellschaft auf den Weg einer staatlich-administrativ kontrollierten allgemeinen Bildungspflicht durch schulische Erziehung verwiesen:

> I formerly mentioned the general diffusion of wealth produced by commerce, as a circumstance which had co-operated powerfully with the press in enlightening modern Europe. But this alone is not sufficient; for beside the general ease and security of the people, some arrangements are necessary, on the part of government, to provide the proper means of public instruction. In *England*, there cannot be a doubt, that the mass of the community enjoy the comforts of animal life much more amply than in *Scotland;* and yet, in the latter country, in consequence of the footing in which our parochial schools are established, there is scarcely a person of either sex to be met with who is not able to read, and very few who do not possess, to a certain degree, the accomplishments of writing and of cyphering; whereas, in the southern part of the island, there are many parishes where the number of those who can read, bears a very inconsiderable proportion to the whole body of inhabitants. In most other parts of Europe (not excepting France itself) the proportion is probably much less. The universal diffusion of the rudiments of knowledge among the Scottish peasantry, when contrasted with the prevailing ignorance of the same class on the other side of the Tweed, affords a decisive proof that, in such a state of society as ours, some interference on the part of government is indispensably neccesary to render the

---

aus, der ein Menschenrecht auf Elementarbildung vertritt, kritisiert er nicht nur die einzelstaatlichen Bildungssysteme mit Ausnahme derjenigen in der Schweiz, in Amerika und insbes. in Schottland, sondern ebenso auch die bildungsaristokratischen Vorstellungen der Aufklärungsphilosophen, insbesondere diejenigen Voltaires. Gegen dessen These, daß literarischer Genius nur in Gesellschaften entstehen könne, in welchen Bildung nur das Privileg einer kleinen Minderheit sei, macht er geltend: „granting the fact to be as it is commonly stated, that the diffusion of knowledge is accompanied with a real decline in point of genius, no inference can be deduced from this, in favour of less enlightened ages; for the happiness of mankind, at any particular period, is not to be estimated by the materials which it affords for literary history, but by the degree in which it imparts the capacity for enlightened enjoyment to the community at large." Ebda., 345; vgl. auch ders., Dissertation, 516 f.

art of printing, even when aided by the congenial tendencies of commerce, completely effectual in extending the benefits of elementary education to the mass of a large community. How much more might be accomplished by a government aiming systematically, and on enlightened principles, at the instruction and improvement of the multitude, it is not easy to imagine[67].

Stewart fordert hier die allgemeine Aufklärung durch Bildung nicht als ein abstraktes Ideal, er zeigt die konkrete Ausrichtung seiner Aufklärungsvorstellungen auf die „commercial society" ebenso auf, wie die spezifische Tradition, in der seine Vorstellungen stehen. Diese leitet er aus den historischen Besonderheiten der sozio-ökonomisch rückständigen, kulturell fortschrittlichen Situation Schottlands im 18. Jahrhundert her. Aus der Erkenntnis ebendieser Vorzüge der Rückständigkeit artikuliert Stewart ein spezifisches aufklärerisches Selbstbewußtsein. Es ist das Selbstbewußtsein der schottischen Aufklärungsphilosophen des 18. Jahrhunderts, das diese nicht nur gegenüber England, sondern gegenüber Europa insgesamt geltend machten[68].

---

[67] Stewart, Dissertation, 510 ff. (Hervorh. H. M.), vgl. auch ders., Education of the Lower Orders, 327 ff.

[68] Hierzu neben dem soeben angeführten Zitat ders., Education of the Lower Orders, 330 f. Auch hier artikuliert Stewart das regionale Sonderbewußtsein des schottischen Aufklärers aus der klaren Einsicht in die Wirkungen, welche die Neugestaltung des schottischen Bildungssystems im Gefolge der Glorreichen Revolution von 1688/89 im Verlaufe des 18. Jahrhunderts gezeitigt hatte:

„In consequence of this national establishment, the means of a literary education, and of religious instruction, were in Scotland placed within the reach of the lowest order of the people, in a greater degree, than in any other country of Europe; and the consequences have been everywhere favourable to their morals and industry, while the opportunity which has thus been afforded to gentlemen of moderate fortune, and to the clergy, to give an education to their children, at so easy a rate, in the elements of literary knowledge, has bestowed on this part of the United Kingdom a political importance, to which it was neither entitled from the fertility of its soil, nor by the number of its inhabitants."

Die Einsichten Stewarts in die Sonderstellung der schottischen Aufklärungskultur des 18. Jahrhunderts und ihre historischen Ursachen im schottischen Bildungssystem waren communis opinio aller schottischen Aufklärer, sie finden sich bei Adam Smith ebenso wie bei John Millar und D. Hume. Vgl. A. Smith, Inquiry into the Nature and Causes of the Wealth of Nations, Hg. E. Cannan, 2 Bde., London 1904, N. A. London 1964 V, I, Bd. I, 282 ff. und V, I, III, III, Bd. II, 309 ff.; John Millar. An Historical View of the English Government, 4 Bde., London 1803, Bd. IV, 161; besonders aufschlußreich ist in dieser Hinsicht ein Brief D. Humes an G. Elliot of Minto vom 2. Juli 1757, in dem trotz einer Ironisierung des schottischen Bildungswesens das volle Selbstbewußtsein des schottischen Aufklärers zum Ausdruck kommt: „really it is admirable how many men of genius this country produces at present. Is it not strange that, at a time when we have lost our princes, our parliaments, our independent government, even the presence of our chief nobility, are unhappy, in our accent and pronunciation, speak a very corrupt dialect of the tongue which we make use of; is it no strange, I say, that in these circumstances, we should really be the people most distinguished for literature in Europe." J. Y. T. Greig Hg., The Letters of David Hume, Bd. I, Oxford 1932, 255.

Bei aller Betonung, welche die gesamtgesellschaftliche Verwirklichung von Bildung und Wissen als ein eigenständiger Faktor in Stewarts Aufklärungskonzeption erfährt, wird doch als notwendige Voraussetzung der Möglichkeit von Aufklärung überhaupt die Existenz einer arbeitsteiligen Tausch- und Handelsgesellschaft auf der Basis eines hohen Niveaus technisch-ökonomischen Fortschritts angesehen. Diese Möglichkeit hatte sich nach Stewarts Ansicht erstmals in der Geschichte der Menschheit im Europa seiner Zeit und besonders in Großbritannien herausgebildet. Voraussetzung der Aufklärung war für Stewart die Existenz einer liberalen bürgerlichen Wirtschaftsgesellschaft. Erst die in dieser Gesellschaftsform ermöglichte breitere Streuung gesellschaftlichen Reichtums unter die „lower orders of men" — in dieser Bezeichnung faßt Stewart gleichermaßen die bürgerliche Mittelschicht wie die Lohnarbeiter — schuf die sozioökonomische Basis, auf der Aufklärung allgemein werden konnte. Stewart hält die politisch-intellektuelle Dynamik der Aufklärungsbewegung auf dieser sozioökonomischen Basis für so stark, daß er ihr über die Vermittlung durch ein staatliches Bildungswesen auch die Chance zubilligt, selbst Strukturkonflikte der Gesellschaft zu lösen. Er sieht diese Strukturkonflikte in der Entstehung einer Schicht von spezialisierten Handwerker-Arbeitern angelegt, die im arbeitsteiligen Produktionsprozeß ihre humane Identität zu verlieren drohen. Stewart perzipiert diesen Identitätsverlust der Handwerker-Arbeiter aus der Perspektive eines Aufklärers. Er sieht ihn primär als Bildungsproblem und nicht als einen ökonomisch zentrierten Klassenkonflikt:

it was the general diffusion of wealth among the lower orders of men, which first gave birth to the spirit of independence in modern Europe, and which has produced under some of its governments, and especially under our own, a more equal diffusion of freedom and of happiness than took place under the most celebrated constitutions of antiquity.

Without this diffusion of wealth among the lower orders, the important effects resulting from the invention of printing would have been extremely limited, for a certain degree of ease and independence is necessary to inspire men with the desire of knowledge, and to afford them the leisure which is requisite for acquiring it; and it is only by the rewards which such a state of society holds up to industry and ambition, that the selfish passions of the multitude can be interested in the intellectual improvement of their children. The extensive propagation of light and refinement arising from the influence of the press, aided by the spirit of commerce, seems to be the remedy provided by nature, against the fatal effects which would otherwise be produced, by the subdivision of labour accompanying the progress of the mechanical arts: nor is anything wanting to make the remedy effectual, but wise institutions to facilitate general instruction, and to adapt the education of individuals to the stations they are to occupy. The mind of the artist (artisan?[69]), which, from the limited sphere of his activity, would sink below the level of

---

[69] Einschub des Hg.

the peasant or the savage, might receive in infancy the means of intellectual enjoyment, and the seeds of moral improvement; and even the insipid uniformity of his professional engagements, by presenting no object to awaken his ingenuity or to distract his attention, might leave him at liberty to employ his faculties on subjects more interesting to himself, and more extensively useful to others[70].

Der von Stewart hergestellte Zusammenhang zwischen materiellem Fortschritt und Emanzipation durch Bildung erhält seine vollständige Dimension erst auf dem Hintergrund der politischen Zukunftsperspektiven, die ihn begleiten. Stewart erwartet als Resultat der Vermittlung von Aufklärung und materiellem Fortschritt eine wachsende Autonomie der politischen Vernunft, ihre Emanzipation aus einem Reich naturnotwendiger Herrschaft von Menschen über Menschen in ein Reich der herrschaftsfreien Diskussion („universal and unrestraint discussion"). In dem Maße, in welchem die Gesellschaft auf der Basis einer fortgeschrittenen materiellen Zivilisation zur Aufklärung gelangt, nimmt er auch eine wachsende Eigendynamik politischer Faktoren im Prozeß der Emanzipation des Menschen an. Die aufgeklärte und aufklärende Zukunftsperspektive Stewarts sieht den Menschen immer weniger als Objekt des materiellen Fortschritts und immer mehr als autonomen Gesetzgeber seiner selbst, so daß schließlich die aufgeklärten Subjekte in einer Art permanentem Rückkoppelungsprozeß der politischen Vernunft die Evolution des Fortschritts, d. h. ihre Geschichte, selbst bestimmen, in dem Sinne, daß sie ihre politischen Verhältnisse nicht mehr nach unabdingbaren, naturwüchsigen Notwendigkeiten, sondern nach ihren eigenen aufgeklärten Bedürfnissen gestalten:

this change in the condition of Man, in consequence of the progress of reason [is by no] means contrary to the general analogy of his *natural history*. In the infancy of the individual, his existence is preserved by instincts, which disappear afterwards when they are no longer necessary. In the savage state of our species, there are instincts which seem to form a part of the human constitution, and of which no traces remain in those periods of society in which their use is superseded by a more enlarged experience. Why, then, should we deny the probability of something similar to this, in the history of mankind considered in their political capacity? ... In every state of society which has yet existed, the multitude has, in general, acted from the immediate impulses of passion, or from the pressure of their wants and necessities; and, therefore, what we commonly call the political order, is, at least in a great measure, the result of the passions and wants of man, combined with the circumstances of his situation ... The operations of the bee, when it begins, for the first time, to form its cell, convey to us a striking image of the efforts of unenlightened Man, in conducting the operations of an infant government.

A great variety of prejudices might be mentioned, which are found to prevail

---

[70] Stewart, Account, 58, s. auch ders., Dissertation, 508 f.

universally among our species in certain periods of society, and which seem to be essentially necessary for maintaining its order, in ages when men are unable to comprehend the purposes for which governments are instituted. As society advances, these principles gradually lose their influence on the higher classes, and would soon probably disappear altogether, if it were not found expedient to prolong their existence, as a source of authority over the multitude. In an age, however, of universal and unrestrained discussion, it is impossible that they can long maintain their empire; nor ought we to regret their decline, if the important ends to which they have been subservient in the past experience of mankind, are found to be accomplished by the growing light of philosophy ...

in proportion as these prospects, with respect to the progress of reason, the diffusion of knowledge, and the consequent improvement of mankind, shall be realized, the political history of the world will be regulated by steady and uniform causes, and the philosopher will be enabled to form probable conjectures with respect to the future course of human affairs[71].

Versteht man Stewarts Konzeption einer „Natural History of Society" auf dem Hintergrund dieser Auffassungen von Aufklärung, so ließe sich behaupten, daß in der am Fortschrittsbegriff orientierten Betrachtungsweise der „Natural History" die normativen Prämissen und praktischen Intentionen einer sich geschichtlich, gegenwartsanalytisch und zukunftsbezogen zugleich verstehenden bürgerlich-intellektuellen Aufklärungsbewegung ihren inhaltlich systematisierten, gesellschafts- und geschichtstheoretisch reflektierten Ausdruck finden. Die „Natural History of Society" macht als eine Form praktisch orientierter Erkenntnis den „progress of society" nicht nur zu ihrem historischen Untersuchungsgegenstand, sondern versteht sich als dessen emanzipatorischer Teil, in der Form einer Geschichtsphilosophie, welche die „enlightened anticipation of the future history of mankind"[72] als ihr erkenntnisleitendes Interesse betrachtet, das sich auf dem Weg einer „Selbstimplikation der Geschichtsphilosophie" (J. Habermas), der praktisch-politischen Rückwirkung der Theorie der Geschichte auf ihren eigenen Verlauf verwirklichen soll. Die „Natural History" könnte so als die historische Orientierungswissenschaft einer zukünftigen aufgeklärten Gesellschaft in gegenwartspädagogischer Absicht bezeichnet werden.

Aufklärungsintention und gegenwartspädagogische Absicht der „Natural History" sind hierbei in entscheidendem Maße vom spezifischen Gegenwartsbezug, von der inhaltlichen Konzeption und von den normativen Voraussetzungen des ihr zugrundeliegenden Fortschrittsbegriffs abhängig und bestimmt.

Im Horizont dieser Vorstellung vom „progress of society", die sich bei Stew-

---

[71] Stewart, Elements I, 247 ff. (Hervorh. H. M.); vgl. auch ders., Dissertation, 191 f. Es ist in diesem Zusammenhang interessant, daß Stewart diesen Prozeß der Aufklärung durch herrschaftsfreie Diskussion als einen Vorgang sieht, im Verlaufe dessen die „plans proposed by Utopian projectors" durch eine „Science of Politics" oder „Science of Legislation" abgelöst werden. S. hierzu, Elements I, 223, bes. 230 ff.

[72] Stewart, Elements I, 223.

art, aber auch bei den übrigen schottischen Aufklärern findet[73], erscheint die herrschaftsfreie, aufgeklärte Gesellschaft von intellektuellen Besitzbürgern nicht nur als ideale Norm von abstrakt-moralphilosophischer Verbindlichkeit, der eine defiziente Wirklichkeit gegenübersteht, sondern als eine zukünftige Möglichkeit, deren reale Bedingungen in den historischen Bewegungsgesetzen des „progress of society" bereits in der Gegenwart sichtbar werden, ohne daß ihre praktische Erreichbarkeit allein aufgrund der Eigendynamik des Fortschritts behauptet wird: Die aufgeklärte Gesellschaft ergibt sich bei Stewart wie bei den übrigen schottischen Aufklärern als zukünftig mögliches Resultat eines spezifisch historischen Vermittlungsprozesses der evolutionären Selbstdurchsetzungskraft des Fortschritts und einer praktisch-politischen Aufklärung durch Bildung. Garantiert ist nach Auffassung der Vertreter der „Natural History" durch die Eigendynamik des Fortschritts lediglich die evolutionäre Entwicklung der Gesellschaft zu einer bürgerlichen Eigentums-, Tausch- und Arbeitsgesellschaft, die zwar für ihre Mitglieder die materiellen Bedingungen der Möglichkeit einer aufgeklärt-autonomen Existenz liefert, aber diese Existenz noch nicht notwendig verwirklicht. Die „bürgerliche Gesellschaft", für die Eigentum, Arbeitsteilung und Tausch konstituierend sind, erscheint zwar als Voraussetzung, Mittel und notwendige historische Durchgangsstufe auf dem Weg zur aufgeklärten Gesellschaft, aber noch nicht als diese Gesellschaft selbst. Diese wird erst mit der universellen Verwirklichung individueller Autonomie durch Bildung und ihrer Praxis als herrschaftsfreier intellektueller Kommunikation über das Institut der öffentlichen Meinung als erreicht betrachtet. Die bürgerliche Gesellschaft muß also durch die aufgeklärt bildungsbürgerliche Gesellschaft überholt und stets an ihrer Norm gemessen werden[74].

Aufklärungsintention und gegenwartspädagogische Absicht der „Natural History" zielen deshalb gleichsam in zwei Richtungen. Sie sind sowohl pragmatisch-reformistisch auf eine vorsichtige Freisetzung der Eigendynamik des „pro-

[73] Auf die Bedeutung und Komplexität der Fortschrittsvorstellungen der schottischen Sozialphilosophen des 18. Jahrhunderts hat insbesondere A. L. Macfie hingewiesen; s. ders., The Individual in Society. Papers on Adam Smith, London 1967, 117; Macfie bezeichnet ebda. eine Untersuchung über diesen Gegenstand als ein großes Desiderat und nennt als mögliche zu untersuchende Autoren Sir James Steuart, Adam Ferguson, Adam Smith, John Millar und John Rae. Wenn er in seiner Aufzählung D. Stewart ausläßt, hat er den reflektiertesten, wenn auch nicht originellsten Vertreter der schottischen „idea of progress" vergessen.

[74] Stewart, Elements I, 236. Auf den gleichen Zusammenhang verweist auch A. L. Macfie, wenn er betont, daß die Vorstellung eines Zustands der „Natural Liberty" bei den schottischen Sozialphilosophen des 18. Jahrhunderts keineswegs auf die Intention einer affirmativen Rationalisierung der Interessenlagen der bürgerlichen Gesellschaft zu reduzieren sei, sondern ein sozialkritisches Potential impliziert habe, das stärkstens von der autonomen Bildungskonzeption der Schotten bestimmt war. „Natural Liberty is a very different sentiment when inspired by the aim of ‚an increase in humanity' from that pervading business specialization. But *it was this society as a glorified Athenaeum that these eighteenth century Scotsmen desired*, and indeed to a creditable, if limited, extent achieved." A. L. Macfie, Individual in Society, 27 (Hervorh. H. M.).

gress of society" bedacht — gewissermaßen als Nahziel aufklärerischer Tätigkeit —, wie auch als Fernziel auf die kritische Rationalisierung dieses „progress" im Sinne eines universellen humanen Bildungskonzepts, das es im Einklang mit der Selbstdurchsetzungskraft des Fortschritts, doch zugleich über seine naturwüchsigen Entwicklungstendenzen hinaus, durchzusetzen gilt.

Beide Aufklärungsintentionen treten im Stewartschen Fortschrittsbegriff zutage. Mittelbar erscheinen sie, wie bereits erläutert wurde, in seiner Differenzierung zwischen einem selbstläufigen sozio-ökonomisch-technischen Fortschritt und einem praktisch zu verwirklichenden politisch-moralischen Fortschritt, unmittelbar werden sie in seinen Definitionen der pragmatischen Nahziele reformerischer Tätigkeit einerseits und ihrer normativen Fernziele andererseits deutlich.

Stewart erblickt das pragmatische Nahziel reformerischer Tätigkeit in erster Linie in der allmählichen Freisetzung der sozialen und ökonomischen Selbstvermittlungsmechanismen einer „bürgerlichen Gesellschaft" von überflüssigen Herrschaftsinstitutionen und Autoritäten. Er konzipiert dieses Nahziel in der Annahme, daß mit der gegenwärtigen Wirklichkeit des Fortschritts auch die zukünftige Möglichkeit einer „bürgerlichen Gesellschaft" gleichsam von selbst gegeben ist, daß es deshalb nicht notwendig ist, den Fortschritt „politisch" zu organisieren, sondern lediglich, seine Tradition zu konservieren, d. h. ihm als spezifisch „gesellschaftlichen" Prozeß freie Bahn zu lassen:

the progress of mankind towards the perfection of the social order, must necessarily in every case be gradual, and . . . must be diversified in the course it takes, according to the situations and characters of nations. To direct, and as far as possible to accelerate this progress, ought to be the great aim of the enlightened statesman, and indeed of every man who wishes well to his species; but it is necessary for him always to remember, that considerable alterations in the established order are very seldom to be effected immediately and directly by political regulations, and that they are, in all cases, most successful and most permanent when they are accomplished gradually by natural causes, freed from those restraints which had formerly checked their operation. In the governments, indeed, of modern Europe, it is much more necessary to abolish old institutions than to introduce new ones, and if this reformation be kept steadily in view, and not pushed farther at any time than circumstances render expedient, or the ideas of the times recommend, the essential principles of a more perfect order of things will gradually establish themselves without any convulsion[75].

Stewarts Aufklärungskonzeption geht jedoch nicht in der Proklamierung dieser auf den ersten Blick eher konservativ-harmonisierend wirkenden Nahziele aufklärender Tätigkeit auf. Als konservativ könnte diese Aufklärungskonzeption Stewarts auch nur insofern charakterisiert werden, als ihr Vertreter sie in Gestalt einer historischen Theorie der bürgerlichen Gesellschaft in dem Bewußt-

---

[75] Stewart, Elements I, 239 f.

sein entwickelt, daß Geschichte in seiner Zeit nicht zu machen, sondern allenfalls zu rationalisieren sei, da sie in Gestalt der evidenten Wirklichkeit des Fortschritts dem Aufklärer immer schon entgegenkommt. Aus dieser realhistorisch vermittelten Einstellung heraus polemisiert Stewart heftig gegen die „utopischen", abstrakten Intentionen der französischen Aufklärungsphilosophie[76]. Jedoch bildet die Einsicht in die Wirklichkeit des Fortschritts nicht die normative Basis der Stewartschen Aufklärungskonzeption schlechthin. Fortschritt muß nach Stewart immer im Rahmen der Normen universeller Bildung und eines auf Bildung bezogenen und aus Bildung resultierenden Freiheits- und Gleichheitsanspruchs aller Individuen beurteilt und unter diesem spezifischen Gesichtspunkt auch politisch gestaltet werden. Erst aus dieser bildungshumanistisch erweiterten naturrechtlichen Erkenntnisperspektive resultiert eine kritische Praxis des Aufklärers, die zwar evolutionär-optimistisch, aber zur gleichen Zeit im Sinne eines historischen Realismus und pragmatischen Reformismus zukunftsorientiert kritisch ist:

it is surely neither enthusiasm nor absurdity to affirm, that governments are more or less perfect in proportion to the greater or smaller number of individuals to whom they afford the means of cultivating their intellectual and moral powers, and whom they admit to live together on a liberal footing of equality... To suppose that a period is ever to arrive, when it shall be realized in its full extent, would be the height of enthusiasm or absurdity... but as an ideal order of things..., in the language of mathematicians, it forms a l i m i t to the progressive improvement of the political order; and, in the meantime, it exhibits a standard of comparison, by which the excellence of particular institutions may be estimated[77].

Der Auffassung von einem „eilfertigen" oder gar „naiven Evolutionismus" der schottischen Vertreter der „Natural History", die J. Habermas in drei kurzen Skizzen der Grundprobleme der schottischen Moralphilosophie des 18. Jahrhunderts entwickelt hat[78], wird schon aufgrund dieser differenzierenden Analyse des Verhältnisses von natürlichem und politischem Fortschritt, das sich in Stewarts Konzeption einer aufklärenden Geschichtsphilosophie in praktischer Absicht findet, nicht uneingeschränkt zuzustimmen sein. Stewart ist die Theorie-Praxis-Problematik jedoch nicht nur auf der pragmatischen Ebene seiner mate-

---

[76] Stewart, Dissertation, 493 ff.

[77] Stewart, Elements I, 236 (Sperrung i. Orig.).

[78] J. Habermas, Soziologie, Sp. 2108 ff.; ders., Die klassische Lehre von der Politik, in: ders., Theorie und Praxis, 80 ff.; ders., Kritische und konservative Aufgaben, in: ders., Theorie und Praxis, 291 ff.; den Vorwurf des „eilfertigen" oder „naiven Evolutionismus" erhebt H. in Theorie und Praxis, 82, 297; zur Kritik an der H.schen Einschätzung der schottischen Moralphilosophen und Sozialwissenschaftler s. o. 27 ff.; Habermas' Studien gehören bei all ihrer Kürze und trotz möglicher kritischer Einwände zum Besten, was über die schottischen Sozialwissenschaftler geschrieben worden ist.

rialen Fortschrittskonzeption, sondern auch auf der logischen Ebene, in der Betrachtung des methodischen Verfahrens der politischen Theorie als einer politischen Wissenschaft[79], zumindest in Ansätzen bewußt. Aufgrund der historisch-praktischen, auf intellektuell-vernünftige wie materiell-bedürfnismäßige Impulse reagierenden fortschrittlichen Struktur des Objekts der moralischen und politischen Wissenschaft ist für ihn die empirische Methode und die repetitive Logik der Naturwissenschaften und ihre zweckrational-instrumentelle Anwendung in der Mechanik nicht unreflektiert auf das Verhältnis von politischer Theorie und politischer Praxis übertragbar. Eine Form der politischen Theorie, die sich auf die systematisch-theoretische Ermittlung von historisch-empirisch Vorhandenem stützt, um daraus instrumentelle Empfehlungen für zukünftige politische Praxis zu deduzieren, ohne die Frage nach ihrer vernünftigen Möglichkeit zu stellen, hat Stewart zufolge nicht das Recht auf den Titel einer politischen Theorie. Die Logik der politischen Theorie muß nach Stewart die Dimension einer zukunftsorientierten, vernünftigen Praxis ebenso wie diejenige ihrer gegenwärtigen Bedingungen und historischen Determinanten in ihre Methoden-Reflexion mit einbeziehen. Wenn Stewart diesen Gedanken in seinen Überlegungen zur methodologischen Konzeption der „Natural History" auch nicht zureichend berücksichtigt (s. hierzu Exkurs II, S. 305 ff.), so trägt er ihn doch im Zusammenhang seiner Darlegung der spezifischen Methoden der „Political Science" des 18. Jahrhunderts vor, in der nach seiner Darstellung das Verfahren der „Natural History" bestimmend war[80]. Insofern darf geschlossen werden, daß Stewart sich der methodischen Problematik des Theorie-Praxis-Verhältnisses im Rahmen einer wissenschaftlich-theoretischen Ansprüchen genügenden Geschichtsphilosophie in praktischer Absicht bewußt war: Die praktische Logik der geschichtsphilosophischen Aufklärung, welche die futuristische und zugleich historische Rückkoppelung gegenwärtiger Praxis fordert, muß sich nach Stewart auch im methodologischen Ansatz einer Theorie der Politik niederschlagen, die immer zugleich auch Theorie aufgeklärten politischen Handelns ist:

> there are plainly two sets of political reasoners; one of which consider the actual institutions of mankind as the only safe foundation for our conclusions, and think every plan of legislation chimerical, which is not copied from one which has already been realized; while the other apprehend that, in many cases, we may reason safely a priori from the known principles of human nature combined with the particular circumstances of the times. The former are commonly understood as contending for experience in opposition to theory; the latter are accused of trusting to theory unsupported by experience; but it ought to be remembered, that the political theorist, if he proceeds cautiously and philosophically, founds his conclusions ultimately on experience, no less than the political empiric . . .

---

[79] Stewart, Elements I, 219 ff.
[80] Ebda., 219 ff.

In politics ... one species of principles is often misapplied from an inatten-
tion to circumstances; those which are deduced from a few examples of
particular governments, and which are occasionally quoted as universal
political axioms, which every wise legislator ought to assume as the ground-
work of his reasonings. But this abuse of general principles should by no
means be ascribed, like the absurdities of the speculative mechanician, to
over-refinement and the love of theory; for it arises from weaknesses, which
philosophy alone can remedy — an unenlightened veneration for maxims
which are supposed to have sanction of time in their favour, and a passive
acquiescence in received opinions.

There is another class of principles ... which ... are a much surer foundation
for our reasonings: ... those principles which we obtain from an examination
of the human constitution, and of the general laws which regulate the course
of human affairs; principles which are certainly the result of a much more
extensive induction than any inferences which can be drawn from the history
of actual establishments ...

The difficulties which, in the mechanical arts, limit the application of general
principles, remain invariably the same from age to age; and whatever observations we have made on them in the course of our past experience, lay a
sure foundation for future practical skill, and supply, in so far as they
reach, the defects of our theories. In the art of government, however, the
practical difficulties which occur are of a very different nature. They do not
present to the statesman the same steady subject of examination which the
effects of friction do to the engineer. They arise chiefly from the passions
and opinions of men, which are in a state of perpetual change; and therefore,
the address which is necessary to overcome them, depends less on the accuracy of our observations with respect to the past, than on the sagacity of
our conjectures with respect to the future. In the present age, more particularly, when the rapid communication, and the universal diffusion of knowledge by means of the press, render the situation of political societies essentially different from what it ever was formerly, and secure infallibly, against
every accident, the progress of human reason; we may venture to predict,
that they are to be the most successful statesmen who, paying all due regard
to past experience, search for the rules of their conduct chiefly in the peculiar
circumstances of their own times, and in an enlightened anticipation of the
future history of mankind[81].

Sowohl der Bezug der „Natural History" zur rationalen Naturrechtstheorie
wie die spezifische Disjunktion ihr gegenüber werden durch diese Vergegen-

---

[81] Stewart, Elements I, 221 ff. Der Vorwurf einer „methodischen Ignoranz gegenüber dem Unterschied von Verfügen und Handeln", den J. Habermas gegenüber den
schottischen Sozialwissenschaftlern erhebt (Theorie und Praxis, 82) dürfte zumindest
in seiner pauschalen Form nicht aufrechtzuerhalten sein.

wärtigung der inhaltlichen, normativ-praktischen und logischen Dimension des Stewartschen Fortschrittsbegriffs deutlich. Die „Natural History" unterscheidet sich als eine Geschichtsphilosophie in praktisch-aufklärender Absicht nicht dadurch von der Naturrechtswissenschaft, daß sie deren normativen Anspruch aufgibt, sondern dadurch, daß sie diesen im Rahmen der von Stewart als entscheidend hingestellten Integration von „Jurisprudence", „History" und „Philosophy" in bezug auf seine historischen Verwirklichungschancen, seine gesellschaftlichen, ökonomischen und kulturellen Bedingtheiten reflektiert und konkretisiert. Der im Naturzustandstheorem nur unzulänglich im Hinblick auf die empirisch-historischen Bedingungen seiner praktischen Möglichkeit hin problematisierte normative Anspruch des rationalen Naturrechts wird in der „Natural History" einer geschichtsphilosophischen Vermittlung unterzogen, die das Normativ-Vernünftige zum Historisch-Wirklichen ebenso wie zum Praktisch-Möglichen in Beziehung setzen will. Gerade in bezug hierauf grenzt Stewart seine eigenen Intentionen wie auch diejenigen der von ihm behandelten Protagonisten der „Natural" oder „Theoretical History" von den abstrakten Vorstellungen der Naturrechtstheoretiker ab. Er beruft sich dabei auf das methodische Vorbild Bacons, dessen Definition der Ziele eines „philosophical system of Jurisprudence" als einer Wissenschaft, welche in praktischer Absicht auf Erkenntnis der „leges legum" aus sei, „ex quibus informatio peti possit, quid in singulis legibus bene aut perperam positum aut constitutum sit"[82], er als „fortunate anticipation" der Leitgedanken der „Natural History" des 18. Jahrhunderts bezeichnet:

> The suggestions of Bacon for the improvement of Political Philosophy, exhibit as strong a contrast to the narrow systems of contemporary statesmen as the Inductive Logic to that of the Schools. How profound and comprehensive are the views opened in the following passages, when compared with the scope of the celebrated treatise „ D e J u r e B e l l i e t P a c i s " ; a work which was first published about a year before Bacon's death, and which continued, for a hundred and fifty years afterwards, to be regarded, in all the Protestant universities of Europe, as an inexhaustible treasure of moral and jurisprudential wisdom ... [zit. Bacon:] ‚The science of such matters certainly belongs more particularly to the province of men who, by habits of public business have been led to take a comprehensive survey of the social order; of the interests of the community at large; of the rules of natural equity; of the manners of nations; of the different forms of government; and who are thus prepared to reason concerning the wisdom of laws, both from considerations of justice and of policy. The great desideratum, accordingly, is, by investigating the principles of n a t u r a l j u s t i c e , and those of p o l i t i c a l e x p e d i e n c y , to exhibit a theoretical model of legislation, which, while it serves as a standard for estimating the comparative excellence of

---

[82] F. Bacon, De Augmentiis Scientiarum, B. VII, Cap. III.

municipal codes, may suggest hints for their correction and improvement, to such as have at heart the welfare of mankind'.

How precise the notion was that Bacon had formed of a philosophical system of Jurisprudence, (with which as a standard the municipal laws of different nations might be compared), appears from a remarkable expression, in which he mentions it as the proper business of those who might attempt to carry his plan into execution, to investigate those „ l e g e s   l e g u m , ex quibus informatio peti possit, quid in singulis legibus bene aut perperam positum aut constitutum sit". I do not know if, in Bacon's prophetic anticipations of the future progress of physics, there be anything more characteristical, both of the grandeur and of the justness of his conceptions, than this short definition; more particularly, when we consider how widely Grotius, in a work professedly devoted to this very inquiry, was soon after to wander from the right path, in consequence of his vague und wavering idea of the aim of his researches . . . [These] fortunate anticipations [of Bacon], so profusedly scattered over his works, outstripping the ordinary march of human reason, associate his mind with the luminaries of the eighteenth century, rather than with his own contemporaries[83].

Die Synthese von „Jurisprudence", „History" und „Philosophy", die Stewart in der „Natural History of Society" verwirklicht sieht, löst das Baconsche „great desideratum" einer Vermittlung der Prinzipien der „Natural Justice" und der „Political Expediency" im Rahmen einer historisch-systematischen Theorie der Gesellschafts-, Rechts- und Herrschaftsformen am Leitfaden des Fortschrittsbegriffs ein. Die Normen des Naturrechts werden in der „Natural History" zugleich geschichtsphilosophisch verortet und reflektiert, indem sie in Form einer hypothetischen Antizipation eines idealen Gesellschaftszustands vorweggenommen und unter dem Gesichtspunkt ihrer praktischen Verwirklichungschance im Verlauf der Geschichte und in der Gegenwart untersucht werden. Hierbei wird der normative Zustand menschlichen Zusammenlebens zwar als zeitlos gültiger Erkenntnis- und Urteilsmaßstab betrachtet, sein konkreter normativer Anspruch wird jedoch historisch relativiert im Blick auf diejenigen materiellen Bedingungen, welche im Verlauf der Geschichte seine Realisierung jeweils begünstigt oder verhindert haben. Die „Natural History" nimmt dementsprechend die Form einer Untersuchung an, welche als eine empirisch stimmige, systematische Theorie der Gesellschafts-, Rechts- und Herrschaftsformen darauf aus ist, die Ursachen, Bedingungen, aber auch Hindernisse des Fortschritts zum Telos einer aufgeklärten Gesellschaft aufzuzeigen. Es ließe sich behaupten, daß die „Natural History" gleichsam eine geschichtsphilosophisch und wirklichkeitswissenschaftlich reorientierte Version des rationalen Naturrechts darstellt, in welcher der optimale „Naturzustand der bürgerlichen Gesellschaft" als praktisch zu verwirklichendes zukünftiges Telos des „progress of society" erscheint, das in Geschichte und Gegenwart bisher nur unzureichend verwirk-

---

[83] Stewart, Dissertation, 71 ff., 189 (Sperrungen i. Orig.).

licht wurde und deshalb als erkenntniskritischer Rahmen dienen muß, in dessen Horizont die „history of mankind" in ihren verschiedenen Stadien auf die rationalen Bedingungen der allgemeinen Möglichkeit einer aufgeklärt-gesellschaftlichen Existenz untersucht wird[84].

---

[84] In ihrer wissenschaftsgeschichtlichen Tradition und ihren konkreten inhaltlichen Bezügen hat der Mitarbeiter, Freund und Kollege D. Stewarts, John Millar of Glasgow (1735—1801), diese geschichtsphilosophische Reorientierung des rationalen Naturrechts zu einer historischen Theorie der Rechts-, Gesellschafts- und Herrschaftsformen beschrieben. Da dieser Aspekt der neuen Einheit von „Jurisprudence", „History" und „Philosophy" bei Stewart selbst nur ungenügend zur Darstellung kommt, seine Angaben über die Historisierung und sozialwissenschaftliche Transformation des Naturrechts aber zum Teil auf persönliche Mitteilungen Millars zurückgehen, bieten dessen Äußerungen eine wichtige Bestätigung und Ergänzung der Stewartschen Aussagen:
„The attempts to delineate systems of jurisprudence, which have been so often repeated with more or less perspicuity or conciseness, but with little variation in substance, opened at length a new source of speculation, by suggesting an enquiry into the circumstances which have occasioned various and opposite imperfections in the law of different countries, and which have prevented the practical system, in any, from attaining the improvement which we find no difficulty in conceiving. In the prosecution of this inquiry, more especially by President Montesquieu, by Lord Kames, and by Dr. Smith, the attention of speculative lawyers has been directed to examine the first formation and subsequent advancement of civil society; the rise, the gradual development, and cultivation of arts and sciences; the acquisition and extension of property in all its different modifications, and the combined influence of these and other political causes, upon the manners and customs, the institutions and laws of any people. By tracing in this manner the *natural history of legal establishments,* we may be enabled to account for the different aspect which they assume in different ages and countries, to discover the peculiarity of situation which has, in any case, retarded or promoted their improvement, and to obtain, at the same time, satisfactory evidence of the uniformity of those internal principles which are productive of such various and apparently inconsistent operations." (John Millar, An Historical View of the English Government, Bd. IV, 284 f. (Hervorh. H. M.); zu Millar s. u. 186 ff.).

VI. Adam Smith als Pionier der Sozialwissenschaft und Geschichtsphilosophie der schottischen Aufklärung

1. Das „Adam-Smith-Problem"

Dem Werk Adam Smiths (1723—1790)[1] kommt in der Dogmengeschichte der historischen Umformung des Naturrechts zu einer aufklärenden Wirklichkeitswissenschaft der bürgerlichen Gesellschaft in Form sozialwissenschaftlicher Einzeldisziplinen die Bedeutung eines säkularen Angelpunkts zu.

Diese Ansicht stellt in der Forschung kein Novum dar, wenn sie bisher auch stets nur in einer charakteristischen Verkürzung der Smithschen Leistung Erwähnung fand. Schon Dugald Stewart beschrieb im Hinblick auf Adam Smith den dogmenhistorischen Wandel, dem die traditionelle Naturrechtswissenschaft in der zweiten Hälfte des 18. Jahrhunderts unterworfen war, wenigstens andeutungsweise dem Gegenstand, der Methode und — in seinem Hinweis auf die „modern Science of Political Economy" — auch der Wissenschaftssystematik nach[2]. In gewisser Weise haben sich die Smith-Interpreten bis in die Gegenwart hinein durch diesen Hinweis Stewarts auf die Entstehung der Wissenschaft der politischen Ökonomie aus der Naturrechtstradition der schottischen Universi-

---

[1] Eine definitive, wissenschaftlichen Ansprüchen genügende moderne Gesamtdarstellung von Leben, Werk und Wirkungsgeschichte Adam Smiths liegt bis heute nicht vor. Bis zum Erscheinen der im Rahmen der neuen Smith-Gesamtausgabe für 1976 geplanten Biographie von E. C. Mossner (vgl. vorläufig ders., Adam Smith. The Biographical Approach [The David Murray Lectures. 30], Glasgow 1969) sind heranzuziehen die grundlegenden Arbeiten v. W. R. Scott, Adam Smith as Student and Professor, New York 1965[2] (1937); ferner ders., Studies relating to A. Smith during the last fifty years, Hg. A. L. Macfie (Proceedings of the British Academy. 26), London 1941; J. Rae, Life of Adam Smith. With an Introduction by J. Viner, New York 1965 (1895); immer noch wertvoll als Gesamtüberblick über die wichtigsten Themen der Smith-Forschung (Stand 1928): Adam Smith, 1776—1926. Lectures to commemorate the Sesquicentennial of the Publication of the „Wealth of Nations", New York 1966[2] (1928); eine ausgezeichnete erste Einführung, als Summe einer lebenslangen Beschäftigung mit dem „Adam-Smith-Problem", gibt der Artikel „Adam Smith" von J. Viner, in: International Encyclopedia of the Social Sciences, New York 1968. Auf ein Leserpublikum von vorwiegend amerikanischen business-men ausgerichtet (häufige Interjektionen: „what a difference from Marxism") ist der biographische Überblick von A. G. West, Adam Smith (Architects of Freedom Series), New Rochelle 1969. Zur Bibliographie der internationalen Smith-Literatur bis 1950 s. B. Franklin u. Fr. Cordasco Hgg., Adam Smith. A Bibliographical Checklist. An International Record of Critical Writings and Scholarship relating to Smith and Smithian Theory 1876—1950 (Burt Franklin Bibliographical Series Bd. 3), New York 1950.

[2] S. o. 146.

täten einseitig und mehr als notwendig lenken lassen. Ihr dogmengeschichtliches Interesse konzentrierte sich vor allem auf die Frage nach dem Verhältnis, in dem die „Inquiry into the Nature and Causes of the Wealth of Nations" (1776)[3] zur schottischen Naturrechtstradition steht. Deutsche, amerikanische und englische Gelehrte haben in der Beantwortung dieser Detailfrage sicherlich Definitives geleistet[4]. Jedoch ging in der Frage nach Adam Smith als dem Begründer

---

[3] Die Hauptschriften Adam Smiths werden nach folgenden Ausgaben zitiert:

1. A. Smith, The Theory of Moral Sentiments (1759), hier benutzt die 6. Aufl. (letzter Hand) 1790, in:: ders., The Works, 5 Bde., London 1811/12 (Reprint Aalen 1963), Bd. I;

2. A. Smith, Theorie der ethischen Gefühle, Übers., Hg. u. Einl. W. Eckstein, 2 Bde., Leipzig 1926 (Philosophische Bibliothek Bd. 220 a). Die Ecksteinsche Ausgabe der „Theory" stellt die bisher einzige textkritische Edition dar; sie ist mit einem umfangreichen Anmerkungsapparat versehen und kollationiert die Lesarten aller sechs Auflagen.

3. A. Smith, An Inquiry into the Nature and Causes of the Wealth of Nations (1776), Hg. u. Einl. E. Cannan, 2 Bde., London 1904, N. A. London 1964;

4. A. Smith, Lectures on Justice, Police, Revenue and Arms, Hg. u. Einl. E. Cannan, Oxford 1896, (Reprint New York 1964); dass. dt. u. d. T. Vorlesungen über Rechts-, Polizei-, Steuer- und Heereswesen, gehalten an der Universität Glasgow, Übers. S. Blach, Hg. I. Jastrow, Halberstadt 1928;

5. A. Smith, Lectures on Rhetoric and Belles Lettres, Hg. und Einl. J. M. Lothian, London 1963.

Die Schriften Smiths werden im folgenden zitiert:

1. Theory of Moral Sentiments
2. Theorie der ethischen Gefühle
3. Wealth of Nations
4. Smith, Lectures on Justice
5. Smith, Lectures on Rhetoric.

[4] Die bis heute in den angelsächsischen Ländern unterschätzten Pionierarbeiten dieses Aspekts der Smith-Forschung lieferte W. Hasbach, Die allgemeinen philosophischen Grundlagen der von Fr. Quesnay und A. Smith begründeten politischen Ökonomie, Leipzig 1890; bes. ders., Untersuchungen über Adam Smith und die Entwicklung der politischen Ökonomie, Leipzig 1891; ferner ders., Adam Smith's Lectures on Justice, Police, Revenue and Arms, in: Political Science Quarterly 12. 1897, 684 ff. Eine treffende Interpretation der oft nur schwer les- und nachvollziehbaren Hasbachschen Argumentation gibt mit dem Schwerpunkt einer Analyse des Smithschen Kollegs über „Jurisprudence" I. Jastrow, Naturrecht und Volkswirtschaft. Erörterungen aus Anlaß der deutschen Ausgabe von Smiths Vorlesungen, in: Jahrbücher für Nationalökonomie und Statistik 126. 1927, 689 ff.; ferner A. Sommer, Das Naturrechtskolleg von Adam Smith, in: Archiv für Rechts- und Wirtschaftsphilosophie 23. 1929, 321 ff.; ohne Kenntnis der Arbeiten Hasbachs kommt unter besonderer Berücksichtigung der methodischen Konzeptionen A. Smiths zu ähnlichen Ergebnissen H. F. Thomson, The Emergence of Political Economy from the Moral Philosophy Course in the Scottish Universities in the 18th Century, PhD. University of Colorado, Boulder 1963; im angelsächsischen Raum kann als der erste Vertreter dieses besonderen disziplingeschichtlichen Aspekts der Smith-Forschung E. Cannan angesehen werden, s. hierzu die Einleitungen der von ihm edierten Werke Smiths o. Anm. 3; ferner A. L. Macfie, The Scottish Tradition in Economic Thought, in: ders., The Individual in Society. Papers on Adam Smith, London 1967, 19 ff.; der gesamte Band Macfies, der Vorstudien zu der vom Autor betreuten kritischen Edition der „Theory of Moral

der bürgerlichen politischen Ökonomie, die zumeist aus der ideologisch verzerrten wirkungsgeschichtlichen Perspektive des 19. Jahrhunderts gestellt wurde[5] und gestellt wird[6], die Frage nach Adam Smith als dem aufklärenden Sozialwissenschaftler und Geschichtsphilosophen, an dem sich die „Dialektik der Aufklärung"[7] erst partiell vollzogen hatte, allzu leicht unter. Adam Smiths Selbsteinschätzung als eines humanistisch gebildeten, politisch engagierten Intellektuellen[8], für den die „commercial society" seiner Zeit stets nur positives Mittel zum Zweck der Herbeiführung einer aufgeklärten liberalen Bildungsgesellschaft war, wurde gewissermaßen auf den Kopf gestellt. Der praktisch-realistische Philosoph eines aufgeklärten Liberalismus, der Grotius, die stoischen Philosophen und Machiavelli gleichermaßen schätzte und der die Gesellschaft seiner Zeit weder von rechts noch von links noch von der Mitte her, sondern gewissermaßen von oben — aus der Vogelperspektive eines humanistisch gebildeten Intellektuellen — sah, wurde zu einem Propheten oder gar Apologeten des modernen Industriekapitalismus umstilisiert, dessen liberale Sozial- und Wirt-

---

Sentiments" (1759) im Rahmen der neuen Smith-Gesamtausgabe enthält, stellt eine unentbehrliche Ausgangsbasis für jede intensivere Beschäftigung mit Adam Smith dar.

[5] Zur Smith-Interpretation des 19. Jahrhunderts s. die Bemerkungen bei W. Eckstein, Einleitung zu Adam Smith, Theorie der ethischen Gefühle, LIV.

[6] Ein Musterbeispiel dafür, daß Smith bis heute durch die Brille seiner ideologisch verfremdeten Rezeption im 19. Jahrhundert interpretiert wird, liefert die Darstellung von M. Hereth, Adam Smith, in: Vom Empire zum Nationalstaat. Englisches politisches Denken im 18. und 19. Jahrhundert, Hg. M. Henningsen, München 1970, 73 ff. Hereth geht in seiner Interpretation von der Annahme aus, daß Smiths Schriften aus einer Motivation der „Angst vor Veränderungen der Existenzbedingungen" seiner Zeit (ebda, 73) entstanden seien. Diese „Angst" habe Smith zur Leugnung der „Erfahrung der Geschichtlichkeit, der Offenheit des Menschen und der Gesellschaft", zur „Reduktion des Menschen auf seine sozio-ökonomische Bedürfnisstruktur" (ebda, 73) geführt. So berechtigt die letzte Annahme in gewissen Grenzen zu sein scheint, so falsch ist die Folgerung, die Hereth daraus zieht, wenn er behauptet, dies habe zur sozialtheoretischen Absolutsetzung eines sich selbst regulierenden, prinzipiell statischen Systems der Bedürfnisse als „alleiniger Wirklichkeit" geführt und damit zur Leugnung der Möglichkeit jeder emanzipatorischen Veränderung. Hereths Interpretationsverfahren ist „klassisch" einfach. Obwohl es sich den Anschein der Kritik zu geben bemüht, eifert es den liberalen Vorbildern des 19. Jahrhunderts nach. Hereth identifiziert die sozio-ökonomischen Legitimationsfiktionen der manchesterliberalen Theorie des 19. Jahrhunderts mit der Position Adam Smiths und meint von dieser falschen Äquivokation ausgehend als ein kritischer Kritiker des 20. Jahrhunderts Smith leicht interpretieren zu können. Er ist zu diesem Zweck bei Goetz Briefs (Laissez-faire-Pluralismus, Berlin 1966) in die adäquate Lehre gegangen. Seine „Angst"-These hat er im übrigen von Wolin, Politics and Vision, 314 ff. übernommen, ohne dies durch einen entsprechenden Hinweis kenntlich zu machen.

[7] Hier im Sinne von M. Horkheimer und Th. W. Adorno, Dialektik der Aufklärung. Philosophische Fragmente, Frankfurt 1969[2], verwendet.

[8] Hierzu die treffende Charakterisierung bei A. Salomon, Adam Smith als Sociologist, in: Social Research 12. 1945, 23 ff., bes. 24 f.; zu Smiths Auffassung vom notwendigen praktisch-politischen Engagement des Intellektuellen und seiner Herleitung dieses Ethos aus der humanistischen Bildungstradition s. bes. Theory of Moral Sentiments, VI, II, 416 f.

schaftstheorie nur als bedingter Reflex seiner kapitalistischen Wertvorstellungen erschien. Besonders seit der zweiten Hälfte des 19. Jahrhunderts geriet diejenige Dimension in Smiths Werk, die ihn als empirischen Analytiker, geschichts-philosophischen Diagnostiker, naturrechtlichen Kritiker und bildungshumanisti-schen Reformtheoretiker erscheinen läßt, in wachsendem Maße aus dem Blick-feld. Das zunehmend von den Strukturkonflikten und -defekten der industriel-len Klassengesellschaft bestimmte Erkenntnisinteresse seiner Interpreten redu-zierte Smith — je nach ideologischem Standort in positivem oder negativem Sinne — zu einem affirmativen Theoretiker der bürgerlichen Kommerz- und Industriegesellschaft, der über eine idealisierend überhöhte Darstellung ihrer ökonomischen und sozialen Selbstvermittlungsmechanismen hinaus nichts Ent-scheidendes gedacht oder publizistisch vertreten habe. Angesichts der seit dieser Zeit vorherrschenden Ideologisierung oder Totalkritik der liberalen Staats- und Gesellschaftsauffassung waren auch die Interpreten Smiths gezwungen, seine politische Ökonomie um ihre emanzipative Dimension zu verkürzen, sei es, daß sie diese in den Dunstkreis des Manchesterliberalismus auflösten[9] oder aus der Perspektive einer neuen Sozial- und Planungswissenschaft der indu-striellen Klassengesellschaft[10] kritisierten oder schließlich gar durch eine „Kritik der politischen Ökonomie"[11] aufheben wollten.

---

[9] W. Eckstein, Einleitung, LIV f.

[10] Hierzu E. Pankoke, Sociale Bewegung — Sociale Frage — Sociale Politik. Grund-fragen der deutschen „Socialwissenschaft" im 19. Jahrhundert, Stuttgart 1970, 135 ff. Pankokes scharfsinnige Studie behandelt die „wissenschaftliche Kritik der liberalen Staats- und Gesellschaftsauffassung" in Deutschland im Zeitalter des industriellen Take-Off nach 1850 und stellt in ihrer methodischen Konzeption, in ihren materiel-len Ergebnissen und in ihrer intellektuell subtilen, doch praktisch engagierten Zeit-genossenschaft eine der bedeutendsten Arbeiten zur Sozialgeschichte der Ideen dar, welche in den letzten Jahren in Deutschland veröffentlicht worden sind. Obwohl Pan-koke in Kap. III seiner Arbeit: „Die Problematik des Verhältnisses von Wirtschaft und Gesellschaft: die ‚socialwissenschaftliche' Revision der klassischen Nationalöko-nomie" (ebda. 135 ff.) Adam Smith nur indirekt und am Rande behandelt, vermittelt er interessante Perspektiven für eine noch zu schreibende Geschichte der Smith-Rezep-tion in Deutschland während der zweiten Hälfte des 19. Jahrhunderts. Pankokes Ver-nachlässigung Smiths scheint im Rahmen seiner spezifischen Fragestellung größten-teils berechtigt. Wurde doch — ganz im Gegensatz zur Zeit des Vormärz — während der 2. Hälfte des 19. Jahrhunderts in der aktuellen „socialwissenschaftlichen" Diskus-sion Smith sehr viel weniger als eine theoretische Potenz sui generis behandelt, denn als negative Symbolfigur für eine Liberalismuskritik, die mit ihrer Verurteilung der liberalen politischen Ökonomie mindestens ebenso sehr die liberale politische Auf-klärung meinte und mit der Diffamierung der letzteren erfolgreicher war als mit der praktischen Verdrängung der ersteren. Vgl. dazu das treffende Urteil A. Onckens von 1898: „Die Minderschätzung Adam Smiths ist gegenwärtig zumal in Deutschland der-artig im Schwange, daß kein Mann, der auf literarische Anerkennung seitens seiner nationalökonomischen Fachkollegen Anspruch macht, es mehr wagen darf, sich zu ihm zu bekennen ... Es ist auffallend, wie fest die Ansicht von der *Staatsfeindlichkeit* Smiths sogar bei Fachgenossen wurzelt, von denen man etwas anderes erwarten sollte." (Hervorh. H. M.) A. Oncken, Das Adam-Smith-Problem, in: Zeitschrift für Sozialwissenschaft 1. 1898, 25 ff., 101 ff., 176 ff., hier 20 bzw. 279. Auf einsamer Höhe in ihrer Erkenntnis des spezifischen ideologischen Verblendungszusammenhangs, dem

Von Apologeten wie Kritikern Smiths wurde hierbei nicht nur die ursprünglich kritische Absicht seiner politischen Ökonomie unterschlagen; auch die sozialwissenschaftliche Systemperspektive seines Gesamtwerks ging verloren, in welcher sich die Auflösung des umfassenden Gegenstandsbereichs der traditionellen naturrechtlichen Moralphilosophie in wirklichkeitsbezogene und erfahrungsorientierte Einzelwissenschaften abzeichnete, ohne daß dabei die normativ-praktischen Intentionen der traditionellen Moralphilosophie zugunsten eines einzelwissenschaftlichen Positivismus aufgegeben wurden.

die Smith-Kritik der deutschen historischen Schule großenteils zuzuordnen ist, stehen einige Bemerkungen in der Studie des Menger-Schülers R. Schüller, Die Klassische Nationalökonomie und ihre Gegner. Zur Geschichte der Nationalökonomie und Socialpolitik seit A. Smith, Berlin 1895: „Die Auffassung der historischen Schule über die Smithsche Wirtschaftspolitik bildet eine wichtige Stütze der jetzt herrschenden principlosen Opportunitätspolitik, welche zu der Einengung des Coalitionsrechts, zu einer rückläufigen Agrar- und Gewerbepolitik, zur Ausdehnung der indirekten Steuern und zu unzulänglichen Socialreformen führt... Um zu einer richtigen Auffassung des zwischen der historischen Schule und der klassischen Richtung in bezug auf die Wirtschafts- und Socialpolitik herrschenden Gegensatzes zu gelangen, muß man den politischen Charakter der historischen Schule in Betracht ziehen. Das Zurückstreben zu altkonservativen Standpunkten, die Bekämpfung jeder energischen volksthümlichen Entwicklung und jeder die Grundlinien des Bestehenden berührenden Steuerreform halten die Vertreter des Historismus für die zur Lösung der socialen Probleme unserer Zeit geeignete Politik. Im Lichte dieser politischen Anschauungen erscheint ihnen die ehrliche Kritik, welche Smith und seine Schüler an der Regierungspraxis ihrer Zeit übten, als staatsauflösend, die Gewinnung und Vertretung großer Prinzipien durch die Klassiker als Vernachlässigung der besonderen Umstände, die energische Initiative, welche die Klassiker in bezug auf die wirtschafts- und socialpolitischen Fragen ihrer Zeit entfaltet haben, als schädlicher Radikalismus." (ebda., 3, 70 f.) Zu Schüller s. die eher selbstentlarvende als das rezensierte Werk treffende Besprechung W. Hasbachs, Die klassische Nationalökonomie und ihre Gegner, in: Jahrbuch für Gesetzgebung, Verwaltung und Volkswirtschaft im Deutschen Reich 20. 1896, 857 ff. Eine Analyse der Smith-Rezeption in Deutschland während des 19. Jahrhunderts hätte in ihren erkenntnisleitenden Gesichtspunkten an die Bemerkungen H. Bittermanns anzuschließen: „in Germany... Smithianism was part of a brief interlude of Aufklärung between stages of interventionist policy and of its theoretical defence, learnedly supported, in part, by the mental confusion of Romanticism, Hegelianism, and nationalistic historism." H. J. B. Bittermann, Adam Smith's Empiricism and the Law of Nature, in: Journal of Political Economy 48. 1940, 487 ff., 703 ff., hier 488; zur Smith-Rezeption in Deutschland s. vorläufig: C. W. Hasek, The Introduction of Adam Smith's Doctrines into Germany. PhD Columbia Univ., New York 1925; M. Palyi, The Introduction of Adam Smith on the Continent, in: Adam Smith, 1776—1926, 180 ff.; W. Treue, Adam Smith in Deutschland. Zum Problem des „Politischen Professors" zwischen 1776 und 1810, in: Deutschland und Europa. Festschrift für Hans Rothfels, Hg. W. Conze, Düsseldorf 1951, 101 ff.

[11] Über K. Marx' Auseinandersetzung mit Adam Smith existiert keine moderne Spezialuntersuchung. Dies erscheint erstaunlich angesichts der Tatsache, daß sich die Auseinandersetzung mit Smith wie ein roter Faden durch fast alle Marxschen Schriften zieht, von den Pariser Manuskripten „Nationalökonomie und Philosophie" von 1844 (s. K. Marx, Die Frühschriften, Hg. S. Landshut, Stuttgart 1953², 225 ff., bes. 228 f., 230, 289, 292 f., 303 f.) bis zu den „Grundrissen der Kritik der politischen Ökonomie" (1857/58) und den „Theorien über den Mehrwert" (1862/63). Mehr als andere Zeit-

Obwohl in der Diskussion um das von August Oncken 1893 formulierte „Adam-Smith-Problem"[12] die Gesamtintention der Smithschen Sozialphilosophie unter einer Vielzahl von Gesichtspunkten neu in den Blick geriet und seither als die Frage nach Vereinbarkeit oder Widerspruch der beiden publizierten Hauptschriften Smiths, der „Inquiry Concerning the Nature and Causes of the Wealth of Nations" und der „Theory of Moral Sentiments", die gelehrte Auseinandersetzung weithin bestimmt hat, fanden wichtige Aspekte des Smithschen Werks bisher nur eine unzureichende Berücksichtigung; ja, es läßt sich aufgrund der wirkungsgeschichtlichen Verzerrung der Smithschen Intentionen auch heute noch behaupten, daß die Hauptaufgabe einer modernen Smith-Interpretation in der Rettung Smiths vor seinen allzu wohlmeinenden oder allzu kritischen Interpreten bestehen muß. Nur so erscheint es möglich, diejenigen Aspekte seines Werks wieder ans Licht zu bringen, die für die gegenwärtig neu beginnende Diskussion um die historischen Bedingungen, versäumten Möglichkeiten und zukünftigen Chancen der kritisch-intellektuellen Aufklärungsbewegung des 18. bis 20. Jahrhunderts relevant sein könnten. Adam Smith als ein Aufklärer des 18. Jahrhunderts muß vor seinen Verehrern wie Gegnern des 19. Jahrhunderts gerettet werden, um im 20. Jahrhundert wieder Bedeutung zu gewinnen.

Der Kernpunkt der Smithschen Aufklärungsphilosophie, der als die Frage formuliert werden könnte, wie diejenigen ökonomischen, rechtlichen und politischen Organisationsformen einer Gesellschaft beschaffen sein müssen, die gewährleisten, daß auf die Basis konstanten Fortschritts der materiellen Zivilisation auch ein Maximum an aufgeklärter, human-sozialer Existenz für den Einzelnen erreicht werden kann und nicht eine latente oder manifeste Selbstzerstörung der Gesellschaft, erscheint heute so aktuell wie im 18. Jahrhundert, zumal Smith in der Konsequenz seiner sozialwissenschaftlichen Analyse zu einer Einsicht gelangte, von der die kritische Aufklärungsphilosophie heute wieder ausgeht:

the people, who clothe the whole world, are in rags themselves[13].

Jedoch erscheint es bei aller Möglichkeit der Aktualisierung notwendig, darauf hinzuweisen, daß gerade in bezug auf die gegenwärtig neue beginnende Aufklärungsdiskussion eine historische Smith-Interpretation von vordring-

---

genossen wurde Marx hierbei den aufklärerisch-kritischen Intentionen Smiths gerecht, ja, er charakterisierte die Absicht seiner eigenen „Kritik der politischen Ökonomie" (implizit) dahingehend, daß sie auf eine Auflösung der Widersprüche in Smiths politischer Ökonomie aus sei: „Die Widersprüche Adam Smiths haben das Bedeutende, daß sie Probleme enthalten, die er zwar nicht löst, aber dadurch ausspricht, daß er sich widerspricht. Sein richtiger Instinkt in dieser Beziehung ist dadurch am besten bewiesen, daß seine Nachfolger bald die eine, bald die andere Seite aufnehmen." Theorien über den Mehrwert I, Berlin 1956, 114; unzulänglich, da auf die Marxsche Smith-Rezeption nicht eingehend und von der Absicht geleitet, Smith von jedem Verdacht einer eventuellen Affinität zu Marx freizuhalten: E. G. West, The Political Economy of Alienation. Karl Marx and Adam Smith, in: Oxford Economic Papers 21. 1969, 1 ff.

[12] S. Anm. 10

[13] Smith, Lectures on Justice, 257.

lichem Interesse ist. Denn ohne Berücksichtigung der historischen Tatsache, daß für Smith die liberale bürgerliche Gesellschaft in ihrer emanzipativen Phase, vor ihrer Umbildung zur industriellen Klassengesellschaft, Basis und Adressat seiner Theorie der Aufklärung war, erscheint das ungeheure Paradoxon nicht verständlich, welches darin zu erblicken ist, daß 80 Jahre nach Smith für Karl Marx, der in seinen Aufklärungszielen weitgehend mit Smith konform ging, eben diejenige Gesellschaftsordnung die aufgeklärte Emanzipation des Menschen verhinderte und negierte, die für Smith noch die absolute historische Voraussetzung, das notwendige Mittel zum Zweck ihrer Möglichkeit bedeutete.

Möglicherweise verdienen die zwei im folgenden angedeuteten Gesichtspunkte einer modernen Smith-Interpretation auf diesem weiteren Hintergrund der neuen Aufklärungsdebatte einiges Interesse; unmittelbar entwickelt wurden sie jedoch im Hinblick auf ein neues Stadium der Auseinandersetzung um Smiths Werk selbst, das sich im Zusammenhang mit der für 1976 geplanten Gesamtausgabe seiner Schriften in letzter Zeit — freilich etwas zaghaft — abzuzeichnen beginnt[14].

---

[14] Hierzu die Arbeiten von A. L. Macfie, The Individual in Society, ferner die wichtige Einleitung von A. Skinner zu: A. Smith, The Wealth of Nations (Books I to III) Hg. u. Einl. A. Skinner, Harmondsworth 1970, die als Vorstudie zu einem größeren geplanten Werk über Smith gedacht ist. Nach Abschluß unserer Arbeit erschien: T. D. Campbell, Adam Smith's Science of Morals, London 1971; Campbell bietet eine originelle und in mancher Hinsicht wegweisende Reinterpretation der „Theory of Moral Sentiments" als einer systematischen Theorie sozialen Handelns; schon als rein textexegetische Leistung stellt diese Studie einen bedeutsamen Beitrag zur Smith-Forschung dar; als wichtig für jede zukünftige Smith-Diskussion dürfte sich jedoch vor allem der C.sche Versuch erweisen, die „Theory of Moral Sentiments" als ein Werk der modernen Sozialwissenschaft zu deuten, das die klassische moralphilosophische Tradition weitgehend hinter sich läßt. So sehr dieser Gesamteinschätzung grundsätzlich zuzustimmen ist, so problematisch erscheint der von C. eingeschlagene besondere Weg der Interpretation: letztlich wenig überzeugend unternimmt es C., anhand einer Analyse der Smithschen „Essays on Philosophical Subjects" (in: A. Smith, Works V., London 1811 [Reprint Aalen 1963]) nachzuweisen, daß Smiths Ansichten über wissenschaftliche Theoriebildung und Logik der Forschung — durch Übernahme der Auffassungen Newtons — nicht nur auf der Höhe seiner Zeit standen, sondern sich darüber hinaus auch auf dem Niveau der gegenwärtigen wissenschaftstheoretischen Grundlagendiskussion befinden, da sie wichtige Gesichtspunkte von K. R. Poppers „Logik der Forschung" (Wien 1935) antizipieren (s. hierzu T. D. Campbell, A. Smith's Science, Kap. 1: „Philosophy and Science in Adam Smith", ebda. 25 ff.). Ganz abgesehen von der zu gewaltsamen Interpretation der „Essays on Philosophical Subjects" als eines Vorläufers der Popperschen „Logik der Forschung" (der Vergleich mit T. S. Kuhns, The Structure of Scientific Revolutions, Chicago 1970[2] wäre treffender gewesen) vermag C.s „positivistische" Sicht der Sozialwissenschaft Smiths nicht zu befriedigen. Seine Behauptung von der Dominanz des empirisch-analytischen vor dem präskriptiven Aspekt der Smithschen Sozialwissenschaft, sein an Popper orientierter Versuch, die Trennung von Erkennen und Werten zum Kriterium des „sozialwissenschaftlichen" Charakters der „Theory of Moral Sentiments" zu machen (s. hierzu T. D. Campbell, A. Smith's Science, Kap. 2: „Social Science or Social Philosophy?", ebda. 46 ff.), muß gerade im Hinblick auf einen Autor als wenig überzeugend erscheinen, dessen Begriff von Sozialwissenschaft noch nicht szientistisch verkürzt war, sondern

Bisher fehlt eine befriedigende Darstellung der Systemperspektive des Smith-schen Gesamtwerks. Smith ist zwar als Ökonom und Moralphilosoph hinrei-chend bekannt, die Frage nach Vereinbarkeit oder Widerspruch von „Wealth of Nations" und „Theory of Moral Sentiments" kann nach den Interpretatio-nen von G. R. Morrow[15], J. Viner[16], H. Bittermann[17] und A. L. Macfie[18] als weitgehend gelöst gelten. Doch besteht keine hinreichende Klarheit über Inhalt und Zwecksetzung des von Smith mehrfach angekündigten, nicht vollendeten und von seinen Testamentsvollstreckern vernichteten „great work", das er als den abschließenden Baustein seines umfassenden wissenschaftlichen Systems be-trachtete. Nach dem Plane Smiths sollte diese Arbeit, deren Inhalt er selbst als den einer „Theory and History of Law and Government" umriß, neben der „Theory of Moral Sentiments" und dem „Wealth of Nations" den dritten Teil („branch") der von ihm intendierten „science of a statesman or legislator"[19] darstellen[20].

Im folgenden wird zunächst die Frage nach der wissenschaftssystematischen und disziplingeschichtlichen Bedeutung des Werkes über „Theory and History" of Law and Government" im Gesamtzusammenhang der Smithschen Schriften erörtert werden. Auch wenn diese Frage vorläufig nicht abschließend zu klären ist, so ergeben sich doch — wie zu zeigen sein wird — interessante Einsichten in die Entstehungsgeschichte der Sozialwissenschaften im anglo-schottischen Raum, sowohl was ihren Zusammenhang mit der moralphilosophischen Tradition der schottischen Universitäten im 18. Jahrhundert betrifft als auch die verschiedenen Stufen ihrer einzelwissenschaftlichen Emanzipation aus diesem Traditionszu-sammenhang.

Adam Smith erscheint — dies bildet das überraschende Ergebnis der Unter-suchung — nicht nur als der Stammvater der anglo-schottischen politischen Ökonomie, sondern auch als eine Schlüsselfigur in der Entstehungsgeschichte der übrigen Sozialwissenschaften, der Politischen Wissenschaft ebenso wie der Poli-tischen Soziologie.

Die wissenschaftssystematischen Erörterungen bilden lediglich das Prolego-menon zum zweiten, zentralen Teil unserer Smith-Interpretation. Sie zielt auf

---

für den „philosophy" und „science" auch in der Hinsicht noch eine Einheit bildeten, daß er die empirisch-systematische Analyse der Gesellschaft immer mit einer ge-schichtsphilosophisch legitimierten, praktischen Aufklärungsintention zu verbinden trachtete; vgl. zu Campbell auch u. Anm. 52 u. 191.

Zu Campbells Interpretation der Wissenschaftsauffassung Smiths s. demnächst die konstruktive Kritik von A. Skinner, Adam Smith's „Philosophical Essays", ScJPE 20. 1972 (November 1972); einen neuen Beitrag zur Smith-Diskussion verspricht auch S. Hollander, The Economics of Adam Smith, Toronto 1972.

[15] G. R. Morrow, The Ethical and Economic Theories of Adam Smith. A Study in the Social Philosophy of the 18th Century, New York 1923 (Reprint New York 1969).

[16] J. Viner, Adam Smith and Laissez Faire, in: Adam Smith, 1776—1926, 116 ff.

[17] Bittermann, Adam Smith's Empiricism.

[18] Macfie, The Individual in Society.

[19] Wealth of Nations IV, Bd. I, 449.

[20] Hierzu u. 183 ff.

den Nachweis eines durchgängigen strukturellen Moments des Smithschen sozialwissenschaftlichen Gesamtwerks. Es soll der Versuch unternommen werden,
Adam Smith als einen aufgeklärten Sozialtheoretiker und Geschichtsphilosophen darzustellen, dessen Schriften eine entscheidend wichtige Phase in der
Transformation der naturrechtlichen Moralphilosophie zur modernen Sozialwissenschaft markieren.

Nach der im folgenden vertretenen Auffassung besteht ein wesentliches, ge-
meinsames Strukturmerkmal aller sozialwissenschaftlichen Systementwürfe wie
Einzelwerke Smiths — angefangen von den frühen Edinburgher Vorlesungen
bis zum Werk über „Theory and History of Law and Government" — in der
geschichtsphilosophischen Konzeption einer „Natural History of Civil Society".
Diese „Natural History" wäre völlig unzureichend charakterisiert, wenn man
sie als eine optimistische bürgerliche Fortschrittsphilosophie bezeichnen wollte,
die auf eine geschichtsphilosophische Legitimation einer Laissez-Faire-Konzep-
tion von Wirtschaft und Gesellschaft zielte. Dies hieße ihre spezifisch aufkläre-
risch-kritische Intention ebenso verkennen wie ihren sozialwissenschaftlich-
empirischen Anspruch und schließlich auch ihre Funktion als integrierendes
„frame of reference" der zentralen theoretischen Aussagen Smiths. Die Smithsche „Natural History" kann im Gegenteil als eine hypothetische Geschichtsphilosophie in praktischer Absicht begriffen werden, welche als normativer und
zugleich analytischer Rahmen konzipiert war, von dessen Perspektive her
Smith seine zeitgenössische Gesellschaft einerseits aus ihrer historischen Genesis
verstehen und andererseits als bildungsbürgerlicher Aufklärer kritisch beurtei-
len wollte. Wesentliche Grundlage dieser Smithschen Geschichtsphilosophie bildete eine theoretisch-systematisch konzipierte und empirisch fundierte Analyse
der individuellen und sozialen Grundgegebenheiten menschlichen Handelns, die
von der normativen Intention geleitet war, die notwendigen, hinreichenden und
optimalen Vorbedingungen einer aufgeklärt-humanen gesellschaftlichen Existenz des Menschen zu ermitteln.

In ihrer entwickeltsten Form erscheint diese Analyse in der „Theory of Moral
Sentiments" als eine relativ geschlossene, systematische Gesellschaftstheorie und
darüber hinaus als eine materiale Soziologie in rechts- und moralphilosophi-
schem Gewand. Auf sie wird deshalb zunächst im Blick auf die hier interessie-
renden Fragestellungen im zweiten Teil unserer Smith-Interpretation einzugehen sein.

Unsere zugegebenermaßen isolierende Interpretation der geschichtsphilosophischen und sozialtheoretischen Momente in Smith sozialwissenschaftlichen
Systementwürfen und Einzelschriften ist hierbei nicht Zweck an sich. Sie zielt
darauf ab, in einer inhaltlich konkreten Analyse am Beispiel der verschiedenen
Schriften Smiths aufzuzeigen, daß sich die modernen Sozialwissenschaften zumindest im anglo-schottischen Raum mit einer essentiellen sozialtheoretischen
und geschichtsphilosophischen Perspektive konstituiert haben, welcher die Intention zugrunde lag, die zeitgenössische Gesellschaft durch Aufweis ihrer historischen Genesis und durch Kontrastierung ihrer Wirklichkeit mit ihrer objektiven

Möglichkeit im Horizont der Anforderungen eines bildungshumanistisch erweiterten Naturrechts auch über sich selbst aufzuklären.

2. Sozialwissenschaftliches System und soziale Einzelwissenschaften: Die Emanzipation der Soziologie, Ökonomie und politischen Wissenschaft aus der schottischen Naturrechtstradition

Trotz mehrfacher sporadischer Andeutungen[21] wurde bis heute der Nachweis
weder versucht noch erbracht, daß sich in den verschiedenen veröffentlichten
und der Öffentlichkeit nicht zugänglichen[22], erhaltenen und vernichteten Schriften Smiths, angefangen von seinen frühen Edinburgher Vorlesungen[23], die der
junge Intellektuelle außerhalb des etablierten Universitätsbetriebs hielt, über
seine frühen Glasgower moralphilosophischen Kollegs[24], insbesondere seine
„Lectures on Jurisprudence", bis zur „Theory of Moral Sentiments" (1759),
der „Inquiry into the Nature and Causes of the Wealth of Nations" (1776)
und der unveröffentlichten und 1790 vernichteten Arbeit über „Theory and
History of Law and Government"[25] die Auflösung der naturrechtlich orientierten Moralphilosophie vernunftrechtlicher Prägung in historisch-empirische
und zugleich normativ-aufklärende systematische Sozialwissenschaften in entscheidenden Ansätzen vollzog, nicht nur in die Wissenschaft der politischen
Ökonomie, wie dies bereits mehrfach nachgewiesen worden ist[26], sondern in
Systeme der theoretischen Soziologie, Ökonomie und Politischen Wissenschaft
gleichermaßen.

Wurden in den frühen Edinburgher Vorlesungen Smiths (1748—1750) über
„Civil Law" oder „Jurisprudence" noch ethische, ökonomische, politische, soziologische und juristische Lehrinhalte relativ undifferenziert nebeneinander geboten, wie die wenigen erhaltenen Manuskript-Partikel der Smithschen Vorlesung beweisen, in denen sich Inhalte der späteren „Theory of Moral Sentiments" ohne erkennbare systematische Intention mit solchen überlagern, die
später wörtlich in die Formulierungen der „Inquiry into the Nature and Causes

---

[21] Z. B. F. H. Giddings, The Principles of Sociology. An Analysis of the Phenomena of Association and of Social Organisation, London—New York 1924³, X f. In
bewußter Absetzung von der zeitgenössischen Dogmatisierung und Verabsolutierung
A. Smiths als des Begründers der politischen Ökonomie stellt Giddings im Vorwort
zur 3. Auflage seines Werks die große Leistung A. Smiths als eines Pioniers der modernen Soziologie heraus. Er weist außerdem darauf hin, daß in Smiths Naturrechtskolleg ein vollständiges System der Sozialwissenschaften angelegt sei, ohne daß er
jedoch auf Struktur und Inhalt dieses Systems näher eingeht; s. a. die Andeutungen
bei A. Salomon, A. Smith as Sociologist, SR 12. 1945, 22 f.

[22] Zum neuen Glasgower Smith-Manuskript s. Anm. 40.

[23] Hierzu W. R. Scott, Adam Smith as Student and Professor, Kap. V, 41 ff.

[24] Ebda., 66 ff.

[25] S. 183 ff.

[26] S. o. 172 f. u. Anm. 4.

of the Wealth of Nations" eingingen[27], so stand Smith seit seiner Berufung auf den Glasgower moralphilosophischen Lehrstuhl (1751) unter dem Zwang, die Disposition seines Vorlesungsstoffes der tradierten Systematik der Vorlesungen seiner Vorgänger Fr. Hutcheson und G. Carmichael — wenn auch mit charakteristischen Änderungen — anzupassen[28]. Der Smithsche Moralphilosophiekurs umfaßte neben „Natural Theology", die Smith immer relativ kurz abhandelte, „Ethics" und „Jurisprudence", wobei sich der letzte Teil der Vorlesung über „Jurisprudence" in die Abschnitte „Justice" (mit den Unterabteilungen „Public Jurisprudence", „Domestic Law" und „Private Law") sowie „Police, Revenue and Arms" aufgliederte[29].

---

[27] Hierzu Scott, Adam Smith as Student and Professor, 58 f.

[28] Ebda., 112 f. u. 57 ff. und die folgende Anmerkung.

[29] Den besten Überblick über Aufbau und Inhalt der Glasgower moralphilosophischen Vorlesung Smiths gibt John Millar in einem Bericht, den er speziell für D. Stewarts „Account of the Life and Writings of Adam Smith" (ebda. 12) verfaßte: „About a year after his appointment to the Professorship of Logic, Mr. Smith was elected to the Chair of Moral Philosophy. His course of lectures on this subject was divided into four parts. The first contained *Natural Theology;* in which he considered the proofs of the being and attributes of God, and those principles of the human mind upon which religion is founded. The second comprehended *Ethics,* strictly so called, and consisted chiefly of the doctrines which he afterwards published in his T h e o r y o f M o r a l S e n t i m e n t s . In the third part, he treated at more length of that branch of morality which relates to j u s t i c e , and which, being susceptible of precise and accurate rules, is for that reason capable of a full and particular explanation.

Upon this subject he followed the plan that seems to be suggested by Montesquieu; endeavouring to trace the gradual progress of j u r i s p r u d e n c e , both public and private, from the rudest to the most refined ages, and to point out the effects of those arts which contribute to subsistence, and to the accumulation of property, in producing correspondent improvements or alterations in law and government. This important branch of his labours he also intended to give to the public; but this intention, which is mentioned in the conclusion to the T h e o r y o f M o r a l S e n t i m e n t s , he did not live to fulfil.

In the last parts of his lectures, he examined those political regulations which are founded, not upon the principle of j u s t i c e , but that of e x p e d i e n c y , and which are calculated to increase the riches, the power and the prosperity of a state. Under this view, he considered the political institutions relating to commerce, to finances, to ecclesiastical and military establishments. What he delivered on these subjects contained the substance of the work he afterwards published under the title of A n I n q u i r y i n t o t h e N a t u r e a n d C a u s e s o f t h e W e a l t h o f N a t i o n s ." (Sperrungen i. Orig., Hervorh. H. M.). Der Inhalt dieser Vorlesungen ist bisher lediglich in einer studentischen Nachschrift zugänglich, die 1896 von E. Cannan u. d. T. „Lectures on Justice, Police, Revenue and Arms" hg. und publiziert wurde (s. auch u. 185 u. Anm. 40). Mit Recht wies I. Jastrow in seiner Abhandlung: Naturrecht und Volkswirtschaft (ebda., 699), darauf hin, daß der von Cannan diesen Vorlesungen gegebene Titel „Lectures on Justice, Police, Revenue and Arms" irreführend sei und der Titel der Kollegnachschrift im Original „Jurisprudence or Notes from the lectures on Justice, Police, Revenue and Arms" laute (bei Cannan im Faksimile reproduziert, s. Smith, Lectures on Justice, XLI). Diese Originalformulierung ist insofern von Bedeutung, als schon im Titel der Vorlesung Smiths Intention deutlich wird, das Kolleg über „Justice, Police, Revenue and Arms"

Die verschiedenen Änderungen und Verschiebungen im Aufbau der Smithschen Vorlesung während seiner Glasgower Zeit (1751—63) können hier nicht
erörtert werden, es erscheint jedoch wichtig hervorzuheben, daß sich in der
realisierten oder beabsichtigten Publikation der einzelnen Vorlesungsteile der
Smithschen Vorlesung die Auflösung der naturrechtlichen Moralphilosophie in
sozialwissenschaftliche Einzeldisziplinen klar abzeichnet. Dies ist sowohl in formaler wie inhaltlicher Hinsicht zu erkennen. 1759 publizierte Smith den
„Ethics" genannten Teil seiner Vorlesung unter dem Titel „Theory of Moral
Sentiments" als selbständige Abhandlung. 1776 folgte der Teil über „Police,
Revenue and Arms" als „Inquiry into the Nature and Causes of the Wealth of
Nations". Auch der „Justice" genannte Teil der Vorlesung wurde von Smith
mehrfach überarbeitet und war zur selbständigen Publikation vorgesehen, ja
Smith scheint ihn für sein wichtigstes Werk überhaupt gehalten zu haben, wenn
er ihn wiederholt als sein „great work" apostrophiert[30]. Das „great work"
erreichte jedoch in seiner Textgestaltung und Systematik nie die Perfektion, die
Smith stets als Voraussetzung einer Veröffentlichung seiner Werke ansah, und
wurde deshalb 1790 auf Smiths Anordnung hin vernichtet.

Doch nicht allein in der formal selbständigen Publikationsform der einzelnen
Vorlesungsteile deutet sich die Auflösung des traditionellen integrierten Moral-
philosophiekurses der schottischen Universitäten in wissenschaftliche Einzeldisziplinen an; dies wird erst bei Berücksichtigung ihres Inhalts vollends deutlich: Enthält die „Theory of Moral Sentiments" (1759) entscheidende Ansätze
zu einer am philosophisch-systematischen Vorbild der Newtonschen Methode
ausgerichteten wissenschaftlichen Theorie sozialen Handelns in Form einer
Soziologie und Psychologie des Fällens von Wertentscheidungen und wird die
„Inquiry into the Nature and Causes of the Wealth of Nations" (1776) als
klassisches Werk der neuen politischen Ökonomie der zweiten Hälfte des
18. Jahrhunderts oft zitiert, wenn auch kaum gelesen, so könnte der Inhalt der

---

in einen einheitlichen naturrechtlichen Rahmen zu stellen, wie sich aus der Smithschen Gleichsetzung von „Jurisprudence" und „Natural Jurisprudence" und der entsprechenden inhaltlichen Definition ergibt (s. u. 242 ff.). Er erscheint auffällig, daß Millar
in der Beschreibung der moralphilosophischen Vorlesung Smiths zwischen dem dritten Vorlesungsteil „Justice" und dem vierten Teil „expediency" in einer Schärfe
trennt, wie sie in den Glasgower Vorlesungen Smiths selbst nicht gegeben war. Millar
liest augenscheinlich den späteren Aufbau des Smithschen Systems nach Veröffentlichung des „Wealth of Nations" schon in die Glasgower Vorlesungen hinein, die er
selbst besucht hatte. Smith selbst faßte den von Millar getrennten dritten und vierten
Teil seiner moralphilosophischen Vorlesung noch einheitlich unter dem Titel „Jurisprudence" zusammen (s. o. 180), wobei er „Jurisprudence" (von ihm synonym gebraucht mit „Natural Jurisprudence") als eine naturrechtliche Prinzipienwissenschaft
folgendermaßen definiert: „Jurisprudence is that science which enquires into the
general principles which ought to be the foundation of the laws of all nations ...
Jurisprudence is the theory of the general principles of law and government. The
four great objects of law are, justice, police, revenue, and arms." Smith, Lectures on
Justice, 1/3.

[30] S. u. 184.

Schrift über „Theory and History of Law and Government" am ehesten dahingehend charakterisiert werden, daß es sich hierbei um ein Werk handeln sollte, das auf eine Soziologie des Rechts und der Politik oder eine soziologisch und juristisch orientierte Politische Wissenschaft zielte.

Smith beschäftigte sich zeit seines wissenschaftlichen Lebens, zumindest seit der Abfassung der „Theory of Moral Sentiments" (publ. 1759), wahrscheinlich aber schon seit seinen Edinburgher Vorlesungen über „Civil Law" oder „Jurisprudence"[31] mit der Problematik eines Werkes über „Theory and History of Law and Government". Im Nachwort zur „Theory of Moral Sentiments" taucht es bereits dem Programm nach auf. Smith umreißt es als ein Werk, dessen Gegenstand „subject of a particular science" sei, „of all the sciences by far the most most [sic!] important, but hitherto, perhaps, the least cultivated, that of natural jurisprudence"[32]. Inhaltlich charakterisiert er dieses geplante Werk als eine „history of jurisprudence", die ihrem systematischen Aufbau nach als eine allgemeine Rechts- und Staatslehre mit den Teilen „Justice, Police, Revenue and Arms" konzipiert sein soll. Smith deutet an, daß sich in seiner „Science of Natural Jurisprudence" systematische und normative Gesichtspunkte mit einer historisch gerichteten Analyse derjenigen Bedingungen verbinden sollen, welche in den „different ages and periods of society" die sich ändernde Gültigkeit rechtlicher und politischer Normen jeweils bestimmt haben:

I shall in another discourse endeavour to give an account of the general principles of law and government, and of the different revolutions they have undergone in the different ages and periods of society, not only in what concerns *justice,* but in what concerns *police, revenue* and *arms,* and whatever else is the object of law. I shall not, therefore, at present enter into any further detail concerning the history of jurisprudence [33].

Aus einem Vergleich dieses Programms mit der von E. Cannan edierten Nachschrift der Smithschen Vorlesung über „Jurisprudence", welche „Justice, Police, Revenue and Arms" umfaßte, ergibt sich, daß das geplante Smithsche Werk seiner ursprünglichen Konzeption nach eine Wiedergabe dieser Vorlesung sein sollte, mit besonderer Berücksichtigung der „history of jurisprudence". Es sollte im wesentlichen diejenigen Inhalte umfassen, die in Smiths Moralphilosophiekurs als die Abschnitte „Justice, Police, Revenue and Arms" erscheinen[34]. Diese Konzeption änderte sich, nachdem Smith mit der Veröffentlichung seines „Inquiry into the Nature and Causes of the Wealth of Nations" (1776) die nationalökonomischen Ausführungen seiner Vorlesung, die in den Abschnitten „Police, Revenue and Arms" abgehandelt wurden, in einem speziellen Werk, das der „very important science ... of political oeconomy"[35] gewidmet war, ausgegliedert und zum Gegenstand einer speziellen wissenschaftlichen Disziplin ge-

---

[31] S. o. 180 u. Anm. 29.
[32] Theory of Moral Sentiments, VI, II, 381.
[33] Ebda. VII, IV, 610 (Hervorh. H. M.).
[34] Vgl. Smith, Lectures on Justice, 3.
[35] Wealth of Nations, IV, IX, Bd. II, 199.

macht hatte. Übrig blieb die Aufgabe der Abfassung einer systematischen Rechts- und Staatslehre, die Smith in seinen Vorlesungen unter den Titeln „Public Jurisprudence", „Domestic Law", „Private Law"[36] abgehandelt hatte.

Am 1. November 1785 beschreibt Smith im Brief an einen französischen Korrespondenten, den Duc de la Rochefoucauld, den zu realisierenden Rest seines wissenschaftlichen Lebenswerks dahingehend, daß er neben der Abfassung einer philosophischen Literaturgeschichte, die ihn zeit seines Lebens beschäftigte, ein großes Werk über „Theory and History of Law and Government" plane.

Er habe

two other great works upon the anvil; the one is a sort of Philosophical History of all the different branches of Literature, of Philosophy, Poetry and Eloquence; the other is a sort of *theory and History of Law and Government* ... But the indolence of old age, tho' I struggle violently against it, I feel coming fast upon me, and wether I shall ever be able to finish either is extremely uncertain[37].

Die Hoffnung, sein „great work" über „Theory and History of Law and Government" fertigzustellen, hatte Smith auch im Jahr seines Todes noch nicht aufgegeben. Noch in der Auflage der „Theory of Moral Sentiments", die 1790 kurz vor seinem Tod erschien, erwähnt Smith seine entsprechende Absicht:

In the last paragraph of the first Edition of the present work, I said, that I should in another discourse endeavour to give an account of the general principles of law and government, and of the different revolutions which they had undergone in the different ages and periods of society; not only in what concerns justice, but in what concerns police, revenue, and arms, and whatever else is the object of law. In the ENQUIRY CONCERNING THE NATURE AND CAUSES OF THE WEALTH OF NATIONS, I have partly executed this promise; at least so far as concerns police, revenue, and arms. What remains, the theory of jurisprudence, which I have long projected, I have hitherto been hindered from executing, by the same occupations which had till now prevented me from revising the present work. Though my very advanced age leaves me, I acknowledge, very little expectation of ever being able to execute this great work to my own satisfaction; yet, as I have not altogether abandoned the design, and as I wish still to continue under the obligation of doing what I can, I have allowed the paragraph to remain as it was published more than thirty years ago, when I entertained no doubt of being able to execute every thing which it announced[38].

Es war zunächst im Rahmen dieser Arbeit beabsichtigt, die sozialwissenschaftliche Aufspaltung der Smithschen Vorlesung über Moralphilosophie in die drei

---

[36] Smith, Lectures on Justice, Inhaltsverzeichnis.

[37] Zit. bei J. Viner, Adam Smith, in: International Encyclopedia of the Social Sciences, New York 1968, nach A. Smith, Letter to the Duc de la Rochefoucauld, in: Economic Journal 6. 1896, S. 165 f., hier 166 (Hervorh. H. M.).

[38] Theory of Moral Sentiments, Advertisement to the Sixth Edition, XVI f. (Hervorh. i. Orig).

publizierten oder geplanten Hauptwerke zu untersuchen und mittels einer vergleichenden Analyse der Smithschen Früh- und Spätschriften den Versuch einer Rekonstruktion des auf Smiths Wunsch 1790 vernichteten Werks über „Theory and History of Law and Government" zu unternehmen. In diesem „great work"[39] Smiths verbergen sich nach Meinung des Verfassers die Ursprünge zweier neuer sozialwissenschaftlicher Disziplinen, die sich während der zweiten Hälfte des 18. Jahrhunderts aus den Moralphilosophiekursen der schottischen Universitäten emanzipiert und als selbständige Einzelwissenschaften konstituiert haben: der Politischen Wissenschaft einerseits, und der Politischen Soziologie andererseits.

Dieser Rekonstruktionsversuch mußte jedoch aufgrund der vorläufig ungünstigen Quellenlage aufgegeben werden, da eine wichtige Aufschlüsse vermittelnde Nachschrift der Smithschen Vorlesung über „Jurisprudence" in der endgültigen Fassung von 1762/63, welche sich in Inhalt, Aufbau, Systematik und Umfang erheblich von der von Cannan edierten Version der „Lectures on Justice, Police, Revenue and Arms" unterscheidet, bis auf weiteres der Öffentlichkeit nicht zugänglich ist[40]. Ein erster, dem Verfasser möglicher Überblick über den Inhalt der Smithschen „Jurisprudence"-Vorlesung in der Fassung des neugefundenen Glasgower Manuskripts eröffnet jedoch eine für die Dogmengeschichte der Entstehung der Sozialwissenschaften im angelsächsischen Raum wichtige und bisher nicht berücksichtigte Erkenntnis. Es zeigt sich zweifelsfrei, daß wesentliche strukturelle, methodische und inhaltliche Gemeinsamkeiten zwischen demjenigen Teil der Smithschen Vorlesung, welcher den Titel „Of Public

---

[39] So Smith selbst über seine projektierte Arbeit, s. o. 184.

[40] Das „Jurisprudence"-Manuskript wurde 1958 zusammen mit einem anderen Smith-Manuskript über „Rhetoric and Belles Lettres" von J. M. Lothian anläßlich einer Auktion in Aberdeen entdeckt (s. ders., Long Lost Manuscripts of Adam Smith, in: The Scotsman 1. Nov. 1961; und ders., A New Side of Adam Smith, ebda., 2. Nov. 1961). Das im Original „Notes of Dr. Smith's Rhetorick Lectures" betitelte Manuskript wurde inzwischen von J. M. Lothian ediert: J. M. Lothian Hg., Lectures on Rhetoric and Belles Lettres. Delivered in the University of Glasgow by Adam Smith. Reported by a Student in 1762—63, London 1963 (s. hierzu die wichtige Kritik von E. C. Mossner in: Studies in Scottish Literature 2. 1965, 199 ff.). Das „Jurisprudence"-Manuskript befindet sich gegenwärtig in der Universitätsbibliothek Glasgow. Es trägt weder Verfasserangabe noch Titel. Doch nach zahlreichen inneren und äußeren Kriterien, insbesondere aufgrund seiner inhaltlichen Übereinstimmung mit Partien der von Cannan edierten „Lectures", hat es mit Sicherheit die Vorlesung Adam Smiths über „Jurisprudence" zum Gegenstand. Umfang (6 Bde., ca. 170 000 Worte), textliche Qualität und Datierung (1762/63) des Manuskripts lassen ebenso wie zahlreiche andere Hinweise vermuten, daß es sich hierbei um eine Abschrift des Smithschen Vorlesungsmanuskripts selbst und nicht nur um eine studentische Nachschrift der Vorlesung handeln könnte. Doch wird diese Vermutung vor einem gründlichen, textkritischen Studium nicht zu erhärten sein. — Mit dem Hinweis auf eine geplante Publikation im Rahmen der Smith-Gesamtausgabe wird das Smithsche „Jurisprudence"-Manuskript seit seinem Erwerb durch die Universität Glasgow vor mittlerweile fast zehn Jahren der Öffentlichkeit vorenthalten. Durch das freundliche Entgegenkommen eines Angestellten der Universität Glasgow erhielt der Verf. nach langen Bemühungen die Möglichkeit, das Manuskript kurzfristig einzusehen.

Jurisprudence" trägt und einer Spezialvorlesung bestehen, welche Smiths Schüler, Kollege und vertrauter Freund John Millar unter dem Titel „Lectures on the Science of Government" oder „Lectures on Government"[41] an der Universität Glasgow hielt.

---

[41] Dem Verf. gelang es, in verschiedenen öffentlichen und privaten schottischen Archiven, u. a. in der Glasgow-University-Library (Murray-Collection, Hamilton-Collection); in der Mitchell-Library, Glasgow; in der Kings-College-Library, Aberdeen; in der National Library of Scotland, Edinburgh; in den Moncreiff Papers, Tulliebole Castle, Fossoway, Kinross-shire, verschiedene Nachschriften der Millarschen „Lectures on Government" zu finden, die einen detaillierten Überblick über die Entwicklung der Millarschen Vorlesung zwischen den Jahren 1771/72 und 1797/98 ermöglichen. Die Nachschriften sind von höchst unterschiedlicher Qualität. Das Spektrum reicht von stenographischen Vorlesungsmitschriften über mehrbändige Vorlesungsnachschriften, welche interessante politische Exkurse Millars über die Französische Revolution enthalten, bis zu einer Version, welche mit Sicherheit eine Abschrift des Vorlesungsmanuskripts Millars nach dem Stand von 1787/88 darstellt. Der Verfasser beabsichtigt, diese letztgenannte Abschrift im Rahmen einer Untersuchung über John Millar und die Entstehung der angelsächsischen „Political Science" zu edieren.

Im Hinblick auf die hier behandelten Zusammenhänge erscheint der begriffsgeschichtliche Hinweis interessant, daß sich in der wechselnden Titelgebung der Millarschen Vorlesung von „Lectues on the Public Law of Great Britain" (Mitchell Library Glasgow, Bell Collection, MS Nr. G-320 4, nicht datierte Frühphase) über „Lectures on Government" (ab 1771/72, z. B. National Library of Scotland, Edinburgh, MS Nr. 3931) bis zu „Lectures on the Science of Government" (1797/98, Glasgow University Library Hamilton Collection, MS Nr. BC 10 — a 15) die Stufen der einzelwissenschaftlichen Emanzipation des Millarschen Kollegs aus demjenigen Rahmen nachvollziehen lassen, der ursprünglich durch Smiths Vorlesung über „Jurisprudence" bzw. ihren Teil „Public Jurisprudence" abgesteckt war. Der Nachweis, daß es sich bei John Millar um den wohl besten zeitgenössischen Kenner der Smithschen „Jurisprudence"-Vorlesung einschließlich ihrer Manuskript-Fassung handelte, kann auch ohne ausführliche textvergleichende Analysen, die erst nach der Publikation des neuen Glasgower Smith-Manuskripts möglich sein dürften, geführt werden. Er ergibt sich schlüssig aus einem Brief John Millars an seinen ehemaligen Schüler D. Douglas (später Lord Reston) vom 14. 8. 1790. Douglas, gewöhnlich irreführend als „Vetter" oder „Neffe" Smiths bezeichnet — er war der Sohn eines Neffen der Mutter A. Smiths — war als der einzige überlebende Verwandte der Alleinerbe Smiths. Millar erteilt in seinem Schreiben Douglas Ratschläge, wie dieser mit der Bibliothek A. Smiths verfahren könne. Er empfiehlt dringend deren ungeteilte Erhaltung. Darüber hinaus wird aus dem Brief seine intime Kenntnis der unveröffentlichten Schriften Smiths deutlich. U. a. äußert er sich zu den vernichteten Manuskripten, deren wichtigsten Teil das Jurisprudence-Manuskript bildete, folgendermaßen:

„I regret the fate of the MSS. though I am not surprised at it. If they were unfinished, it was judicious to prevent their coming before the public, because an outhor who has acquired a high reputation has much to lose, but little to gain by any new publication. If a man has written one book of merit, everyone thinks that it requires nothing but industry to write another. But if he falls off, the first was a lucky hit. It would have been happy for John Hume, that he had never written anything but „Douglas". I am far from imagining, however, that Mr. Smith's MSS. would have conveyed any such idea. Indeed I know the contrary. [Hervorh. H. M., das „know" erscheint im Original ebenfalls als gesperrt]. They would have conveyed the same marks of genius, a genius of the highest order, perhaps with less correctness,

Berücksichtigt man, daß die Millarsche Vorlesung wiederum das Vorbild der von seinem Neffen John Craig unter Plagiierung des Millarschen Nachlasses publizierten Schrift „Elements of Political Science"[42] darstellt, welche als das erste Textbuch einer speziellen Disziplin anzusehen ist, die sich in Großbritannien als „Political Science" bezeichnet, dann wird John Millar hierdurch ebenso zum Begründer einer eigenständigen, vom integrierten Moralphilosophiekurs der schottischen Universitäten abgetrennten Politikvorlesung wie Adam Smith zum Erzvater der modernen anglo-amerikanischen „Political Science", insbesondere der Lehre vom „comparative government"[43].

Dieser Entwicklungsstrang stellt jedoch nur eine Seite der sozialwissenschaftlichen Aufspaltung der Smithschen „Jurisprudence"-Vorlesung dar; Adam Smith kann auch als der mittelbare Begründer der Sonderdisziplin Politische Soziolo-

---

or at least with some inequality in the composition." Abgedr. bei Scott, Adam Smith as Student and Professor, 311 ff., hier 312.

[42] J. Craig, Elements of Political Science, 3 Bde., Edinburgh 1814. Die Arbeit Craigs, die großenteils auf einer Plagiierung des Millarschen Manuskripts der „Lectures on the Science of Government" beruht, ist, abgesehen von ihrer großen disziplingeschichtlichen Bedeutung, vor allem deshalb interessant, weil sie zahlreiche wörtliche Auszüge aus Millars anonymen politischen Kampfschriften z. Zt. der Französischen Revolution enthält und damit der sichere Nachweis der Autorschaft Millars ermöglicht, der bisher in der Sekundärliteratur nicht erbracht werden konnte, s. z. B. W. C. Lehmann, John Millar of Glasgow. His Life and Thought and his Contributions to Sociological Analysis, Cambridge 1960, 404 ff.

[43] Die hier vertretene Ansicht korrigiert die Meinung von H. J. Hanham, The Scottish Political Tradition (University of Edinburgh Inaugural Lecture Nr. 19), Edinburgh 1964. Hanham behauptet in seinem verdienstvollen, aber verbesserungsbedürftigen ersten Überblick über die Lehre von der Politik in den Moralphilosophiekursen der schottischen Universitäten (vornehmlich im 18. Jahrhundert) die Unmöglichkeit einer Aussage über Smiths Einstellung zum Lehrgegenstand Politik. Als Gründe hierfür führt er an, daß seine „Jurisprudence"-Vorlesungen nur „relatively peripheral aspects of the subject" enthielten und daß darüber hinaus sein Buch über „Theory and History of Law and Government" nie geschrieben worden sei (ebda., 10). Beide Aussagen treffen in dieser Form nicht zu: 1. hatte Smith zu Lebzeiten große Teile des Manuskripts über „Theory and History of Law and Government" fertiggestellt, befreundete Personen waren über den Inhalt genau informiert (Millar); 2. enthalten die Glasgower „Jurisprudence"-Vorlesungen Smiths im Teil über „Public Jurisprudence" auch Smiths Äußerungen zum traditionellen akademischen Lehrgegenstand „Politik". Darüber hinaus ergibt sich Smiths Interesse an der „Politik" als akademischer Disziplin aus einer interessanten, von Hanham übersehenen Passage in der „Theory of Moral Sentiments":

„Nothing tends so much to promote public spirit as the s t u d y o f p o l i t i c s, of the several systems of civil government, their advantages and disadvantages, of the constitution of our own country, its situation and interest with regard to foreign nations, its commerce, its defence, the disadvantages it labours under, the dangers to which it may be exposed, how to remove the one, and how to guard against the other. Upon this account political disquisitions, if just, and reasonable, and practicable, are of all the works of speculation the most useful. Even the weakest and the worst of them are not altogether without their utility. They serve at least to animate the public passions of men, and rouse them to seek out the means of promoting the happiness of the society." Theory of Moral Sentiments, IV, I, 322 (Hervorh. H. M.).

gie gesehen werden: Derjenige Vorlesungsteil, der im Smithschen „Jurisprudence"-Kolleg die Inhalte des „Domestic Law" behandelte und der die sozialen, ökonomischen und herrschaftsmäßigen Binnenbeziehungen der traditionellen alteuropäischen Familie, des „Ganzen Hauses", zum Gegenstand hatte,
kehrt bei John Millar, ausgeweitet auf die Analyse gesamtgesellschaftlicher
Sozial-, Wirtschafts-, Macht- und Herrschaftsbeziehungen als eine sozialwissenschaftliche Sonderdisziplin wieder. Millars erste publizierte Schrift „The
Origin of the Distinction of Ranks: or, An Enquiry into the Circumstances
which give Rise to Influence and Authority in the Different Members of
Society"[44] gilt neben Adam Fergusons „An Essay on the History of Civil
Society" (1767)[45] mit Recht als erstes Werk der Politischen Soziologie.

Aus diesem kurzen disziplingeschichtlichen Abriß lassen sich mehrere Folge-
rungen ziehen, die für eine Interpretation der Genesis der Sozialwissenschaft
aus der Tradition der Moralphilosophie Schottlands im 18. Jahrhundert von
Bedeutung sind. Einerseits wird die Wichtigkeit einer Rekonstruktion von Inhalt und Systematik des vernichteten Smithschen Manuskripts über „Theory
and History of Law and Government" deutlich. Es verbergen sich in dieser
Schrift Inhalt und Systemansatz zweier neuer sozialwissenschaftlicher Spezial-

---

[44] So der Titel der 3. Aufl. London 1779; 1. Aufl. u. d. T. „Observations Concerning the Distinction of Ranks in Society", London 1771. — Die bisherigen Informationen über Millar sind zusammengestellt bei W. C. Lehmann, John Millar of
Glasgow. Es handelt sich bei Lehmanns Publikation im wesentlichen um eine fleißig
gearbeitete Biographie Millars und um einen etwas zu deskriptiv geratenen Überblick
über Millars theoretische Positionen. Den Hauptteil des Buches nimmt eine von L.
edierte Neuauflage der 3. Aufl. des „Origin of the Distinction of Ranks" ein. Kritisch zu Lehmanns Publikation ist vor allem anzumerken, daß Millars Verhältnis zu
Adam Smith, ferner Millars Tätigkeit als Sozialanwalt (z. B. streikender Arbeiter, bereits 1767 [!]) vor den schottischen Circuit Courts (s. Justiciary Record: West Circuit
Minute Books, Register House, Edinburgh) und Millars politische Tätigkeit während
der Französischen Revolution (s. Überwachungsakten in der Scottish Correspondence,
Public Record Office, London) nicht berücksichtigt sind. Erst aufgrund dieser Aspekte
hätten sich die charakteristischen Züge in Millars Biographie wie in Millars wissen-
schaftlichem Oeuvre erschlossen, für die eine Verbindung von radikalaufklärerischer
Theorie und radikalreformerischer Praxis bezeichnend ist, die stellenweise bereits in
den Versuch einer Überwindung der „bürgerlichen" Aufklärung, allerdings durch spezifisch aufklärerische Mittel (z. B. in Millars Vorstellungen zur Arbeiterbildung) mün-
det. Trotz der Mängel der Lehmannschen Arbeit kommt dem Autor das große Verdienst zu, maßgeblich zur Renaissance des Interesses an den schottischen Sozialwissenschaften des 18. Jahrhunderts beigetragen zu haben. Dies gilt insbesondere für Lehmanns Studie: Adam Ferguson and the Beginnings of Modern Sociology, New York
1930.
[45] S. die vorzügliche kritische Neuedition A. Ferguson, An Essay on the History of
Civil Society (1767), Hg. und Einl. D. Forbes, Edinburgh 1966. Zu Ferguson s. die in
der vorangegangenen Anmerkung aufgeführte Studie von W. C. Lehmann, ferner Kettler, Social and Political Thought; u. Jogland, Ursprünge und Grundlagen. Die Emanzipation der Soziologie als einer eigenen sozialwissenschaftlichen Disziplin aus dem
Rahmen der Moralphilosophie, die sich am Beispiel Fergusons ebenso treffend demon-
strieren ließe wie am Beispiel Smiths und Millars, ist in keiner der genannten Studien
bisher befriedigend dargestellt worden.

disziplinen, der Politischen Wissenschaft wie der Politischen Soziologie gleichermaßen. Andererseits wird verständlich, warum Smith eine Publikation seines großen Werks zeit seines Lebens hinauszögerte. Schwierigkeiten einer systematisch-wissenschaftlichen Arrangierung des Stoffes — der Smith stets großen Wert beimaß — verhinderten die Publikation ebenso wie die unfertige textliche Fassung, vor allem nachdem der „most valued and intimate friend"[46] Adam Smiths, John Millar, noch zu Smiths Lebzeiten dessen Systemansatz einzelwissenschaftlich überholt hatte, indem er den Inhalt des Smithschen Werkes über „Theory and History of Law and Government" auf zwei wissenschaftliche Spezialdisziplinen verteilte und publizierte. Sowohl die Schriften und Vorlesungen Smiths wie Millars markieren also jeweils entscheidende Positionen in der Entstehungsgeschichte der modernen Sozialwissenschaften aus der Naturrechtstradition der schottischen Moralphilosophie.

John Millar of Glasgow konstituierte erstmals die Politische Soziologie und die Politische Wissenschaft als selbständige literarische Disziplinen, doch lieferte Adam Smith die entscheidenden Anstöße hierzu, indem im intendierten Abschluß seines sozialwissenschaftlichen Systems in den drei Werken „Theory of Moral Sentiments" (1759), „An Inquiry into the Nature and Causes of the Wealth of Nations" (1776) und „Theory and History of Law and Government" bereits die wissenschaftssystematische Emanzipation der sozialen Einzelwissenschaften aus dem integrierten naturrechtlichen Moralphilosophiekurs der schottischen Universitäten des 18. Jahrhunderts vollzogen war.

3. Adam Smith als Vertreter der „Theoretical History"

Hinweise auf die Vielzahl „historischer" Elemente in Smiths Schriften sind ebensowenig neu wie Versuche, ihre Bedeutung für Smiths sozialtheoretische Aussagen zu bestimmen. Da die Smith-Forschung diese Frage bisher jedoch nur am Rande und im Zusammenhang mit anderen Problemstellungen erörtert hat, blieb es meist bei allgemeingehaltenen Antworten, für die es als charakteristisch anzusehen ist, daß sie nicht scharf genug zwischen Methode und Inhalt der Aussagen Smiths differenzierten und so allzu schnell zur Feststellung eines Widerspruchs zwischen „Theorie" und „Geschichte" in den verschiedenen Werken Smiths kamen, ohne angemessen zu berücksichtigen, daß schon die Titelgebung des projektierten Smithschen Hauptwerks „Theory and History of Law and Government"[47] auf die Interdependenz eines „historischen" und eines „theoretischen" Elements in seiner Sozialwissenschaft hinweist. Meist wurde der methodische Primat systematisch-theoretischer Analyse vor empirisch-historischer Deskription, den Smith für seine Moralphilosophie und Sozialwissenschaft nach dem Vorbild Newtons immer beansprucht und gefordert hat[48], von seinen

---

[46] So D. Stewart über John Millar in: Stewart, Account, 11.

[47] Hierzu o. 183 ff.

[48] Zur methodischen Konzeption der Smithschen Sozialwissenschaft Bittermann,

Interpreten dahingehend ausgelegt, daß dies eine Abwertung historischer Empirie und damit auch der Methoden und Erkenntnisweisen der Historie zugunsten eines apriorisch-deduktiven Theorieverständnisses bedeutet habe. Von dieser methodischen Annahme ausgehend, glaubte man dann auch stillschweigend auf die logische und inhaltliche Beziehungslosigkeit und Indifferenz der angeblich abstrakten, historisch invarianten theoretischen Aussagen und der Fülle empirisch-historischer Materialien schließen zu können, die sich in Smiths einzelnen Werken finden.

So spricht z. B. G. Bryson davon, daß „Adam Smith made much use of history throughout his works. And indeed there are many little historical narratives tucked away in his pages ... But for the most part these historical accounts, accurate and informative though they may be, are used by Smith not as data from which to draw generalisations, but as examples of a theory already advanced"[49]. Daß diese Andeutungen Brysons an der Problematik des Verhältnisse von „Geschichte" und „Theorie", wie sie sich für Smith selbst darstellte, vorbeigehen, wird schon aus den Bemerkungen deutlich, die Smiths erster Biograph Stewart über die nichtwidersprüchliche, reflektierte Beziehung von theoretischen „general principles" und „Theoretical History" im „Wealth of Nations" machte:

Mr. Smith ... in his W e a l t h o f N a t i o n s, has judiciously and skilfully combined with the investigation of general principles, the most luminous sketches of T h e o r e t i c a l H i s t o r y relative to that form of political society, which has given birth to so many of the institutions and customs peculiar to modern Europe[50].

D. Stewart spricht hier augenscheinlich eine inhaltlich-systematische, geschichtstheoretische Perspektive in Smiths Schriften an, welche methodologisch nicht auf der Ebene historischer Fakten und der traditionellen exemplarischen Geschichtsbetrachtung angesiedelt ist, sondern sich im theoretischen Rahmen von Smiths Sozialwissenschaft selbst bewegt. Diese von D. Stewart angedeutete Verbindung von „Theorie" und „Geschichte" bei Smith ist bis in die jüngste

---

Adam Smith's Empiricism, 487 ff., 703 ff., bes. 497 ff.; ferner J. F. Becker, Adam Smith's Theory of Social Science, in: Southern Economic Journal 28. 1961, 13 ff.; H. F. Thomson, Adam Smith's Philosophy of Science, in: Quarterly Journal of Economics 79. 1965, 212 ff., und J. R. Lindgren, Adam Smith's Theory of Inquiry, JPE 77. 1969, 897 ff.; jetzt auch die o. Anm. 14 angeführten Arbeiten von T. D. Campbell u. A. Skinner; vgl. auch u. Anm. 52.

[49] G. Bryson, Man and Society, 86. Eine ähnliche Position vertritt J. M. Clark, Adam Smith and the Currents of History, in: Adam Smith, 1776—1926, 53 ff. Vollkommen unzulänglich sind die Bemerkungen zu Adam Smith als Historiker bei L. M. Angus-Butterworth, Ten Master Historians, Aberdeen 1961, 23 ff.; als nahezu einziges Verdienst dieser Arbeit kann es angesehen werden, Smith neben D. Hume, E. Gibbon und — wohl etwas zeitbedingt — W. Churchill in die Ahnengalerie der zehn bedeutendsten englischen Historiker aufgenommen zu haben.

[50] D. Stewart, Dissertation, 193 (Hervorh. i. Orig.).

Vergangenheit[51] verkannt worden. Der Mangel an methodisch-theoretischen Äußerungen von seiten Smiths selbst[52] war hierfür ebenso ausschlaggebend wie ein dogmatisches Vorverständnis dessen, was „Geschichte" (‚history') methodisch und inhaltlich für Smith bedeutete und leistete.

---

[51] Hierzu noch 1968 die Auffassungen von J. Weiss, Adam Smith and the Philosophy of Anti-History, u. 200.

[52] Dies betrifft direkte methodische Äußerungen Smiths zum Verfahren seiner Sozialwissenschaft. In Smiths „Essays on Philosophical Subjects" (in: ders., Works, V.) und hier besonders in den Abhandlungen „The Principles which Lead and Direct Philosophical Enquiries: Illustrated by the History of Astronomy" (ebda., 53 ff.) und „The Principles which Lead and Direct Philosophical Enquiries: Illustrated by the History of Ancient Logics and Metaphysics" (ebda., 216 ff.), finden sich zahlreiche indirekte Äußerungen zu den Verfahrensweisen der Naturwissenschaften, deren gemeinsamer Tenor sich dahingehend deuten läßt, daß Smith prinzipiell auf dem Boden der Newtonschen Methode stand, diese als die bis auf seine Zeit optimale, allgemeine „philosophische Methode" für alle Wissenschaften ansah und deshalb auch ihre Relevanz für Sozialwissenschaft und Moralphilosophie behauptete. Eindeutig ergibt sich diese Auffassung Smiths aus einer Passage in den „Lectures on Rhetoric and Belles Lettres" (ebda., 139 f.):

„In Natural Philosophy, or any other science of that sort, we may either, like Aristotle, go over the different branches in the order they happen to (be) cast up to us, giving a principle, commonly a new one, for every phenomenon; or, in the manner of Sir Isaac Newton, we may lay down certain principles, primary or proved, in the beginning, from whence we account for the several phenomena, connecting all together by the same chain. This latter, which we may call the Newtonian method, is undoubtedly the most philosophical, and in every science, whether of Morals or Natural Philosophy, etc., is vastly more ingenious, and for that reason more engaging, than the other. It gives us a pleasure to see the phenomena which we reckoned the most unaccountable, all deduced from some principle (commonly, a well-known one) and all united in one chain, far superior to what we feel from the unconnected method, where everything is accounted for by itself, without any reference to the others."

Gerade angesichts dieser Berufung auf die „Newtonian method" ist jedoch darauf hinzuweisen, daß Smith die allgemeine Relevanz der Newtonschen Methode mehr im Sinne eines philosophischen Ideals systematisch-wissenschaftlicher Theoriebildung als des rigorosen Musters einer auf alle Wissenschaften gleichermaßen anzuwendenden einheitlichen Denk- und Forschungstechnik behauptete. Zu Recht weist A. Skinner in seiner o. (178 Anm. 14) genannten, demnächst erscheinenden Abhandlung darauf hin, daß es unzutreffend wäre, die „Essays on Philosophical Subjects" gleichsam als ein „manual" der Smithschen Methodenlehre betrachten zu wollen; Smith liefert in den „Essays" vielmehr ein „exercise in philosophical history" (A. Skinner), das den höchst interessanten und aktuellen Versuch einer Psychologie und historischen Soziologie wissenschaftlicher Forschung darstellt. Die „positivistische" Auffassung einer Einheit der Wissenschaftslogik für Natur- und Sozialwissenschaften, wie dies von T. D. Campbell (Adam Smith's Science, 25 ff.) und H. Bittermann (Adam Smith's Empiricism, 497 ff.) behauptet wird, läßt sich aus Smiths „Newtonianismus" keineswegs ablesen. Vielmehr ist mit J. R. Lindgren (Adam Smith's Theory of Inquiry, 897 ff., bes. 913) und J. F. Becker (Adam Smith's Theory of Social Science, 13 ff.) darauf hinzuweisen, daß Smith zwischen den Verfahrensweisen der Natur- und Sozialwissenschaften erhebliche Unterschiede sah. Dies wird gerade auch daraus deutlich, daß Smith seine „Science of Natural Jurisprudence" zwar als eine exakte Wissenschaft konzipierte, den Exaktheitsgrad ihrer Regeln aber nicht mit dem der mathematisch formulierbaren Gesetzesaussagen der Newtonschen Mechanik verglich, sondern mit dem der Regeln der Grammatik (s. zu

Direkte methodische und theoretische Äußerungen Smiths, die Hinweise auf seine Einschätzung der Verfahrensweisen der traditionellen Geschichtsschreibung und auf das Selbstverständnis seiner eigenen „Theoretical History" geliefert hätten, lagen bis zur Publikation der „Lectures on Rhetoric and Belles Lettres" durch Lothian[53] nicht vor. Allerdings war von den Biographen übereinstimmend Smiths außerordentlich reges Interesse an Fragen der Geschichtsschreibung überliefert. Es läßt sich bis in seine Studentenzeit zurückverfolgen. D. Stewart deutet dies jedenfalls an, wenn er davon spricht, daß für Smith während seines Aufenthalts als Stipendiat in Oxford die „study of human nature" und die Beschäftigung mit der „political history of mankind" zusammengehörten und den fast ausschließlichen Gegenstand seines Interesses bildeten. Auch über die Motivationen dieses Smithschen Interesses an der Geschichte macht Stewart wichtige Andeutungen, wenn er darauf hinweist, daß Smith seine historischen Studien in der Absicht verfolgte, seine „ruling passion of contributing to the happiness and improvement of society" zu befriedigen. Stewart sieht also bereits das historische Interesse des jungen Smith von einer Intention praktischer Aufklärung und dem Willen, den gesellschaftlichen Fortschritt („improvement of society") zu fördern, getragen:

> The study of human nature in all its branches, more particularly of the political history of mankind, opened a boundless field to his curiosity and ambition; and while it afforded scope to all the various powers of his versatile and comprehensive genius, gratified his ruling passion, of contributing to the happiness and the improvement of society. To this study, diversified at his leisure hours by the less severe occupations of polite literature, he seems to have devoted himself almost entirely from the time of his removal to Oxford; but he still retained, and retained even in advanced years, a recollection of his early acquisitions, which not only added to the splendour of his conversation, but enabled him to exemplify some of his favourite theories concerning the natural progress of the mind in the investigation of truth, by the history of those sciences in which the connexion and succession of discoveries may be traced with the greatest advantage[54].

Das aktive Interesse Smiths an historischer Literatur und Fragen der Geschichtsschreibung hielt zeit seines Lebens an. Hierauf deuten seine Empfehlungen zur Anschaffung einer großen Zahl historischer Werke — vor allem antiker Schriftsteller und der zeitgenössischen Aufklärungshistoriker bis hin zu P. Giannones „Storia Civile di Napoli"[55] — während seiner Tätigkeit als Quästor der Universitätsbibliothek Glasgow[56] ebenso hin wie seine engagierte Anteil-

---

diesem von J. R. Lindgren und J. F. Becker übersehenen wichtigen Gesichtspunkt u. 243).

[53] Smith, Lectures on Rhetoric and Belles Lettres; s. zur Lothianschen Edition die Bemerkungen Anm. 40.

[54] Stewart, Account, 7 f.

[55] Scott, Adam Smith as Student and Professor, 179.

[56] Ebda., 116, 123 f., 168 ff., bes. 171 ff.

nahme und praktische Beratung bei der Abfassung von D. Humes „History of England"[57]. Aus den von Greig herausgegebenen Briefen Humes an Smith ergibt sich, daß beide Autoren eine lebhafte Diskussion über Detail- und Periodisierungsfragen der „History of England" führten. Smith scheint von seinen Zeitgenossen im übrigen als eine Art historisch-philosophisches Orakel angesehen worden zu sein. J. Rae weist darauf hin, daß Edward Gibbon, bevor er 1781 die Arbeit an seiner „History of the Decline and Fall of the Roman Empire" fortsetzte, Smith konsultierte und seine vorher gehegten Zweifel, ob eine Fortsetzung seines großen Werks zweckmäßig sei, auf den Rat Adam Smiths und William Robertsons hin fallen ließ[58].

Doch erschöpfte sich Smiths Interesse an Geschichte und Geschichtsschreibung keineswegs in den philosophischen Ratschlägen, die der Moralphilosoph und Sozialwissenschaftler seinen Freunden und Mitaufklärern gab, sowie in praktischen Versuchen, der Geschichtsphilosophie der Aufklärung zur öffentlichen Anerkennung zu verhelfen[59].

John Millar weist in seiner bereits zitierten biographischen Mitteilung an Stewart darauf hin, daß Smith selbst die Abfassung eines systematisch-historischen Werks, eines „Treatise upon the Greek and Roman Republics" geplant habe:

I am informed by the same gentleman who favoured me with the account of Mr. Smith's lectures at Glasgow, that he had heard him sometimes hint an intention of writing a *treatise upon the Greek and Roman Republics.* „And after all that has been published on that subject, I am convinced" says he, „that the observations of Mr. Smith would have suggested many new and important views concerning the internal and domestic circumstances of those nations, which would have displayed their several systems of policy, in a light much less artificial than that in which they have hitherto appeared[60].

Die „Lectures on Rhetoric and Belles Lettres" bestätigen das von den Biographen überlieferte große Interesse Smiths an Fragen der Geschichtsschreibung und geben, wenn sie auch keine eindeutigen Schlüsse auf die methodische und inhaltliche Konzeption der Smithschen „Theoretical History" zulassen, doch zahlreiche indirekte Hinweise, die Smiths Stellung im Gesamtzusammenhang der Geschichtswissenschaft und Geschichtsphilosophie der Aufklärung deutlicher hervortreten lassen als dies bisher zu erkennen war.

Smith behandelt in seiner Vorlesung hauptsächlich literarisch-praktische Stil- und Kompositionsfragen, unter anderem auch das Verhältnis der drei klassi-

---

[57] J. Y. T. Greig Hg., The Letters of David Hume, Bd. I, Oxford 1932, 216 f. und 167 f.

[58] J. Rae, Life of Adam Smith (1895), Hg. und Einl. J. Viner, New York 1965, 371.

[59] Rae, Life of Adam Smith, 396 f. gibt einen interessanten Brief Smiths an seinen Londoner Verleger Strahan vom 29. 9. 1785 wieder, in welchem Smith die Veröffentlichung eines geschichtsphilosophischen Werkes des schottischen Dichters, Philosophen und radikalen Nonkonformisten John Logan nachdrücklich empfiehlt.

[60] Stewart, Account, 36 (Hervorh. H. M.).

schen literarischen Disziplinen Rhetorik, Didaktik und Historik[61]. E. C. Mossner hat mit Recht darauf hingewiesen, daß die Smithsche Vorlesung eher als
„Lectures against Rhetoric" denn als „Lectures on Rhetoric" bezeichnet werden
könnte[62]. Smith wendet sich in ihr mehrfach polemisch gegen die inhaltsleeren
und formalen Kategorialisierungen und Schematisierungen der antiken rhetorischen Tradition[63] und betont statt dessen die notwendige Praxisrelevanz und
den wünschbaren Wirklichkeitsbezug aller literarischen Formen. Er erscheint in
den „Lectures" als ein praktischer Aufklärer, der die antiken Vorbilder nur
insoweit übernimmt, als sie für die Probleme seiner Gegenwart fruchtbar zu
machen sind.

Diese Intention gibt auch das Leitmotiv seiner Bestimmung von Funktion und
Aufgabe der Geschichtsschreibung ab: Smith verbleibt hierbei zwar weitgehend
im Rahmen der antiken Tradition, doch erweist er sich gerade durch seinen
selektiven Rückgang auf bestimmte Momente dieser Tradition und seine polemische Entgegensetzung dieser Momente gegen die historiographische Praxis
seiner Zeit theoretisch als ein Aufklärungshistoriker, wenn auch noch nicht als
ein aufgeklärter Geschichtstheoretiker. Dies muß um so bemerkenswerter erscheinen, als Smith seine Gedankengänge bereits zwischen 1748 und 1751[64] entwickelt hat, d. h. vor der Veröffentlichung der ersten großen Werke der Aufklärungshistorie, vor allem vor der Publikation von D. Humes „History of
England" (1754). Schon deshalb kommt den Smithschen Äußerungen über Geschichte und Geschichtswissenschaft in den „Lectures on Rhetoric and Belles
Lettres" erhebliche Bedeutung zu, vor allem wenn man den nachweisbaren
Einfluß in Rechnung stellt, den die Smithschen Vorlesungen auf die schottische
Aufklärungshistorie gehabt haben.

Smith verpflichtet den Historiker, ganz im Sinne der „Historia Magistra
Vitae"-Tradition, methodisch auf die unparteiische Wiedergabe von Fakten:
The historian ... acts as if he were an *impartial narrator of facts* ... he
uses ... [no] means to affect his readers. He never dwells on any circumstance, nor has he any use for insisting on arguments, as he does not take
part with either side, and for the same reason he never uses any exclamations

---

[61] Smith, Lectures on Rhetoric, 30 f., 58 f., 84 f.

[62] E. C. Mossner, Rezension der „Lectures on Rhetoric and Belles Letters", SSL 2.
1965, 199 ff., hier 206.

[63] Hierzu bes. Smith, Lectures on Rhetoric, 59, 167.

[64] Die im Manuskript angegebene Datierung der „Lectures" ist 1762/63. Mossner
weist (Rezension zu Smith, Lectures on Rhetoric, 204) jedoch darauf hin, daß der
Vorlesungstext kaum Literaturangaben von Werken enthält, die zwischen 1751 und
1763 erschienen sind und die „Lectures" deshalb den Smithschen Wissensstand von vor
1751 — also der Zeit der Edinburgher Vorlesungen — wiedergeben. Dies wird vor
allem daraus deutlich, daß Smith in der Vorlesung die seit 1754 erschienene „History
of England" seines engsten Freundes David Hume nicht behandelt. Auch der Herausgeber der „Lectures", J. M. Lothian, ist der Auffassung, daß der von ihm edierte Text
lediglich eine „elaboration" der Edinburgher Vorlesung Smiths zwischen 1748 und
1751 darstellt; s. J. M. Lothian, Einleitung zu Smith, Lectures on Rhetoric, XII/XIII.

in his own person. When he does so we say that he departs from the character of the historian and assumes that of the orator[65].

Gerade dieses Ideal der Unparteilichkeit sieht Smith bei den Historikern seiner Zeit nicht gewährleistet. Er konstatiert zwar in seiner zeitgenössischen Gesellschaft ein im Vergleich zur Antike stark angewachsenes Interesse an allen
historischen Fragen, führt dieses Interesse aber auf die Fragmentierung des Corpus Politicum, die Entstehung einer Vielzahl politischer und religiöser Grup-
pierungen zurück, welche ihre gegensätzlichen „Partei"-Interessen historisch zu
legitimieren suchten und die Unparteilichkeit der Historie als literarischer Disziplin dadurch in Frage stellten:

Historical truths are now in much greater request than they ever were in the
ancient time. One thing that has contributed to the increase of this curiosity
is that there are now several sects in religious and political disputes which
are greatly dependent on the truth of certain facts. This it is that has induced
almost all historians for some time to be at great pains in the proof of those
facts on which the claims of the parties they favoured depended. These
proofs, however, besides that they are inconsistent with the historical style,
are likewise of bad consequence, as they interrupt the thread of the nar-
ration, and that most commonly in the parts that are most interesting ...
The truth and evidence of historical facts is now in much more request and
more critically examined than amongst the ancients, because of all the numerous sects among us, whether civil or religious. There is hardly one the
reasonableness of whose tenet does not depend on some historical fact[66].

Smith hat mit seiner Kritik an der Parteilichkeit der zeitgenössischen Historie
keineswegs, wie man zunächst vermuten könnte, die konkurrierenden Ansprüche sich historisch legitimierender Gruppeninteressen in einer bürgerlichen
Öffentlichkeit im Auge, sondern die Dynasten- und Parteigeschichtsschreibung
des 17. und 18. Jahrhunderts. Seine Kritik richtet sich gegen Whig- und Tory-
Historie gleichermaßen. Er greift unter den Vertretern beider Richtungen insbesondere Clarendon, Burnet und Rapin de Toyras an und wirft diesen Autoren vor, daß sie in ihren Werken zu wenig „the affairs of the body of the
people"[67] berücksichtigten, dagegen „too much ... the private affairs of the
monarchs ... the parties amongst the several great men ... the lives of the
princes"[68].

Ganz im Sinne dieser Kritik an der zeitgenössischen Dynasten- und Parteigeschichtsschreibung bestimmt Smith den Gegenstand der Geschichtsschreibung
allgemein dahingehend, daß sie nicht die „trifling circumstances"[69] sondern die
great changes and revolutions of states[70] die „great revolutions and changes

---

[65] Smith, Lectures on Rhetoric, 31 f., s. auch 96 f. (Hervorh. H. M.).
[66] Ebda., 97.
[67] Ebda., 112.
[68] Ebda., 112.
[69] Ebda., 112.
[70] Ebda., 59 (Hervorh. H. M.).

in states and governments"[71] darzustellen und zu erklären habe und die Absichten, Motivationen und Pläne der „most remarkable men" nur insoweit heranziehen müsse, als dies für ihre Erklärungsversuche notwendig sei:

> There are two different sorts of facts: one external, consisting of the transactions that pass without us, and the other internal, to wit, the thoughts and sentiments or designs of men which pass in their minds. The design of history, compounded of both these, is to state the remarkable transactions that pass in different nations, and the designs, motions, and views of the most remarkable men in those times, so far as they are necessary to explain the great changes and revolutions of states which it is intended to relate[72].

Dieses „proper design of historical writing"[73] sieht Smith lediglich bei den Historikern der Antike verwirklicht. Im Vergleich zu ihnen bezeichnet er — mit der Ausnahme Machiavellis[74] — „the modern historians for the most part" als „dull and lifeless"[75]. Als Vorbilder unter den antiken Historikern hebt er insbesondere Thukydides und Tacitus hervor; Thukydides, weil er in seiner Geschichte des Peloponnesischen Krieges die bis auf seine Zeit allgemein vorherrschende „military history" durch eine Geschichtsschreibung der „civil history"[76] abgelöst habe, Tacitus, weil er in seiner Geschichtsschreibung „justly" die Maxime zugrunde gelegt habe, „that the incidents of private life... would affect us more deeply and interest us more than those of a public nature"[77]. Smith billigt diese Taciteische Maxime der Reduktion des Politischen auf das Private nicht nur inhaltlich, er erkennt ihr in verallgemeinerter Form als Verfahren der Erklärung beliebiger historischer Vorgänge aus ihren „internal causes" den Rang eines zentralen methodischen Prinzips für alle Geschichtsschreibung zu. Er stellt in seiner Vorlesung prinzipiell zwei Möglichkeiten der Erklärung historischer Vorgänge aus ihren Ursachen gegenüber und unterscheidet zwischen einem Erklärungsverfahren durch Aufzeigen der „internal causes" und einem Verfahren der „external causes":

> the causes that may be assigned for any event are of two sorts, either the external causes which directly produced it, or the internal ones, that is, those causes that, though they [in] no way affected any event, yet had an influence on the minds of the chief actors so as to alter their conduct from what it would have otherwise been... We may observe on this head that those who have been engaged in the transactions they relate, or others of the same sort, generally dwell on those of the first sort. Thus Caesar, and Polybius, and Thucydides, who had all been engaged in most of the battles they describe,

---

71 Ebda., 85.
72 Ebda., 58 f.
73 Ebda., 102.
74 „Machiavelli is of all modern historians the only one who has contented himself with that which is the chief purpose of history, to relate events and connect them with their causes, without becoming a party on either side." Ebda., 110 f.
75 Ebda., 90 f.
76 Ebda., 102/103.
77 Ebda., 109.

account for the fate of the battle by the situation of the two armies, the nature of the ground, the weather etc. Those, on the other hand, who have little acquaintance with the particular incidents of this sort that determine events, but have made inquiries into the nature of the human mind and the several passions, endeavour, by means of the circumstances that would influence them, to account for the fate of battles and other events, which they could not have done by those causes that immediately determine them. Thus Tacitus, who seems to have been little versant in military or indeed public affairs of any sort, always accounts for the event of a battle by the circumstances that would influence the minds of the combatants[78].

Von beiden alternativen Erklärungsmöglichkeiten des Historikers bevorzugt Smith eindeutig das Verfahren der „internal causes". Nur die Erklärung historischer Vorgänge aus „internal causes", d. h. aus allgemeinen theoretischen Grundannahmen über die menschliche Natur und über menschliches Verhalten, ist nach Smith geeignet, die Historie aus dem Rang einer bloß literarischen Disziplin zur Würde einer Wissenschaft, zur „science" zu erheben. Smith hat diese Auffassung nicht direkt geäußert — das Manuskript der studentischen Vorlesungsnachschrift bricht gerade an dieser zentralen Stelle ab[79] — doch wird sie indirekt daraus deutlich, daß Smith im Zusammenhang mit der Schilderung des methodischen Vorgehens des Tacitus das einzige Mal in seiner Vorlesung den Terminus „science" auf die Verfahrensweisen der Geschichtsschreibung anwendet:

the method he [i. e. Tacitus] describes ... is so interesting, he leads us so far into the sentiments and minds of the actors, that they [i. e. diese Passagen in den Werken des Tacitus] are some of the most striking and interesting passages to be met with in any history. In describing the more important actions he does not give us an account of their external causes, but only of the internal ones; and though this perhaps will not tend so much to instruct us in the knowledge of the causes of events, yet it will be more interesting and lead us into a science no less useful, to wit, the knowledge of the motives by which men act — a science, too, that could not be learned from ... [Das Manuskript der Nachschrift bricht an dieser Stelle ab][80].

Aufgrund der bedauerlichen Lücke im Manuskript der Nachschrift lassen sich die Smithschen Gedankengänge über das Verfahren der „internal causes" als eines „wissenschaftlichen" Verfahrens zur Erklärung historischer Vorgänge nicht rekonstruieren; soviel jedoch wird deutlich, daß Smith anläßlich seiner Erläuterung der Verfahrensweisen der Geschichtsschreibung in den „Lectures on Rhetoric and Belles Lettres" eine methodisch abgesicherte geschichtstheoretische Ebene im strengen Sinne noch nicht erreicht. Das Verfahren der Erklärung historischer Vorgänge aus „internal causes" ist auf der Annahme einer kon-

---

[78] Ebda., 88.
[79] S. das folgende Zitat.
[80] Ebda., 109 (Hervorh. H. M.).

stanten Psychologie und Anthropologie, jedoch nicht auf einer Gesellschafts- und Geschichtstheorie aufgebaut.

Es finden sich jedoch in den „Lectures on Rhetoric and Belles Lettres" Ansätze zu einer geschichtstheoretischen Erkenntnisperspektive, die gewisse Momente jener Auffassung von „Theoretical History" vorwegnehmen, die von Stewart als Strukturprinzip der Smithschen Sozialphilosophie bezeichnet wurde. Smith gibt im Rahmen seiner Darstellung von Funktion und Aufgaben der Geschichtsschreibung auch eine kurze und skizzenhafte „history of historians", die den Versuch unternimmt, in einem systematisierenden Abriß die verschiedenen Formen darzustellen, welche die Historiographie im Verlaufe der Menschheitsgeschichte angenommen hat. Bemerkenswert an diesem Versuch erscheint vor allem, daß Smith hier die unterschiedlichen Formen der Geschichtsschreibung gewissermaßen sozio-anthropologisch zu erklären versucht, indem er sie als „natürliches" Resultat derjenigen Wirkungen darstellt, welche menschliche Grundeigenschaften in sich fortschreitend verändernden gesellschaftlichen, ökonomischen und politischen Bedingungszusammenhängen haben müssen. Bemerkenswert an diesem Versuch erscheint ferner, daß Smith die Entwicklung der Geschichtsschreibung bis auf die Höhe, welche sie zur Zeit des Tacitus erreichte, als Konsequenz eines systematisch fortschreitenden Aufklärungs- und Zivilisationsprozesses der Menschheit darstellt:

Having in the preceding lectures given you an account of the principal things necessary to be observed in the writing of history, I proceed to the h i s t o r y   o f   h i s t o r i a n s.

The poets were the first historians of any. They recorded those accounts that were most apt to surprise and strike the imagination, such as the mythological history and adventures of their deities. We find accordingly all the most ancient writings were ballads or hymns in honour of their gods, recording the most amazing parts of their conduct. As their subject was the marvellous, so they naturally expressed themselves in the language of wonder, that is, in poetry, for in that style amazement and surprise naturally break forth. Of the actions of men, again, military exploits would be the first subject ... as they are most fraught with adventures that are fit to amaze and gratify the desire men have, especially in the early period, for what is marvellous ...

When ... knowledge was improved, and men were so far enlightened as to give little credit to those fabulous relations which had been the entertainment of their forefathers, the writers would find themselves obliged to take some other subject. For what has nothing to recommend it but its wonderfulness can no longer please than it is believed: in the same way as we now see that the stories of witches and fairies are swallowed greedily by the ignorant vulgar, which are despised by the more knowing ...

In this state it was that Tacitus ... departed altogether from the plan of the former historians, and formed one of a very different sort for his own writings. He had observed that those passages of the historians were most interesting which unfolded the effects the events related produced on the

minds of the actors or spectators of those . . . If we consider the state of the Romans at the time Tacitus wrote, and the dispositions of the people which it must necessarily occasion, we will find *this plan of Tacitus to be a very natural one.* The Roman nation was, in the reign of Trajan, arrived to its greatest pitch of glory. The people enjoyed greater internal tranquillity and security than they had done in any of the former reigns, or indeed, in the last 150 [sc. years] of the Republic. Luxury and refinement of manners, the natural consequences of the former, were then as far advanced as they could be . . . Sentiment must be what will chiefly interest such a people. They who live in a great city where they have the free liberty of disposing of their wealth in all the luxuries and refinements of life, who are not called to any public employment but what they inclined and obtained from the favour and indulgence of the prince — such a people . . . would naturally turn their attention to the motions of the human mind, and those events that were accounted for by the different internal affections that influenced the persons concerned would be what most suited their taste . . .
We will find Tacitus has executed his works in a manner most suitable to this design . . .[81].

Faßt man die Ergebnisse der Smithschen Erörterungen über Geschichte und Geschichtsschreibung in den „Lectures on Rhetoric and Belles Lettres" zusammen, so läßt sich sagen, daß Smith hier die Notwendigkeit einer Abwendung der Geschichtsschreibung von der traditionellen Schlachten-, Dynasten-, Partei- und Personengeschichte erkennt. Dies drückt sich in seiner Forderung, daß der Gegenstand der Historie primär „the affairs of the body of the people" und nicht „the private affairs of the monarchs" zu sein habe, ebenso aus wie in seiner Forderung nach einer methodischen Reduktion des Politischen auf das Private durch die Erklärungsweise der „internal causes". Smith nimmt in dieser Hinsicht entscheidend wichtige Momente der Aufklärungsgeschichtsschreibung vorweg, bevor diese Geschichtsschreibung überhaupt begonnen hat. Er kann insofern als Wegbereiter der Aufklärungshistorie in Schottland bezeichnet werden[82].

Der wichtige Neuansatz Smiths ist noch nicht in den Rahmen einer systematischen Geschichts- und Gesellschaftstheorie einbezogen, die nach dem Zeugnis D. Stewarts als eine „Theoretical History" der Smithschen Sozialwissenschaft zugrunde liegt, doch werden in der Smithschen „history of historians" bereits entscheidende Momente einer geschichtsphilosophischen Erkenntnisperspektive sichtbar, welche ökonomisch-gesellschaftlichen Fortschritt und „Aufklärung"[83] als einen interdependenten Prozeß betrachtet und versucht, (am Beispiel der

---

[81] Ebda., 100, 107 (Sperrung i. Orig., Hervorh. H. M.).
[82] Als solcher war er auch explizit (Gibbon, s. o. 193) oder implizit (Robertson, s. u. 204) von seinen Zeitgenossen anerkannt.
[83] Smith verwendet in diesem Zusammenhang den Terminus „enlightened" s. o. 198.

Geschichtsschreibung) kulturelle Äußerungsformen einer Zeit aus ihren wirtschaftlichen und gesellschaftlichen Bedingungen zu verstehen[84].

Es muß aufgrund dieses erweisbaren Interesses, das Smith sowohl für die Methoden und Verfahrensweisen der Geschichtsschreibung wie für eine geschichtsphilosophische Erkenntnisperspektive zeigte, außerordentlich verwundern, daß der amerikanische Historiker J. Weiss noch 1968 — fünf Jahre nach Veröffentlichung der „Lectures on Rhetoric and Belles Lettres" — glaubte, Adam Smiths Sozialphilosophie als eine „Philosophy of Anti-History"[85] charakterisieren zu können. Ohne genauere Kenntnis von Smiths Biographie oder Schriften[86] nimmt Weiss die von der Forschung längst überholte These vom Deismus[87] als einem strukturbestimmenden Faktor des Smithschen Denkens wieder auf und glaubt, Smiths Sozialphilosophie als eine Status-Quo-Ideologie bezeichnen zu können, welche versucht habe, in religiösem Gewande den sozial-

---

[84] Diese neue geschichtsphilosophische Erkenntnisperspektive zeigt sich in den „Lectures on Rhetoric and Belles Lettres" im übrigen nicht zuletzt in der Smithschen Verwendung des Terminus „history" selbst. „history" hatte für Smith in den „Lectures" eine zweifache Bedeutung. Einmal diente der Begriff zur Bezeichnung einer literarischen Disziplin in der Tradition der exemplarischen Geschichtsbetrachtung. Doch ging diese Anwendung von „history" zugleich über die „Historia Magistra Vitae"-Tradition hinaus, denn sie wurde von Smith erkenntnistheoretisch reflektiert. Abgesehen von diesen Konnotationen hatte „history" für Smith in den „Lectures" noch eine zweite, grundsätzliche geschichtsphilosophische Bedeutung, im Sinne einer historisch-systematischen Darstellung eines Gegenstandsbereichs und der Korrelierung seiner „historischen" Entwicklung mit der Geschichte der Menschheit. Gerade diese Wortbedeutung erscheint als Charakteristikum der Smithschen „history of historians". — Smith gibt im übrigen in den „Lectures on Rhetoric and Belles Lettres" einen hochinteressanten Hinweis auf die begriffsgeschichtlichen Wandlungsprozesse, die mit der Genesis der neuen geschichtsphilosophischen Perspektiven seit der Jahrhundertmitte im anglo-schottischen Sprachraum verbunden waren, wenn er (ebda., 1) darauf hinweist, daß „within these ten years" die traditionellen englischen Verben „to unfold", „to unravel" durch das neue französische Lehnwort, „to develop" abgelöst worden seien. — Analog zu seiner „history of historians" behandelt Smith in seiner Vorlesung das Problem der Sprache (ebda., 7 ff.: „Of the Origin and Progress of Language"). Dieser Teil der Vorlesung nimmt in entscheidenden Partien die erstmals 1761 publizierte sprachphilosophische Abhandlung Smiths „Considerations Concerning the First Formations of Languages, and the Different Genius of Original and Compounded Languages" vorweg. (Die Erstpublikation der „Considerations" erfolgte nicht, wie oft angenommen, als Anhang zur 3. Aufl. der Theory of Moral Sentiments, London 1767, sondern in: The Philological Miscellany 1, London 1761, 440—479).

[85] J. Weiss, Adam Smith and the Philosophy of Anti-History, in: The Uses of History. Essays in Intellectual and Social History presented to W. J. Bossenbrook, Hg. H. V. White, Detroit 1968, 15 ff.

[86] Weiss erwähnt weder die oben angeführten Hinweise der Biographen auf Smiths Beschäftigung mit Geschichte und Geschichtswissenschaft noch die „Lectures on Rhetoric and Belles Lettres"; ebda., 21 bezeichnet er Adam Ferguson als den Lehrer Adam Smiths [sic].

[87] Hierzu endgültig A. L. Macfie, The ‚Invisible Hand' in the Theory of Moral Sentiments, in: ders., The Individual in Society, 101 ff.

politischen Besitzstand der zeitgenössischen agrarischen Führungsschichten der englischen Gesellschaft vor historischen Veränderungen abzuschirmen[88].

Im Vergleich hierzu muten die 1891 niedergeschriebenen Äußerungen W. Hasbachs über „A. Smith als Historiker"[89], die auf ein inhaltlich-systematisch konzipiertes geschichtstheoretisches Element in Smiths sozialwissenschaftlichen Schriften hinweisen, außerordentlich differenziert an. Hasbach geht zwar in seiner Untersuchung von der für seine Zeit charakteristischen Annahme einer Disjunktion zwischen einem angeblich ahistorischen Rationalismus der Aufklärung und einem relativierenden „historischen" Denken des 19. Jahrhunderts aus, kommt aber trotz dieser Erkenntnisperspektive, die zu einer eher negativen Beurteilung Smiths prädisponiert, zu dem Ergebnis, daß einer der Leitgedanken Smiths die systematische Historisierung des Naturrechts anglo-schottischer Provenienz nach dem Vorbild Montesquieus gewesen sei. Er beschreibt diese Intention Smiths als den Versuch einer „Durchdringung von Naturrecht und Esprit des Lois" in einer „theoretischen Geschichte"[90]. Nach Hasbach deutet Smith diesen „historischen" Leitgedanken seiner Sozialphilosophie programmatisch im Schlußwort seiner „Theory of Moral Sentiments" an, sei aber trotz wichtiger Ansätze in seinen einzelnen Werken letztlich mit der Durchführung seines Programms gescheitert, was weniger auf die subjektiven Intentionen und Fähigkeiten Smiths als auf die objektiven „Mängel seiner Zeit" zurückzuführen sei:

„Das große Interesse, welches Adam Smith der Geschichte zuwendete, kann ... nicht bezweifelt werden, wir sehen aber auch, daß er die Mängel seiner Zeit nicht überwand. Es sind dies die ‚theoretische Geschichte‘ und die Ansicht, daß wir uns die Entstehung der wichtigsten socialen Phänomene ... durch die Annahme erklären könnten, sie sei[en] gemacht worden ... Das Endergebnis unserer Besprechung der historischen Arbeiten Smiths ist also folgendes. Er zeigt wie seine Landsleute das lebhafteste Interesse für die historischen und soziologischen Studien, mit der größten Liebe verwendet er in seinen Werken die historischen Gesichtspunkte, er widmet der ‚scienza nuova‘ eine so eifrige Pflege, daß man ebenso berechtigt ist, ihn zu den Kulturhistorikern, wie zu den Ethikern und Nationalökonomen zu rechnen. Er hat aber auch keinen Fehler vermieden, an welchem das 18. Jahrhundert krankte. Zu stark war er von dem Rationalismus erfüllt, welcher das geschichtliche Interesse wohl weckt, aber die volle historische Einsicht unmöglich macht ...

Wo so starke Irrtümer das Denken der Menschen beherrschen, da muß auch der kräftigste Verstand, eine entwickelte historische Einsicht in Widersprüche verwickelt werden ... Männer, welche in einer solchen Zeit leben, haben wenig Sinn für das Prinzip der Relativität, sie können kaum anders, als in den vorhandenen Institutionen Werke der Trägheit und des Eigennutzes zu sehen, der

---

[88] Gerade das Gegenteil war der Fall, s. hierzu u. 279.
[89] W. Hasbach, „Adam Smith als Historiker", Abschn. III, Kap. V. seiner Schrift: Untersuchungen über Adam Smith, 325 ff., s. auch 231 ff.
[90] Ebda., 233, 326.

Begriff der geschichtlichen Entwicklung mag ihnen ebenso unverständlich sein, wie derjenige der vierten Dimension."[91]

Die Hasbachsche Untersuchung stellt Smith als einen verhinderten historischen Sozialwissenschaftler dar, doch bleibt sie, was den konkreten Nachweis ihrer Andeutungen in einer Interpretation betrifft, eigentümlich blaß und disparat. Dies ist wohl daraus zu erklären, daß für ein am individualistischen Geschichtsbegriff des deutschen Historismus festgemachtes Vorverständnis eine Intention auf „theoretische Geschichte" einen Widerspruch in sich selbst darstellen mußte. Das von Hasbach angedeutete systematisch-historische Element in Smiths Sozialphilosophie konnte von ihm deshalb nicht zureichend erfaßt werden. Die Suche nach einem „Kulturhistoriker" Smith neben dem „Nationalökonomen" und „Ethiker" Smith mußte ergebnislos bleiben, denn beides bildete für Smith selbst eine Einheit.

Ein von den Traditionen des deutschen Historismus weniger vorbelasteter Autor, der Franzose J. Delvaille, konnte etwa zur gleichen Zeit einen Schritt weiter gehen, wenn er dem sozialwissenschaftlichen Gesamtwerk Smiths eine direkte geschichtstheoretische Absicht unterstellte. Er bezeichnete Smith als den Pionier einer soziologisch orientierten Fortschrittsphilosophie und hob eine systematische „conception de progrès" als das zentrale Strukturprinzip des Smithschen Gesamtwerks überhaupt hervor:

„Il est regrettable que Smith n'ait mis à exécution ce vaste projet dont il nous reste simplement le plan; il nous aurait laissé une magnifique conception du Progrès, telle que, dans son propre pays, l'a élaborée plus tard Herbert Spencer.

Le livre le plus connu de Smith, les ‚Recherches sur la nature et les causes de la richesse des nations', aurait, sans doute, fait partie de ce grand ouvrage sur la civilisation; c'est une étude de l'idée de Progrès, fait d'un point de vue spécial, et à l'occasion de laquelle Smith étudie le développement social, considéré surtout dans un des ses organes importants, la richesse"[92].

Die Feststellungen Delvailles, so ungewöhnlich sie auch für einen mehr an der Smithschen Wirkungsgeschichte als an seinen eigenen Aussagen orientierten Interpreten bis heute klingen mögen[93], können keineswegs Anspruch auf Originalität erheben. Delvaille brachte mit seiner Ansicht nur sehr viel unspezifischer das zum Ausdruck, was die unmittelbaren Zeitgenossen Smiths, John Millar und Dugald Stewart, meinten, wenn sie den Autor des „Wealth of Nations"

---

[91] Ebda., 327, 334, 335; vgl. auch ders., Die allgemeinen philosophischen Grundlagen, 75, wo Hasbach im Blick auf Adam Smith bemerkt: „Zwischen Rationalismus und Historismus aber gähnt ein Abgrund, den man erforschen, aber nicht überschreiten kann."

[92] J. Delvaille, Essai sur l'histoire de l'idée de progrès jusqu'à la fin du XVIIIe siècle, Paris 1910, 493; vgl. auch die interessante Parallele zur Interpretation Delvailles bei W. Bagehot, Adam Smith as a Person, in: The Collected Works of Walter Bagehot, Hg. N. St. John-Stevas, Bd. III, London 1968, 86.

[93] S. z. B. die o. Anm. 6 und o. 200 f. und Anm. 85 genannten Arbeiten v. M. Hereth und J. Weiss.

als den „Newton" der Wissenschaft von der „History of Civil Society" (Millar)[94] oder als einen Hauptvertreter jener „Natural" oder „Theoretical History" bezeichneten, welche „the peculiar glory of the latter half of the eighteenth century ... the characteristic feature in its philosophy" (Stewart)[95] ausmachte.

Von Millar wie Stewart wird die „Natural History of Civil Society" übereinstimmend als ein entscheidendes Strukturprinzip der Sozialphilosophie Smiths herausgestellt, nicht nur im „Wealth of Nations" und in der „Theory of Moral Sentiments" („Considerations Concerning the First Formation of Languages"), sondern besonders auch in Smiths „Lectures on Jurisprudence". Beide Autoren bleiben jedoch bei dieser globalen Charakterisierung nicht stehen, sondern gehen in jeweils unterschiedlicher, sich ergänzender Weise auf bestimmte inhaltliche und formale Aspekte der Smithschen Geschichtsphilosophie ein.

Stewart hebt hierbei stärker die systematische Qualität der Smithschen „Natural History" als einer genetischen Fortschrittsphilosophie hervor, in welcher aus allgemeinen theoretischen Grundannahmen — konstanten „principles of human nature" und variablen „circumstances of society" — empirisch beschreibbare kulturelle Phänomene sowie gesellschaftliche und politische Institutionen historisch erklärt und zu gleicher Zeit kritisch beurteilt werden. In diesem Zusammenhang weist Stewart besonders auf Buch III des „Wealth of Nations": „Of the Natural Progress of Opulence" als ein Musterbeispiel des Verfahrens der „Natural History" hin:

> In Mr. Smiths writings, whatever be the nature of his subject, he seldom misses an opportunity of indulging his curiosity, in tracing from the principles of human nature, or from the circumstances of society, the origin of the opinions and institutions which he describes ... In his W e a l t h   o f   n a t i o n s, various disquisitions are introduced which have the like object in view, particularly the theoretical delineation he has given of the natural progress of opulence in a country, and his investigation of the causes, which have inverted this order in the different countries of modern Europe. His lectures on jurisprudence seem ... to have abounded in such inquiries[96].

J. Millar geht in seinem Bericht über Smiths Glasgower Moralphilosophie-Vorlesungen insbesondere auf die geschichtstheoretische Ausrichtung des „Justice" genannten Teils der Vorlesung ein, während er ein analoges Strukturmodell in seiner Beschreibung der übrigen Vorlesungsteile, „Ethics" sowie „Police, Revenue and Arms", wenigstens nicht erwähnt. Besonders auffällig an

---

[94] Millar, Historical View of the English Government, Bd. II, 431: „I am happy to acknowledge the obligations I feel myself under to this illustrious philosopher [i. e. Smith], by having, at an early period of life, had the benefit of hearing his lectures on the *history of civil society*, and of enjoying his unreserved conversation on the same subject. — The great Montesquieu pointed out the road. He was the Lord Bacon in this branch of Philosophy, Dr. *Smith is the Newton.*" (Hervorh. H. M.).

[95] Stewart, Dissertation, 70; vgl. o. 151.

[96] Stewart, Account, 36 (Hervorh. i. Orig.).

Millars Darstellung erscheint, daß er die Smithsche „History of Civil Society"[97] als eine Theorie sozialen, rechtlichen und politischen Wandels charakterisiert. Sowohl der öffentlich-rechtliche wie der privatrechtliche Teil der Smithschen Jurisprudenzvorlesung war Millar zufolge an einem systematisch-theoretischen Fortschrittsmodell orientiert, das darauf zielte, die allmähliche historische Veränderung rechtlicher und politischer Institutionen „from the rudest to the most refined ages" in ihrem Zusammenhang zu beschreiben und aus ihren Ursachen heraus zu erklären. Millar hebt hierbei besonders ein spezifisches inhaltliches Erklärungsmuster der Smithschen Geschichtstheorie hervor. Ihm zufolge bestand es darin, daß Smith ein ursächliches Abhängigkeitsverhältnis zwischen progressiven Veränderungen („improvements and alterations") in der Produktionsweise, der ökonomischen Organisationsform und den Besitzverhältnissen einer Gesellschaft einerseits und ihren rechtlichen und politischen Institutionen andererseits behauptete, in der Weise, daß er eine historische Korrespondenz zwischen Veränderungen der materiellen Basis und des politisch-rechtlichen Überbaus einer gesellschaftlichen Ordnung annahm:

> In the third part [of his Lectures on Moral Philosophy], he treated at more length of that branch of Morality which relates to J u s t i c e ... Upon this subject he followed the plan that seems to be suggested by Montesquieu; endeavouring to trace the gradual progress of jurisprudence, both public and private, from the rudest to the most refined ages, and to point out the effects of those arts which contribute to subsistence, and to the accumulation of property, in producing correspondent improvements or alterations in law and government. This important branch of his labours he also intended to give to the public; but this intention, which is mentioned in the conclusion of the T h e o r y o f M o r a l S e n t i m e n t s, he did not live to fulfil[98].

Es ist insbesondere den Forschungen W. R. Scotts zu danken, daß sich die Bedeutung der Äußerungen D. Stewarts und J. Millars über Smith als den „Newton" der „History of Civil Society" heute präziser einschätzen läßt als dies noch für Hasbach und Delvaille möglich war. Scott gelang es 1937, im Rahmen seiner Arbeit über „Adam Smith as Student and Professor" den Nachweis zu führen, daß Smith als der Begründer der systematischen geschichtsphilosophischen Tradition innerhalb der schottischen Moralphilosophie und philosophischen Geschichtswissenschaft anzusehen ist. Mit Hilfe der zeitgenössischen Aufzeichnungen eines persönlichen Freundes von Adam Smith, Callander of Craigforth, konnte Scott zeigen, daß Smith bereits während seiner Edinburgher Jurisprudenzvorlesungen von 1748—1751 eine systematische Theorie gesellschaftlichen Fortschritts entwickelte und sie seinem Naturrechtskolleg über „Jurisprudence" zugrunde legte[99]. Sowohl der Moralphilosoph und Soziologe Adam Ferguson wie die Historiker William Robertson und Gilbert Stuart über-

---

[97] Millar, Historical View, Bd. II, 431.
[98] J. Millar, zit. bei Stewart, Account, 12 (Hervorh. i. Orig.).
[99] Scott, Adam Smith as Student and Professor, 50, 54, bes. 55 f.

nahmen Scott zufolge wesentliche Elemente ihrer geschichtsphilosophischen Konzeptionen von Adam Smith[100].

Adam Smith muß demnach als derjenige „seminal mind"[101] gesehen werden, welcher in Schottland die geschichtsphilosophische Transformation des Naturrechts einleitete, die nach Stewart zur neuen Einheit von History, Philosophy und Jurisprudence in den Sozialwissenschaften der zweiten Hälfte des 18. Jahrhunderts führte. Weit davon entfernt, daß das Naturrecht die Genesis historischen Denkens und historischen Bewußtseins gehindert hat, ist also die systematische Geschichtsphilosophie der Aufklärung in Schottland im Rahmen eines wirklichkeitswissenschaftlich reorientierten Naturrechts überhaupt erst entstanden.

Die Hinweise Scotts auf Adam Smith als einen Pionier der „Natural History" waren im wesentlichen biographischer Natur. Eine Analyse der Smithschen Schriften unter dem Gesichtspunkt der in ihnen thematisierten Zusammenhänge von Sozialtheorie, Geschichtsphilosophie und Naturrecht konnte von Scott im Rahmen seiner Studie weder beabsichtigt noch auch nur angedeutet werden. Sie ist aber in der Zwischenzeit teilweise durch A. L. Macfie und Andrew Skinner in Angriff genommen worden. Macfie, der Glasgower Nachfolger Scotts als „Adam-Smith-Professor of Political Economy", hat in mehreren wichtigen Arbeiten entscheidende Beiträge zur Lösung des „Adam-Smith-Problems"[102] geleistet, besonders indem er darauf hinwies, daß sowohl Smiths Naturrechtskonzeption wie auch seine im „Wealth of Nations" entwickelte Sozialtheorie und Geschichtsphilosophie nur aus der allgemeinen Handlungstheorie heraus zu verstehen sind, welche Smith in der „Theory of Moral Sentiments" konzipierte[103].

Macfie sieht diese „essentially inductive theory of Moral behaviour"[104] als das zentrale Element der Smithschen Sozialwissenschaft überhaupt an. Im Verhältnis zu ihrer grundlegenden Bedeutung möchte er den „Lectures on Jurisprudence" und dem „Wealth of Nations" nur den Stellenwert einer „applied science"[105] zuerkennen. Als ein wichtiges Charakteristikum der Smithschen Handlungslehre hebt er ihre Anlage als eine historische Theorie sozialen Handelns hervor. Diese spezifisch historische Konzeption seiner Sozialtheorie habe es Smith ermöglicht, zu einer differenzierten Einschätzung des Zusammenwir-

---

[100] Ebda., 55 f., 63, 100 f., bes. 119.

[101] D. Forbes, Scientific' Whiggism: Adam Smith and John Millar, in: Cambridge Journal 3. 1954, 643 ff., hier 644; Forbes kommt das Verdienst zu, als erster die Bedeutung der Forschungen W. R. Scotts erkannt und auf Smith als den „seminal mind" der Geschichtsphilosophie der schottischen Aufklärung hingewiesen zu haben. Auf seine seit längerer Zeit angekündigte Studie zur schottischen Moralphilosophie des 18. Jahrhunderts darf man gespannt sein.

[102] Gesammelt in A. L. Macfie, The Individual in Society. Papers on Adam Smith, London 1967.

[103] Ebda., 83, 84, 87, 107, 117, 125.

[104] Ebda., 83.

[105] Ebda., 76, Anm. 45.

kens von individuellen Handlungsimpulsen und gesellschaftlich vermittelten Werthaltungen im Prozeß sozialen Handelns zu kommen. Nach Macfie gelang es Smith, in seiner Handlungslehre die Genesis von gesellschaftlichen Verhaltenserwartungen, Normen und Institutionen aus individuellen Handlungsimpulsen ebenso zu erklären wie deren permanenten Verpflichtungscharakter und den notwendigen historischen Wandel ihrer spezifischen Inhalte infolge der immanenten Dynamik des gesellschaftlichen Prozesses.

Diese hier angedeutete Smith-Interpretation findet sich bei Macfie jedoch nicht in einer zusammenhängenden Einzelanalyse, sondern eher in einer Vielzahl von verstreuten Hinweisen. Macfie ist noch zu sehr mit der endgültigen Bereinigung des „Adam-Smith-Problems" beschäftigt, als daß er die Spezialfrage der Zusammenhänge zwischen Sozialtheorie und Geschichtsphilosophie in einer einzelnen Studie hätte behandeln können. Doch weist er immerhin darauf hin, daß die Behandlung dieses Themas bei allen schottischen Sozialwissenschaftlern des 18. Jahrhunderts Gegenstand einer Untersuchung sein könne, deren Erkenntniswert möglicherweise „fascinating" sei[106].

Macfies Arbeiten sind in dieser Hinsicht bereits teilweise durch die Studien Andrew Skinners ergänzt worden. Dieser hat in einigen verdienstvollen Abhandlungen[107], von denen eine — die Einführung zu einer Neuausgabe des „Wealth of Nations"[108] — speziell Adam Smith gewidmet ist, unter anderem auch die Grundzüge der materialistischen Geschichtsauffassung der schottischen Moralphilosophen und Aufklärungshistoriker herausgearbeitet, ohne jedoch ihre allgemeinen theoretischen Voraussetzungen wie ihre praktisch-aufklärerischen Intentionen ausreichend zu berücksichtigen. So steht eine stringente Interpretation der Zusammenhänge zwischen Sozialtheorie, Geschichtsphilosophie und Naturrechtskonzeption bei Adam Smith bisher noch aus. Sie soll im folgenden wenigstens in einigen Ansätzen versucht werden.

4. Adam Smiths Theorie sozialen Handelns

a) Sozialisation und Individuation: Die soziale Lerntheorie der „Theory of Moral Sentiments"

Smiths in der „Theory of Moral Sentiments"[109] entwickelte Handlungstheorie erhebt den Anspruch, Moralphilosophie auf der Basis einer empirischen

---

[106] Ebda., 117.

[107] Im einzelnen o. 145 Anm. 34.

[108] A. Skinner, Einleitung zu Adam Smith, The Wealth of Nations, Books I—III, (Pelican Classics) Harmondsworth 1970.

[109] Im folgenden benutzt die Ausgaben: A. Smith, The Theory of Moral Sentiments (1759), 1790⁶, in: ders., The Works, 5 Bde., London 1811/12 (Reprint Aalen 1963), Bd. I; A. Smith, Theorie der ethischen Gefühle, Übers., Hg. und Einl. W. Eckstein, 2 Bde., Leipzig 1926 (Philosophische Bibliothek Bd. 220 a). Im folgenden zit. als: „Theory of Moral Sentiments"; „Theorie der ethischen Gefühle".

Sozialwissenschaft zu sein. Sie stellt sich als solche zwei Aufgaben: Als eine am Vorbild der philosopisch-systematischen Methode Newtons[110] ausgerichtete Psychologie und Soziologie des Fällens von Werturteilen versucht sie, die Genesis und Geltung von sozialen Konventionen, Normen und Institutionen durch eine empirisch kontrollierte Theorie der individuellen und sozialen Grundgegebenheiten menschlichen Handelns zu erklären. Als eine Moralphilosophie neuen Typs unternimmt sie es, die Relevanz der traditionellen Tugenden „Prudence", „Justice", „Benevolence" für den materiellen Fortschritt und die rechtlich gesicherte Existenz aller gesellschaftlichen Ordnungen, insbesondere aber für eine aufgeklärt-humane Kommunikationsform der zeitgenössischen „bürgerlichen Gesellschaft", der „commercial society" oder „civilized society", zu bestimmen. In dieser Doppelrolle als Sozialwissenschaft und gegenwartsorientierte Moralphilosophie hielt Smith seine „Theory of Moral Sentiments" allen ethischen Weisheits- und Klugheitslehren seit der Antike[111], allen vernunftrechtlichen Systemkonstruktionen seit dem 17. Jahrhundert[112] und der Gefühlsmoral seiner Zeitgenossen[113] für überlegen.

Ausgangspunkt der Smithschen Handlungstheorie ist eine positive Auffassung von der trieb- und bedürfnisgesteuerten Natur des Menschen. Die „natürlichen"[114] Impulse menschlichen Handelns bezeichnet Smith als „passions", „affections", „instincts". Er versteht hierunter aber keineswegs — wie vielfach angenommen — lediglich egoistische Handlungsantriebe, sondern differenziert ausdrücklich zwischen „social", „unsocial" und „selfish passions"[115]. Doch billigt er unter diesen dem Selbsterhaltungs- und Gattungstrieb als den „original and immediate instincts" oder „passions" eine primäre Rolle zu:

self-preservation, and the propagation of the species, are the great ends which Nature seems to have proposed in the formation of all animals. Mankind are endowed with a desire to those ends, and an aversion to the contrary; with a love of life, and a dread of dissolution; with a desire of the continuance and perpetuity of the species, and with an aversion to the thoughts of its intire extinction. But though we are in this manner endowed with a very strong desire of those ends, it has not been intrusted to the slow and uncertain determinations of our reason, to find out the proper means of bringing them about. Nature has directed us to the greater part of these by original and immediate instincts. Hunger, thirst, the passion which unites the two sexes, the love of pleasure, and the dread of pain, prompt us to apply those means for their own sakes, and without any consideration of

---

[110] Zu den einschränkenden Qualifikationen s. o. Anm. 52.

[111] Theory of Moral Sentiments, VII, II, I und II, 472 ff.

[112] Theory of Moral Sentiments, VII, III, II, 564 ff.

[113] Ebda., VII, II, III, 530 ff.

[114] Zur vielfältigen, doch für das 18. Jahrhundert nicht ungewöhnlichen Verwendung des Naturbegriffs bei Smith s. W. R. Scott, Adam Smith, in: Proceedings of the British Academy 10, London 1921—1923, 437 ff.; jetzt auch T. D. Campbell, Adam Smith's Science, 53, 55 ff.

[115] Theory of Moral Sentiments, I, II, 36 ff.

their tendency to those beneficent ends which the great Director of nature intended to produce by them[116].

Die Einschätzung der „passions" and „instincts" als primärer Faktoren menschlichen Handelns und die Auffassung einer relativen Unterordnung der „slow and uncertain determinations of ... reason" als eines eigenständigen Handlungsantriebs würden Smith keineswegs als einen originellen Denker auszeichnen. D. Hume[117] hing ihr ebenso an wie, unter anderen Voraussetzungen, die Gefühlsethik der englischen Moralisten von Shaftesbury bis Hutcheson[118]. Jedoch blieb Smith nicht bei dieser Ansicht stehen. Menschliches Handeln ist nach ihm zwar von der individuellen Triebausstattung des Menschen veranlaßt, doch immer gesellschaftlich geprägt. Bedürfnis und Trieb sind in ihrer Wirkung nicht durch eine fixe Natur des Menschen von Geburt an festgelegt, sondern werden in ihrer Motivationskraft immer vom gesellschaftlichen Handlungszusammenhang, in welchem sich die Individuen bewegen, bestimmt. Es ist diese Ansicht von der objektiven Realität und Wirksamkeit sozialer Integration und ihrem Niederschlag in gesellschaftlichen Normen, Konventionen und Institutionen, die den Einzelnen in seiner Handlungsorientierung prägen und gleichzeitig von seinen subjektiven Interessen geprägt werden, welche Smith in noch höherem Maße als David Hume zu einem „Gesellschaftstheoretiker" macht.

Die Smithsche Handlungstheorie enthält, wie im folgenden zu zeigen sein wird, eine höchst originelle Theorie der Sozialisation in Form einer Rollen- und Normentheorie sozialen Handelns. Sie erklärt die Ausbildung individueller Handlungsmotivationen und Wertmuster als Resultat eines sozialen Erfahrungsprozesses, im Verlaufe dessen das Individuum auf dem Wege einer lernenden Identifikation mit den Handlungsmotivationen und Wertorientierungen seiner Bezugspersonen gesellschaftliche Normen, Konventionen und Institutionen übernimmt bzw. anerkennt, um sie dann in eigenen Handlungen produktiv anzuwenden bzw. umzubilden.

Aber nicht nur als eine Theorie der Sozialisation, welche die Ausbildung von Persönlichkeitsstruktur und normativen Handlungsorientierungen des Individuums als Resultat eines Bildungsprozesses betrachtet, der durch die dynamische Beziehung von Triebnatur und gesellschaftlich vermittelten Werthaltungen bestimmt wird, kann die Smithsche Handlungstheorie als eine „Theorie der Ge-

---

[116] Theory of Moral Sentiments, II, I, V, 129.

[117] Hierzu P. S. Ardal, Passion and Value in Hume's Treatise, Edinburgh 1966, u. D. G. C. Macnabb, David Hume. His Theory of Knowledge and Morality, Oxford 1966², 159 ff.

[118] Hierzu immer noch vorzüglich die Einleitung zu L. A. Selby-Bigge (Hg. u. Einl.), British Moralists. Being Selections from Writers Principally of the 18th Century, 2 Bde., Oxford 1897 (Reprint New York 1965); die veränderte Neuausgabe von Selby-Bigges Edition: D. D. Raphael Hg., British Moralists 1650—1800, 2 Bde., Oxford 1969 enthält keine Einleitung mehr; s. aber ders., The Moral Sense, London 1947; eklektisch, aber interessant, unter konstanter Bezugnahme auf Smith: James Bonar, Moral Sense, London 1930; guter Überblick bei W. Hudson, Ethical Intuitionism, London 1967.

sellschaft" betrachtet werden, die wesentliche Erkenntnisse der modernen Sozialwissenschaft vorwegnimmt[119]. Sie ist es vor allem auch in ihrer Darstellung des gesellschaftlichen Integrationsprozesses selbst. Wenn Smith in der „Theory of Moral Sentiments" den objektiv-institutionellen Charakter auch informell freier Handlungszusammenhänge betont und gesellschaftliche Integration auf Dauer gerade dadurch gewährleistet sieht, daß ein permanenter Wechselbezug zwischen der Internalisierung gesellschaftlicher Normen seitens des Individuums und der Objektivierung individueller Interessen in den gesellschaftlichen Institutionen besteht — und nicht etwa durch die einseitig formelle Strukturierung einer „politischen" Herrschaftsinstanz zustande kommt —, so liefert er mit dieser Anschauung des gesellschaftlichen Integrationsprozesses wichtige Ansätze zu einer „Theorie der Gesellschaft" als eines eigengesetzlichen, sich selbst regulierenden sozialen Handlungs- und Funktionszusammenhangs[120]. Diese „Theorie der Gesellschaft" ist in ein und demselben Zusammenhang Theorie der „bürgerlichen Gesellschaft" insofern, als sie die erfolgreiche Integration primär als Resultat der Tätigkeit bedürfnis- und interessenorientierter Individuen faßt, sie ist aber auch Theorie einer aufgeklärt-humanen Gesellschaft insofern, als sie den obersten normativen Zweck des gesellschaftlichen Integrationsprozesses nicht im sozial-arithmetisch-utilitarischen Glückskalkül individueller Interessen erblickt, sondern darüber hinaus in der Herstellung eines Klimas humaner und gebildeter Kommunikation, in welchem die „happiness" eines jeden durch die „benevolence" seiner gesellschaftlichen Partner gewährleistet ist[121].

Einen wichtigen Aspekt dieser Smithschen Gesellschaftstheorie hat A. Salomon in einer zu wenig beachteten Studie[122] hervorgehoben, wenn er die „Theory of Moral Sentiments" als eine „study in mutuality" charakterisiert, welche eine sozialwissenschaftliche Erforschung der individuellen und sozialen Ursachen gesellschaftlicher Stabilität zum Gegenstand habe:

Smith laid the foundation for an empirical science of society in his ‚Theory of Moral Sentiments'. Its main purpose was to analyze the elements whose interaction makes possible the continuity and duration of society. This science

---

[119] Auf die Antizipation zentraler Gedanken Siegmund Freuds durch Smith, insbesondere die Parallele zwischen Freuds Theorie des „Über-Ich" und Smiths Konzeption des „impartial spectator" geht ein die anregende Studie von R. F. Brissenden, Authority, Guilt and Anxiety in the ‚Theory of Moral Sentiments', TSLL 11. 1969—70, 945 ff.; erstmals wurde die Vorwegnahme Freudscher Theoreme durch Smith in einem kurzen, gehaltvollen Diskussionsbeitrag von D. D. Raphael („Sympathy and Imagination", in: The Listener 5. 3. 1959, 407 f.) herausgestellt; enttäuschend: M. Truzzi, Adam Smith and Contemporary Issues in Social Psychology, in: Journal of the History of the Behavioural Sciences 2. 1966, 221 ff.

[120] Auf interessante, weiterzuverfolgende Parallelen der Smithschen Theorie sozialen Handelns zur strukturell-funktionalen Theorie weist hin T. D. Campbell, Smith's Science, 69 ff.

[121] Hierzu o. 221 ff.

[122] A. Salomon, Adam Smith as Sociologist, 23 ff.

of the social constitution does not recognize a conflict between individual and collectivity. It is a study in mutuality. Smith regarded mutuality as the primary datum of societal relationships, and his theory of mutuality is a cornerstone of his sociology. Giving and taking, acting and being acted upon, encroaching upon another and self restraint — these are the original elements of the social constitution. They establish a dynamic unity, a whole that can be compared to a kaleidoskope[123].

Die Bemerkungen Salomons kennzeichnen treffend einen zentralen Aspekt der Smithschen Sozialwissenschaft. Doch ist die in der „Theory of Moral Sentiments" entwickelte Handlungstheorie nicht zureichend dadurch charakterisiert, daß man sie als den Bestandteil einer positiven Wissenschaft der gesellschaftlichen Stabilität ansieht. Die von Smith für jeden gesellschaftlichen Handlungszusammenhang auf Dauer als existenznotwendig angesehene Wechselbeziehung zwischen der gesellschaftlichen Objektivierung individueller Interessen und der individuellen Internalisierung gesellschaftlicher Normen muß eher als eine allgemeine, minimale Stabilitätsnorm sozialer Handlungszusammenhänge angesehen werden, denn als ein „Datum", das in allen gesellschaftlichen Ordnungen bereits voll verwirklicht ist. Reale Abweichungen von diesem Zustand infolge einer politisch und gesellschaftlich verzerrten Kommunikation waren nach Smith ebenso möglich, wie infolge eines zu niedrigen technisch-ökonomischen und zivilisatorischen Reproduktionsniveaus die vollkommene Verwirklichung dieses Zustands scheitern mußte.

Als solches normatives Postulat, das in der gesellschaftlich geprägten Trieb- und Bedürfnisnatur des Menschen doch gleichzeitig realwirksam als eine geschichtliche Kraft verankert ist, lag die Smithsche Ansicht von der notwendigen Wechselwirkung gesellschaftlicher Institutionen und Normen und der Gewährleistung sozial geprägter Triebe und Bedürfnisse nicht nur seiner Sozialwissenschaft (bzw. Theorie der Sozialisation), sondern auch seiner Naturrechtsanschauung und Geschichtsphilosophie zugrunde: seiner Sozialwissenschaft insofern, als ihr wesentlicher Gegenstand die Untersuchung der sozialen, ökonomischen und politischen Bedingungen und Hindernisse materiellen Wohlergehens, sozialer Gerechtigkeit sowie aufgeklärter Kommunikation war; seiner Naturrechtsanschauung insofern, als Smith die rechtliche Gewährleistung menschlicher Fundamentalbedürfnisse und -interessen als evidente „natürliche" Rechte zur Basis seiner Theorie der „Natural Jurisprudence" machte und hierbei „Justice" als diejenige grundlegende formale Handlungsnorm bestimmte, welche das Überleben der Gesellschaft und die Ausübung individueller Freiheitsrechte gleichzeitig garantierte; seiner Geschichtsphilosophie schließlich insofern, als Smith die rechtlich gesicherte Möglichkeit einer allgemeinen Mutualität auf der Basis individueller Freiheit, permanenter gesellschaftlicher Stabilität und gesamtgesellschaftlichen Wohlstands erst in einer „commercial" oder „civilized society" als erreichbar betrachtete und Geschichte als einen Prozeß sah, in welchem, be-

---

[123] Ebda., 27.

dingt durch die sozio-ökonomische Entwicklung, die minimalen Bedingungen gesellschaftlich-politischer Stabilität und natürlicher Gerechtigkeit immer wieder durchbrochen wurden, um sich dann auf einem höheren oder auch niedrigeren[124] Reproduktionsniveau neu wieder herzustellen.

Die Smithsche Grundeinsicht vom notwendig sozialen Charakter individueller menschlicher Handlungsmotivationen wird bereits auf der ersten Seite der „Theory of Moral Sentiments" deutlich. Schon durch den Untertitel dieses Werks „An Essay towards an Analysis of the Principles by which Men Naturally Judge Concerning the Conduct and Character, First of their Neighbours, and Afterwards of Themselves"[125] gibt sich die Smithsche Handlungslehre als eine Theorie sozialen Lernens zu erkennen. Diese Auffassung wird in der Abhandlung selbst entwickelt durch die zwei analytischen Grundkonzeptionen einer individuellen „Sympathy" als eines allgemeinen sozio-psychischen Kommunikations- und Identifikationsprinzips und des „(Impartial) Spectator" als eines gesellschaftlich bedingten und orientierten, aber nicht determinierten individuellen Kriteriums moralischer Beurteilung.

„Sympathy" erscheint in der „Theory of Moral Sentiments" weder als ein eindeutig festgelegter emotionaler Impuls noch als ein moralisches Prinzip, sondern als eine formale psychische Disposition jedes Menschen, deren Wirksamkeit sich erst im Prozeß sozialer Interaktion erweist. Dies schlägt sich schon in der Darstellungsweise Smiths selbst nieder. An keiner Stelle der „Theory" wird eine eindeutige Abgrenzung und Definition dessen gegeben, was Smith unter „Sympathy" versteht; er versucht diese vielmehr aus ihren Funktionen und Wirkungsweisen im Prozeß sozialen Handelns selbst zu bestimmen.

Als wichtiges Charakteristikum der „Sympathy" führt Smith die individuelle menschliche Fähigkeit zur emotionalen Identifikation mit den Gefühlen und Triebreaktionen anderer Menschen an:

Sympathy ... denote[s] our fellow-feeling with any passion whatever[126].

„Sympathy", so ergibt sich aus dieser Funktionsbeschreibung, stellt ein Prinzip zwischenmenschlicher Kommunikation auf der Grundlage der „passions" dar, durch welches die beliebigen Gefühle und Triebreaktionen eines Individuums diejenigen eines anderen dadurch beeinflussen können, daß sie bei diesem analoge Impulse auslösen. Doch sind Wirkungsweise und Funktion des „Sympathy"-Prinzips noch nicht dadurch hinreichend erklärt, daß man es als „die in

---

[124] Zur Komplexität der Smithschen Geschichtsanalyse, die als einfache Fortschrittstheorie vollkommen unzulänglich charakterisiert wäre, s. u. 262 ff.

[125] Den Untertitel fügte Smith erst der 4. Aufl. seines Werks, London 1774, hinzu; zu den verschiedenen Auflagen und Änderungen der Theory of Moral Sentiments, insbesondere zu den erheblichen textlichen Veränderungen der Auflage letzter Hand von 1790 s. W. Eckstein, Einleitung zu A. Smith, Theorie der ethischen Gefühle, Bd. I., XXXIV ff. und H. J. Bittermann, A. Smith's Empiricism, 508, Anm. 63; in der hier benutzten Ausgabe der „Theory of Moral Sentiments" wird der signifikante Untertitel ebenfalls nicht angegeben.

[126] Theory of Moral Sentiments, I, I, 5.

der menschlichen Natur gelegene Fähigkeit des Mitempfindens und Nachfüh-
lens"[127] charakterisiert. Interpretationsversuche, die hierin das entscheidende
Merkmal der Smithschen „Sympathy"-Konzeption erblicken, verwechseln den
Sozialwissenschaftler Smith, der nach dem Vorbild der philosophischen Methode Newtons Struktur und Funktion des sozialen Handlungsprozesses mit
Hilfe analytischer Grundbegriffe beschreiben und erklären wollte, mit seinen
moralphilosophischen Vorgängern im 18. Jahrhundert. „Sympathy" im Smithschen Verständnis ist weder als sozialer Instinkt oder Gattungstrieb (Shaftesbury)[128] noch als intuitiver Bestandteil des „Moral Sense" (Hutcheson)[129] noch
als utilitarisch zentriertes, sozial sublimiertes Mitgefühl (Hume)[130] ausreichend
zu verstehen.

Smith betont, daß „Sympathy" mit den „passions" einer Bezugsperson in
mehrfacher Hinsicht ein kognitives intellektuelles Moment einschließe. Dieses
wird von ihm durch die Begriffe „imagination"[131], „thought"[132], „knowledge"[133],
„consciousness"[134], „reason"[135], „judgment"[136] gekennzeichnet. Gerade an den
wenigen entscheidenden Stellen seiner Abhandlung, an denen Smith eine annähernde, abstrahierende Darstellung der Funktion der „Sympathy" gibt, stellt
er heraus, daß „Sympathy" nicht lediglich auf einem emotionalen Impuls beruht, der durch die quasi-instinktive Wahrnehmung des Verhaltens der jeweiligen Bezugsperson hervorgerufen wird, sondern auf einer Identifikation durch
Einbildungskraft (imagination) in Form eines reflektierten Rollentauschs, durch
welchen derjenige, welcher „Sympathy" empfindet, nicht nur ein Verhalten
äußerlich wahrnimmt und nachahmt, sondern die Motive und Wertvorstellungen der Bezugsperson ebenso internalisiert wie er gleichzeitig den Situations-
zusammenhang, aus welchem diese entstanden sind, gedanklich erfaßt:

sympathy is very properly said to arise from an imaginary change of situa-

---

[127] R. Zeyss, Adam Smith und der Eigennutz. Eine Untersuchung über die philosophischen Grundlagen der älteren Nationalökonomie, Tübingen 1889; es wurde im
folgenden bewußt darauf verzichtet, die Smithsche „Sympathy"-Konzeption mit dem
Begriffsinstrumentarium der Hermeneutik zu charakterisieren, schon um die bedingten
Reflexe zu vermeiden, die sich beim deutschen Leser positiv oder negativ immer dann
einstellen, wenn er das Wort „Hermeneutik" verwendet. Auch die Zeyssche Interpretation der Smithschen „Sympathie"-Auffassung ist nicht zuletzt dank dieses einseitigen Vorverständnisses gescheitert.

[128] Zum „Sympathy"-Begriff Shaftesburys s. die bei D. D. Raphael Hg., British
Moralists, 1650—1800, Bd. I, 215, 218, 219 abgedruckten Passagen aus Shaftesburys
„An Inquiry Concerning Virtue or Merit" (1699).

[129] Hierzu A. L. Macfie, The Impartial Spectator, in: ders., The Individual in Society, 86 f.

[130] Hierzu die bei Raphael Hg., British Moralists, im analytischen Index unter dem
Stichwort „sympathy" gegebenen zahlreichen Verweise; ferner G. R. Morrow, The
Significance of the Doctrine of Sympathy in Hume and Smith, in: Philosophical
Review 32. 1923, 60 ff.

[131] S. u. 213.

[132] Theory of Moral Sentiments, I, I, I, 3, 4.

[133] Ebda., I, I, I, 5.   [134] Ebda., I, I, I, 8, 9.

[135] Ebda., I, I, I, 8.   [136] Ebda., I, I, I, 8.

tions with the person principally concerned, yet this imaginary change is not supposed to happen to me in my own person and character, but in that of the person with whom I sympathize. When I condole with you for the loss of your only son, ... I consider what I should suffer if I was really you, and I not only change circumstances with you, but I change persons and characters ...

As we have no immediate experience of what other men feel, we can form no idea of the manner in which they are affected, but by conceiving what we ourselves should feel in the like situation. Though our brother is upon the rack, as long as we ourselves are at our ease, our senses will never inform us of what he suffers ... it is by the imagination only that we can form any conception of what are his sensations ... By the imagination we place ourselves in his situation, ... and become in some measure the same person with him, and thence form some idea of his sensations, which though weaker in degree, is not altogether unlike them ...

Mankind, though naturally sympathetic, never conceive, for what has befallen another, that degree of passion which naturally animates the person principally concerned. That imaginary change of situation, upon which their sympathy is founded, is but momentary. The thought of their own safety, the thought that they themselves are not really the sufferers, continually intrudes itself upon them; and though it does not hinder them from conceiving a passion somewhat analogous to what is felt by the sufferer, hinders them from conceiving any thing that approaches to the same degree of violence ... compassion can never be exactly the same with original sorrow; because the secret consciousness that the change of situations, from which the sympathetic sentiment arises, is but imaginary, not only lowers it in degree, but in some measure, varies it in kind, and gives it a quite different modification[137].

Der durch „Sympathy" gekennzeichnete psychische Identifikations- und Kommunikationsprozeß ist zwar emotional bedingt, ausgelöst und getragen, wird aber auf einer kognitiven Ebene vollzogen. A. Salomon hat dessen logische Qualität als die eines „cognitive feeling"[138] charakterisiert; ähnlich spricht A. L. Macfie davon, daß im Vorgang der „Sympathy" „feeling" und „thought" eine Synthese eingehen[139]. Smith selbst verdeutlicht diese kognitiv-intellektuelle Komponente, die am Zustandekommen der „Sympathy" beteiligt ist, durch die Einführung einer zweiten analytischen Konzeption. Er stellt den kommunikativen Vorgang zwischen zwei Personen, an dessen Ende bei der einen Person die Empfindung der „Sympathy" steht, nicht als unmittelbares Resultat der Wahrnehmung eines Affekts, sondern als Ergebnis einer Situationsanalyse durch einen

---

[137] Theory of Moral Sentiments, VII, III, 563 u. I, I, I, 2 u. I, I, IV, 26, 27; vgl. ferner I, I, I, 9 f. und I. I, IV, 22.

[138] Salomon, Smith as Sociologist, 29.

[139] Macfie, Adam Smith's Theory of Moral Sentiments, in: ders., The Individual in Society, 52; vgl. auch ebda., 48 ff., 63 ff., 84 ff.

Beobachter (spectator) dar, in der Form, daß die Empfindung der „Sympathy"
erst als Reaktion und Konsequenz einer Gedankenoperation (thought) des Beobachters hervorgerufen wird:

> Sympathy, therefore, does not arise so much from the view of the passion
> [of another], as from that of the situation which excites it ... Whatever is
> the passion which arises from any object in the person principally concerned,
> an analogous emotion springs up, at the thought of his situation in the breast
> of every attentive spectator[140].

Die beobachtende Situationsanalyse durch den „attentive spectator" stellt
kein beiläufiges, sondern ein wesentliches Element des durch „Sympathy" bezeichneten Vorgangs dar. „Sympathy" kommt immer nur durch die Vermittlung des „Spectator" zustande, ebenso wie die spezielle Beobachterfunktion des
„Spectator" ohne die orientierende Kraft der „Sympathy" wirkungslos bleiben
würde. Macfie hat mit Recht hervorgehoben, daß sich die von Smith in der
Konzeption des „Spectator" ausgedrückte Urteils- und Objektivationsfunktion
nicht von der im Begriff der „Sympathy" vorherrschenden emotionalen Identi-
fikationsfunktion trennen lasse, daß „Sympathy" und die Tätigkeit des „Spectator" von Smith vielmehr als zwei verschiedene funktionale Aspekte des gleichen sozialen Vorgangs aufgefaßt worden seien[141].

Nur als „Spectator" ist es für das Individuum möglich, über eine rein emo-
tionale Mimesis hinaus die Handlungssituation eines anderen Individuums ein-
zuschätzen und ein Urteil darüber zu fällen, ob die „passions" dieses Individuums der Situation, in der es handelt, angemessen sind oder nicht. Und nur auf
der Basis einer eigenen sympathetischen Empfindung ist es dem Beobachter möglich, ein „judgement of propriety and merit"[142] zu fällen, das eine moralische
Billigung oder Mißbilligung des Verhaltens des beobachteten Individuums aus-
drückt, je nachdem, ob die sympathetische Empfindung im Beobachter den „passions" der Bezugsperson korrespondiert oder nicht:

> When the original passions of the person principally concerned are in perfect
> concord with the sympathetic emotions of the spectator, they necessarily
> appear to this last just and proper, and suitable to their objects; and, on the
> contrary, when, upon bringing the case home to himself, he finds that they
> do not coincide with what he feels, they necessarily appear to him unjust
> and improper, and unsuitable to the causes which excite them. To approve
> of the passions of another, therefore, as suitable to their objects, is the same
> thing as to observe that we entirely sympathize with them[143].

Smith versucht, mit Hilfe seiner beiden analytischen Grundkonzeptionen
„Sympathy" und „Spectator" den individuellen psychischen Prozeß der Genesis
von Werturteilen in bezug auf das Verhalten beliebiger sozialer Bezugspersonen

---

[140] Theory of Moral Sentiments, I, I, I, 7, 4.
[141] Macfie, Adam Smith's ‚Moral Sentiments' as Foundations for His ‚Wealth of
Nations', in: ders., The Individual in Society, 71.
[142] Theory of Moral Sentiments, I, I, III, und IV, 16 ff.
[143] Ebda., I, I, III, 16.

zu erklären. Jedoch zeigt sich in dieser individualpsychologischen Erklärung des Werturteils als Folge einer emotional ausgelösten, kognitiv vollzogenen Rollen-identifikation durch „Sympathy" und eines beobachtend-vergleichenden Urteils durch den „Spectator" nach den Maßstäben der „propriety" erst eine — und keineswegs die wichtigste — Seite der Smithschen Intentionen. Wäre Smith hierbei stehen geblieben, so müßte sein im Untertitel der „Theory" verkündeter Anspruch, eine Soziologie der Genesis von Werturteilen und eine allgemeine Theorie sozialen Handelns zu liefern, als nicht eingelöst betrachtet werden.

Die entscheidende Konsequenz der Smithschen Darlegung des „Sympathy"-Prinzips, die in der Auffassung des „Sympathy"-„Spectator"-Mechanismus als eines Prinzips sozialen Lernens und normativer Handlungsorientierung zu er-blicken ist, wird erst deutlich, wenn man berücksichtigt, daß durch „Sympathy" nicht nur eine einseitige Subjekt-Objekt-Kommunikation, sondern ein sozialer Interaktionszusammenhang konstituiert wird, an dem das Objekt, d. h. der-jenige, der die Reaktion der „Sympathy" im „Spectator" evoziert, ebenso teil-nimmt wie derjenige, welcher „Sympathy" empfindet. „Sympathy" stellt im Smithschen Verständnis keine passive Perzeption, sondern eine wirksame soziale Kraft dar, die den Prozeß sozialen Handelns und sozialer Integration allererst konstituiert. Smith setzt in seiner Darstellung als selbstverständlich voraus, daß die sympathetische Reaktion immer in einer Sozialbeziehung stattfindet, an der mindestens zwei Partner teilnehmen. Die allzu oft vertretene Auffassung[144], daß „Sympathy" eine passive, kognitiv-emotionale Perzeption auf seiten eines Partners darstellt, übersieht, daß Smith einen notwendigen Rückwirkungseffekt der Reaktion des sympathetischen Beobachters auf denjenigen behauptet, der beobachtet wird. Und erst aus diesem Rückwirkungs- und Rückkoppelungs-effekt ergibt sich die Möglichkeit und Notwendigkeit sozialen Lernens und einer normativen Handlungsorientierung prinzipiell für jedes Individuum, das sich in einer Sozialbeziehung befindet:

> as nature teaches the spectators to assume the circumstances of the person principally concerned, so she teaches this last, in some measure to assume those of the spectators. As they are continually placing themselves in his situation, and thence conceiving emotions similar to what he feels; so he is as constantly placing himself in theirs, and thence conceiving some degree of that coolness about his own fortune, with which he is sensible that they will view it. As they are constantly considering what they themselves would feel, if they actually were the sufferers, so he is as constantly led to imagine in what manner he would be affected if he was only one of the spectators of his own situation. As their sympathy makes them look at it, in some measure, with his eyes, so his sympathy makes him look at it, in some measure, with theirs, especially when in their presence and acting under their observation:

---

[144] So Zeyss, Adam Smith und der Eigennutz, 47 ff.; Hasbach, Untersuchungen über Adam Smith, 92, 94, 98; aber auch Eckstein, Einleitung zu A. Smith, Theorie der ethi-schen Gefühle, LX ff.; s. auch die bei Macfie, Impartial Spectator, in: ders., The Indi-vidual in Society, 88, Anm. 16 genannten weiteren Autoren.

and as the reflected passion, which he thus conceives, is much weaker than
the original one, it necessarily abates the violence of what he felt before he
came into their presence, before he began to recollect in what manner they
would be affected by it, and to view his situation in this candid and impartial
light[145].

Der durch „Sympathy" im ursprünglichen Beobachter bewirkte Rollen-
tausch, der — auf der Basis der „passions" — zur reflektierten und distanzierten Internalisierung der Rollenerwartungen des ursprünglichen Rollenträgers
führt, wirkt kraft „Sympathy" in einem sozialen Interaktionsprozeß auf den
ursprünglichen Rollenträger zurück und löst auch bei diesem einen Reflexions-
und Lernprozeß aus. Dieser Prozeß wiederum führt dazu, daß sich auch der
anfänglich emotionsgeladene Objekt-Partner selbst aus der reflektierten Perspektive eines Beobachters betrachtet, seine handlungsmotivierenden „passions"
am Maßstab der Urteile seiner Mithandelnden mißt und, wie Smith betont,
seine ursprünglichen Handlungsmotivationen nun in einem „candid and impartial light" einschätzt[146]. Aber nicht nur der ursprünglich von den „passions" stimulierte Handelnde wird durch die kognitiv-emotionale Kraft der „Sympathy"
zu einem „candid and impartial" „Spectator" seiner selbst mit den Augen der
anderen; durch die reziproke Kraft der „Sympathy" wird jedes Mitglied in
einer Sozialbeziehung gezwungen, sein Handeln am reflektierten Horizont der
Urteile seiner sozialen Partner zu orientieren.

Im Endergebnis führt somit der durch „Sympathy" inaugurierte und durch
den „Spectator" vollzogene Lernprozeß in einer Gesellschaft zu einem emotio-
nellen Gleichgewichtszustand, der eine dauernde wechselseitige Adjustierung
und Akkomodierung der Handlungsziele der sozialen Partner zur Folge hat,
ohne daß dabei die Verfolgung individueller Interessen und Triebe einer vollkommenen Identität der Handlungsmotivationen geopfert würde. Diese werden lediglich auf die Verhaltenserwartungen der sozialen Partner hin reflektiert. Smith beschreibt dementsprechend das Resultat eines solchen Lernprozesses
am Modell der Beziehungen zwischen zwei Personen, die durch „Sympathy"
zu einer wechselseitigen Angleichung ihrer „sentiments" kommen, folgendermaßen:

These two sentiments, however, may, it is evident, have such a correspondence
with one another, as is sufficient for the harmony of society. Though they

---

[145] Theory of Moral Sentiments, I, I, IV, 27 f. Der Terminus „impartial" und implizit auch die Figur des „Impartial Spectator" finden in der „Theory of Moral Sentiments" erstmals an dieser Stelle Erwähnung. Dies erscheint für eine Interpretation
des Konzepts deshalb zentral, weil Smith die Genesis des entscheidenden Prinzips individueller moralischer Beurteilung hier als Konsequenz eines sozialen Lernprozesses und
Interaktionszusammenhangs darstellt.
[146] Den interaktionistischen Aspekt der Smithschen „Sympathy"-Konzeption betont
auch P. Chamley, Notes de Lecture, Relatives à Smith, Steuart et Hegel, in: Revue
d'économie politique 1967, 857 ff., hier 860; gerade im Interaktionszusammenhang,
der durch „Sympathy" gestiftet wird, sieht Chamley auch ihre „vertue éducative"
(ebda., 860) begründet.

will never be unisons, they may be concords, and this is all that is wanted or required[147].

An der Darstellung dieses Modellfalls wird eine zentrale Perspektive der Smithschen Handlungslehre sichtbar. Jeder gesellschaftliche Handlungszusammenhang, der mit Hilfe der zwei analytischen Grundkonzeptionen „Sympathy" und „Spectator" analysiert wird, erscheint als ein kleinerer oder größerer Lernmechanismus, in welchem Stabilität und Mutualität durch wechselseitiges Lernen erreicht werden. Damit wird auch die Vorstellung einer beliebigen Sozialbeziehung als eines sich selbst regulierenden und insofern freien Handlungszusammenhangs denkbar, der zu seiner erfolgreichen Integration nicht mehr an die formelle Strukturierung durch eine herrschaftliche Zentralinstanz gebunden ist. Integration und Stabilität in diesem Handlungszusammenhang werden vielmehr durch autonome Konventionen und indirekte Regelungen gewährleistet, durch welche die Befriedigung eines individuellen Bedürfnisses immer nach dem Maßstab der Interpretation dieses Interesses durch die sozialen Partner stattfindet. Der durch „Sympathy" bewirkte Integrationsprozeß erscheint als ein in sich rückgekoppelter Kreislauf sozialen Lernens, in welchem aus anfänglich affektiven Verhaltensantrieben der Individuen sozial geprägte und orientierte Verhaltensmotivationen gesellschaftlicher Partner werden.

Die entscheidende Konsequenz der Smithschen Darlegung des „Sympathy"-Prinzips zeichnet sich damit ab. Es enthält eine Theorie individueller Sozialisation, eine Theorie gesellschaftlicher Integration und vor allem eine Theorie der Genesis von Normen als Produkt sozialen Lernens und sozialer Erfahrung.

„Sympathy" stellt nicht nur eine passive psychische Disposition, sondern eine aktive soziale Kraft dar, welche durch ihre Wechsel- und Rückwirkung im sozialen Kontext das Individuum einerseits dazu veranlaßt, kritischer „Spectator" der anderen zu sein und andererseits mit den Augen der anderen „fair and impartial spectator" seiner selbst zu werden. Es ist die durch „Sympathy" hervorgerufene Eigendynamik sozialer Interaktion, welche die Individuen zu gesellschaftlichen Wesen macht und damit zur praktischen Vernunft bringt. Durch die reziproke Kraft der „Sympathy" wird bei jedem Partner einer Sozialbeziehung ein Lern- und Bewußtwerdungsprozeß ausgelöst, der durch Übernahme fremder sozialer Rollen zu einer reflektierten Distanzierung von den eigenen, ursprünglich affektiven Handlungsmotivationen führt und damit zu normativen Handlungsorientierungen, die immer an den Verhaltenserwartungen der sozialen Bezugspersonen ausgerichtet sind:

our first moral criticisms are exercised upon the characters and conduct of other people; and we are all very forward to observe how each of these affects us. But we soon *learn,* that other people are equally frank with regard to our own. We become anxious to know how far we deserve their censure or applause, and wether to them we must necessarily appear those agreeable or disagreeable creatures which they represent us. We begin, upon

---

[147] Theory of Moral Sentiments, I, I, IV, 27.

this account, to examine our own passions and conduct, and to consider how these must appear to them, by considering how they would appear to us if in their situation. We suppose ourselves the spectators of our own behaviour, and endeavour to imagine what effect it would, in this light, produce upon us. This is the only looking-glass by which we can, in some measure, with the eyes of other people, scrutinize the propriety of our own conduct[148].

Smith, soviel wird hier deutlich, betrachtet den Menschen als ein Wesen, das nicht nur von Natur „sozial" ist — hätte er lediglich dies behauptet, so wäre er über Aristoteles und Grotius nicht hinausgekommen —, sondern als ein Wesen, das durch die strukturierende und integrierende Kraft und Dynamik der gesellschaftlichen Beziehungen, in die es gestellt wird, und durch die lernenden Reaktionen auf diese Beziehungen erst richtig „sozial" wird. Die Smithsche Sozialisationstheorie ist gerade als eine Theorie sozialen Lernens auch eine Theorie der Individuierung: Erst über die durch „Sympathy" und „Spectator" vermittelten gesellschaftlichen Lernprozesse bildet das Individuum eine persönliche Identität aus, erst hierdurch kommt es zur Selbsterkenntnis durch reflektierte Erkenntnis der anderen und entwickelt moralische und ästhetische Verhaltensstandards ebenso wie eine Fülle künstlicher Bedürfnisse, die seine natürlichen Bedürfnisse potenzieren:

Were it possible that a human creature could grow up to manhood in some solitary place, without any communication with his own species, he could no more think of his own character, of the propriety or demerit of his own sentiments and conduct, of the beauty or deformity of his own mind, than of the beauty or deformity of his own face. All these are objects which he cannot easily see, which naturally he does not look at, and with regard to which he is provided with no mirror which can present them to his view. *Bring him into society, and he is immediately provided with the mirror which he wanted before* . . . Bring him into society, and all his own passions will immediately become the causes of new passions. He will observe that mankind approve of some of them, and are disgusted by others. He will be elevated in the one case, and cast down in the other; his desires and aversions, his joys and sorrows, will now often become the causes of new desires and new aversions, new joys and new sorrows: they will now, therefore, interest him deeply, and often call upon his most attentive consideration[149].

Aus der momentanen Handlungs- und Urteilsperspektive des Individuums erscheint der durch „Sympathy" initiierte und durch den „Spectator" vorangetriebene soziale Lernprozeß als eine notwendige Orientierung seines Verhaltens an den Erwartungen und Erfahrungen der sozialen Bezugspersonen. Urteile in bezug auf eigenes Verhalten sind dem Individuum nur dadurch möglich, daß es sich in die Rolle der anderen versetzt und von deren Blickpunkt her überprüft, ob die eigenen Handlungen zu billigen sind oder nicht:

---

[148] Theory of Moral Sentiments III, I, 192 (Hervorh. H. M.).
[149] Ebda., III, I, 190 (Hervorh. H. M.).

We can never survey our own sentiments and motives, we can never form any judgement concerning them; unless we remove ourselves, ... from our own natural station, and endeavour to view them ... with the eyes of other people[150].

In der langfristigen und umfassenden Gesamtperspektive einer sozialen Beziehung erscheint der durch „Sympathy" bewirkte Lern- und Sozialisationsprozeß als die Ausbildung von Normen, Konventionen und Institutionen durch gesellschaftliche Erfahrung der Individuen. Aus den ursprünglich prämoralischen Impulsen der „passions" entstehen so durch „habitual reflection" moralische Regeln. Nicht bestimmte apriorische Setzungen von Normen machen nach Smith erst kohärentes gesellschaftliches Handeln möglich, die gesellschaftliche Interaktion der Individuen selbst ist es, die die Normen in einem durch „Sympathy" initiierten und durch den „Spectator" rationalisierten Prozeß sozialer Erfahrung konstituiert:

Our continual observations upon the conduct of others, insensibly lead us to form to ourselves certain general rules concerning what is fit and proper either to be done or to be avoided. Some of their actions shock all our natural sentiments. We hear every body about us express the like detestation against them. This still further confirms, and even exasperates our natural sense of their deformity. It satisfies us that we view them in the proper light, when we see other people view them in the same light. We resolve never to be guilty of the like, nor ever, upon any account, to render ourselves in this manner the objects of universal disapprobation. We thus naturally lay down to ourselves a general rule, that all such actions are to be avoided, as tending to render us odious, contemptible, or punishable, the objects of all those sentiments for which we have the greatest dread and aversion ... It is thus that the general rules of morality are formed. They are ultimately founded upon experience of what, in particular instances, our moral faculties, our natural sense of merit and propriety approve, or disapprove of. We do not originally approve or condemn particular actions; because, upon examination, they appear to be agreeable or inconsistent with a certain general rule. The general rule, on the contrary, is formed, by finding from experience, that all actions of a certain kind, or circumstanced in a certain manner, are approved or disapproved of[151].

Von ihrer Genesis als Regeln sozialer Erfahrung her sind die „general rules of morality" in einer eigentümlichen Zwitterstellung zwischen permanenter Gültigkeit und historischer Veränderbarkeit angesiedelt. Für ein bestimmtes Individuum in einer konkreten Entscheidungssituation erscheinen die moralischen Regeln als objektiv gültige und notwendige Verhaltensempfehlungen, aus der Perspektive der sozialen Gruppe, für welche sie gelten, dagegen als veränderlich mit dem Wandel der sozialen Erfahrung[152].

---

[150] Ebda., III, I, 189.
[151] Ebda., III, IV, 269 ff.
[152] Dieser „historische" Aspekt der Smithschen Theorie der Genesis von Normen

Die „general rules of morality" erfüllen nach Smith eine zweifache Funktion. Sie richten einerseits die trieb- und interessenbestimmten Handlungsmotivationen des Individuums an den Erfordernissen des gesellschaftlichen Konsensus aus, indem sie als dauerhaft internalisierte gesellschaftliche Verhaltenserwartungen und-kontrollen die „misrepresentations of self-love"[153], denen das handelnde Individuum immer unterworfen ist, im Lichte der zu erwartenden gesellschaftlichen Billigung oder Mißbilligung seines Verhaltens immer schon im vorhinein korrigieren und so gesellschaftlich erfolgreiches Handeln erst möglich machen. Sie versetzen das Individuum aber andererseits auch in die Lage, sich einen erheblichen Freiheitsspielraum gegenüber den sich unmittelbar manifestierenden Verhaltenserwartungen seiner gesellschaftlichen Bezugspersonen zu wahren, indem sie als sedimentierte Erfahrungen immer schon eine aufgeklärte Form des gesellschaftlichen Konsensus darstellen, den sich das selbstbewußte Individuum gegenüber allen zufälligen und verzerrten Manifestationen, in welchen der Konsensus sich ad hoc darbietet, zur Richtschnur seines Verhaltens wählen kann.

Der gleiche Bildungsprozeß, welcher sich im Kommunikationszusammenhang einer gesellschaftlichen Gruppe als die Entstehung der „general rules of morality" aus langfristiger sozialer Erfahrung darstellt, spiegelt sich im Individuum als die Ausbildung der Beobachter- und Urteilsfunktion des „Spectator" zur moralischen Urteilsfähigkeit des „well informed and impartial spectator"[154].

Der „Impartial Spectator" als die entscheidende normative Urteilsinstanz ist sozialisiertes Gewissen und individualisierte aufgeklärte Öffentlichkeit zugleich. Er stellt ebenso das individuelle Resultat des durch „Sympathy" und die Tätigkeit des „Spectator" initiierten sozialen Erfahrungsprozesses dar, wie er das soziale Ergebnis eines individuellen Bildungsvorgangs markiert.

Als selbstbewußte Verkörperung dieses Prozesses im einzelnen bildet er ein aufgeklärtes Forum Internum, das die moralische Eigenbeurteilung zwar in Form einer Selbstkontrolle und nicht mehr einer sozialen Fremdkontrolle durchführt, diese aber immer an öffentlich-sozialen Maßstäben ausrichtet[155].

Die von Smith im Untertitel der „Theory of Moral Sentiments" angedeutete Gesamtintention seines Werks zielt darauf, die Genesis moralischer Urteile als Resultat eines sozialen Erfahrungsprozesses nachzuweisen. Schon die hier nur stark verkürzt gegebene Interpretation der Smithschen Grundkonzeptionen dürfte deutlich gemacht haben, daß die Absicht Smiths nur unzureichend erfaßt

wird in einzelnen Hinweisen besonders betont von Morrow, Ethical and Economic Theories, 33, 36, 44 und von Macfie, The Individual in Society, 57, 83 f., 87, 89, 90, 99.

[153] Theory of Moral Sentiments, III, IV, 273.

[154] Hierzu besonders ebda., III, II, 194 ff. und III, III, 227 ff.; zur Interpretation s. die gedankenreiche Studie von Macfie, The Impartial Spectator, in: ders., The Individual in Society, 82 ff.; jetzt auch T. D. Campbell, Adam Smith's Science, 127 ff.

[155] Theory of Moral Sentiments, III, II, 198 f.; s. zum hier angesprochenen Zusammenhang auch den interessanten Vergleich zwischen Smiths Konzeption des „Impartial Spectator" und Freuds Theorie des „Über-Ich" bei Brissenden, Authority, Guilt and Anxiety, 949 ff.

wäre, wenn man sie als die einer formalen Werturteils- und Normenlehre charakterisieren würde.

Selbst in der abstrakten Gestalt, welche die Smithsche Sozialpsychologie des Werturteils in Form der beiden analytischen Konzeptionen „Sympathy" und „Impartial Spectator" annimmt, sind implizit bereits höchst konkrete sozialtheoretische Grundanschauungen und Vorentscheidungen enthalten. Sie geben das Gerüst einer allgemeinen Handlungstheorie ab, deren Gültigkeit Smith bei allen materialen Analysen und moralphilosophischen Zielbestimmungen in der „Theory of Moral Sentiments" voraussetzt.

b) „Prudence", „Justice" und „Benevolence" als realsoziologische Tugenden und normative Kriterien der notwendigen, hinreichenden und optimalen Existenzbedingungen der aufgeklärten „bürgerlichen Gesellschaft"

Während im letzten Abschnitt die formalen und systematischen Aspekte der Smithschen Handlungstheorie als einer „Theorie der Gesellschaft" anhand der beiden Grundkonzeptionen „Sympathy" und „(Impartial) Spectator" dargestellt wurden, soll im folgenden diese Theorie ihrer inhaltlichen Seite nach erörtert werden. Erst von diesem Gesichtspunkt aus wird der Zusammenhang zwischen Sozialwissenschaft und Aufklärung, zwischen Gesellschaftstheorie und Geschichtsphilosophie bei Smith in einem ersten Ansatz deutlich werden.

Ausgangspunkt soll die Funktionsbestimmung ökonomischen Handelns sein, die Smith in der „Theory of Moral Sentiments" gegeben hat. J. Schumpeter hat die Smithsche Auffassung von den Motivationen ökonomischen Handelns in bewußter Absetzung von älteren Interpretationen als eine „philosophy of riches and economic activity"[156] gekennzeichnet und damit zum Ausdruck gebracht, daß es vollkommen verfehlt wäre, Adam Smith als einen unreflektierten und eindimensionalen Theoretiker des wirtschaftlichen Eigennutzes und unsozialen Selbstinteresses zu charakterisieren. Neuerdings hat A. G. West[157] auf den gleichen Zusammenhang hingewiesen, wenn er betont, daß alle Versuche, Smith als einen klassischen Apologeten des Kapitalismus darzustellen, eher die Defizienz der erkenntnisleitenden Voraussetzungen seiner Interpreten als Smiths eigene Intentionen offenbaren. Versuche, die sozialtheoretischen Auffassungen Smiths auf einen einseitigen ökonomischen Individualismus und Utilitarismus festzulegen, beruhen meist auf einer unsorgfältigen und eklektischen Lektüre des „Wealth of Nations" und auf Unkenntnis seiner sozialphilosophischen Gesamtintention, die sich nur aus einem Studium der „Theory of Moral Sentiments" erschließt.

---

[156] J. A. Schumpeter, History of Economic Analysis, New York 1954, 182, dt. u. d. T. Geschichte der ökonomischen Analyse, Bd. I, Göttingen 1965, 242.

[157] A. G. West, Adam Smith, New Rochelle 1969, 80 ff. und ders., Adam Smith's Philosophy of Riches, in: Philosophy 44. 1969, 101 ff. Die letztgenannte Arbeit Wests ist weitgehend identisch mit Kap. VIII seiner Smith-Biographie.

Smiths „Philosophie des Reichtums" ist nur zureichend zu verstehen, wenn man davon ausgeht, daß Smith sie als Bestandteil einer umfassenden sozial-theoretischen, geschichtsphilosophischen und moralphilosophischen Konzeption betrachtete, in welcher das ökonomische Verhalten zwar eine wichtige, aber keine dominante Rolle spielte. Intensive ökonomische Betätigung auf der Basis des Privatinteresses galt Smith nicht als Endzweck menschlicher Existenz überhaupt, sondern lediglich als ein historisch notwendiges existenzsicherndes Mittel zum Zweck einer aufgeklärt-humanen Lebensführung. Die Produktion von Reichtum („wealth", „riches", „opulence") bedeutete für Smith nicht primär Mittel zum Selbstzweck der Akkumulation von Kapital, sondern Mittel zur gesteigerten und verfeinerten Befriedigung gesellschaftlicher Bedürfnisse und zur Verwirklichung menschlichen Glücks, das Smith keineswegs primär in Kategorien materieller Befriedigungschancen verstand, wenn er auch die Befriedigung der unmittelbaren physischen Bedürfnisse als eine unerläßliche Voraussetzung menschlichen Glücks ansah. Die Intentionen der Smithschen „Philosophie des Reichtums" ließen sich dahingehend charakterisieren, daß „Wealth of Nations" und „Welfare of Nations"[158] für Smith lediglich in dem Sinne zusammengehörten, daß der „Wealth of Nations" zwar eine notwendige, aber keine hinreichende Bedingung gesellschaftlichen Allgemeinwohls und individuellen Glücks darstellte. Die Bemerkung G. J. Stiglers, „the desire for better men, rather than for larger national incomes, was a main theme for classical economics"[159], gilt für Smith mehr als für jeden anderen klassischen Ökonomen. Dies wird schon aus der Bestimmung menschlicher und gesellschaftlicher Vollkommenheit deutlich, die Smith in der „Theory of Moral Sentiments" gibt:

> And hence it is, that to feel much for others and little for ourselves, that to restrain our selfish, and to indulge our benevolent affections, constitutes the perfection of human nature; and can alone produce among mankind that harmony of sentiments and passions in which consists their whole grace and propriety[160].

Smiths Auffassung menschlichen Glücks, soviel geht aus der angeführten Passage hervor, ist durchaus meta-ökonomisch formuliert. Statt den uneingeschränkten Eigennutz zu propagieren, fordert er dessen Restringierung — wenn auch bezeichnenderweise nicht die vollkommene Auslöschung — und die Gestaltung der gesellschaftlichen Beziehungen nach dem Maßstab universeller Brüderlichkeit. Nichts wäre demnach unzutreffender, als wenn man Smith als einen simplen Utilitaristen qualifizieren wollte und seine Auffassung vom Menschen als eine pure Doktrin des „economic man" bezeichnete[161]. Doch würde man

---

[158] Hierzu J. M. A. Gee, Adam Smith's Social Welfare Function, ScJPE 15. 1968, 283 ff. Gee entwickelt seine Position polemisch gegen die Behauptung I. M. D. Littles, daß „Smith wrote of the Wealth of Nations not of the Welfare of Nations", in ders., A Critique of Welfare Economics, Oxford 1950, 79.

[159] G. J. Stigler, Five Lectures on Economic Problems, London 1949, 4.

[160] Theory of Moral Sentiments, I, I, 32.

[161] Eine differenzierte Version dieser Interpretationsrichtung findet sich bei W. D. Grampp, Adam Smith and the Economic Man, JPE 56. 1948, 315 ff.

andererseits dem Anspruch der Smithschen Intention ebenso wenig gerecht, wenn man sie auf die wirklichkeits- und praxisferne Forderung nach uneingeschränkter „benevolence" festlegen würde. Die große Leistung Smiths besteht gerade in der Vermittlung seiner moralphilosophischen Forderungen mit einer realistischen Einschätzung des Menschen durch seine Gesellschaftstheorie und Geschichtsphilosophie im Rahmen seiner Sozialwissenschaft. Die Smithsche Bestimmung menschlichen Glücks und gesellschaftlichen Allgemeinwohls ist in einer konkreten Analyse derjenigen ökonomischen, sozialen und politischen Voraussetzungen und historischen Bedingungen fundiert, die eine Verwirklichung dieser moralphilosophischen Ziele als möglich bzw. unmöglich erscheinen lassen. Erst aus dieser Perspektive läßt sich auch die Bedeutung der Smithschen „Philosophie des Reichtums" erkennen.

Smith geht von der auch von ihm als historisch begriffenen Einsicht aus, daß erst mit der freien und rechtlich gesicherten Verfolgung wirtschaftlichen Eigennutzes in einer arbeitsteiligen Gesellschaft, mit der gewinnorientierten Vermittlung ökonomischer Tätigkeit über die Institution des Marktes und die Schaffung der Bedingungen konstanten wirtschaftlichen Wachstums durch die Akkumulation von Kapital — Bedingungen, welche er in den Gesellschaften Europas im 18. Jahrhundert (besonders in Großbritannien) erstmals in der Geschichte der Menschheit für tendenziell gegeben hielt — die Voraussetzungen für die Befreiung aller Menschen aus einem quasi-animalischen Zustand geschaffen waren, einem Zustand, in welchem die Mehrheit der Menschen in einer konstanten Ökonomie der Armut und unter notwendiger Beschränkung ihrer Bedürfnisse den größten Teil ihrer Zeit mit der unmittelbaren Reproduktion der physischen Existenz zugebracht hatte[162]. Erst in einer Gesellschaft, welche in ihrer Gesamtheit das Niveau einer Ökonomie der bloßen Subsistenz überschritten hatte, war nach Smith die Möglichkeit einer Transzendierung des bloßen

---

[162] Vgl. hierzu insbesondere den bei W. R. Scott, Adam Smith as Student and Professor abgedruckten Teil eines frühen Entwurfs zum „Wealth of Nations" von ca. 1763, aus welchem hervorgeht, daß die ursprüngliche Motivation zur Abfassung des „Wealth" von dieser Leitfragestellung nach „nature and causes" einer universellen „public opulence" in den „civilized societies" seiner Zeit ausging:

„The unassisted labour of a solitary individual, it is evident, is altogether unable to provide for him, such food, such cloaths and such lodging, as not only the luxury of the great, but as the natural appetites of the meanest peasant, are, in every civilized society, supposed to require. Observe in what manner a common day labourer in Britain or in Holland is accomodated with all these, and you will be sensible that his luxury is much superior to that of many an Indian prince, the absolute master of the lives and liberties of a thousand naked savages . . .

It is the immense multiplication of the productions of all the different arts, in consequence of the division of labour, which, notwithstanding the great inequalities of property, occassions, in all civilized societies, that *universal opulence* which extends itself to the lowest ranks of the people . . . That state is properly opulent in which opulence is easily come at, or in which a little labour properly and judiciously employed, is capable of procuring *any man a great abundance of all the necessaries and conveniencies of life.*" Smith, Early Draft of the „Wealth of Nations", in: Scott, Adam Smith as Student and Professor, 322 f., 331, 332 (Hervorh. H. M.).

Eigennutzes und des konstanten Zwangs zur innerweltlichen Askese in Richtung auf eine aufgeklärt-humane Form der menschlichen Existenz möglich. Die Erkenntnis, daß durch wirtschaftliches Wachstum diese Möglichkeit in den „civilized nations" seiner Zeit erstmals in der Geschichte der Menschheit objektiv gegeben, wenn auch noch nicht Wirklichkeit geworden war, die Auffassung, daß diese Entwicklung die Voraussetzung für einen entscheidenden Wandel der menschlichen Existenzbedingungen schaffen konnte, bestimmte weitgehend den Tenor der Smithschen Sozial- und Geschichtsphilosophie. In systematisierender Abstraktion drückte Smith diese seine ursprüngliche Einsicht in der „Theory of Moral Sentiments" in einem kontrastierenden Vergleich der Situation der „civilized nations" des zeitgenössischen Europa mit der Situation der „savages and barbarians" folgendermaßen aus:

> Among civilized nations, the virtues which are founded upon humanity, are more cultivated than those which are founded upon self-denial and the command of the passions. Among rude and barbarous nations, it is quite otherwise, the virtues of self-denial are more cultivated than those of humanity. The general security and happiness which prevail in ages of civility and politeness, afford little exercise to the contempt of danger, to patience in enduring labour, hunger, and pain. Poverty may easily be avoided, and the contempt of it therefore almost ceases to be a virtue. The abstinence from pleasure becomes less necessary, and the mind is more at liberty to unbend itself, and to indulge its natural inclinations in all those particular respects. Among savages and barbarians it is quite otherwise. Every savage undergoes a sort of Spartan discipline, and by the necessity of his situation is inured to every sort of hardship. He is in continual danger: he is often exposed to the greatest extremities of hunger, and frequently dies of pure want. His circumstances not only habituate him to every sort of distress, but teach him to give way to none of the passions which that distress is apt to excite. He can expect from his countrymen no sympathy or indulgence for such weakness. *Before we can feel much for others, we must in some measure be at ease ourselves. If our own misery pinches us very severely, we have no leisure to attend to that of our neighbour: and all savages are too much occupied with their own wants and necessities, to give much attention to those of another person*[163].

Es muß betont werden, daß Smith die Existenz gesellschaftlichen Reichtums in den „civilized nations" als eine notwendige, aber keine hinreichende Voraussetzung einer aufgeklärt-humanen Existenz des Menschen betrachtete. Er kann keineswegs als der naiv-optimistische Utilitarist angesehen werden, als welcher er immer wieder bezeichnet worden ist. Smith war ein bildungshumanistischer Aufklärer, welcher die bürgerliche Wirtschaftsgesellschaft als Mittel, nicht als Ziel seiner aufklärerischen Idealvorstellungen betrachtete. Er sah die komplexen Funktionsmechanismen und die Eigendynamik der „commercial society" zwar

---

[163] Theory of Moral Sentiments, V, II, 356 f. (Hervorh. H. M.).

als eine List der Vernunft, aber keineswegs bereits als die realisierte Vernunft selber an. In bezug auf die Intentionen Smiths von einer „Reduktion des Menschen auf seine sozio-ökonomische Bedürfnisstruktur"[164] zu sprechen, erscheint — um einen adäquaten Vergleich zu gebrauchen — ähnlich gerechtfertigt wie die Charakterisierung der Intention des Verfassers des „Eindimensionalen Menschen"[165] dahingehend, daß er der positiven Idealvorstellung eines „eindimensionalen Menschen" anhinge. Mit der Existenz einer „commercial society" und mit der permanenten Sicherung der Bedürfnisbefriedigung durch materielle „opulence" war das Problem der literarischen und ästhetischen Aufklärung des Menschen für Smith noch ebenso wenig gelöst wie das Problem einer humanen Gestaltung der menschlichen Gesellschaft durch rechtliche und politische Institutionen. Die praktische Reflexion der Aufklärung hatte an diesem Punkt zu beginnen, nicht aber ihre Tätigkeit einzustellen. Smith hat auf die Komplexität dieser Vermittlung zwischen Aufklärung und Ökonomie am Beispiel der ökonomischen Voraussetzungen der literarischen und ästhetischen Aufklärung in den „Lectures on Rhetoric and Belles Lettres" eindeutig hingewiesen:

'Tis the introduction of commerce, or at least of the opulence that is commonly the attendant of commerce, that first brings on the improvement of prose. Opulence and commerce commonly precede the improvement of arts and refinement of every sort. I do not mean that the improvement of of arts and refinement of manners are the necessary consequences of commerce, — the Dutch and the Venetians bear testimony against me, — but only that [it] is a necessary requisite. Wherever the inhabitants of a city are rich and opulent, where they enjoy the necessaries and conveniences of life in ease and security, there the arts will be cultivated, and refinement of manners [will be] a never-failing attendant[166].

Die theoretische Vermittlung, die Smith in praktisch-aufklärender Absicht zwischen der potentiellen Wirklichkeit des „Wealth of Nations" und der Möglichkeit einer allgemeinen „Welfare of Nations" in seinem sozialwissenschaftlichen Gesamtwerk, besonders aber in der „Theory of Moral Sentiments" versucht, kann als das große Ziel der Smithschen Sozialphilosophie überhaupt angesehen werden. Diese Vermittlung nimmt in der „Theory of Moral Sentiments" die Form einer rechtstheoretischen und moralphilosophischen Bestimmung der notwendigen, hinreichenden und optimalen Bedingungen menschlichen Glücks und gesellschaftlichen Allgemeinwohls an. Smith bezeichnet die notwendigen, hinreichenden und optimalen Bedingungen der gesellschaftlichen Existenz des Menschen mit den Begriffen der drei klassischen Tugenden „Prudence"[167], „Justice"[168], „Benevolence"[169]. Während „Prudence" als Tugend des

---

[164] So M. Hereth, Adam Smith, 73.
[165] H. Marcuse, Der Eindimensionale Mensch, Neuwied 1967² (1964).
[166] Smith, Lectures on Rhetoric, 131 f.
[167] Theory of Moral Sentiments, VI, I, 369 ff. Eine kurze Begriffs- und Funktionsbestimmung der Smithschen Tugenddefinitionen findet sich bei W. F. Campbell, Adam Smith's Theory of Justice, Prudence and Benificence, in: American Economic Review 57. 1967, 571 ff.

Selbstinteresses und insbesondere des ökonomischen Handelns die notwendigen Voraussetzungen menschlichen Glücks bestimmt, fixiert „Justice" den normativen Rahmen, innerhalb dessen sich die Tugend des Selbstinteresses vorteilhaft für den Einzelnen auswirken kann, ohne dem Nächsten oder der Gesamtheit Schaden zuzufügen. „Justice" gibt also die hinreichenden Bedingungen der gesellschaftlichen Existenz des Menschen an, sie steckt die Grenzen ab, über die hinaus das individuelle Streben nach Eigennutz nicht gehen darf, ohne den Bestand der Gesellschaft in Frage zu stellen.

„Benevolence" schließlich bestimmt das humane Optimum sozialen Handelns des Menschen. Sie ist keine notwendige und erzwingbare, sondern eine freie Tugend. Smith bezeichnet sie als das „ornament which embellishes, not the foundation which supports the building [of society]"[170].

So sehr Smith einerseits durch die Begrifflichkeit seines Tugendkatalogs der moralphilosophischen Tradition verhaftet ist, so sehr unterscheidet er sich andererseits von dieser Tradition durch die Argumentation, mit der er die Relevanz von „Prudence", „Justice" und „Benevolence" begründet. Smith faßt die Tugenden nicht als moralphilosophische Wesenheiten, sondern als realsoziologische Phänomene. Er begründet die notwendigen, hinreichenden und optimalen Bedingungen menschlichen Glücks und gesellschaftlichen Allgemeinwohls auf der Basis einer realistischen Analyse des in gesellschaftlichen, rechtlichen und politischen Institutionen handelnden Menschen[171]. Im Rahmen dieser Gesamtintention stellt die „Philosophy of Riches" eine notwendige Grundlage, doch nicht das normative Endziel der moralphilosophischen Sozialwissenschaft dar, die Smith in der „Theory of Moral Sentiments" zu entwickeln versuchte.

Ausgangspunkt der Smithschen Philosophie des Reichtums ist eine positive Auffassung von der Bedürfnisnatur des Menschen, speziell des Bedürfnisses nach Selbsterhaltung. Dies wird darin deutlich, daß Smith Selbsterhaltung nicht nur als ein evidentes, in jedem menschlichen Verhalten feststellbares Phänomen betrachtet, sondern als ein ebenso evidentes Recht, auf das jeder Mensch Anspruch vor Einlösung aller Pflichten erheben kann:

Every man is, no doubt, by nature, first and principally recommended to his own care; and as he is fitter to take care of himself than of any other person, it is fit and right that is should be so[172].

Die Impulse des Selbsterhaltungstriebs liefern die unmittelbaren Anreize zu ökonomischem Handeln; jedoch sieht Smith sie nicht als abstrakte, individuelle Vorgegebenheiten an, die in jeder Handlung mit konstanter Kraft wirksam

---

[168] Theory of Moral Sentiments, II, II, 131 ff.
[169] Ebda., II, II, 131 ff. u. VI, II, 381 ff.
[170] Ebda., II, II, II, 146.
[171] Ähnlich charakterisiert auch A. Salomon die sozialwissenschaftliche Absicht Smiths: „Smith regarded the analysis and interpretation of social conduct as the instruments for establishing scientifically the principles of the good and just life." Salomon, Adam Smith as Sociologist, 41.
[172] Theory of Moral Sentiments, II, II, 139.

sind, sondern als soziale Kräfte, die immer vom gesellschaftlichen Bedingungs-
zusammenhang, in welchem sie sich artikulieren, bestimmt werden.

Die vom reinen Selbsterhaltungstrieb vermittelten Handlungsanreize gehen
nach Smith nicht über das Maß hinaus, das durch die Produktion von Gütern
zur unmittelbaren Daseinsvorsorge gesetzt ist. Das Interesse an der physischen
Reproduktion der Existenz, der Kalkül der unmittelbaren Nützlichkeit liefern
zwar ein Motiv ökonomischen Handelns, aber kaum ein Motiv ökonomisch
produktiven Handelns. Ökonomisches Handeln wird erst produktiv unter dem
Einfluß künstlich stimulierter Bedürfnisse, die durch gesellschaftliche Verhaltenserwartungen geschaffen werden. Erst als gesellschaftliches Bedürfniswesen,
das eine Vielzahl von Bedürfnissen über die unmittelbar ökonomischen hinaus
hat, ist der Mensch für Smith ein ökonomisch produktives Wesen, und erst im
Rahmen der Smithschen Gesellschaftstheorie, in der „Sympathy" die universelle soziale Kraft darstellt, wird die Smithsche Anthropologie zur „Philosophie
des Reichtums":

The preservation and healthful state of the body seem to be the objects
which Nature first recommends to the care of every individual. The appetites
of hunger and thirst, the agreeable or disagreeable sensations of pleasure and
pain, of heat and cold, etc. may be considered as lessons delivered by the
voice of Nature herself, directing him what he ought to chuse, and what he
ought to avoid, for this purpose. The first lessons which he is taught by those
to whom his childhood is entrusted, tend, the greater part of them, to the
same purpose ... As he grows up, he soon learns that some care and foresight
are necessary for providing the means of gratifying those natural appetites,
of procuring pleasure and avoiding pain, of procuring the agreeable and
avoiding the disagreeable temperature of heat and cold. In the proper direction of this care and foresight consists the art of preserving and increasing
what is called his external fortune. Though it is in order to supply the
necessities and conveniencies of the body, that the advantages of external
fortune are originally recommended to us, yet we cannot live long in the
world without perceiving that the respect of our equals, our credit and rank
in the society we live in, depend very much upon the degree in which we
possess, or are supposed to possess, those advantages. The desire of becoming
the proper objects of this respect, of deserving and obtaining this credit and
rank among our equals, is, perhaps, the strongest of all our desires, and our
anxiety to obtain the advantages of fortune is accordingly much more excited
and irritated by this desire, than by that of supplying all the necessities and
conveniencies of the body, which are always very easily supplied[173].

Smith behauptet nicht etwa, daß die Impulse des Selbsterhaltungstriebs als
Anreize zu ökonomischem Handeln durch die Einwirkung gesellschaftlicher
Verhaltensmaßstäbe gegenstandslos werden und das Selbstinteresse als Hand-
lungsmotiv für das Individuum ausscheidet; es wird durch gesellschaftlich ver-

---

[173] Ebda., VI, I, 169 ff.

mittelte Wertvorstellungen lediglich auf andere Bahnen gelenkt und in künstlichen Bedürfnissen produktiv aufgehoben. Die soziale Kraft der „Sympathy"
wirkt sich in einer nach Rang und Status differenzierten Gesellschaft dahingehend aus, daß die Mittel zur Befriedigung der grundlegenden Bedürfnisse
selbst zum obersten Bedürfnis werden. Reichtum als Ausweis von Macht, Status
und Sozialprestige wird primäres Ziel menschlichen Handelns:

It is because mankind are disposed to sympathize more entirely with our joy
than with our sorrow, that we make parade of our riches, and conceal our
poverty ... it is chiefly from this regard to the sentiments of mankind, that
we pursue riches and avoid poverty. For to what purpose is all the toil and
bustle of this world? what is the end of avarice and ambition, of the pursuit
of wealth, of power, and preheminence? Is it to supply the necessities of
nature? The wages of the meanest labourer can supply them. We see that
they afford him food and clothing, the comfort of a house, and of a family.
... From whence, then, arises that emulation which runs through all the
different ranks of men, and what are the advantages which we propose by
that great purpose of human life which we call bettering our condition? To
be observed, to be attended to, to be taken notice of with sympathy, com-
placency, and approbation, are all the advantages which we can propose to
derive from it. It is the vanity, not the ease, or the pleasure, which interests
us. But vanity is always founded upon the belief of being the object of
attention and approbation. The rich man glories in his riches, because he feels
that they naturally draw upon him the attention of the world, and that
mankind go along with him in all those agreeable emotions with which the
advantages of his situation so readily inspire him. At the thought of this, his
heart seems to swell and dilate itself within him, and he is fonder of his
wealth, upon this account, than for all the other advantages it procures
him[174].

Es sind vor allem zwei künstliche Bedürfnisse, die nach Smith den Menschen
zu produktiver ökonomischer Tätigkeit, zum Streben nach Reichtum veranlassen: 1. der Wunsch nach gesellschaftlicher Anerkennung und Sozialprestige und
2. die ästhetischen Bedürfnisse des Menschen, die sich ökonomisch als Wunsch
nach „luxury" und „refinement" ausdrücken[175]. Diese ästhetischen Bedürfnisse
sind zwar nicht unmittelbar gesellschaftlichen Ursprungs — der Mensch ist
ästhetisches Wesen von Natur, und gerade dadurch unterscheidet er sich vom
Tier —, doch sind sie in ihrer Motivationskraft stärkstens von gesellschaftlichen Verhaltensmaßstäben bestimmt[176]. Ohne mögliche gesellschaftliche De-
monstrationseffekte entfällt nach Smith das Motiv, aus dem heraus Menschen
nach „luxury" und „refinement" streben.

Smiths Wertung dieser künstlichen Bedürfnisse, die sich im Streben nach
Reichtum manifestieren, bestimmt sich aus der Erkenntnis ihrer gesellschaft-

---

[174] Ebda., I, II, 80 ff.
[175] Ebda., IV, I, 308 ff.
[176] Hierzu bes. ebda., IV, I, 314 und V, I, 335.

lichen Produktivität. Er liefert in seiner „Philosophy of Riches" nicht — wie man vermuten könnte — die positive Theorie einer „leisure class", sondern eine theoretische Analyse und Rechtfertigung der ökonomischen Vorteile einer produktiven Erwerbsgesellschaft, als deren dynamische soziale Gruppe er die „middle and inferior ranks of life"[177], die „middling and inferior stations of life"[178] ansieht. Eigentum und Sozialprestige, Statusdifferenzierung und Luxuskonsumtion stellen für ihn nur deshalb positive Ziele gesellschaftlichen Handelns dar, weil sie ein konstantes Wachstum der ökonomischen Produktivität einer Gesellschaft im Gefolge haben und dadurch die Befriedigungschancen für die lebensnotwendigen Bedürfnisse der Gesamtheit der Gesellschaftsmitglieder erhöhen. Nicht das nach Reichtum, Status und Luxus strebende Individuum steht für Smith im Vordergrund des Interesses, sondern die gesellschaftlichen Ursachen und Konsequenzen, die sein Handeln hat.

Aus dieser Erkenntnisperspektive entdeckt Smith die Gesellschaft als einen objektiven Wirkungszusammenhang, der das Handeln der Individuen nicht nur über moralische und ästhetische Verhaltensstandards steuert, sondern die Konsequenzen dieses Handelns über die subjektiv vermeinten, vom Selbstinteresse diktierten Intentionen hinaus quasi hinter ihrem Rücken festlegt. Das individuelle Streben nach Reichtum in einer nach Status und Eigentum differenzierten Gesellschaft erscheint als eine „List der Vernunft", durch welche sich der gesellschaftliche Handlungszusammenhang in einem Ausmaß als ökonomisch produktiv erweist, das von den Handelnden keineswegs intendiert wurde. Durch die gesellschaftliche Stimulierung des künstlichen Bedürfnisses nach Reichtum wird das Individuum zu ökonomischen Handlungen angeregt, die in ihren produktiven Ergebnissen alle Konsumtionsmöglichkeiten des Individuums übersteigen und deshalb im Endeffekt zu einem höheren Niveau der Bedürfnisbefriedigung für die Gesamtheit der Mitglieder der Gesellschaft führen. Diese Fundierung der Smithschen „Philosophie des Reichtums" in einer Theorie der Gesellschaft als eines objektiven, sich selbst steuernden Wirkungszusammenhangs ist von Smith mit dem Bild der „invisible hand" beschrieben worden. Die zentrale Passage der „Theory of Moral Sentiments", in welcher Smith dieses Bild erläutert, ist immer wieder zitiert, selten gelesen und noch seltener aus dem Kontext interpretiert worden:

The pleasures of wealth and greatness, when considered . . . strike the imagination as something grand and beautiful and noble, of which the attainment is well worth all the toil and anxiety which we are so apt to bestow upon it. . . . it is well that nature imposes upon us in this manner. It is this deception which rouses and keeps in continual motion the industry of mankind. It is this which first prompted them to cultivate the ground, to build houses, to found cities and commonwealths, and to invent and improve all the sciences and arts, which ennoble and embellish human life; which have entirely changed the whole face of the globe, have turned the rude forests of nature

---

[177] Ebda., III, I, 92.
[178] Ebda., III, I, 101.

into agreeable and fertile plains, and made the trackless and barren ocean a new fund of subsistence, and the great high road of communication to the different nations of the earth. The earth by these labours of mankind has been obliged to redouble her natural fertility, and to maintain a greater multitude of inhabitants. It is to no purpose, that the proud and unfeeling landlord views his extensive fields, and without a thought for the wants of his brethren, in imagination consumes himself the whole harvest that grows upon them. The homely and vulgar proverb, that the eye is larger than the belly, never was more fully verified than with regard to him. The capacity of his stomach bears no proportion to the immensity of his desires, and will receive no more than that of the meanest peasant. The rest he is obliged to distribute among those, who prepare, in the nicest manner, that little which he himself makes use of, among those who fit up the palace in which this little is to be consumed, among those who provide and keep in order all the different baubles and trinkets, which are employed in the oeconomy of greatness; all of whom thus derive from his luxury and caprice, that share of the necessaries of life, which they would in vain have expected from his humanity or his justice. The produce of the soil maintains at all times nearly that number of inhabitants which it is capable of maintaining. The rich only select from the heap what is most precious and agreeable. They consume little more than the poor, and in spite of their natural selfishness and rapacity, though they mean only their own conveniency, though the sole end which they propose from the labours of all the thousands whom they employ, be the gratification of their own vain and insatiable desires, they divide with the poor the produce of all their improvements. They are led by an *invisible hand* to make nearly the same distribution of the necessaries of life, which would have been made, had the earth been divided into equal portions among all its inhabitants, and thus without intending it, without knowing it, advance the interest of the society, and afford means to the multiplication of the species[179].

Die Smithsche Metapher von der „invisible hand" in der „Theory of Moral Sentiments" ist einer Fülle von widersprüchlichen Interpretationen ausgesetzt gewesen. Ob man sie als eine ideologische Rechtfertigung des „Laissez Faire"[180], als Ausdruck für die Präponderanz eines optimistischen Deismus in den normativen Grundannahmen Smiths[181] oder lediglich als eine rhetorische Konzession des Verfassers der „Theory" an den deistischen Zeitgeist ansah[182], meist ist ihr der Status einer philosophischen Annahme zugesprochen worden, die in keinem direkten Zusammenhang mit Smiths empirisch fundierten Aussagen über das

---

[179] Ebda., IV, I, 317 f. (Hervorh. H. M.); vgl. die Parallelstelle Wealth of Nations, IV, II, Bd. I, 477 f.

[180] So etwa Weiss, Adam Smith and the Philosophy of Anti-History, 25.

[181] Viner, Adam Smith and Laissez Faire, 120 ff.

[182] Diese Position vertritt A. L. Macfie, The ‚Invisible Hand‘ in the Theory of Moral Sentiments, in: ders., The Individual in Society, 101 ff.

soziale und ökonomische Handeln des Menschen steht. Sicherlich ist A. L. Macfie darin recht zu geben, daß die Bedeutung des „invisible hand"-Prinzips für die Gesamtintention der Smithschen Sozialphilosophie überschätzt worden ist[183], doch sollte diese Feststellung Macfies nicht dazu verleiten, den Indikationswert der Metapher überhaupt in Abrede zu stellen.

Versteht man das Bild von der „invisible hand" aus dem Kontext, in dem es verwendet wird, der Smithschen Darlegung der gesellschaftlichen Motivationen, Bedingungen und Konsequenzen ökonomischen Handelns, so stellt es weniger ein Interpretationsproblem als die Bestätigung einer Interpretation dar: Es symbolisiert am Beispiel ökonomischen Handelns die Smithsche Auffassung von der Gesellschaft als eines objektiven Wirkungszusammenhangs und einer produktiven historischen Kraft sui generis, welche die künstlichen Bedürfnisse des Menschen einerseits schafft, andererseits durch die Dynamik dieser künstlichen Bedürfnisse in Gang gehalten wird und diese zugleich auf Ziele hinleitet, die von den Individuen selbst nicht intendiert sind.

Smith legitimiert in der „invisible hand"-Passage die künstlichen Bedürfnisse, die im Streben nach Reichtum und Luxus praktisch werden, von den produktiven ökonomischen Konsequenzen her, die sie im Gefolge haben. Er rechtfertigt die gesellschaftliche und ökonomische Ungleichheit aus der Gleichheit der Chancen existentieller Bedürfnisbefriedigung, die sie für alle Menschen eröffnet. Die „oeconomy of greatness" stellt nach Smith auf einem sich konstant erhöhenden Reproduktionsniveau jene Bedingungen von „real happiness", „ease of body" und „peace of mind"[184] für alle Mitglieder einer Gesellschaft sicher, die eine Gleichheit der Besitzverhältnisse auf einem konstant verharrenden Niveau der elementaren Bedürfnisbefriedigung nur unvollkommen zur Folge gehabt hätte. Die Smithsche Philosophie des Reichtums erscheint in der „invisible hand"-Passage somit als eine Theorie des Wirtschaftswachstums, welche sich nicht nur den ökonomischen, sondern auch den kulturellen und politischen Fortschritt aus der Dynamik der künstlichen Bedürfnisnatur des Menschen zu erklären bemüht[185]. Smith geht hierbei soweit, daß er das ökonomische Privatinteresse auch in seiner individuell sinnlosen Form („it is to no purpose") für gerechtfertigt hält, wenn es nur den Fortschritt der Gesamtgesellschaft befördert.

Die Intention der Smithschen „Philosophie des Reichtums" als einer Philosophie, welche die Produktivität der gesellschaftlich stimulierten künstlichen Bedürfnisnatur des Menschen zum Gegenstand hat, wird deutlich, wenn Smith diejenigen Formen ökonomischen und sozialen Verhaltens, die nach seiner Auffassung das wirtschaftliche Wachstum fördern und den gesellschaftlichen Fortschritt damit ermöglichen, als die grundlegende Tugend der „Prudence" faßt:

The care of the health, of the fortune, of the rank and reputation of the individual, the objects upon which his comfort and happiness in this life are

---

[183] Ebda., 101.
[184] Theory of Moral Sentiments, IV, I, 319.
[185] Hierzu auch Smith, Lectures on Justice, 157 ff.; vgl. auch u. 250 ff.

supposed principally to depend, is considered as the proper business of that virtue which is commonly called Prudence[186].

Nicht der bedingungslos konsumorientierte „proud and unfeeling landlord" gibt jedoch für Smith das Musterbild des „prudent man" ab. Smith sieht es vollkommen nur im Handeln der „middling and inferior stations of life" verwirklicht, welche die künstlichen Bedürfnisse nach Status, „luxury" und „refinement" durch innerweltliche Askese so repremiert haben, daß sich die ökonomische Wirkung ihrer Handlungen durch freiwillige Konsumbeschränkung potenziert. Nur im Handeln der „middling and inferior stations of life" gehen die „road to virtue and that to fortune"[187] zusammen. Nur der „prudent man", der auf diese Weise handelt, genießt die „entire approbation of the impartial spectator":

> In the steadiness of his industry and frugality, in his steadily sacrificing the ease and enjoyment of the present moment for the probable expectation of the still greater ease and enjoyment of a more distant, but more lasting period of time, the prudent man is always both supported and rewarded by the entire approbation of the impartial spectator, and of the representative of the impartial spectator, the man within the breast[188].

Es dürfte deutlich geworden sein, daß eine Charakterisierung der Smithschen Philosophie des Reichtums als einer bloßen Philosophie des Eigennutzes deren Intentionen in keiner Weise gerecht wird. Die positive Wertung, welche das Streben nach Selbsterhaltung und Eigennutz bei Smith findet, läßt sich nur von der gesellschafts- und geschichtstheoretischen Perspektive her zureichend verstehen, in der Smith es sieht. Smith entdeckt die Produktivität der von egoistischen Antrieben motivierten, doch gesellschaftlich geprägten und wirksamen künstlichen Bedürfnisnatur des Menschen und fordert ihre Freisetzung. Er sieht ihre allgemeine Wirksamkeit als die Ursache gesellschaftlichen Reichtums und als die notwendige Voraussetzung kulturellen und politischen Fortschritts an. Von dieser Einsicht her deklariert er diejenigen ökonomischen und gesellschaftlichen Verhaltensweisen, die er in seinem Begriff der „Prudence" faßt, nicht nur zum fundamentalen individuellen Recht, sondern zur Tugend, wobei er sich bewußt ist, daß die Wirkungen individueller „Prudence" zwar die Voraussetzungen der Existenz des Menschen sichern, nicht jedoch schon sein humanes Verhalten garantieren:

> Prudence, in short, when directed merely to the care of the health, of the fortune, and of the rank and reputation of the individual, though it is regarded as a most respectable, and even in some degree, as an amiable and agreeable quality, yet it never is considered as one, either of the most endearing, or of the most ennobling of the virtues. It commands a certain cold esteem, but seems not entitled to any very ardent love or admiration[189].

---

[186] Theory of Moral Sentiments, VI, I, 371.
[187] Ebda., I, III, 101.
[188] Ebda., VI, I, 374 f.
[189] Ebda., VI, I, 377.

Die von „Prudence" motivierten Handlungen können nach Smith gesellschaftlich vorteilhafte Wirkungen erst durch ihre Garantie und gleichzeitige Beschränkung im Rahmen allgemeiner „Justice" entfalten. „Justice" legt diejenigen Normen fest, innerhalb deren sich das Selbstinteresse vorteilhaft für den Einzelnen auswirken kann, ohne dem Nächsten oder der Gesamtheit zu schaden. Smiths Konzeption der „Justice", die er in Form einer bruchstückhaften[190] allgemeinen Rechtslehre in der „Theory of Moral Sentiments" entwickelt hat[191], geht hierbei nicht von der Annahme einer selbstläufigen Harmonie der Interessen als Resultat der gesellschaftlichen Auswirkung eines ungehemmten Strebens nach Eigennutz aus. Diese Auffassung ist zwar im Bild von Smith als dem unproblematischen Philosophen des „Laissez Faire" zum dogmatischen Vorurteil geworden, hat jedoch mit Smith weniger zu tun als mit den Wunschprojektionen seiner Interpreten im 19. Jahrhundert. Hätte Smith sie geteilt, dann wäre seine Theorie der „Justice" überflüssig gewesen. Deren Raison d'Etre ist jedoch gerade darin zu erblicken, daß Smith von der doppelten Einsicht in die gesellschaftliche Natur des Menschen und in den permanenten Konfliktcharakter der Gesellschaft ausgeht:

man, who can subsist only in society, was fitted by nature to that situation

---

[190] Zu den Gründen für die bewußte Aussparung materieller Erörterungen in der Smithschen Darstellung der „Justice" in der „Theory of Moral Sentiments", s. u. 242 ff.

[191] Theory of Moral Sentiments, III, II, 131 ff., aber auch III, V, 175 ff. und VII, IV, passim; zu Smiths Rechtslehre O. H. Taylor, Economics and the Idea of Jus Naturale, in: ders., Economics and Liberalism, Cambridge/Mass. 1955, 70 ff., ferner ders., A History of Economic Thought, New York 1960, 67 ff.; Bittermann, Adam Smith's Empiricism, 518 ff., 727 ff.; Morrow, Ethical and Economic Theories, 45 ff.; W. F. Campbell, Adam Smith's Theory of Justice, Prudence and Benificence, 571 ff.; A. Guiliani, Adamo Smith filosofo del diritto, in: Rivista Internazionale di Filosofia del Diritto 31. 1954, 505 ff. Guilianis materialreiche Abhandlung, die den historischen Charakter der Smithschen Naturrechts- und „Justice"-Konzeption betont, geht von falschen Voraussetzungen aus, wenn der Autor diesen spezifischen Neuansatz Smiths auf seine Rezeption des englischen „Common Law" und einen angeblich fundamentalen Antirationalismus Smiths zurückführt. Zur Korrektur der Thesen Guilianis P. Stein, Osservazioni intorno ad Adamo Smith filosofo del diritto, ebda., 32. 1955, 97 ff. — Der Verfasser ist Gerd Rosen für Übersetzung und Diskussion beider Artikel zu Dank verpflichtet. — S. zum im folgenden behandelten Zusammenhang jetzt auch T. D. Campbell, Adam Smith's Science, 186 ff., aber auch 58 ff.; C. entwickelt stringent, wie kein Autor vor ihm, die Smithsche Rechtslehre aus der allgemeinen Handlungstheorie der „Theory of Moral Sentiments"; einige seiner Gesichtspunkte allerdings, insbesondere seine Zurückführung der „justice" auf „resentment" (s. u. 235 f.), wurden von W. Eckstein, Adam Smith als Rechtsphilosoph, ARW 20. 1926—27, 378 ff. vorweggenommen, ohne daß C. dies bemerkt hätte; außerdem erscheint C.s Interpretation der Stellung Smiths in der neuzeitlichen Naturrechtstradition zu einseitig, wenn er Smith auf die Ablehnung dieser Tradition festlegen will (ebda., 58), ohne hierbei ausreichend zu berücksichtigen, daß Smith in seiner Rechtslehre zwar einerseits den vernunftrechtlichen Aspekt des neuzeitlichen Naturrechts (insbes. das Naturzustandstheorem und die Vertragstheorie) verwarf, gleichzeitig jedoch eine modifizierte Konzeption „natürlicher" Rechte ebenso übernahm wie den systematisch-theoretischen Erkenntnisanspruch des Naturrechts (hierzu u. 246 ff.).

for which he was made. All the members of human society stand in need of each others assistance, and are likewise exposed to mutual injuries[192].

Die Smithsche Rechtslehre ist nur auf dem Hintergrund dieser Auffassung von der Gesellschaft als eines Handlungszusammenhangs zu verstehen, dessen Dauerzustand in einer unsicheren Balance zwischen Konflikt und Integration besteht[193]. Sie ist Lehre von der Freiheit individueller Bedürfnisse und zugleich Lehre von den gesellschaftlich notwendigen Beschränkungen der individuellen Bedürfnisse, im Interesse der gleichen Rechte aller und im Interesse gesellschaftlicher Produktivität und Integration.

Smith versteht seine Konzeption der „Justice" nach dem Muster der traditionellen Justitia Commutativa[194]. „Justice" schreibt nicht durch eine Deklaration von Pflichten ein konkretes tugendhaftes Verhalten für alle Mitglieder der Gesellschaft vor, sondern gewährleistet durch soziale Beschränkung individueller Rechte das Maximum gleicher Freiheitsrechte für alle. Smith verdeutlicht diese Intention seiner Rechtslehre durch eine charakteristische Umwandlung des christlichen Gebots der Nächstenliebe:

As to love our neighbour as we love ourselves is the great law of Christianity, so it is the great precept of nature to love ourselves only as we love our neighbour, or what comes up to the same thing, as our neighbour is capable of loving us[195].

Während die christliche Formel ein bestimmtes Maß an Nächstenliebe vorschreibt und zur aktiven Praxis einer Tugend auffordert, limitiert die Smithsche Formel den Eigennutz lediglich im Interesse der Gesellschaft, indem sie als Grenze des individuellen Rechts das gleiche Recht des Nächsten angibt. Smith definiert dementsprechend „Justice" als eine „negative Tugend", welche zwar Normen sozialen Verhaltens aufstellt, dies jedoch nur zur Gewährleistung individueller Rechte, zur Verhinderung der Übergriffe der Gesellschaftsmitglieder auf die wechselseitigen Privatsphären:

Mere Justice is ... but a negative virtue, and only hinders us from hurting our neighbour. The man who barely abstains from violating either the person, or the estate, or the reputation of his neighbours, has surely very little positive merit. He fulfils, however, all the rules of what is peculiarly called justice, and does every thing which his equals can with propriety force him to do, or which they can punish him for not doing[196].

In dieser Form als einer „negative virtue" sind die Gebote der Justice die notwendige und hinreichende Voraussetzung der Existenz der Gesellschaft, wenn auch nicht einer humanen gesellschaftlichen Existenz des Menschen. „Justice" gibt keine positiven Ziele sozialen Handelns vor, sie schützt im Ge-

---

[192] Theory of Moral Sentiments, II, III, 145.
[193] Hierzu Bittermann, Adam Smith's Empiricism, 728 f.
[194] Theory of Moral Sentiments, VII, II, 477 f.
[195] Ebda., I, I, 32. Zur Interpretation dieser Passage treffend J. Cropsey, Polity and Economy. An Interpretation of the Principles of Adam Smith, Den Haag 1967, 28 f.
[196] Theory of Moral Sentiments, II, II, 137 f.

genteil Handeln nach egoistischen Interessen, doch ist sie als ein normatives System zwingender Gewährleistungen „pillar of society", ohne den ein Handeln nach den humanen Motivationen der „Beneficence" nicht möglich wäre:

Society ... cannot subsist among those who are at all times ready to hurt and injure one another. The moment that injury begins, the moment that mutual resentment and animosity take place, all the bands of it are broke asunder, and the different members of which it consisted are, as it were, dissipated and scattered abroad by the violence and opposition of their discordant affections ... Beneficence, therefore, is less essential to the existence of society than justice. Society may subsist, though not in the most comfortable state, without beneficence; but the prevalence of injustice must utterly destroy it ...

[Beneficence] is the ornament which embellishes, not the foundation which supports the building ... Justice, on the contrary, is the main pillar that upholds the whole edifice. If it is removed, the great, the immense fabric of human society ... must in a moment crumble into atoms[197].

Steht die Smithsche Konzeption der „Justice" als einer Justitia Commutativa formal in der Tradition des neuzeitlichen Naturrechts — Smith beruft sich in diesem Zusammenhang ausdrücklich auf Grotius[198]—, so entfernt sich Smith von dieser Tradition durch die spezifische Begründung seiner Rechtstheorie. Er leitet sie aus seiner allgemeinen Handlungstheorie mit Hilfe seiner analytischen Grundkonzeptionen „Sympathy" und „Impartial Spectator" ab[199]. Die Normen der „Justice" sind nach Smith weder apriorisch gegeben noch Ergebnis rationaler Denktätigkeit auf die theologisch sanktionierten oder utilitarischen Zwecke der Gesellschaft hin. Sie gründen im trieb- und bedürfnisstimulierten Prozeß gesellschaftlichen Handelns und gesellschaftlicher Erfahrung selbst. Gegen Hume[200], aber auch gegen das rationale Naturrecht[201] sieht Smith die Basis der „Justice" in der unmittelbaren Spontaneität des solidarischen „Vergeltungsgefühls" (resentment)[202] gegeben, das sich, vom „Impartial Spectator" gesell-

---

[197] Ebda., II, II, 146 f., vgl. III, V, 279.

[198] Ebda., VII, II, 478.

[199] Ebda., II, II, 139 ff.; s. auch oben 211 ff.; zur Ableitung ausgezeichnet: T. D. Campbell, Adam Smith's Science, 190 ff.

[200] In bezug auf die grundlegende Bedeutung der „Justice" als der gesellschaftlich existenznotwendigen Tugend befindet sich Smith in Übereinstimmung mit Hume und beruft sich in der Theory of Moral Sentiments, II, II, 134 auf ihn als einen „author of very great and original genius", doch lehnt Smith Humes spezielle Konzeption der „Justice" als einer „artificial virtue", Ergebnis eines jederzeit individuell nachvollziehbaren rational-utilitarischen Kalküls, explizit ab. Theory of Moral Sentiments, II, II, 148 ff.; vgl. die Darstellung der Smithschen Position gegenüber Hume bei Taylor, History of Economic Thought, 63 f.

[201] Theory of Moral Sentiments, II, II, 148 ff. enthält eine deutlich kritische Anspielung auf das rationale Naturrecht.

[202] Theory of Moral Sentiments, II, II, I, 131 ff.; vgl. auch ebda., VI, II, 381 f. und Smith, Lectures on Justice, 136, 152 f.

schaftlich vermittelt und auf das rationale Maß reduziert, in einem sozialen Lernprozeß zum normativen Vermögen der „Justice" heranbildet[203].

Die Regeln der „Justice" als diejenigen Normen, welche individuelle Freiheit und optimale Verwirklichung individuellen Selbstinteresses gerade durch die Gewährleistung der gleichen Freiheit der anderen anstreben, sind nach Smith jedem gesellschaftlich handelnden Individuum als ein ethisches Minimum, das einzuhalten notwendig ist, um seine Interessen erfolgreich zu realisieren, unmittelbar erfahrbar und einsichtig. Falls gesellschaftliches Handeln überhaupt stattfindet, basiert es auf dieser normativen Minimalvoraussetzung der „Justice". Der „Impartial Spectator" spricht ihre Regeln deshalb als unbedingte Handlungsempfehlungen aus:

When [man] ... views himself in the light in which he is conscious that others will view him, he sees that to them he is but one of the multitude, in no respect better than any other in it. If he would act so as that the impartial spectator may enter into the principles of his conduct, which is what of all things he has the greatest desire to do, he must, upon this, as upon all other occasions, humble the arrogance of his self love, and bring it down to something which other men can go along with. They will indulge it so far as to allow him to be more anxious about, and to pursue with more earnest assiduity, his own happiness than that of any other person. Thus far, whenever they place themselves in his situation, they will readily go along with him. In the race for wealth, and honours, and preferments, he may run as hard as he can, and strain every nerve and every muscle, in order to outstrip all his competitors. But if he should justle, or throw down any of them, the indulgence of the spectators is entirely at an end. It is a violation of fair play, which they cannot admit of[204].

Es wird deutlich, daß Smiths Bestimmung der „Justice" als des gesellschaftlichen Prinzips des „fair play" keineswegs nur formaler Natur ist, sondern konkrete Imperative sozialen Handelns enthält. Smith leistet im Rahmen seiner Rechtslehre die Begründung von Normen sozialen Handelns, welche weitgehend dem klassischen Wertkatalog des Naturrechts entsprechen, allerdings mit dem Unterschied, daß die Smithsche Theorie der „Justice" nicht das naturrechtliche Bedürfnis nach Vernunft, sondern die Überzeugung von der partiellen Vernünftigkeit der gesellschaftlichen Bedürfnisse zur Grundlage hat, indem sie davon ausgeht, daß die Regeln der Gerechtigkeit spontanes Produkt des gesellschaftlichen Handlungsprozesses sind. Inhaltlich sind die „most sacred laws of justice", welche die Realisierung individueller Interessen auf der Basis gesellschaftlicher Stabilität möglich machen, weitgehend mit den Grundforderungen des Naturrechts auf „life", „liberty", „property" und die Einhaltung von Verträgen identisch:

As the greater and more irreparable the evil that is done, the *resentment of*

---

[203] Theory of Moral Sentiments, III, IV, 266 ff. und ebda., III, V, 279; vgl. Taylor, Economics and Jus Naturale, 94.
[204] Theory of Moral Sentiments, II, II, 140 f.

the sufferer runs naturally the higher; so does likewise the *sympathetic indignation of the spectator,* as well as the sense of guilt in the agent. Death is the greatest evil which one man can inflict upon another, and excites the highest degree of resentment in those who are immediately connected with the slain. *Murder,* therefore, is the most atrocious of all crimes which affect individuals only, in the sight both of mankind, and of the person who has committed it. To be deprived of that which we are possessed of, is a greater evil than to be disappointed of what we have only the expectation. *Breach of property,* therefore, theft and robbery, which take from us what we are possessed of, are greater crimes than *breach of contract,* which only disappoints us of what we expected. *The most sacred laws of justice, therefore, those whose violation seems to call loudest for vengeance and punishment, are the laws which guard the life and person of our neighbour; the next are those which guard his property and possessions; and last of all come those which guard what are called his personal rights, or what is due to him from the promises of others*[205].

Die Regeln der „Justice" sind zwar spontanes Produkt gesellschaftlichen Handelns und gesellschaftlicher Erfahrung — und als solche jedem Menschen unmittelbar einsichtig —, doch genügen die individuellen und unmittelbar gesellschaftlichen Kontrollen der „Justice" nicht, um die Rechtlichkeit des gesellschaftlichen Handlungszusammenhangs zu gewährleisten. Smith fordert von hierher die Sanktionen eines Rechts- und Gesetzesstaats:

As the violation of justice is what men will never submit to from one another, the public magistrate is under a necessity of employing the power of the commonwealth to enforce the practice of this virtue. Without this precaution, civil society would become a scene of bloodshed and disorder, every man revenging himself at his own hand whenever he fancied he was injured. To prevent the confusion which would attend upon every man's doing justice to himself, the magistrate, in all governments that have acquired any considerable authority, undertakes to do justice to all, and promises to hear and to redress every complaint of injury. In all well-governed states too, not only judges are appointed for determining the controversies of individuals, but rules are prescribed for regulating the decisions of those judges[206].

Weit davon entfernt, eine bloß rechtsphilosophische Legitimation bedingungslosen „Laissez Faire" darzustellen, fordert die Smithsche Theorie der „Justice" die institutionellen Sanktionen des Rechts- und Gesetzesstaats gerade als Vor-

---

[205] Ebda., II, II, 141 f. (Hervorh. H. M.). In charakteristischer Verkehrung des vernunftrechtlichen Normenkatalogs rückt Smith das Gebot der Einhaltung von Verträgen, die normative Grundforderung des rationalen Naturrechts, an die letzte Stelle seines Normenkatalogs; vgl. hierzu die interessanten Parallelen bei Smith, Lectures on Justice, 136, 137 (murder), 131 (contract, property); zur ausdrücklichen Übernahme eines modifizierten Normenkatalogs des Naturrechts und zur Charakterisierung dieser Rechte als „natural rights" ebda., 6, 7, 8, 107.
[206] Ebda., VII, IV, 608.

aussetzung individueller Freiheit und erlaubt gesellschaftliches „Laissez Faire"
nur in den Grenzen einer allgemeinen Garantie individueller Rechte. Doch ist
diese Smithsche Forderung nach dem Primat der „Justice" in allen gesellschaftlichen Beziehungen nicht in dem Sinne auszulegen, daß Smith in der „Theory of
Moral Sentiments" einen Primat staatlicher Herrschaft als die grundlegende
Bedingung der Existenz von Gesellschaft überhaupt annimmt. Smith fordert im
Gegenteil den Primat der Gesellschaft vor dem Staat. Dies kommt gerade darin
zum Ausdruck, daß er die Staatstätigkeit weitgehend auf die Funktion einer
Garantie der „Justice" beschränkt sehen will, wobei er diese Garantiefunktion
konkret dahingehend bestimmt, daß ihre Hauptaufgabe im Schutz der individuellen Interessen der Mehrheit der Staatsbürger gegen die monopolistischen
Herrschaftsansprüche kleiner gesellschaftlicher Gruppen besteht[207]. Darüber hinaus schließt Smith jedoch eine positive Wohlfahrtspolitik, die über die rein
rechtliche Garantie von „life", „liberty", „property" und „contracts" hinausgeht, keineswegs aus. Dies kommt in den rechtstheoretischen Erörterungen der
„Theory of Moral Sentiments" dadurch zum Ausdruck, daß er dem Staat neben
der Funktion, „Justice" zu gewährleisten, auch die Aufgabe zuweist, „[to]
command mutual good offices to a certain degree"[208].

Smith erläutert die Voraussetzungen und Ziele dieser Wohlfahrtspolitik in
der „Theory of Moral Sentiments" nicht näher. Aus dem Kontext seiner übrigen Werke[209] ergibt sich jedoch, daß er die gesellschaftlichen Selbstvermittlungsmechanismen des durch „Justice" als einer „negative virtue" garantierten
„system of natural liberty"[210] nicht für ausreichend hält, um die Intentionen der
„Justice" als eines Systems positiver naturrechtlicher Gewährleistungen auch
einzulösen. Smith nimmt — im Gegensatz zum Liberalismus des 19. Jahrhunderts — den naturrechtlichen Freiheits- und Gleichheitsanspruch noch in dem
Sinne vollkommen ernst, daß er hierunter nicht nur das individuelle Recht for-
meller Chancengleichheit, sondern positiv die gleiche Möglichkeit eines jeden
auf die Realisierung der Chance auf „life", „liberty" und „property" versteht.
Der naturrechtliche Freiheits- und Gleichheitsanspruch wird von ihm darüber
hinaus nicht nur ökonomisch aufgefaßt, sondern impliziert vor allem auch das
Recht eines jeden auf eine durch Bildung aufgeklärte humane Existenz[211]. Von
dieser bildungshumanistisch erweiterten naturrechtlichen Erkenntnisperspektive
aus nimmt Smith wahr, daß sich auf der Basis einer lediglich formalen Rechtsgleichheit in der „commercial society" seiner Zeit ein „disproportionales Betroffenheitsgefälle der gesellschaftlichen Lagen"[212] hergestellt hat, das durch „Jus-

---

[207] Ebda., VII, IV, 608.

[208] Ebda., II, II, 136.

[209] Wealth of Nations, IV, IX, Bd. II, 209.

[210] Hierzu Viner, Adam Smith and Laissez Faire, 116 ff., bes. 134 ff.

[211] Vor allem Wealth of Nations, V, I, III, II, Bd. II, 282 ff.

[212] Formulierung bei Pankoke, Sociale Bewegung, 15. Pankoke will den Primat in
der Wahrnehmung dieses „Betroffenheitsgefälles" erst der deutschen „Socialwissenschaft" der 2. Hälfte des 19. Jahrhunderts zuerkennen, welche seiner Auffassung nach
gerade durch die „dogmengeschichtliche Absetzung ... von der klassischen Gesellschafts-

tice" als einer bloßen „negative virtue" nicht behoben werden kann. Er lokalisiert es in der sozial- und berufsbedingten Selbstentfremdung, Enthumanisierung und Apolitisierung der „inferior ranks of men", der „labouring poor ... who live by wages", „that great body of the people ... who live by labour"[213] ebenso wie in den Möglichkeiten informell ökonomischer und formell politischer Herrschaft, die sich in einer „commercial society" für die Eigentümer von Handels- und Industriekapital eröffnen[214].

Smith nimmt dieses unterschiedliche „Betroffenheitsgefälle" jedoch nicht als den Strukturkonflikt einer Klassengesellschaft wahr, er hält seine Symptome für vorübergehende und aufhebbare Verzerrungen im Prozeß gesellschaftlichen Handelns, die auf dem Weg einer begrenzten Sozialpolitik[215], einer steuerlichen Umverteilung von Vermögen[216] und vor allem durch eine staatlich abgestütze Aufklärung durch Bildung[217] behoben werden können. Grundlegendes Kennzeichen der Smithschen Anschauung von Funktion und Aufgabe der Staatsgewalt bleibt hierbei immer, daß er Eingriffe des Staates in den Prozeß gesellschaftlichen Handelns nur insoweit fordert, als sie zur Erreichung der begrenzten Ziele allgemeiner Wohlfahrt auf der Basis einer Gewährleistung der „Justice" nötig sind. „perfect happiness" im Sinne wechselseitiger „Beneficence" bleibt für Smith stets ein freies, kein mit politischen Mitteln oder gar religiöskirchlichen Sanktionen erzwingbares Ziel zwischenmenschlichen Verhaltens: „Beneficence is always free it cannot be extorted by force."[218]

Er sieht diese „Beneficence" vorwiegend in den sozialen Binnenbeziehungen der Familie, des Freundschaftsbunds, der Berufsgruppe, der politischen Partei, und — wenn auch selten — im Wirken politischer Reformer verwirklicht[219]. Jedoch erkennt er dem „reformer and legislator of a great state", falls er in Erscheinung tritt, das Prädikat des „greatest and noblest of all characters" zu, der gerade auf dem Wege einer Reform der politischen Verfassung eines Staats-

---

lehre des bürgerlichen Rationalismus ... [sowie] vor allem auch durch die methodologische Abwendung von der Verfahrensweise des progressiven Entwurfsdenkens" (ebda., 15), zu ihrer spezifischen Erkenntnisleistung gekommen sei. Wenn Pankokes Untersuchung von dieser Voraussetzung ausgeht, nimmt sie vielleicht doch allzu leicht die ideologische Chimäre der manchesterliberalen Ideologie für die Essenz der bürgerlichen Sozialwissenschaft, einer Sozialwissenschaft, die im 18. Jahrhundert zumindest im angloschottischen Raum diejenigen Strukturprobleme erstmals systematisch reflektiert hat, welche die deutsche „Socialwissenschaft" der zweiten Hälfte des 19. Jahrhunderts unter anderen politischen Gesichtspunkten wieder aufnahm.

[213] Wealth of Nations, V, I, III, II, Bd. II, 302.
[214] S. u. 275 ff.
[215] Smith erwähnt im Wealth of Nations beiläufig die Zweckmäßigkeit einer staatlichen Gesundheitsvorsorge, während er das Armenproblem ausklammert. Hierzu Viner, Smith and Laissez Faire, 150.
[216] Ebda., 153.
[217] Wealth of Nations, V, I, III, II, Bd. II, 282 ff.; vgl. hierzu u. 285.
[218] Theory of Moral Sentiments, II, I, 131.
[219] Hierzu ebda., VI, II, 381 ff., bes. VI, II, 399 ff.

wesens die „internal tranquillity and happiness of his fellow citizens for many succeeding generations" sichere[220].

Smith sieht die Tätigkeit dieses Reformers, mit der er seine eigene Position als politisch engagierter, humanistisch gebildeter Intellektueller weitgehend identifiziert, eher auf die allmähliche Abschaffung von Mißständen als auf die unmittelbar strukturdurchbrechende Umgestaltung einer gesellschaftlichen Ordnung verwiesen. Jedoch wäre es unzutreffend, Smith von seinem politischen Gradualismus her als einen bewußten Konservativen charakterisieren zu wollen, wie dies mehrfach geschehen ist[221]; er bleibt reformerisch gesinnter Aufklärer auch nach 1790, zu einer Zeit, als Edmund Burke mit seinen „Reflections on the Revolution in France" den sozialkonservativen Offenbarungseid des klassischen Whiggismus leistete und mit ihm die „Old Whigs" — angesichts der beginnenden Reaktionsbewegung gegen die Französische Revolution — scharenweise zu „neuen Konservativen" wurden[222].

Smith attackiert in der letzten, 1790 publizierten Auflage seiner „Theory of Moral Sentiments" zwar die abstrakten politischen Verfassungsmacher und Systemkonstrukteure französischer Provenienz[223], doch bezeichnet er zur gleichen Zeit „of all political speculators, sovereign princes" als „by far the most dangerous"[224]. Er bleibt somit auch angesichts der Herausforderung, die der Ausbruch der Französischen Revolution für ihn bedeutete, Republikaner aus Vernunft und zugleich Anhänger einer zu reformierenden englischen Verfassungstradition aus historisch-pragmatischer Einsicht und Überzeugung. Es sind weniger die Zielvorstellungen der Französischen Revolution, die Smith angreift, als vielmehr die abstrakte Praxis, durch welche sie verwirklicht werden. Die praktische Orientierung an einem naturrechtlich fundierten idealen Modell politischer und gesellschaftlicher Verfassung stellt für Smith auch 1790 noch die notwendige Vorbedingung politischer Reform dar. Nur durch die praxisleitende

---

[220] Ebda., VI, II, 408.

[221] So spricht z. B. W. Eckstein in der Einleitung seiner Ausgabe: A. Smith, Theorie der Ethischen Gefühle, XLIII von einem „Konservatismus des Alters ... einer gewissen Abschwächung seines früheren Idealismus" in bezug auf Smiths Änderungen in der 6. Auflage der Theory of Moral Sentiments v. 1790. Stellt man die politische Situation und das Klima der öffentlichen Meinung in Rechnung, in bezug auf die Smith seine Änderungen vornahm, so läßt sich diese Behauptung Ecksteins kaum aufrechterhalten.

[222] Zu Burkes Einstellung zur Französischen Revolution W. J. Mommsen, Edmund Burke und die Französische Revolution, in: Politische Ideologien und Nationalstaatliche Ordnung. Festschrift für Theodor Schieder, Hgg. K. Kluxen u. W. J. Mommsen, München 1968, 39 ff. Zum Konservatismus der „Old Whigs" einschließlich E. Burkes, der sich in politisch verhüllter Form bereits seit dem Einsetzen der Massenbewegungen der 60er Jahre des 18. Jahrhunderts und besonders seit dem amerikanischen Unabhängigkeitskrieg artikulierte, seine sozialkonservativen Interessen aber erst seit 1790 bekannte, s. die gedankenreiche Studie von G. A. Williams, Artisans and Sans-Culottes. Popular Movements in France and Britain during the French Revolution, New York 1969, bes. 6 ff.

[223] Theory of Moral Sentiments, VI, II, 410 f.

[224] Ebda., VI, II, 411.

theoretische Perspektive einer „general and ... systematical idea of the perfection of policy and law"[225] hält er es für möglich, daß sich der Reformer über den partikularen Standpunkt gesellschaftlicher Sonderinteressen auf die hohe Warte des „public interest" erheben kann. Doch erklärt Smith zugleich den Versuch einer revolutionären Umsetzung gesellschaftlich-politischer Idealvorstellungen durch das Mittel politischer Gewalt zum Ausweis persönlicher „arrogance" und nicht zum Zeichen von „humanity and benevolence", derjenigen Tugenden, durch welche sich der politisierende Intellektuelle ebenso wie der reformerisch gesinnte Staatsmann auszeichnen sollten:

The man whose public spirit is prompted altogether by humanity and benevolence, will respect the established powers and privileges even of individuals, and still more those of the great orders and societies, into which the state is divided. Though he should consider some of them as in some measure abusive, he will content himself with moderating what he cannot annihilate without great violence. When he cannot conquer the rooted prejudices of the people by reason and persuasion, he will not attempt to subdue them by force ... He will accomodate, as well as he can, his public arrangements to the confirmed habits and prejudices of the people; and will remedy as well as he can, the inconveniences which may flow from the want of those regulations which the people are averse to submit to. When he cannot establish the right, he will not disdain to ameliorate the wrong; but like Solon, when he cannot establish the best system of laws, he will endeavour to establish the best that the people can bear[226].

Smiths Hochschätzung der Tätigkeit des politischen Reformers, ob als „legislator" oder als politisch engagierter Aufklärer, verweist zumindest implizit darauf, daß er die „commercial society" seiner Zeit für unfähig hielt, ihre grundlegenden Konflikte durch ihre internen politischen Selbstvermittlungsmechanismen zu lösen. Seine Begrenzung reformerischer Tätigkeit auf schrittweise, nicht systemgefährdende Maßnahmen deutet an, daß er trotz dieser Reserve positiv auf dem Boden eben dieser „commercial society" stand. Er betrachtete den Reformer eher als den Exponenten der fortschrittlichen gesellschaftlichen Kräfte, denn als eine politische Potenz sui generis. Dementsprechend sieht er den rechtlich-politischen Normalzustand einer Gesellschaft am besten durch eine permanente Abhängigkeit staatlicher Gewalten von den gesellschaftlichen Kräften gewährleistet. Nur dort, wo eine dauernde Konformität und ein permanenter Wechselbezug von individuellen Interessen und staatlich sanktionierten Normen und Institutionen besteht, sind nach Smiths Auffassung die Bedingungen eines harmonischen und stabilen Gesellschaftszusammenhangs ebenso gegeben wie die Voraussetzungen individuellen Glücks:

In the great chess board of human society, every single piece has a principle of motion of its own, altogether different from that which the legislator might chuse to impress upon it. If those two principles coincide and act in

---

[225] Ebda.
[226] Ebda., VI, II, 409 f.

the same direction, the game of human society will go on easily and har-
moniously, and is very likely to be happy and successful. If they are opposite
or different, the game will go on miserably, and the society must be at all
times in the highest degree of disorder[227].

c) Adam Smiths Programm einer historischen Sozialwissenschaft auf naturrecht-licher Basis

Es muß als auffällig erscheinen, daß Smiths Behandlung der „Justice" in der
„Theory of Moral Sentiments" weitgehend formalisiert ist und im Rahmen seiner allgemeinen Handlungstheorie verbleibt, ganz im Gegensatz zur Darstellung der „Prudence" und „Benevolence", die von Smith als realsoziologische
Phänomene auf dem konkreten Hintergrund seiner „Philosophy of Riches"
analysiert werden. Der Grund für diese relativ knappe und abstrakte Behandlung rechtssoziologischer Probleme in der „Theory of Moral Sentiments" ist
darin zu suchen, daß Smith „Justice" als die einzige Tugend ansieht, die er
einer exakten wissenschaftlichen Behandlung für zugänglich hält:
the rules of justice are the only rules of morality which are precise and
    accurate ... those of all the other virtues are loose, vague and indetermi-
    nate[228].
Smith gliedert deshalb die materielle Darstellung der „Justice" als
the subject of a particular science, of all the sciences by far the most most
    [sic!] important, but hitherto, perhaps, the least cultivated, that of natural
    jurisprudence[229]
aus der „Theory of Moral Sentiments" aus. In seinem Moralphilosophiekurs,
dessen ethischen Teil die „Theory of Moral Sentiments" ursprünglich bildete[230],
behandelt Smith die „Science of Natural Jurisprudence" gesondert. Er beab-
sichtigte, sie darüber hinaus, wie er am Ende der „Theory of Moral Sentiments"
andeutet, zum Gegenstand einer speziellen wissenschaftlichen Darstellung zu
machen, deren Thematik er 1759 noch durch die Begriffe „Justice, Police, Revenue and Arms" umreißt[231]. Trotz dieser Aussparung der materiellen Probleme der „Justice" finden sich in der „Theory" mehrere Hinweise auf das
methodische Verfahren und den Gegenstand der intendierten „Science of Natural Jurisprudence". Sie sollen im folgenden kurz angedeutet werden.
    Smith faßt die Normen der „Justice" als diejenigen Regeln sozialen Ver-
haltens auf, welche die notwendigen und hinreichenden Bedingungen der gesellschaftlichen Existenz des Menschen abgeben. Sie müssen somit in jedem sozialen
Handlungszusammenhang bis zu einem gewissen Grade verwirklicht sein, wenn

---

[227] Ebda., VI, II, 411.
[228] Ebda., VII, IV, 583.
[229] Ebda., VI, II, 381.
[230] Hierzu oben 180 ff.
[231] S. o. 183 ff.

er nicht zu einer „scene of bloodshed and disorder"[232] werden soll. Dies wiederum impliziert nach Smith den notwendig regelhaften Charakter der Normen der „Justice". Denn nur wenn sie über einen längeren Zeitraum hinweg konstant sind, ermöglichen sie die zuverlässige Gegenseitigkeit von Verhaltenserwartungen, von denen erfolgreiches soziales Handeln ebenso abhängig ist wie die Stabilität eines sozialen Handlungszusammenhangs. Smith zieht aus diesem notwendigen Regelcharakter der Normen der Justice nicht nur inhaltliche, sondern auch methodische Konsequenzen. Inhaltlich folgert er ihre notwendige Erzwingbarkeit, methodisch ihre notwendig exakte Darstellbarkeit. Gerade hierdurch unterscheiden sich die Normen der „Justice" nach Smith von den Tugenden der „Prudence" und der „Benevolence":

> The rules of justice are accurate in the highest degree, and admit of no exeptions or modifications ... [they] may be compared to the rules of grammar; the rules of the other virtues, to the rules which critics lay down for the attainment of what is sublime and elegant in composition. The one, are precise, and accurate, and indispensable. The other, are loose, vague, and indeterminate, and present us rather with a general idea of the perfection which we ought to aim at, than afford us any certain and infallible directions for acquiring it[233].

So sehr einerseits Smiths Bestimmung der Normen der „Justice" als wissenschaftlich exakt erfaßbarer Regeln sozialen Verhaltens die „Science of Natural Jurisprudence" den methodischen Forderungen des rationalen Naturrechts anzunähern scheint, so sehr entfernt sich Smith andererseits vom Methodenideal des herkömmlichen Naturrechts wie auch dem eines rigoros verstandenen Newtonianismus, wenn er den Exaktheitsgrad der „Justice" mit dem der Regeln der Grammatik und nicht etwa mit dem mathematisch formulierbarer Gesetzesaussagen vergleicht. Ebenso wie die Regeln der Grammatik erscheinen die Regeln der „Justice" dem momentan handelnden Individuum gegenüber zwar als konstante und objektive Vorgegebenheiten; aus der langfristigen Perspektive einer gesellschaftlichen Ordnung dagegen erscheinen sie aber als historisch veränderliche Produkte sozialer Erfahrung. Daß die methodische Intention des Smithschen Vergleichs der „rules of justice" und der „rules of grammar" in diese Richtung zielt und auf die Kombination einer spezifisch historischen Sichtweise mit einem dem wissenschaftlichen Gegenstand adäquaten Maß an systematisch-exakter Darstellbarkeit hinausläuft, wird deutlich, wenn Smith am Ende der „Theory of Moral Sentiments" seine geplante Naturrechtswissenschaft als eine „History of Jurisprudence" kennzeichnet und deren Inhalt dahingehend bestimmt, daß sie einen

> *account of the general principles of law and government, and of the different revolutions they have undergone in the different ages and periods of society*[234]

---

[232] Theory of Moral Sentiments, VII, IV, 608.
[233] Ebda., III, VI, 301/303, vgl. auch ebda., VII, IV, 583 und ebda., VII, IV, 587.
[234] Ebda., VII, IV, 610 f. (Hervorh. H. M.).

bieten soll. Die programmatische Schlußäußerung der „Theory of Moral Sentiments", in der Smith auf diese historisch-systematische Intention seiner geplanten „Science of Natural Jurisprudence" verweist, ist nur aus ihrem Gesamtzusammenhang zu verstehen. Smith stellt in ihr seine Einstellung zur Tradition
des rationalen Naturrechts ebenso dar wie die differentia specifica seiner eigenen Absichten: die Konzeption einer historisch orientierten, doch naturrechtlich
fundierten Sozialwissenschaft:

> It might have been expected that the reasonings of lawyers, upon the differ-
> ent imperfections and improvements of the laws of different countries, should
> have given occasion to an *inquiry into what were the natural rules of justice
> independent of all positive institution.* It might have been expected that
> these reasonings should have led them to aim at establishing a *system of*
> what might properly be called *natural jurisprudence,* or *a theory of the
> general principles which ought to run through and be the foundation of the
> laws of all nations.* But though the reasonings of lawyers did produce some-
> thing of this kind, and though no man has treated systematically of the
> laws of any particular country, without intermixing in his work many ob-
> servations of this sort; it was very late in the world before any such general
> system was thought of, or before the philosophy of law was treated of by
> itself, and without regard to the particular institutions of any one nation.
> In none of the ancient moralists, do we find any attempt towards a particu-
> lar enumeration of the rules of justice. Cicero in his Offices, and Aristotle in
> his Ethics, treat of justice in the same general manner in which they treat of
> all the other virtues... *Grotius seems to have been the first who attempted
> to give the world any thing like a system of those principles which ought to
> run through, and be the foundation of the laws of all nations;* and his
> treatise of the laws of war and peace, with all its imperfections, is perhaps
> at this day the most complete work that has yet been given upon this subject.
> I shall in another discourse endeavour to give an *account of the general
> principles of law and government, and of the different revolutions they have
> undergone in the different ages and periods of society,* not only in what con-
> cerns justice, but in what concerns police, revenue, and whatever else is the
> object of law. I shall not, therefore, at present enter into any further detail
> concerning the history of jurisprudence[235].

Die Bedeutung dieser programmatischen Äußerung, die Smith 1759 verfaßte,
aber allem Anschein nach noch 1790 für gültig hielt — er sah jedenfalls in der
letzten von ihm überarbeiteten Auflage der „Theory of Moral Sentiments" keinen
Anlaß zur Änderung — ist kaum zu überschätzen. Sie stellt sicherlich eines der
wichtigsten Zeugnisse zum dogmengeschichtlichen Selbstverständnis der Sozialwissenschaften des 18. Jahrhunderts in der Phase ihrer Entstehung dar. Smith
rückt mit dieser Äußerung seine 1759 geplante „Science of Natural Jurisprudence" und implizit auch das seit 1776 mit der Publikation des „Wealth of Nations"

---

[235] Ebda., VII, IV, 610 f. (Hervorh. H. M.).

teilweise realisierte System sozialer Einzelwissenschaften einerseits in den Horizont der neuzeitlichen europäischen Naturrechtstradition und grenzt sie andererseits von dieser Tradition ab. Er ist sich hierbei der spezifischen Kontinuitäten und Diskontinuitäten seines Versuchs klar bewußt. Die entscheidende Vorform seiner Sozialwissenschaft liefert für ihn das neuzeitliche systematische Naturrecht seit Grotius. Aristoteles wird aus der Vorgeschichte der neuen Wissenschaft von Smith ebenso explizit ausgeschieden wie Plato oder Cicero. Alle Vertreter der antiken Moralphilosophie bieten im Vergleich zur methodisch-systematischen Strenge des neuzeitlichen Naturrechts nur „agreeable and lively pictures of manners"[236] und kommen deshalb als Vorbilder nicht in Frage[237].

---

[236] Ebda., VII, IV, 586.

[237] Wenn H. Maier und W. Hennis die Ursprünge der modernen politischen Wissenschaften in den angelsächsischen Ländern gerade in der Aristotelestradition begründet sehen wollen, so leisten sie — in uneingestanden praktischer Absicht — eher einen Beitrag zur Verdunkelung als zur Erhellung der Entstehungsgeschichte der modernen Sozialwissenschaft. Siehe W. Hennis, Politik und praktische Philosophie. Eine Studie zur Rekonstruktion der politischen Wissenschaft, Neuwied 1963 und bes. H. Maier, Ältere deutsche Staatslehre und westliche politische Tradition, Tübingen 1966, 8. M. spricht hier von der Fortdauer des Aristotelismus in der deutschen Staatslehre bis ins 18. Jahrhundert und schließt mit einer Bemerkung, die für seine eigenen, erkenntnisleitenden Interessen charakteristischer sein mag als für die von ihm behauptete Tradition der anglo-amerikanischen politischen Wissenschaft: „Konservativer sind nur England und die USA gewesen, die die politische Wissenschaft als Erbstück der aristotelischen und scholastischen Moralphilosophie bis in die Gegenwart hinein bewahrt haben." Die „aristotelische" politische Wissenschaft war in der Tat konservativ und wurde ganz in diesem Sinne auch von den Aufklärern des 18. Jahrhunderts begriffen. Sie erlebte im anglo-schottischen Bereich dementsprechend eine Renaissance erst wieder im Zeichen der Reaktionsbewegung gegen die Französische Revolution, durch die Aristotelesedition des antiliberalen, aufklärungsfeindlichen Historikers, engagierten Verehrers Friedrichs des Großen und expliziten Gegners der neuen Sozialwissenschaft John Gillies: J. G. (Historiographer Royal for Scotland), Aristotle's Ethics and Politics. Comprising his Practical Philosophy. Translated from the Greek. Illustrated by Introductions and Notes. The Critical History of his Life; And a New Analysis of his Speculative Works, 2 Bde., London 1797; vgl. auch ders., A View of the Reign of Frederick II of Prussia. With a Parallel between that Prince and Philipp II of Macedon, London 1789; Gillies motivierte seine Edition der Aristotelischen Politik gerade damit, daß die Rezeption der Naturrechtsphilosophie Lockes, den er als the „great modern antagonist of Aristotle" (ebda., Bd. II, 2) bezeichnete, zu der Revolution geführt habe, die es nun zu bekämpfen gelte. In seinem Aristoteleskommentar findet sich — mit Blick auf J. Locke, D. Hume, A. Smith, aber auch J. J. Rousseau und Th. Paine — die kennzeichnende Bemerkung: „It is time that men should return from the school of Locke to that of Aristotle." Ebda., Bd. II, 11.

Auf den Bruch zwischen der Aristotelestradition einerseits, Naturrecht und neuer Sozialwissenschaft des 18. Jahrhunderts andererseits verweist etwa zur gleichen Zeit wie Gillies, allerdings mit gänzlich anderer Intention, D. Stewart, wenn er mit Blick auf die spezifische Leistung Adam Smiths bemerkt:

„In prosecuting the science of Politics ... little assistance is to be derived from the speculations of ancient philosophers, the greater part of whom, in their political inquiries, confined their attention to a comparison of the different forms of government, and to an examination of the provisions they made for perpetuating their own existence, and for extending the glory of the State. It was reserved for modern times to

Smith erhebt für seine „Science of Natural Jurisprudence" dagegen den Anspruch, die legitime Fortsetzung der theoretisch-systematischen und normativen
Intentionen der neuzeitlichen Naturrechtsbetrachtung seit Grotius darzustellen.
Ebenso wie das rationale Naturrecht zielt die Smithsche Sozialwissenschaft auf
eine „inquiry into what were the natural rules of justice independent of all
positive institution" in der Form eines „system" oder einer „theory of the general principles which ought to run through and be the foundation of the laws of
all nations". Smith stellt diese systematisch-theoretischen und zugleich normativen Intentionen des neuzeitlichen Naturrechts, als dessen größten Vertreter er
Grotius betrachtet, keineswegs in Frage und sieht seinen eigenen Versuch lediglich als den einer vollständigeren Realisierung der Absichten des Naturrechts an,
die „general principles of law and government" darzustellen. Wenn Smith
gleichzeitig gerade in bezug auf Grotius von den „imperfections" des Naturrechts spricht, so meint er damit nicht dessen normativen und systematisch-
theoretischen Anspruch, sondern, dies ergibt sich eindeutig aus dem Kontext seiner „Lectures on Jurisprudence", die allzu wirklichkeitsfern-abstrakten Modellkonstruktionen des Naturrechts, insbesondere das Naturzustandstheorem
und die Vertragstheorie[238].

Als auffälligstes Kennzeichen der Smithschen Programmäußerung erscheint
jedoch nicht die Berufung auf die Tradition des neuzeitlichen Naturrechts — sie
war für Smith trotz seiner methodischen Destruktion und Ironisierung der
vernunftrechtlichen Systemkonstruktionen auch in der Hinsicht selbstverständlich, daß er die Vorstellung unmittelbar einsehbarer und in ihrem Gültigkeits-
anspruch nicht bezweifelbarer „natural rights" übernahm[239]; das Charakteristi-

---

investigate those universal principles of justice and of expediency, which ought, under
every form of government to regulate the social order; and of which the object is, to
make as equitable a distribution as possible, among all the different members of a community, of the advantages arising from the political union." D. Stewart, Account, 54.

[238] Hierzu bes. die Kritik am Naturzustandstheorem (in bezug auf Pufendorf):
Smith, Lectures on Justice, 20: „it in reality serves no purpose to treat of the laws
which would take place in a *state of nature*, or by what means succession to property
was carried on, as there is no such state existing" (Hervorh. H. M.); s. ebda., 11 ff.
zur Ironisierung und Kritik der Vertragstheorie; vgl. allerdings die sorgfältige Abwägung der Vor- und Nachteile des Widerstandsrechts (ebda., 66 ff.), das von Smith zwar
prinzipiell bejaht wird (ebda., 68), doch von ihm in den „Lectures" weniger auf seine
zeitlose Verbindlichkeit als auf seine konkrete politische Anwendbarkeit und seinen
Nutzen für die Betroffenen in konkreten historischen Situationen hin überprüft wird.

[239] Hierzu bes. Smith, Lectures on Justice, 8, aber auch ebda., 6, 7, 107; interessant
ist in diesem Zusammenhang, daß Smith den Rechten auf „life" und „liberty" unter
Hinweis auf ihre unmittelbare Einsehbarkeit den Status „natürlicher" Rechte zuerkennt,
das Recht auf „property" dagegen unter Hinweis auf seinen Charakter als eines historischen Rechts, das in seiner Gültigkeit stark von wechselnden politischen Verhältnissen
abhängig sei, aus dem Kreis der „natürlichen" Rechte ausscheidet: „The origin of
natural rights is quite evident. That a person has a right to have his body free from
injury and his liberty free from infringement unless there be a proper cause, nobody
doubts. But acquired rights such as property require more explanation. Property and
civil government very much depend on one another. The preservation of property and

kum des Smithschen Programms ist vielmehr in der bewußten Ergänzung der systematisch-theoretischen Intentionen des Naturrechts durch die neue Erkenntnisperspektive einer „History of Jurisprudence" zu erblicken.

Das Smithsche System einer „Natural Jurisprudence" erhebt von Anfang an den Anspruch, die „different revolutions" aufzuzeigen und zu erklären, welche die „general principles of law and government" in den „different ages and periods of society" mitgemacht haben. Die Smithsche Sozialwissenschaft ist also augenscheinlich von Anfang an im Rahmen einer historisch-systematischen Theorie der Rechts- und Herrschaftsformen entworfen und soll zwei Dinge leisten: einmal aus allgemeinen theoretischen Prämissen (principles) heraus die Genesis, den historischen Wandel und die Funktion von Systemen positiven Rechts erklären und zum anderen Maßstäbe bereitstellen, mit deren Hilfe diese Systeme hinsichtlich ihrer naturrechtlichen Vernünftigkeit oder Unvernünftigkeit beurteilt oder auch verurteilt werden können. Dieser von Smith herausgehobene Gesichtspunkt seiner neuen Wissenschaft verweist auf die Hauptfragestellung unserer Untersuchung: Dem Selbstverständnis Smiths zufolge konstituieren sich die modernen Sozialwissenschaften als normativ-kritische und zugleich systematisch-historische Disziplinen. Smith wurde nicht nur post festum von Millar als der „Newton" der „History of Civil Society" bezeichnet[240]. Er hat sich selbst auch als solchen gesehen.

Im Zusammenhang mit der oben angeführten programmatischen Äußerung verweist Smith am Ende der „Theory of Moral Sentiments" auf einen weiteren zentralen Aspekt seiner geplanten „Science of Natural Jurisprudence", wenn er entgegen den Auffassungen der Naturrechtstradition seit Grotius das positive Recht immer als potentiellen Terminus ad quem eines „system of natural jurisprudence" bezeichnet, ohne daß er hierbei gleichzeitig eine notwendige Identität zwischen beiden behauptete:

Every system of positive law may be regarded as a more or less imperfect attempt towards a system of natural jurisprudence, or towards an enumeration of the particular rules of justice[241].

Den Schlüssel zum Verständnis der Smithschen Behauptung eines notwendigen Bezugs alles positiven auf das natürliche Recht liefert seine in der „Theory of Moral Sentiments" entwickelte Konzeption der „Justice". Sie geht — wie oben dargestellt wurde — davon aus, daß jede gesellschaftliche Ordnung, sofern sie überhaupt das Zusammenleben von Menschen ermöglicht, eine minimale Garantie der Gebote der „Justice" gewährleisten muß. Smith verdeutlicht dies im Zusammenhang seiner Darlegung der „Justice" an zwei idealtypischen Beispielen, den reinen, inhumanen Nützlichkeitsbeziehungen zwischen Wirtschaftssubjekten, und den Sozialbeziehungen einer gesellschaftlichen Ordnung, die sich ausschließlich aus Räubern und Mördern rekrutiert:

---

the inequality of possession first formed it, and the state of property must always vary with the form of government." Ebda., 8.

[240] Millar, Historical View of the English Government, Bd. II, 431; vgl. o. Anm. 94.

[241] Theory of Moral Sentiments, VII, IV, 608.

though among the different members of the society there should be no mutual love and affection, the society, though less happy and agreeable, will not necessarily be dissolved. Society may subsist among different men, as among different merchants, from a sense of its utility, without any mutual love or affection; and though no man in it should owe any obligation, or be bound in gratitude to any other, it may still be upheld by a mercenary exchange of good offices according to an agreed valuation.

Society, however, cannot subsist among those who are at all times ready to hurt and injure one another ... If there is any society among robbers and murderers, they must at least, according to the trite observation, abstain from robbing and murdering one another[242].

Smith behauptet eine notwendige minimale Verwirklichung der Gebote der „Natural Justice" in jeder Gesellschaft, nicht jedoch ihre optimale Gewährleistung. Im Hinblick hierauf verweist er in der Schlußpassage der „Theory of Moral Sentiments" auf einige derjenigen Faktoren, welche eine Divergenz positiver Rechtssysteme vom natürlichen Recht bewirken können. Er hebt insbesondere hervor: 1. die inadäquate politische Verfassung eines Staatswesens, ein Übermaß an politischer Herrschaft; 2. die Sonderinteressen kleiner gesellschaftlicher Gruppen, welche die Herrschaft in einem Staat für sich monopolisieren (wie sich aus den Darlegungen des „Wealth of Nations" ergibt, meint er hiermit insbesondere wirtschaftliche Interessengruppen, die Kaufmanns- und Finanzoligarchie Englands im 18. Jahrhundert); 3. das niedrige ökonomische und zivilisatorische Reproduktionsniveau einer Gesellschaft, und 4. das rückständige Rechtswesen eines Landes, das nicht mit dem fortschrittlichen Zivilisationsniveau seiner Bevölkerung Schritt gehalten hat:

Sometimes what is called the constitution of the state, that is, the interest of the government; sometimes the interest of particular orders of men who tyrannize the government, warp the positive laws of the country from what natural justice would prescribe. In some countries, the rudeness and barbarism of the pepole hinder the natural sentiments of justice from arriving at that accuracy and precision which, in more civilized nations, they naturally attain to. Their laws are, like their manners, gross and rude and undistinguishing. In other countries the unfortunate constitution of their courts of judicature hinders any regular system of jurisprudence from ever establishing itself among them, though the improved manners of the people may be such as would admit of the most accurate. In no country do the decisions of positive law coincide exactly, in every case, with the rules which the natural sense of justice would dictate. Systems of positive law, therefore, though they deserve the greatest authority, as the records of the sentiments of mankind in different ages and nations, yet can never be regarded as accurate systems of the rules of natural justice[243].

---

[242] Ebda., II, III, 145 f.
[243] Ebda., VII, IV, 608 f.

Das Programm der Smithschen „Science of Natural Jurisprudence" ist damit vorgezeichnet. Ihm liegt die Absicht zugrunde, im Rahmen einer systematisch-theoretischen, empirisch überprüfbaren „History of Jurisprudence" diejenigen politisch-rechtlichen, gesellschaftlich-ökonomischen und kulturell-zivilisatorischen Faktoren aufzuzeigen, welche in den verschiedenen Stadien der historischen Entwicklung der Menschheit die Verwirklichung der „Natural Justice" jeweils behindert oder gefördert haben; desjenigen normativen Kriteriums der gesellschaftlichen Existenz des Menschen, dessen Verwirklichung und politische Garantie Smith als die Bedingung konstanten wirtschaftlichen Fortschritts und gesellschaftlicher Produktivität sowie als notwendige Voraussetzung aufgeklärter Humanität ansah.

5. Normative Naturgeschichte und depravierte empirische Geschichte: Adam Smiths Geschichtsphilosophie im Spannungsfeld zwischen normativer Abstraktion, sozialwissenschaftlicher Empirie und praktischer Aufklärungsintention

a) Grundstrukturen der Smithschen Geschichtsphilosophie

Die geschichtsphilosophische Orientierung der Smithschen Sozialwissenschaft in Form einer „Theoretical History" oder „Natural History of Society" war von D. Stewart und J. Millar als ein wesentliches Strukturmerkmal sowohl der „Lectures on Jurisprudence" wie auch des „Wealth of Nations" hervorgehoben worden[244]. Beide Autoren charakterisierten, wenn auch aus jeweils verschiedenen Blickwinkeln, die Smithsche „History of Society" als eine historisch-systematische Fortschrittstheorie, die darauf abzielte, den Wandel rechtlicher und politischer Institutionen aus allgemeinen anthropologischen Prämissen, den gesellschaftlichen Bedingungen ihrer Wirksamkeit („circumstances of society") sowie der Dynamik des Prozesses wirtschaftlichen Wachstums zu erklären.

Smith selbst qualifizierte in seiner Äußerung über die „Science of Natural Jurisprudence" das Programm seiner historischen Sozialwissenschaft dahingehend, daß sie in Form einer systematischen Theorie der Rechts-, Gesellschafts- und Herrschaftsformen diejenigen Faktoren untersuchen sollte, welche im Verlauf der Geschichte der Menschheit die Verwirklichung der „Justice" als Vorbedingung gesamtgesellschaftlichen Reichtums und Voraussetzung allgemeiner „Benevolence" jeweils behindert oder befördert haben. Er meldet für seine „Science of Natural Jurisprudence" also gleichermaßen einen historisch-systematischen wie einen normativ-kritischen Anspruch an. Die Einlösung dieses An-

---

[244] Hierzu o. 203 ff.

spruchs soll im folgenden durch eine zusammenfassende Darstellung der Smithschen „History of Society" überprüft werden.

Wie die gesamte Sozialwissenschaft Smiths basiert auch seine „History of
Society" auf den moralphilosophischen und sozialtheoretischen Grundeinsichten
der „Theory of Moral Sentiments"[245]: Es ist vor allem die in Smiths „Philosophy of Riches" angelegte Theorie wirtschaftlichen Wachstums, die — eingebaut
in den normativen Rahmen seiner Naturrechtskonzeption — auch die Achse der
Smithschen Geschichtsphilosophie bildet[246].

Sie dient Smith bei seiner Analyse sozialen, rechtlichen, politischen und kulturellen Wandels gleichermaßen als theoretisches Erklärungsprinzip wie als normatives Urteilskriterium. Das Modell eines von der künstlichen Bedürfnisnatur
des Menschen stimulierten, durch die institutionelle Garantie der Justice freigesetzten und regulierten historischen Prozesses wirtschaftlichen Wachstums liefert Smith in Gestalt der Vorstellung eines „Natural Progress of Opulence"[247]
nicht nur den Maßstab einer normativen Naturgeschichte, mit Hilfe dessen er
die empirische Geschichte des Menschen identifizieren, verstehen und kritisieren
kann, es gibt ihm zugleich — als Telos des „Natural Progress of Opulence" —
auch den Maßstab eines „Naturzustands" an die Hand, mit Hilfe dessen er seine
zeitgenössische Gesellschaft analysiert, um sie über sich selbst aufzuklären[248].

Der Smithschen Vorstellung vom „Natural Progress of Opulence" liegt hierbei keine eindimensional optimistische Fortschrittsphilosophie zugrunde, welche
einen konstanten Prozeß wirtschaftlichen Wachstums auf einen zukünftigen
Zustand materiellen Überflusses für alle Menschen als ein substantielles historisches Wirkungsgesetz und als notwendiges und zugleich bestmögliches Telos
der Geschichte annimmt. Ökonomischer Fortschritt und wirtschaftliches
Wachstum stellten für Smith keinen Glaubensartikel und Selbstzweck, sondern
ein wissenschaftliches und zugleich politisch-praktisches Problem dar. Wissenschaftlich insofern, als Smith durch seine sozialwissenschaftlichen Analysen gerade die historischen wie gegenwärtigen Bedingungen und Hindernisse des
„Natural Progress of Opulence" in sozialen, rechtlichen und politischen Institutionen ermitteln wollte und sich zugleich den Wandel dieser Institutionen aus
der Dynamik des wirtschaftlichen Wachstumsprozesses zu erklären bemühte,
praktisch-politisch insofern, als Smith mit seiner Sozialwissenschaft die kritische

---

[245] Macfie, The Individual in Society, 76 Anm. 45.

[246] Hierzu, allerdings unter rein wirtschaftswissenschaftlichen Gesichtspunkten, mit
leicht wirtschaftsliberalem Vorurteil und einer dementsprechenden Vernachlässigung
institutioneller Faktoren bei Smith: J. J. Spengler, Adam Smith's Theory of Economic
Growth, SEJ 25. 1959, 397 ff. und 26. 1959/60, 1 ff.; ferner A. Lowe, The Classical
Theory of Economic Growth, SR 21. 1957, 127 ff., bes. 132 ff.; B. S. Keirstead, Theory
of Economic Change, Toronto 1948, 69 ff.; ein Einzelaspekt der wirtschaftlichen Wachs-
tumstheorie Smiths ist interessant analysiert bei N. Rosenberg, Adam Smith, Consumer Tastes, and Economic Growth, JPE 76. 1968, 361 ff.; s. hierzu auch die Bemerkungen Anm. 263 u. Anm. 328.

[247] Wealth of Nations, III, I, Bd. I, 401 ff.: „Of the Natural Progress of Opulence".

[248] Zu diesem Aspekt D. Stewart, Account, 60 f.

Absicht verfolgte, die Realität begrenzten wirtschaftlichen Fortschritts seiner zeitgenössischen Gesellschaft aus historischen Ursachen zu erklären und mit dessen objektiven Möglichkeiten im Horizont der Anforderungen des Naturrechts zu konfrontieren und Wege aufzuzeigen, diese objektiven Möglichkeiten als Voraussetzung einer Verwirklichung der Forderungen des Naturrechts Wirklichkeit werden zu lassen.

Beide Intentionen werden in der Modellvorstellung vom „Natural Progress of Opulence" deutlich. Sie erfüllt sowohl eine normativ erkenntnisleitende wie eine theoretisch erkenntnisorganisierende Funktion für die Smithsche empirische Sozialwissenschaft und wiederholt als ein grundlegend normativ-analytisches Theorem in historisch dynamisierter Form die Leistung des traditionellen Naturzustandstheorems. Die Konzeption eines „Natural Progess of Opulence", von Smith auch synonym als „natural order of things"[249], „natural course of things"[250] und „natural progress of things towards improvement"[251] bezeichnet, stellt gewissermaßen die normative Folie dar, welche die optimalen Möglichkeiten eines Fortschritts des „Wealth of Nations" aufzeigt, so daß auf ihrem Hintergrund seine historische Wirklichkeit gemessen und eine objektive Möglichkeit beurteilt werden kann.

Inhaltlich basiert die Vorstellung vom „Natural Progress of Opulence" auf der Annahme der zivilisatorischen Dynamik der künstlichen Bedürfnisnatur des Menschen. Auf ihre Impulse und auf die dadurch ausgelösten Prozesse gesellschaftlicher Arbeit führt Smith letztlich allen ökonomischen, aber auch politisch-rechtlichen und kulturellen Fortschritt zurück:

Nature produces for every animal everything that is sufficient to support it without having recourse to the improvement of the original production. Food, clothes and lodging are all the wants of any animal whatever, and most of the animal creation are sufficiently provided for by nature in all those wants to which their condition is liable. Such is the delicacy of man alone, that no object is produced to his liking. *He finds that in everything there is need of improvement...*
As the delicacy of a man's body requires much greater provision than that of any other animal, the same or rather the much greater delicacy of his mind requires a still greater provision to which all the different arts [are] subservient. Man is the only animal who is possessed of such a nicety that the very colour of an object hurts him. Among different objects a different division or arrangement of them pleases. The taste of beauty, which consists chiefly in the three following particulars, proper variety, easy connexion, and simple order, is the cause of all this niceness...
Those qualities, which are the ground of preference, and which give occasion to pleasure and pain, are the cause of many insignificant demands, which we

---

[249] Wealth of Nations, II, I, Bd. I, 404 f.
[250] Ebda., 405.
[251] Ebda., II, III, Bd. I, 364.

by no means stand in need of. *The whole industry of human life is employed not in procuring the supply of our three humble necessities, food, clothes, and lodging, but in procuring the conveniences of it according to the nicety and delicacy of our taste. To improve and multiply the materials, which are the principal objects of our necessities, gives occasion to all the variety of arts.*

Agriculture, of which the principal object is the supply of food, introduces not only the tilling of the ground, but also the planting of trees, the producing of flax, hemp and innumerable things of a similar kind. By these again are introduced different manufactures, which are so very capable of improvement ... By these again other subsidiary [arts] are occasioned. Writing, to record the multitude of transactions, and geometry, which serves many useful purposes. *Law and government,* too, seem to propose no other object but this; they *secure* the individual who has enlarged his *property,* that he may peaceably enjoy the fruits of it. By law and government all the different arts flourish, and that inequality of fortune to which they give occasion is sufficiently preserved ... Wisdom and virtue too derive their lustre from supplying these necessities. For as the establishment of law and government is the highest effort of human prudence and wisdom, the causes cannot have a different influence from what the effects have[252].

Ronald Meek hat mit Recht darauf hingewiesen, daß in dieser Passage der „Lectures on Jurisprudence" wichtige Ansätze zu einer materialistischen Geschichtsauffassung sichtbar werden, insofern Smith hier in verallgemeinerter Form die sozialen, rechtlichen und politischen Institutionen einer Gesellschaft sowie ihr ethisches Normengefüge weitgehend auf ihre Subsistenzweise und die spezifischen Formen ihrer Reproduktion zurückführt, und diese wiederum letzten Endes aus den Impulsen erklärt, die von der organischen Mängelnatur und der ästhetischen Bedürfnisnatur des Menschen artikuliert werden[253]. Jedoch hat Meek mit diesem Hinweis den Smithschen Ansatz eher beschrieben als erklärt. Der entscheidende geschichtstheoretische Aspekt ist gerade darin zu erblicken, daß Smith die spezifische Zivilisationsleistung der menschlichen Bedürfnisnatur, ihre dynamische Entfaltung in Prozessen gesellschaftlicher Arbeit ebenso wie ihren institutionellen Niederschlag in Rechts- und Herrschaftsformen, aus dem permanenten Spannungsverhältnis erklärt, das zwischen den Antriebsüberschüssen der Bedürfnisnatur und der diesen Antriebsüberschüssen korrespondierenden objektiven Mängelsituation besteht. Dieses Spannungsverhältnis macht das Problem individueller Bedürfnisbefriedigung zugleich zu einem Problem der gesellschaftlichen Verteilung des Reichtums und seiner Sicherung durch politische Herrschaft. Es veranlaßt den Menschen zu einem fortwährenden Streben nach „improvement", zu seiner Einlösung durch Arbeit, zu seiner vorbeugenden

---

252 Smith, Lectures on Justice, 157 ff. (Hervorh. H. M.).
253 R. L. Meek, Studies in the Labour Theory of Value, London 1956, 51 ff.

Rationalisierung durch Privateigentum und dessen Sicherung durch institutionelle Regelungen in Gestalt von Rechts- und Herrschaftsordnungen.

Herrschaft und positives Recht haben nach Smith somit keinen spezifisch politischen Eigenwert, sie sind immer relativ auf die gesellschaftlichen Modi der Bedürfnisbefriedigung und mit deren Veränderung auf Dauer ebenfalls einem notwendigen Wandel unterworfen.

Diese Smithschen Ansätze zu einer materialistischen Geschichtsbetrachtung sind weder im Sinne eines abstrakten anthropologischen Monismus noch eines simplen ökonomischen Reduktionismus oder vulgären Materialismus aufzufassen.

Smith hält die künstlichen Bedürfnisse des Menschen ebensowenig für einen historisch invarianten Faktor menschlichen Handelns, wie er die spezifische Qualität dieser Bedürfnisse und ihre konkrete Motivationskraft auf gleichbleibende materielle Interessen reduziert[254]. Individuelle Bedürfnisse äußern sich im täglichen Subsistenzkampf des Angehörigen eines Stammes von Jägern und Fischern anders als in der gesellschaftlichen Arbeits- oder Mußeexistenz des Mitglieds einer „civilized society". Konstant bleibt lediglich die Spannung zwischen subjektivem Bedürfnis und objektiver Mängelsituation, variabel sind die Modi der Einlösung der Bedürfnisse durch Arbeit ebenso wie die konkreten Bedürfnisse selbst. Wie das Handeln des Jägers und Fischers in seiner Situation permanenten Mangels notwendig von dem dauernden Versuch einer Befriedigung existentieller Bedürfnisse bestimmt ist, so ist der Angehörige einer „civilized society", auch wenn er der untersten sozialen Schicht angehört, nach Smith wenigstens potentiell im Stande, neben den Bedürfnissen existentieller „necessity" auch solche ästhetischer und intellektueller „conveniency" zu befriedigen[255].

Den entscheidenden Faktor, der das unterschiedliche Niveau der Bedürfnisorientierung wie der Bedürfnisbefriedigung in verschiedenen gesellschaftlichen Ordnungen bedingt und die progressive Befreiung des Menschen von den Zwängen der Natur möglich macht, ohne jedoch eine gleichzeitige Befreiung von den Zwängen der künstlichen Bedürfnisnatur zu bringen, erblickt Smith im Prozeß wirtschaftlichen Wachstums. Dieser ist ebenso von den künstlichen Bedürfnissen des Menschen hervorgerufen wie er diese selbst weckt beziehungsweise verändert; unmittelbar vorangetrieben wird er jedoch nicht durch die individuellen Impulse der menschlichen Natur, sondern durch ihre gesellschaftliche Vermittlung im Prozeß der Arbeitsteilung[256], Marktbildung[257], und Kapitalansamm-

---

[254] Wealth of Nations, I, XI, II, Bd. I, 182 ff.; hierzu J. S. Davis, Adam Smith and the Human Stomach, QJE 68. 1954, 275 ff.; vgl. Spengler, Adam Smith's Theory of Economic Growth, 404 Anm. 34: „Smith described man's desire for goods and services as being governed by socio-economical conditions external to individuals, it was not fixed by his elementary needs."

[255] Wealth of Nations, I, XI, II, Bd. I, 182 f.

[256] Ebda., I, I, Bd. I, 7 ff.; Smith, Lectures on Justice, 159 ff.; ders., Early Draft of the „Wealth of Nations", in: Scott, Adam Smith as Student and Professor, 322 ff.

[257] Wealth of Nations, I, III, Bd. I, 21 ff.

lung[258]. Vor allem die Arbeitsteilung gilt Smith als primäre Ursache wirtschaftlichen Wachstums und auch als Ursache gesellschaftlichen Reichtums, der — bei Gewährleistung der „Justice" in einer „well governed society" — selbst die untersten sozialen Schichten erreicht:

> the division of labour is the great cause of the increase of public opulence
> ...[259] The unassisted labour of a solitary individual, it is evident, is altogether unable to provide for him, such food, such cloaths and such lodging, as not only the luxury of the great, but as the natural appetites of the meanest peasant, are, in every civilized society, supposed to require. Observe in what manner a common day labourer in Britain or in Holland is accommodated with all these, and you will be sensible that his luxury is much superior to that of many an Indian prince, the absolute master of the lives and liberties of a thousand naked savages ... It is the immense multiplication of the productions of all the different arts, in consequence of the division of labour, which, notwithstanding the great inequalities of property, occasions, in all civilized societies, that universal opulence which extends itself to the lowest ranks of people ... That state is properly opulent in which opulence is easily come at, or in which a little labour properly and judiciously employed, is capable of procuring *any man* a great abundance of all the necessaries and conveniences of life[260].

Nicht die bedürfnisstimulierte Arbeit des Einzelnen, sondern erst die gesellschaftliche Rationalisierung dieser Arbeit durch „division of labour" ermöglicht also den konstanten ökonomischen Fortschritt, der als „Natural Progress of Opulence" die notwendige Eigendynamik entfaltet, um die Gesellschaft aus einer primitiven Ökonomie der Subsistenz in Form einer individuellen Bedarfsdeckungswirtschaft zu einer Ökonomie gesamtgesellschaftlichen Reichtums in einer „civilized" oder „commercial society" gelangen zu lassen. Wenn die Impulse der künstlichen Bedürfnisnatur somit auch keine direkten Determinanten des „Natural Progess of Opulence" sind, so stellen sie doch als ein formales Prinzip, als ein jedem gesellschaftlichen Menschen zur zweiten Natur gewordenes

> desire of bettering our condition, a desire which ... comes with us from the womb, and never leaves us till we go into the grave[261]

das permanente „natürliche" Agens dar, von dessen gesellschaftlichen Wirkungen her Smith den „natural progress of things toward improvement" nicht nur als eine abstrakte Möglichkeit, sondern als ein effektiv wirksames Prinzip historischen Wandels begreift, dessen Dynamik sich selbst gegen restriktive politische

---

[258] Ebda., II, Bd. I, 289 ff. Zur relativen Gewichtigkeit der einzelnen Faktoren wirtschaftlichen Wachstums Spengler, Adam Smith's Theory of Economic Growth, 298 ff., 402 ff., 405 ff.

[259] Smith, Lectures on Justice, 172.

[260] Smith, Early Draft of the „Wealth of Nations", in: Scott, Adam Smith as Student and Professor, 322 f., 331, 332 (Hervorh. H. M.).

[261] Wealth of Nations, II, III, Bd. I, 362 f.

Institutionen und administrative Kontrollmechanismen durchzusetzen im Stande ist:

> The uniform, constant, and uninterrupted effort of every man to better his condition, the principle from which public and national, as well as private opulence is originally derived, is frequently powerful enough to maintain the natural progress of things toward improvement, in spite both of the extravagance of government, and the greatest errors of administration. Like the unknown principle of animal life, it frequently restores health and vigour to the constitution, in spite, not only of disease, but of the absurd prescriptions of the doctor[262].

Smith spricht dem ökonomischen Fortschritt in Gestalt des „Natural Progress of Opulence" zwar die Rolle eines entscheidenden, eigengewichtigen Faktors historischen Wandels zu, dessen Dynamik sich häufig (‚frequently' aber nicht ‚always') gegen die „extravagances of government" und „greatest errors of administration" mit naturwüchsiger Gewalt durchsetzt, doch ist diese Smithsche Auffassung vom „Natural Progress of Opulence" als eines Motors der Geschichte weder dahingehend auszulegen, daß die Smithsche historische Sozialwissenschaft von der Vorstellung einer notwendigen Durchsetzung wirtschaftlichen Fortschritts ausgeht und damit den ökonomischen Wachstumsprozeß a priori als einziges Prinzip sozialen, politischen und rechtlichen Wandels bestimmt, noch dahingehend, daß der Smithschen Theorie wirtschaftlichen Wachstums die Auffassung der spontanen Identität eines naturwüchsig freigesetzten „Progress of Opulence" mit der optimalen Gewährleistung eines idealen gesellschaftlichen Zustands zugrunde liegt. Smith kann in dieser Hinsicht weder als absoluter ökonomischer Determinist noch als Laissez-Faire-Optimist bezeichnet werden. Er sah zwar den wirtschaftlichen Wachstumsprozeß als die entscheidende Ursache sozialen, politischen, rechtlichen und kulturellen Wandels an, doch galt ihm ökonomischer Fortschritt nicht als unabhängig von den institutionellen Bedingungen, unter denen er sich jeweils realisierte, noch bedeutete für ihn jeder ökonomische Fortschritt notwendig einen Schritt zu einem besseren gesellschaftlichen, politischen und kulturellen Zustand, etwa in der Form, daß er mit dem wirtschaftlichen Wachstumsprozeß zugleich einen Fortschritt zu allgemeiner Emanzipation und Aufklärung angenommen hätte.

Als das Spezifikum der Smithschen historischen Sozialwissenschaft kann gerade die systematische Analyse der Wechselwirkung und Interdependenz wirtschaftlicher Wachstumsprozesse und gesellschaftlicher, politischer und rechtlicher Institutionen im Verlauf der „History of Society" gesehen werden. Institutionen bestimmen nach Smith individuelles und gesellschaftliches Verhalten

---

[262] Ebda., II, III, Bd. I, 364; vgl. ebda., 367 und IV, V, Bd. II, 49 f.

[263] Erstmals hervorgehoben von N. Rosenberg, Some Institutional Aspects of the Wealth of Nations, JPE 68. 1960, 557 ff.; obwohl Rosenberg in einer weiteren Arbeit (s. o. 250 Anm. 246) auch einen interessanten Beitrag zu Smiths Theorie des Wirtschaftswachstums geliefert hat, vernachlässigt er gerade die konstante Problematisierung des Wechselbezugs beider Faktoren in Smiths Sozialwissenschaft. Erst dies macht aber ihr Interesse als eine „historische" Sozialwissenschaft aus.

des Menschen ebenso, wie sie selbst durch gesellschaftlich vorangetriebene wirtschaftliche Wachstumsprozesse verändert werden.

Dieser grundlegende institutionelle Aspekt der Smithschen Sozialwissenschaft[263] zeigt sich auch in Smiths normativer Modellkonstruktion des „Natural Progress of Opulence". Weit davon entfernt, eine Theorie institutionsfreien wirtschaftlichen Fortschritts zur Norm und zum materiellen Wirkungsgesetz der Geschichte zu erheben, versucht Smith in seiner Konzeption eines „Natural Progress of Opulence" gerade denjenigen Rahmen zu bestimmen, innerhalb dessen die optimale Befriedigung individueller Bedürfnisse durch den Prozeß gesellschaftlicher Arbeit institutionell so kanalisiert wird, daß sie mit einem Maximum an wirtschaftlichem Wachstum auch die vorteilhaftesten sozialen, rechtlichen und politischen Konsequenzen im Sinne einer Naturrechtskonzeption hervorbringt, welche individuelle Freiheit („liberty"), Wohlfahrt („happiness") und Aufklärung („reason") verbindet[264]. Dies ist für Smith nur in einer „civilized society" der Fall, in welcher auf der Basis einer entwickelten agrarischen Produktion (als Basis jeder Bedürfnisbefriedigung) ein marktorientiertes Gleichgewicht gesellschaftlicher Arbeit zwischen Landwirtschaft, Gewerbe und Handel existiert, das durch die institutionelle Gewährleistung der „Justice" in einem Rechts- und Gesetzesstaat so freigesetzt und zugleich reguliert ist, daß es als ein „obvious and simple system of natural liberty"[265] die natürlichen Rechte eines jeden gewährleistet, ohne das „public interest" zu vernachlässigen.

Die arbeitsteilige Tauschgesellschaft und der Zustand naturrechtlicher Freiheit bilden für Smith in doppeltem Sinne das Telos des „Natural Progress of Opulence". Einerseits sieht Smith die „Justice" des Rechts- und Gesetzesstaats und die dadurch gewährleistete naturrechtliche Freiheit des Individuums als die notwendige Voraussetzung einer optimalen Realisierung wirtschaftlichen Fortschritts und gesellschaftlichen Reichtums an. Andererseits betrachtet er den wirtschaftlichen Wachstumsprozeß von der „savage and barbarous society" zu einer „civilized" oder „commercial society" als die notwendige historische Voraussetzung naturrechtlicher Freiheit, die er erst auf der Basis einer „commercial society" überhaupt für möglich hielt.

In der systematischen Untersuchung dieses wechselseitigen Bedingungsverhältnisses und in der Reflexion auf die Möglichkeit seiner praktischen Verwirklichung in der Gegenwart liegt die spezifische Interessenmotivation der Smithschen Geschichtsphilosophie als Sozialwissenschaft. Smith sieht die Geschichte des wirtschaftlichen Fortschritts, seiner institutionellen Bedingungen, Hindernisse und Konsequenzen hierbei nicht nur als einen Prozeß wachsender Befreiung von den Zwängen der Natur, sondern in Zusammenhang hiermit und in Abhängigkeit hiervon auch als die Basis eines Vorgangs möglicher Emanzipation zu politischer Freiheit an. Dieser Vorgang wird von ihm als ein „Kann", nicht als ein „Muß" aufgefaßt. Smith reflektiert die Möglichkeit naturrechtlicher Freiheit und Gleichheit zwar historisch aus dem weltgeschichtlichen Pro-

---

[264] Wealth of Nations, V, I, III, III, Bd. II, 325.
[265] Ebda., IV, IX, Bd. II, 208.

zeß ökonomisch initiierten sozialen und politischen Wandels, der zur „commercial" oder „civilized society" seiner Zeit geführt hat, ohne daß er jedoch die in den faktischen Rechts- und Herrschaftsformen institutionalisierte Verfassung dieser „commerical society" im zeitgenössischen Europa, besonders im England zur Zeit der amerikanischen Revolution, schon für ausreichend hielt, einen naturrechtlichen Zustand auch zu gewährleisten. Im Gegenteil hält er an einer bildungshumanistisch erweiterten Naturrechtskonzeption als Maßstab der Kritik an seiner zeitgenössischen Gesellschaft fest und versucht, sowohl die Möglichkeit des Naturrechts wie auch das tatsächliche naturrechtliche Defizit in dieser Gesellschaft historisch zu verstehen aus einer Analyse des wechselseitigen Bedingungszusammenhangs, den die Dynamik wirtschaftlichen Wachstums, das Beharrungsvermögen sozialer, politischer und rechtlicher Institutionen und die Dialektik des Fortschritts selbst in der europäischen Gesellschaft seit dem Zusammenbruch des Römischen Reiches geschaffen hatte.

b) Jägergesellschaft und Nomadengesellschaft: Die historische Genesis des Privateigentums und die Institutionalisierung politischer Herrschaft

Smith unterscheidet in seiner „Natural History of Society" vier aufeinander folgende Stadien gesellschaftlich-politischer Ordnung im Verlauf der Geschichte der Menschheit. Als grundlegendes Unterscheidungskriterium dient ihm hierbei nicht die politische Herrschaftsform, sondern die spezifische Produktionsweise der jeweiligen Gesellschaft:
The four stages of society are hunting, pasturage, farming and commerce[266].
Das erste Stadium, „the lowest and rudest state of society, such as we find it among the native tribes of North America"[267], ist durch die „precarious subsistence"[268] einer Ökonomie der Jäger und Sammler charakterisiert. Das zweite Stadium, „a more advanced state of society, such as we find it among the Tartars and Arabs"[269], kennzeichnet Smith als das der nomadisierenden Hirtenvölker („nations of shepherds"). Sie fristen ihre Existenz durch Viehzucht:
Such nations have commonly no fixed habitation, but live, either in tents, or in a sort of covered waggons which are easily transported from place to place. The whole tribe or nation changes its situation according to the different seasons of the year, as well as according to other accidents. When its herds and flocks have consumed the forage of one part of the country, it removes to another, and from that to a third[270].
So abstrakt und formal diese Unterscheidung zwischen der „society of hunters" und der „society of herdsmen" auf den ersten Blick erscheinen mag, so grundlegend für ein Verständnis der Smithschen „Natural History" sind die analytischen Kategorien, auf die sich die Darlegung der ökonomischen, sozialen

---

[266] Smith, Lectures on Justice, 107.
[267] Wealth of Nations, V, I, I, Bd. II, 213.
[268] Ebda., 214.   [269] Ebda., 213.   [270] Ebda., 213 f.

und politischen Strukturen beider gesellschaftlicher Ordnungen stützt. Sie sollen deshalb zunächst exemplarisch dargestellt werden[271].

In der Gesellschaft der Jäger und Sammler gibt es nach Smith weder grundlegende ökonomische, noch soziale oder politische Differenzierungen. Der Gleichheit der Armut und Bedürftigkeit entspricht dort eine gleichsam negative soziale und politische Freiheit und Gleichheit im Rahmen der Großfamilie und des dörflichen Großfamilienverbands. Diejenigen sozialen Abhängigkeiten, die im ersten Zivilisationsstadium existieren, sind durch meta-ökonomische Faktoren wie Alter und unterschiedliche persönliche Eigenschaften und Fertigkeiten bedingt und nehmen nicht den Charakter von permanenten Unterordnungsverhältnissen an.

Autorität erscheint hier in persönlicher Funktionsdifferenzierung begründet und noch nicht in Institutionen und Rollenstrukturen festgelegt. Soziale Abhängigkeiten manifestieren sich in der „society of hunters" zwar als Faktoren, die für den gesellschaftlichen Handlungszusammenhang relevant sind — z. B. im Falle der Lösung von Konflikten —, doch stellen sie nie die grundsätzliche Gleichheit aller Gesellschaftsmitglieder in Frage. Diese Abhängigkeiten unterscheiden sich damit qualitativ von denjenigen, die durch permanente gesellschaftliche Ungleichheit und politische Herrschaft entstehen:

The first period of society, that of hunters, admits of no such inequality. Universal poverty establishes there universal equality, and the superiority, either of age, or of personal qualities, are the feeble, but the sole foundations of authority and subordination. There is therefore little or no authority or subordination[272].

Smith führt die annähernde Herrschaftsfreiheit in der „society of hunters" auf ihre spezifische Subsistenzweise und die dadurch gegebene Unmöglichkeit der Anhäufung von Privateigentum zurück. In einer Gesellschaft ohne Privateigentum entfallen nach Smith auch die Ursachen permanenter Konflikte, da diese hier von keinem materiellen Gewinn für den überlegenen Antagonisten begleitet sind. Sollten sie doch entstehen, so tragen sie zufällig-persönlichen und keinen strukturellen Charakter und können deshalb durch das freie Zusammenwirken aller Gesellschaftsmitglieder gegen denjenigen, welcher den Konflikt verursacht hat, gelöst werden. Die spezifische Subsistenzweise der „society of hunters" macht deshalb auch politische Herrschaft und permanente Konfliktregelungsmechanismen durch rechtliche oder politische Instanzen überflüssig:

Among nations of hunters, as there is scarce any property, or at least none that exceeds the value of two or three days labour; so there is seldom any established magistrate or any regular administration of justice[273].

---

[271] Zu den im folgenden dargestellten Zusammenhängen besonders Smith, Lectures on Justice I, § 2: „Of the Nature of Government and its Progress in the First Ages of Society", 14 ff.; Wealth of Nations, V, I, I, Bd. II, 213 ff.; ebda., V, I, I, Bd. II, 231 ff.

[272] Ebda., V, I, II, Bd. II, 234; vgl. Smith, Lectures on Justice, 14 f.

[273] Wealth of Nations, V, I, II, Bd. II, 231.

Smith zieht hieraus folgende allgemeine Konsequenz:

> Men may live together in society with some tolerable degree of security, though there is no civil magistrate to protect them from the injustice of those passions[274].

In der „society of shepherds" sieht Smith eine grundlegende Änderung dieses Zustands der Herrschaftsfreiheit eintreten. Er stellt diese Gesellschaftsordnung als einen Gentil- oder Stammesverband mit einer ausgesprochen herrschaftlich strukturierten Verfassung unter einem Häuptling dar, der über große Machtbefugnisse verfügt, sei es als Richter bei der Entscheidung von innergesellschaftlichen Konflikten, oder als oberster Krieger bei militärischen Unternehmungen. Die „society of shepherds" ist statusmäßig ebenso differenziert wie im unterschiedlichen Ausmaß der Herrschaftskompetenzen, die von ihren einzelnen Mitgliedern wahrgenommen werden. Die „inferior shepherds and herdsmen" konstituieren gegenüber der untersten Schicht der Stammesangehörigen ebenso „a sort of little nobility"[275], wie der Häuptling ihnen gegenüber eine permanente Autoritätsrolle wahrnimmt. Er wird hierin von allen anderen Autoritätsträgern anerkannt, da auf dieser Anerkennung die Stabilität der gesamten Machtstruktur der Gesellschaft beruht:

> All the inferior shepherds and herdsmen feel ... that the maintainance of their lesser authority depends upon that of his greater authority, and that upon their subordination to him depends his power of keeping their inferiors in subordination to them[276].

Smith spricht davon, daß in keiner Epoche der Menschheitsgeschichte die persönlichen Unterordnungsverhältnisse, die Machtbefugnisse der Herrschenden und der Einfluß vornehmer Geburt so ausgeprägt seien wie in der Nomadengesellschaft:

> There is no period accordingly in which authority and subordination are more perfectly established. The authority of an Arabian scherif is very great, that of a Tartar khan is altogether despotical[277].

Charakteristikum der Smithschen Darstellung der „society of shepherds" ist jedoch nicht die Schilderung ihrer ausgeprägt herrschaftlichen Verfassung, sondern die Erklärung der Notwendigkeit eben dieser Verfassung aus der spezifischen Produktionsweise und den Besitzverhältnissen, welche für diese Gesellschaft als typisch anzusehen sind. Politische Herrschaft ist für Smith ein Sekundärphänomen, das nicht notwendig mit der gesellschaftlichen Existenz des Menschen gegeben ist, sondern erst als historisches Resultat ökonomischer Abhängigkeiten entsteht, die ihre Ursache in einer Differenzierung der Besitzverhältnisse haben.

Erst die in der „society of shepherds" praktizierte wirtschaftliche Tätigkeit der Viehzucht bringt Subsistenzmittel in einer Form hervor, die als „property"

---

[274] Ebda., 231 f.
[275] Ebda., V, I, II, Bd. II, 234.
[276] Ebda., 236.
[277] Ebda., 234.

17*

permanent und individuell angeeignet werden können. Aus der hierdurch möglichen Differenzierung der Besitzverhältnisse erklärt Smith sowohl die Entstehung und Notwendigkeit formalisierter und institutionalisierter politischer Herrschaft wie die spezifischen Formen gesellschaftlicher Unterordnung und Abhängigkeit:

> The appropriation of herds and flocks which introduced an inequality of fortune, was that which first gave rise to regular government. *Till there be [no] property, there can be no government, the very end of which is to secure wealth, and to defend the rich from the poor.* In this age of shepherds, if one man possessed 500 oxen, and another had none at all, unless there were some government to secure them to him, he would not be allowed to possess them. This inequality of fortune, making a distinction between the rich and the poor, gave the former much influence over the latter, for they who had no flocks or herds must have depended on those who had them, because they could not now gain a subsistence from hunting, as the rich had made the game, now become tame, their own property[278].

Am Beispiel der „society of shepherds" zeigt Smith sowohl die Genesis politischer Herrschaft als auch die Entstehung sozialer Abhängigkeits- und Unterordnungsverhältnisse als Produkt historischer Umstände auf. Er erklärt beide aus der ökonomischen Organisationsform und Subsistenzweise einer bestimmten, historisch lokalisierbaren gesellschaftlichen Ordnung und führt sie letztlich auf die Institutionalisierung der privaten Aneignung von Reichtum als „property" zurück:

> as the necessity of *civil government* gradually grows up with the acquisition of valuable property, so the principal causes which naturally introduce *subordination* gradually grow up with the growth of that valuable property[279].

Politische Herrschaft ist nach Smith ebensowenig von „Natur" vorhanden wie gesellschaftliche Unterordnung, sie sind aber beide „natürliches" Produkt derjenigen historischen Bedingungen, die sich mit der sozialen Differenzierung und privaten Aneignung gesellschaftlichen Reichtums ergeben, und in ihrem Ausmaß, ihrer Struktur und Notwendigkeit deshalb auch immer von der Konstanz oder dem Wandel dieser Bedingungen abhängig.

---

[278] Smith, Lectures on Justice, 15 (Hervorh. H. M.); vgl. hierzu die Parallele in: Wealth of Nations, V, I, II, Bd. II, 236: „Civil government, so far as it is instituted for the security of property, is in reality instituted for the defence of the rich against the poor, or of those who have some property against those who have none at all." Interessant erscheint diese Parallelstelle vor allem deshalb, weil Smith durch die qualifizierende Einschränkung „so far as it is instituted for the security of property" eine über den reinen Rechtsschutz des Privateigentums hinausgehende Funktion der Staatsgewalt anzunehmen scheint und sich hiermit von den „Lectures on Justice, Police, Revenue and Arms" bis zum „Wealth of Nations" ein Wandel seiner Ansichten über die Aufgaben des „civil government", fort von ihrer Beschränkung auf eine rein negative Schutzfunktion in Richtung auf positive Zwecksetzungen, andeutet.

[279] Wealth of Nations, V, I, II, 232 (Hervorh. H. M.).

Smith trennt in seiner Analyse funktional zwischen politischer Herrschaft („civil government") und gesellschaftlicher Unterordnung („subordination"). Wenn er beide auch in den gleichen Ursachen begründet sieht, erkennt er ihnen doch nicht den gleichen Notwendigkeitscharakter zu. Politische Herrschaft („civil government") erscheint als Voraussetzung der Sicherheit des Privateigentums in einem gesellschaftlichen Kontext, in welchem aufgrund wirtschaftlicher Ungleichheit und einer Situation objektiven Mangels permanent Übergriffe der Nichtbesitzenden gegen die Besitzenden drohen. Als Mittel, diese Übergriffe zu verhindern, ist politische Herrschaft mit der Differenzierung der Besitzverhältnisse in einer Gesellschaft unumkehrbar notwendig gesetzt. Sie kann sich im Verlauf der Geschichte der Menschheit zwar in ihrem Ausmaß und in ihrer Qualität wandeln — von der persönlichen Arbitrage des Stammeshäuptlings zur institutionalisierten unparteiischen „Justice" des gewaltenteiligen bürgerlichen Rechtsstaats —, doch kann sie nicht aufgehoben werden, solange wirtschaftliche Ungleichheit herrscht. Der Übergang von der ursprünglichen Freiheit und Gleichheit muß in Ansehung der Notwendigkeit politischer Herrschaft als ein nicht mehr rückgängig zu machender Schritt angesehen werden, solange Eigentumsunterschiede existieren:

> Wherever there is great property, there is great inequality. For one very rich man, there must be at least five hundred poor, and the affluence of the few supposes the indigence of the many. The affluence of the rich excites the indignation of the poor, who are often both driven by want, and prompted by envy, to invade his possessions. It is only under the shelter of the civil magistrate that the owner of that valuable property, which is acquired by the labour of many years, or perhaps of many successive generations, can sleep a single night in security. He is at all times surrounded by unknown enemies, whom, though he never provoked, he can never appease, and from whose injustice he can be protected only by the powerful arm of the civil magistrate continually held up to chastise it. The acquisition of valuable and extensive property, therefore, necessarily requires the establishment of civil government[280].

Ebenso wie politische Herrschaft erscheint die durch Macht („authority", „influence") bewirkte gesellschaftliche Unterordnung („subordination") als unmittelbare Folge der gesellschaftlichen Differenzierung des Eigentums. Im Unterschied zu den mehr oder weniger formalisierten Rechtsverhältnissen politischer Herrschaft, die Smith durch den Begriff „civil government" faßt, versteht er unter „authority" und „subordination" diejenigen informellen Herrschafts- und Gewaltverhältnisse, die sich unmittelbar aus ökonomischen Abhängigkeitsverhältnissen in einer Gesellschaft differenzierten Reichtums ergeben. Sie sind nach Smith „natural ... and antecedent to any civil institution"[281], d. h. sie bilden das logische Prius, das Grundmuster der Machtstruktur einer Gesellschaft, aus dem die konkreten institutionellen Formen politischer Herrschaft sich erst ergeben.

---

[280] Ebda., V, I, II, Bd. II, 232.   [281] Ebda., V, I, II, Bd. II, 232.

Smith nennt zwar vier Faktoren, welche in einer Gesellschaft Macht bzw. gesellschaftliche Unterordnung bewirken können: „personal qualifications", „superiority of age", „superiority of fortune" und „superiority of birth"[282], doch hält er letzten Endes in jeder Gesellschaftsordnung außer in der eigentumslosen „society of hunters" „superiority of fortune" für den entscheidenden Faktor[283], welcher das Ausmaß an Herrschaft und Gewalt, durch das die jeweiligen gesellschaftlichen Beziehungen gekennzeichnet sind, ebenso bestimmt wie die spezifischen institutionellen Formen, in welchen sie sich abspielen.

c) „Revolution of the Greatest Importance to the Public Happiness": Der Wandel von der mittelalterlichen Agrargesellschaft zur „Civilized Society"

Während Smith für die Entwicklung der „society of hunters" zur „society of shepherds" einen naturwüchsigen Zwang annimmt, hält er den historischen Fortschritt einer politisch-gesellschaftlichen Ordnung über das Niveau der „society of shepherds" hinaus auf die Stufe einer naturalwirtschaftlichen Agrargesellschaft oder einer arbeitsteiligen „civilized society" weder für einen unausweichlichen noch für einen irreversiblen Vorgang[284]. Smith betrachtet diesen Fortschritt nicht als naturgesetzliche Notwendigkeit und Regel, sondern eher als historische Ausnahme, die sich im Verlauf der Menschheitsgeschichte zwar mehrfach verwirklicht hat — er analysiert paradigmatisch die antiken Hochkulturen in Griechenland und Rom[285], erwähnt aber auch den indisch-asiatischen Kulturkreis[286] —, doch immer in der Form, daß sich mit den ökonomischen Bedingungen des zivilisatorischen Aufstiegs einer Gesellschaft durch Arbeitsteilung und soziale Funktionsdifferenzierung auch eine Disparität von gesellschaftlich-ökonomischer und politisch-militärischer Verfassung ergab, welche die institutionellen Bedingungen des Abstiegs ebenso unausweichlich herbeiführte[287]. Erst als Konsequenz der singulären Entwicklung der europäischen Gesellschaften seit dem Untergang des Römischen Reiches ergaben sich nach Smith neuartige Voraussetzungen für die dauerhafte Existenz einer gesellschaftlichen Ordnung, welche es ermöglichten, institutionelle Stabilität auf der Basis konstanten wirtschaftlichen Fortschritts sicherzustellen und somit die Frage nach dem „progress of society" in einem vollkommen neuen Licht erscheinen ließen.

---

[282] Ebda., 232 ff.

[283] Ebda., 231 ff.

[284] S. z. B. die Hinweise auf die zivilisatorische Stagnation der innerafrikanischen und zentralasiatischen Völkerschaften und die Begründung dieser Stagnation durch verkehrsungünstige Lage: Wealth of Nations, I, III, Bd. I, 25.

[285] Hierzu Smith, Lectures on Justice, I, § 3, 21 ff.: „How Republican Governments were introduced"; ebda., § 4, 26 ff.: „How Liberty was lost". Smiths interessante Analyse des antiken Republikanismus in den „Lectures on Justice, Police, Revenue and Arms" enthält augenscheinlich Vorstudien zu dem von John Millar (s. o. 193) erwähnten Projekt eines „Treatise on the Greek and Roman Republics". Zum Republikanismus Smiths s. u. 287 Anm. 389.

[286] Z. B. Wealth of Nations, I, III, Bd. I, 24; ebda., V, I, I, Bd. II, 228.

[287] Z. B. Smith, Lectures on Justice, I, § 4, 26 ff.

Im Grunde waren für Smith erst in seiner Zeit[288] infolge der Herausbildung der stabilen und rationalen Institutionen der neuzeitlichen „civilized society"[289] diejenigen Bedingungen gegeben, welche die prekäre und hilflose Situation, in der sich bis dahin alle ökonomisch hochentwickelten „civilized nations" gegenüber Invasionen barbarischer Völkerschaften befanden, endgültig überwunden hatten und außerdem die traditionelle historische Logik des Zerfalls, die Verschränkung von ökonomisch-zivilisatorischem Fortschritt und politischem Rückschritt, wenn nicht aufhoben, so doch vermeidbar machten.

Nur von dieser keineswegs affirmativ vorausgesetzten, sondern durch das Mittel historischen Vergleichs kritisch gewonnenen und nie als definitiv betrachteten[290] Einsicht her ist es zu verstehen, daß der Schwerpunkt der Smithschen „Natural History" auf der systematischen Darstellung derjenigen ökonomischen, gesellschaftlichen und politischen Zusammenhänge liegt, welche in Europa seit dem Zusammenbruch des Römischen Reiches zur Entstehung der neuzeitlichen „civilized society" geführt haben. Trotz wichtiger historischer Vorformen in den griechischen Stadtstaaten und im Römischen Reich, die Smith in seinen „Lectures on Jurisprudence" vor allem unter dem Gesichtspunkt der ökonomischen Ursachen für den Niedergang der antiken Republiken behandelte[291], hatte sich nach seiner Auffassung der entscheidende Fortschritt in der Geschichte der Menschheit über eine reine Agrargesellschaft hinaus zu einer „civilized" oder „commercial society" erst in Europa seit Ausgang des Mittelalters vollzogen.

Smith sah diesen umfassenden historischen Strukturwandel keineswegs, wie vielfach angenommen wird[292], als mittelbares oder unmittelbares Resultat des in seiner Gegenwart gerade erst einsetzenden „Take Off" zur britischen Industriellen Revolution an, sondern als den langfristigen Prozeß einer „silent and insensible operation"[293], den er zwar als eine „revolution of the greatest impor-

---

[288] S. den Rückblick, den Smith in seinen „Lectures on Justice, Police, Revenue and Arms" auf die wenige Jahre zurückliegende Invasion Englands durch die schottischen Highlandclans (1745) gibt: „In the year 1745 four or five thousand naked unarmed highlanders took possession of the improved parts of this country without any opposition from the unwarlike inhabitants. They penetrated into England, and alarmed the whole nation, and had they not been opposed by a standing army, they would have seized the throne with little difficulty." Smith, Lectures on Justice, 258. Diese Andeutungen lassen bereits erkennen, daß für Smith als Zeitgenossen der Invasion von 1745 die Analyse derjenigen historischen Bedingungen, welche der „civilized society" die Aufhebung der traditionellen Dialektik von historischem Fortschritt und Rückschritt möglich gemacht hatten, mehr als ein rein theoretisches Problem darstellte.

[289] Hierzu u. 270 ff.

[290] S. z. B. die in die Erörterungen des „Natural Progress of Opulence" im „Wealth of Nations" wie zufällig eingestreute Bemerkung: „It is now more than two hundred years since the beginning of the reign of Elizabeth, a period as long as the course of human prosperity usually endures." Wealth of Nations, III, IV, Bd. I, 443.

[291] Hierzu o. 262 Anm. 285.

[292] Hierzu u. 278 f., und bes. Anm. 350

[293] Wealth of Nations, III, IV, Bd. I, 437.

tance to the public happiness"[294] charakterisierte, doch im übrigen als einen
Vorgang betrachtete, der bereits in der Agrargesellschaft des Mittelalters begonnen und eine Umwälzung aller ökonomischen, sozialen und politischen Verhältnisse in Gang gesetzt hatte, die in seiner Zeit noch nicht an ihr Ende gekommen war. Im Gegenteil stand diese „revolution" aufgrund falscher institutioneller Voraussetzungen im Begriff, den „Natural Progress of Opulence" zu
einem „unnatural and retrograde order"[295] zu verkehren und drohte hiermit
eine Diskrepanz zwischen Möglichkeit und Wirklichkeit des Fortschritts zu
schaffen, die es politisch aufzuheben galt, wenn sich die Geschichte Roms nicht
wiederholen sollte[296].

Die Bedeutung, die Smith der langfristigen „revolution ... to the public
happiness" beimaß, ergibt sich schon daraus, daß er der Darstellung der Genesis
der neuzeitlichen Arbeits- und Tauschgesellschaft aus der mittelalterlichen
Agrargesellschaft ein spezielles Buch seines „Wealth of Nations" widmete[297] und
auch der umfangreichste Teil des Abschnitts über „Public Law" in den „Lectures
on Jurisprudence"[298] diesen singulären historischen Vorgang behandelt. In beiden Werken zeigt sich hierbei die gleiche charakteristische Verbindung einer
Strukturanalyse der Rechts-, Gesellschafts-, Herrschafts- und Wirtschaftsformen
der mittelalterlichen Agrargesellschaft mit dem Versuch, den historischen Wandel und die fortdauernde Wirkung ihrer Institutionen in der neuzeitlichen
„civilized society" aus der Dynamik des wirtschaftlichen Wachstumsprozesses
bzw. seinen Hindernissen zu erklären.

Smith charakterisiert die mittelalterliche Agrargesellschaft[299] von den besonderen historischen Ursachen ihrer Entstehung wie von ihren permanenten strukturellen Bedingungen her als eine Gesellschaft politischer Instabilität, dauernder
Rechtsunsicherheit und ökonomischer Rückständigkeit. Sie war aus sich heraus

---

[294] Ebda., III, IV, Bd. I, 440.

[295] Ebda., III, I, Bd. I, 406.

[296] S. die deutliche historische Parallele, die Smith in kritischer Absicht zwischen der
Situation Englands zur Zeit des amerikanischen Unabhängigkeitskrieges und dem
„social war" zieht, der zum Untergang der römischen Republik geführt hatte. Smith,
Wealth of Nations, IV, VII, III, Bd. II, 137.

[297] Ebda., III, Bd. I, 401 ff.: „Of the Different Progress of Opulence in Different
Nations". Vgl. die interessante Bemerkung J. Schumpeters über Buch III des „Wealth
of Nations", die — Charakteristik und Kritik zugleich — eine der Intentionen Smiths
durchaus treffend wiedergibt: „Dieses dritte Buch [des „Wealth of Nations"] erregte
nicht die Aufmerksamkeit, die es zu verdienen scheint. In seiner irgendwie trockenen
und schwunglosen Weisheit hätte es einen ausgezeichneten Ausgangspunkt für eine Ge-
schichtssoziologie des Wirtschaftslebens abgeben können, die nie geschrieben wurde."
Schumpeter, Geschichte der ökonomischen Analyse, I, 248.

[298] Smith, Lectures on Justice, I, §§ 7—16, 34 ff.

[299] Wealth of Nations, III, II, Bd. I, 407 ff.: „Of the Discouragement of Agriculture in the Ancient State of Europe after the Fall of the Roman Empire"; aber auch
ebda., III, IV, Bd. I, 432 ff.: „How the Commerce of the Towns Contributed to the
Improvement of the Country"; ders., Lectures on Justice, I, § 7, 34 ff.: „Of the Allodial Government"; § 8, 36 ff.: „Of the Feudal System."

weder zu wirtschaftlichem Wachstum noch zu grundlegendem sozialem und politischem Wandel im Stande.

Als das entscheidende Strukturelement dieser Gesellschaft, das ihre politische und soziale Gesamtverfassung ebenso wie ihre spezifische Wirtschaftsweise weitgehend bestimmt, wird die besondere Funktion und Verteilung des Landeigentums und ihre rechtlich institutionalisierte Form hervorgehoben[300]. Die durch Primogeniturrecht („law of primogeniture")[301] und Fideikommiß („law of entails")[302] auf Dauer gestellte erbliche und unteilbare Verfügung einer kleinen adeligen Herrenschicht über den Landbesitz als das hauptsächliche Produktionsmittel der mittelalterlichen Gesellschaft wird für Smith zur Ursache ihrer grundlegenden Strukturdefekte: ihrer ökonomischen Stagnation, ihrer dauernden Friedlosigkeit, ihres Normalzustands der Rechtsunsicherheit und der persönlichen Unfreiheit der meisten ihrer Mitglieder gleichermaßen.

Smith stellt das fast ausschließliche Bodenmonopol adeliger Grundherren mit seinen ökonomischen, politischen und sozialen Folgen hierbei nicht als die notwendige und selbstläufige Konsequenz jeder rein agrarischen Wirtschaftsweise dar[303]. Das zeitgenössische Amerika als eine Gesellschaft mit überwiegend agrarischer Produktionsweise stand für Smith als Beispiel der grundsätzlich anderen Möglichkeiten politischer und herrschaftlicher Verfassung einer Agrargesellschaft immer im Hintergrund seiner Erörterungen. Hier hatte sich auf der Basis anderer Besitzverhältnisse, die sich aus der fast unbeschränkten individuellen Verfügbarkeit von Land und einer gleichzeitigen Beschränkung der Besitzgrößen durch politisch-rechtliche Regelungen („political institutions")[304] ergaben, konstantes Wirtschaftswachstum mit politischer Freiheit und Gleichheit aller Gesellschaftsmitglieder in fast idealer Weise verbunden[305].

Die Eigentumsverteilung der mittelalterlichen Agrargesellschaft wird von Smith zunächst als das Resultat eines bestimmten historischen Vorgangs dargestellt: der gewaltsamen Landnahme einer zahlenmäßig kleinen Erobererschicht im Zuge der Invasion des weströmischen Reiches:

[300] S. insbes. Wealth of Nations, III, II, Bd. I, 407 ff.

[301] Ebda., 408.

[302] Ebda., 409.

[303] Wie es z. B. A. Skinner behauptet, wenn er Smith eine Erklärung der Macht- und Herrschaftsstruktur der mittelalterlichen Agrargesellschaft „from the prevailing mode of earning subsistence" unterstellt. A. Skinner, Einleitung zu: A. Smith, The Wealth of Nations, Book I—III, Harmondsworth 1970, 35. Skinner wird in seiner kurzen Darstellung der Smithschen „Natural History", die er in der Einleitung seiner Ausgabe des „Wealth of Nations" gibt, der Komplexität der historischen Soziologie Smiths nicht gerecht. Er reduziert sie allzu vereinfachend auf ein deterministisches Basis-Überbau-Schema und übersieht dabei gerade dasjenige Moment, das den hauptsächlichen Gegenstand der historischen Sozialwissenschaft Smiths ausmacht: die Analyse der Wechselwirkung und Interdependenz sozialer, politischer und rechtlicher Institutionen mit wirtschaftlichen Wachstumsprozessen. Auch die übrigen Arbeiten Skinners (s. o. 145 Anm. 34) übersehen diesen Gesichtspunkt.

[304] Wealth of Nations, IV, VII, II, Bd. II, 83.

[305] Ebda., IV, VII, II, Bd. II, 83 ff.; aber auch im expliziten Vergleich mit den europäischen Verhältnissen: Wealth of Nations, III, IV, Bd. I, 441 f.

When the German and Scythian nations over-ran the western provinces of the Roman empire, the confusions which followed so great a revolution lasted for several centuries. The rapine and violence which the barbarians exercised against the ancient inhabitants, interrupted the commerce between the towns and the country. The towns were deserted, and the country was left uncultivated, and the western provinces of Europe, which had enjoyed a considerable degree of opulence under the Roman empire, sunk into the lowest state of poverty and barbarism. During the continuance of those confusions, the chiefs and principal leaders of those nations, acquired or usurped to themselves the greater part of the lands of those countries. A great part of them was uncultivated; but no part of them, whether cultivated or uncultivated, was left without a proprietor. All of them were engrossed, and the greater part by a few great proprietors[306].

Smiths Interesse gilt weniger den singulären historischen Folgen dieses Eroberungsprozesses als seinen permanenten institutionellen Konsequenzen. Jedoch stellt er zwischen beiden einen unmittelbaren Zusammenhang her. Gerade das durch den einmaligen historischen Gewaltakt der Landnahme installierte adelige Monopol an Grund und Boden bewirkte nach seiner Auffassung eine Tendenz zu institutioneller Verfestigung und, dadurch vermittelt, zu anhaltender ökonomischer Rückständigkeit[307], zur Dauerhaftigkeit der Herrschaftsverhältnisse[308] und zur stabilen Instabilität der politischen Gesamtverfassung der mittelalterlichen Agrargesellschaft[309]. Aufgrund ihres spezifischen „state of property"[310] mußte diese Gesellschaft ein interdependentes System von wirtschaftlichen, sozialen und politischen Institutionen ausbilden. Diese blockierten sich wechselseitig, konnten deshalb nur in einem andauernden pathologischen Kreislauf funktionieren und verhinderten durch ihre Einwirkung aufeinander wirtschaftlichen Fortschritt ebenso wie Emanzipation von Herrschaft und politische Stabilität.

Smiths Analyse der Institutionen der mittelalterlichen Agrargesellschaft geht von der Reproduktion und Institutionalisierung aller personalen Abhängigkeitsverhältnisse aus, welche durch die besonderen Besitzverhältnisse dieser Gesellschaft auf der Basis einer rein agrarischen Produktionsweise notwendig hervorgebracht wurden. In einer Gesellschaft, deren Subsistenz fast ausschließlich von einer lokal gebundenen landwirtschaftlichen Produktion und Konsumtion bestimmt war, mußte die Verfügung einer kleinen gesellschaftlichen Gruppe über den größten Teil der Produktionsmittel eben nicht nur die unmittelbare persönliche Abhängigkeit aller übrigen Gesellschaftsmitglieder von den Landbesitzern zur Folge haben, sondern auch die Institutionalisierung dieser Abhängigkeit auf Dauer.

---

[306] Wealth of Nations, III, II, Bd. I, 407; vgl. ders., Early Draft of the „Wealth of Nations", in: Scott, Adam Smith as Student and Professor, 332.
[307] Wealth of Nations, III, II, Bd. I, 410 ff.
[308] Ebda., 408 f.   [309] Ebda., III, IV, Bd. I, 435 ff.   [310] Ebda., 436.

Smith erklärt die notwendige Verfestigung aller Herrschafts- und Unterordnungsverhältnisse in der mittelalterlichen Agrargesellschaft aus der spezifischen Verwertung des von den bäuerlichen Abhängigen erwirtschafteten und von den adeligen Grundbesitzern angeeigneten „surplus produce"[311] an Subsistenzmitteln. Das Fehlen eines übergreifenden Marktzusammenhangs und die lokale Beschränkung von Produktion und Konsum ließen eine Verwendung dieser Überschüsse nur in Form von beständigen Neu- und Reinvestitionen in Abhängigkeits- und Herrschaftsverhältnisse zu. Die vasallitische Klientel oder Militärgefolgschaft wird von Smith ebenso als Resultat dieses „state of property" dargestellt wie die Petrifizierung der Abhängigkeitsverhältnisse der meisten bäuerlichen Produzenten zum Leibeigenen-Status:

> In a country which has neither foreign commerce, nor any of the finer manufactures, a great proprietor, having nothing for which he can exchange the greater part of the produce of his lands which is over and above the maintainance of the cultivators, consumes the whole in rustic hospitality at home. If this surplus produce is sufficient to maintain a hundred or a thousand men, he can make use of it in no other way than by maintaining a hundred or a thousand men. He is at all times, therefore surrounded with a multitude of retainers and dependants, who having no equivalent to give in return for their maintainance, but being fed entirely by his bounty, must obey him, for the same reason that soldiers must obey the prince who pays them ...
> The occupiers of land were in every respect as dependent upon the great proprietor as his retainers. Even such of them as were not in a state of villanage [sic], were tenants at will, who paid a rent in no respect equivalent to the subsistence which the land afforded them ... A tenant at will, who possesses land sufficient to maintain his family for little more than a quit-rent, is as dependent upon the proprietor as any servant or retainer whatever, and must obey him with as little reserve. Such a proprietor, as he feeds his servants and retainers at his own house, so he feeds his tenants at their houses. The subsistence of both is derived from his bounty, and its continuance depends upon his good pleasure[312].

Nicht nur die Institutionalisierung der Herrschaftsverhältnisse der mittelalterlichen Agrargesellschaft wird von Smith aus ihrem besonderen „state of property" abgeleitet, auch ihre ökonomische Stagnation und die stabile Instabilität ihrer politischen Gesamtverfassung erscheinen als Resultat des institutionellen Grundverhältnisses von Land und lokaler adeliger Herrschaft.

Dieses Grundverhältnis verhinderte ein gesamtgesellschaftlich produktives ökonomisches Interesse des adeligen Landbesitzers ebenso[313] wie die private wirtschaftliche Produktivität der abhängigen Hintersassen[314]. Der faktische,

---

[311] Ebda., III, IV, Bd. I, 433.
[312] Ebda., III, IV, Bd. I, 433 f.
[313] Ebda., III, II, Bd. I, 410.
[314] Ebda., 411 ff.

wenn auch nicht unbedingt rechtliche Sklavenzustand der Arbeitenden[315] und das arbeitslose Einkommen der Besitzenden als notwendiges Mittel ihrer Herrscherexistenz nach innen[316] und ihrer Kriegerexistenz nach außen[317] werden von Smith gleichermaßen als Bedingungen fortwährender ökonomischer Stagnation und als entscheidendes Hindernis wirtschaftlichen Fortschritts dargestellt.

Eine Vermehrung des „surplus produce" konnte sich für den Herren nur in eine Vermehrung von Herrschaft nach innen und in verstärkte Entfaltung kriegerischer Gewalttätigkeit nach außen umsetzen. Sie tendierte damit dazu, eben diejenigen Bedingungen zu zerstören, unter denen sie zustande kommen konnte. Denn auf seiten des arbeitenden bäuerlichen Abhängigen fehlte unter diesen Umständen jeglicher Anreiz zu produktiver Tätigkeit, hatte doch ein von ihm erwirtschaftetes „surplus produce" keinerlei positive Wirkungen für ihn, sondern im Gegenteil eine Vermehrung von Herrschaft zur Folge.

Auch die permanente Konfliktkonstellation der mittelalterlichen Agrargesellschaft, die Smith aus der lokalen Zerstückelung aller Souveränitätsrechte und öffentlich-rechtlichen Befugnisse resultieren sieht, wird von ihm letzten Endes aus der herrschaftlichen Verfügung des Adels über Landbesitz erklärt. Die durch den „state of property" ermöglichte und zugleich notwendig erzeugte militärische, rechtliche und politische Autonomie des Adels machte die politische Verfassung der mittelalterlichen Gesellschaft von Anfang an zu einem Zustand des dezentralisierten „allodial government"[318]. In diesem Zustand einer permanenten „anarchy, violence, rapine, disorder"[319] hatten die Bedingungen einer minimalen Gewährleistung von „law and order" oder „justice" in den lokalen Herrschaftsbezirken des Adels zugleich die Unmöglichkeit ihrer universellen Durchsetzbarkeit durch zentrale Instanzen zur Folge:

> Upon the authority which the great proprietors necessarily had in such a state of things over their tenants and retainers, was founded the power of the ancient barons. They necessarily became the judges in peace, and the leaders in war, of all who dwelt upon their estates. They could maintain

---

[315] Smith differenziert ausführlich und genau zwischen dem rechtlichen Status des Sklaven von der Antike bis in seine Gegenwart und dem begrenzten Rechtsstatus der Leibeigenen und Hintersassen in der mittelalterlichen Agrargesellschaft, doch hält er beide Verhältnisse weitgehend für äquivalent, was ihre ökonomische Unproduktivität betrifft; Wealth of Nations, III, II, Bd. I, 411 ff.; Lectures on Justice, 24, 25, 27, 94 ff., 225 f., 231 f.; und bes. Early Draft of the „Wealth of Nations", in: Scott, Adam Smith as Student and Professor, 353 ff.; obwohl Smiths scharfe Kritik an der Sklaverei, die alle seine Schriften durchzieht (s. die o. angegebenen Belege), vor allem ökonomisch motiviert ist — Sklaverei ist unproduktiv —, sieht er die Einführung der Sklaverei nicht primär als ökonomisch bedingt an: „slavery ... proceeds from that tyrannic disposition which may almost be said to be natural to mankind." Smith, Lectures on Justice, 96.

[316] Wealth of Nations, III, II, Bd. I, 408.

[317] Ebda., 408.

[318] Hierzu Smith, Lectures on Justice, 34 ff. u. Wealth of Nations, III, IV, Bd. I, 435 f.

[319] Wealth of Nations, III, IV, Bd. I, 437.

order and execute the law within their respective demesnes, because each of them could there turn the whole force of all the inhabitants against the injustice of any one. No other person had sufficient authority to do this. The king in particular had not ... To have enforced payment of a small debt within the lands of a great proprietor, where all the inhabitants were armed and accustomed to stand by another, would have cost the king, had he attempted it by his own authority, almost the same effort as to extinguish a civil war. He was, therefore, obliged to abandon the administration of justice through the greater part of the country, to those who were capable of administering it[320].

Die politische Verfassung der mittelalterlichen Gesellschaft als eines dezentralisierten „allodial government" wird von Smith jedoch nicht nur als bloßer „Überbau" ihrer spezifischen Besitzverhältnisse dargestellt. Er sieht den durch die Partikularisierung der Souveränitäten gegebenen Zustand eines labilen Gleichgewichts adeliger Krieger- und Herrscherexistenzen umgekehrt auch als die Ursache der fortwährenden Reproduktion des mittelalterlichen „state of property" und der mit ihm verknüpften sozialen und ökonomischen Institutionen an. Denn die minimalen Bedingungen einer Garantie von Sicherheit und Rechtlichkeit („Justice") für Herrschende und Beherrschte waren in dieser Gesellschaft immer an die Stabilität von Landbesitz als eines „means of power and protection" gebunden[321].

Smith betrachtet also die für die mittelalterliche Gesellschaft existentiell notwendige Form des „property" zugleich als die fortwährende Ursache und Folge der politischen Instabilität ihrer Gesamtverfassung, der Versteinerung ihrer Herrschaftsverhältnisse und ihrer wirtschaftlichen Stagnation. Der Funktionskreis der mittelalterlichen Institutionen schließt sich für Smith zu einer starren Einheit von Widersprüchen, zu einem pathologischen System gesellschaftlichen Handelns zusammen, das zu politischen Innovationen, zu sozialem Wandel und zu wirtschaftlichem Wachstum aus eigenen Antrieben heraus nicht fähig war.

Auch der Ausbildung des Lehnsrechts („feudal law")[322] wird von Smith keine

---

[320] Ebda., III, IV, Bd. I, 435.

[321] Ebda., III, II, Bd. I, 408.

[322] Wealth of Nations, III, IV, Bd. I, 435 ff.; Lectures on Justice, 36 ff. Mit seiner Interpretation des „feudal law" als eines partikularen historischen Moments der mittelalterlichen Verfassungsentwicklung, das keine grundlegende Veränderung der Basis des „allodial government", d. h. der lokalen adeligen Herrschaft über Land und Leute gebracht habe, entfernt sich Smith gleich weit von den beiden dominanten historischen Schulen der Feudalismusbetrachtung in seiner Zeit. Von der Ebene eines „impartial spectator" aus argumentiert er sowohl gegen den Whig-Mythos von der „Ancient Constitution" der freien Angelsachsen wie gegen die Auffassungen der „Feudisten" im Gefolge H. Spelmans und R. Bradys. Smith inaugurierte mit seiner historisch-soziologischen Methode auch in der Diskussion um die Ursprünge des „Feudal Law", gemeinsam mit den anderen Sozialwissenschaftlern der schottischen Schule, bes. Lord Kames, einen Neuansatz, der in der allgemeinen historiographischen und begriffsgeschichtlichen Diskussion des Feudalismus-Problems bisher kaum berücksichtigt wurde. Die Auffassung J. G. A. Pococks: „the high eighteenth century appears to have seen

grundlegende Veränderung dieser Verhältnisse zugeschrieben. Sie führte zwar — unter günstigen Bedingungen — eine gewisse Zentralisierung der Herrschaftskompetenzen in den Händen des Königtums herbei und brachte zumindest formal eine Verrechtlichung der Beziehungen der politischen Subjekte, doch blieben Herrschafts- und Machtstruktur der mittelalterlichen Adelsgesellschaft hiervon verhältnismäßig unberührt, da ihre Basis im „state of property" keinem Wandel unterworfen war[323].

So konnten sich entscheidende Ansätze zu einer Veränderung erst aus exogenen Ursachen ergeben. Als solche hebt Smith vor allem zwei Faktoren hervor:

1. Das Bündnis der Städte mit dem Königtum[324] und
2. den wirtschaftlichen Aufschwung der Städte durch den Anstieg des Außenhandels insbesondere mit dem Orient seit dem hohen Mittelalter[325].

Die auf wechselseitige Interessen gegründete Allianz des Königtums mit den Städten gegen den Adel schuf die politischen Voraussetzungen, welche es den Städten möglich machten, sich als rechtlich, militärisch und politisch selbständige Kommunitäten zu etablieren. Smith schreibt dieser Allianz selbst noch keine unmittelbar strukturdurchbrechende Wirkung auf die Verfassung der mittelalterlichen Adelsgesellschaft zu. Er sieht sie primär als ein politisch-rechtliches Phänomen, das lediglich die Vorbedingungen für die „silent and insensible operation" schuf, welche zur „civilized society" führte. Vor allem die politische Stabilität und geregelte Selbstregierung der Städte werden hierbei als Faktoren hervorgehoben, welche durch die Garantie individueller Sicherheit und Freiheit auch ökonomische Produktivität und wirtschaftliches Wachstum möglich machten:

> Order and good government, and along with them the liberty and security of individuals, were, in this manner, established in cities, at a time when the occupiers of land in the country were exposed to every sort of violence. But men in this defenceless state naturally content themselves with their necessary subsistence; because to acquire more might only tempt the injustice of their oppressors. On the contrary, when they are secure of enjoying the fruits of their industry, they naturally exert it to better their condition and to acquire not only the necessaries, but the conveniencies and elegancies of

---

the exploration of feudal society at a standstill" in: ders., The Ancient Constitution and the Feudal Law, New York 1967² muß zumindest hinsichtlich der schottischen Historiker-Schule, als deren spiritus rector Smith zusammen mit Lord Kames angesehen werden kann, in Zweifel gezogen werden. Auch bei O. Brunner („Feudalismus" — Ein Beitrag zur Begriffsgeschichte, 1958, jetzt in: ders., Neue Wege der Verfassungs- und Sozialgeschichte, Göttingen 1968, 128 ff.) sind die Neuansätze der schottischen Schule nicht erwähnt. Zu Lord Kames' Feudalismus-Auffassung s. die interessante Abhandlung von I. Ross, Quaffing the „Mixture of Wormwood and Aloes": A Consideration of Lord Kames's Historical Law Tracts, TSLL 8. 1967, 499 ff.

[323] Wealth of Nations, III, IV, Bd. I, 437.

[324] Ebda., III, III, Bd. I, 420 ff.: „Of the Rise and Progress of Cities after the Fall of the Roman Empire."

[325] Ebda., III, III, Bd. I, 421 ff.

life. That industry, therefore, which aims at something more than necessary subsistence, was established in cities long before it was commonly practised by the occupiers of land in the country[326].

Stellt Smith die rechtlichen und politischen Institutionen der Stadt einerseits als Voraussetzung der Durchbrechung der mittelalterlichen Subsistenzökonomie dar, so hebt er andererseits den auf dieser Basis stattfindenden wirtschaftlichen Wachstumsprozeß als das entscheidende Agens hervor, welches die Transformation der mittelalterlichen Agrargesellschaft zur modernen „civilized society" zu Wege brachte[327]. Der wirtschaftliche Aufschwung, der zur modernen Arbeits- und Tauschgesellschaft führte, erforderte ebenso institutionelle Vorbedingungen, wie die Institutionen des neuzeitlichen Rechts- und Gesetzesstaats ihre Ausgestaltung dem vom Außenhandel der mittelalterlichen Städte stimulierten wirtschaftlichen Wachstumsprozeß verdankten. Smith sieht die Zersetzung der Herrschafts- und Machtstruktur der mittelalterlichen Agrargesellschaft und die Genesis einer von überflüssiger Herrschaft zumindest teilweise emanzipierten „civilized society" vor allem als das Ergebnis der produktiven Wechselwirkung von Konsum und Wirtschaftswachstum an[328].

Der sich auf der Grundlage rationaler Institutionen in der mittelalterlichen Stadtwirtschaft ausbildende Produktions- und Marktzusammenhang blieb nicht auf die Städte beschränkt und ergriff auf dem Weg über die Konsumtion auch die agrarische Subsistenzökonomie und damit deren soziales und politisches Korrelat[329]. Die Konsumanreize, welche durch die neuen gewerblichen Waren und Luxusgüter angeboten wurden, veranlaßten die adeligen Landbesitzer, wenn nicht zu eigener Tätigkeit[330], so doch zur Förderung wirtschaftlicher Produktivität. Um ihre künstlichen Bedürfnisse auf dem Wege des Austauschs befriedigen zu können, waren sie zur Mobilisierung des bisher unproduktiv verwerteten agrarischen „surplus produce" gezwungen. Dies aber war nur durch den Abbau der traditionellen Investitionen des „surplus" in Herrschafts- und militärischen Gefolgschaftsverhältnissen möglich.

Die Durchbrechung der agrarischen Subsistenzwirtschaft und die Entstehung einer Ökonomie des Tauschs und der Arbeitsteilung zwischen Stadt und Land markieren so auch den Beginn der politischen, militärischen und rechtlichen

---

[326] Ebda., III, III, Bd. I, 426.

[327] Ebda., III, IV, Bd. I, 432 ff.

[328] S. allgemein zur Interdependenz von Konsum und Wirtschaftswachstum bei Smith: N. Rosenberg, Adam Smith, Consumer Tastes, and Economic Growth, JPE 76. 1968, 361 ff. Obwohl Rosenberg in seiner o. Anm. 246 genannten Studie die Bedeutung des institutionellen Aspekts für die Sozialwissenschaft Smiths hervorgehoben hat, bringt er diesen Gesichtspunkt nicht in die Diskussion der ökonomischen Wachstumsproblematik bei Smith ein. Sein Interesse an Smith zielt mehr auf dessen theoretisch-ökonomischen als auf seine historisch-soziologisch-politischen Konzeptionen.

[329] Wealth of Nations, III, III, Bd. I, 428 und III, IV, Bd. I, 437 ff.; Lectures on Justice, 42 f.

[330] Zu Smiths Kritik am Beharrungsvermögen adeliger Werthaltungen, insbesondere des adeligen Muße-Ideals bis auf seine Zeit s. 279.

Selbstentmachtung des Adels, die sich in dem Maße fortsetzte, in welchem der wirtschaftliche Wachstumsprozeß durch Intensivierung des Austauschs voranschritt.

Der von der Dynamik des städtischen Außenhandels und Gewerbes initiierte und von den wachsenden Bedürfnissen des Adels stimulierte Wirtschaftsaufschwung hatte nicht nur die weitgehende Eliminierung der militärischen Klientelen und die Reduzierung der Zahl der Hintersassen auf das produktive Minimum zur Folge, sondern vor allem auch die Freisetzung der grundherrschaftlich gebundenen Bauern. Indem die Herren die weniger produktiven Hörigkeitsverhältnisse in freie Pachtverhältnisse umwandelten, die sowohl für Landbesitzer wie Pächter einträglicher waren, emanzipierten sie sich nicht nur als Konsumenten, sie entmachteten sich gleichzeitig auch selbst als Regenten und befreiten damit notwendig auch die agrarischen Produzenten von überflüssiger Herrschaft:

But what all the *violence of the feudal institutions* could never have effected, the *silent and insensible operation of foreign commerce and manufactures* gradually brought about. These gradually furnished the great proprietors with something for which they could exchange the whole surplus produce of their lands, and which they could consume themselves without sharing it either with tenants or retainers. All for ourselves, and nothing for other people, seems, in every age of the world, to have been the vile maxim of the masters of mankind. As soon, therefore, as they could find a method of consuming the whole value of their rents themselves, they had no disposition to share them with any other persons. For a pair of diamond buckles perhaps, or for something as frivolous and useless, they exchanged the maintainance, or what is the same thing, the price of the maintainance of a thousand men for a year, and with it the whole weight and authority which it could give them. The buckles, however, were to be all their own, and no other human creature was to have any share of them; whereas in the more ancient method of expence they must have shared with at least a thousand people ... and thus, for the gratification of the most childish, the meanest and the most sordid of all vanities, they gradually bartered their whole power and authority ... The tenants having in this manner become independent, and the retainers being dismissed, the great proprietors were no longer capable of interrupting the regular execution of justice, or of disturbing the peace of the country. Having sold their birth right, not like Esau for a mess of pottage in time of hunger and necessity, but in the wantonness of plenty, for trinkets and baubles, fitter to be the playthings of children than the serious pursuits of men, they became as insignificant as any substantial burgher or tradesman in a city. *A regular government was established in the country as well as in the city,* nobody having sufficient power to disturb its operations in the one, any more than in the other ...

A revolution of the greatest importance to the public happiness, was in this manner brought about by two different orders of people, who had not the least intention to serve the public. To gratify the most childish vanity was the sole motive of the great proprietors. The merchants and artificers, much less ridiculous, acted merely from a view to their own interest, and in pursuit to their own pedlar principle of turning a penny wherever a penny was to be got. Neither of them had either knowledge or foresight of that great revolution which the folly of the one, and the industry of the other, was gradually bringing about[331].

Die historische Transformation der Herrschafts- und Machtstrukturen der mittelalterlichen Adelsgesellschaft zur neuzeitlichen „commercial" oder „civilized society" stellt sich für Smith als ein vom Wirtschaftswachstum ausgehender Prozeß sozialen und politisch-rechtlichen Wandels dar. Von individuellen ökonomischen Interessen und Bedürfnissen initiiert, entfaltete dieser Prozeß eine eigenständige Dynamik, die durch ihre überindividuellen gesellschaftlichen Rückwirkungen öffentliche Konsequenzen hatte, die weit über die unmittelbaren Anlässe hinausgingen. Als das entscheidende Agens sozialen und politischen Wandels erscheint die „silent and insensible operation of foreign commerce and manufactures", die in Wechselwirkung mit den Konsumbedürfnissen der herrschenden Adelsschicht jenen durchschlagenden Wirkungszusammenhang einer Ökonomie des Tauschs, der Arbeitsteilung und des Luxuskonsums konstituierte, welche die mittelalterlichen Institutionen nicht nur einem Prozeß der Selbstauflösung entgegentrieb, sondern das rationale Institutionengefüge der von überflüssiger Herrschaft bereits befreiten Stadt zur Existenzbedingung der gesamten „civilized society" machte. Erst mit ihren institutionellen Folgen, der Genesis des modernen Rechts- und Gesetzesstaats, der durch sein „regular government" die permanente Friedlosigkeit und durch seine „regular execution of justice" alle partikularen Souveränitäten der mittelalterlichen Adelsgesellschaft beseitigte, Handwerker, Bauern, Kaufleute und Adelige gleichermaßen in sein System zwingender Berechtigungen mit einbezog und dadurch die naturrechtliche Freiheit und Rechtsgleichheit allgemein machte, wird die naturwüchsige Genesis der Tausch-, Arbeits- und künstlichen Konsumgesellschaft für Smith zu jener weltgeschichtlichen Zäsur, welche er als eine „revolution of the greatest importance to the public happiness" bezeichnet.

Smith vindiziert sich die Erkenntnis der Korrelation und Interdependenz, in welcher der von der mittelalterlichen Stadtwirtschaft ausgehende wirtschaftliche Wachstumsprozeß, die gesellschaftliche Emanzipation von überflüssiger Herrschaft und die Entstehung der „justice" verbürgenden Institutionen des neuzeitlichen Staates stehen, als eine höchst persönliche Entdeckung. Zusammen mit David Hume bezeichnet er sich im „Wealth of Nations" als den ersten Autor, der von diesem historischen Bedingungsverhältnis überhaupt Notiz genommen habe.

Smith stellt sich in diesem Zusammenhang die Frage: „[How] the increase and riches of commercial and manufacturing towns contributed to the improve-

---

[331] Wealth of Nations, III, IV, Bd. I, 437, 439, 440 (Hervorh. H. M.).

ment and cultivation of the countries to which they belonged."[332] Drei Faktoren scheinen ihm das Ausmaß dieses Einflusses zu bestimmen: Erstens die Ausbildung eines gesamtgesellschaftlichen Markt- und Tauschzusammenhangs und
die dadurch von der Stadtwirtschaft her gegebenen Anreize zur Erhöhung
agrarwirtschaftlicher Produktion[333];

Zweitens die Investitionen von Handelskapital in Landbesitz und eine hierdurch vermittelte Rationalisierung und Intensivierung der Agrarwirtschaft[334];

Thirdly, and lastly, *commerce and manufactures* gradually introduced *order
and good government,* and with them, the *liberty and security of individuals,*
among the inhabitants of the country, who had before lived almost in a
continual state of war with their neighbours, and of servile dependency
upon their superiors. *This, though it has been the least observed, is by far
the most important of all their effects.* Mr. Hume is the only writer who, so
far as I know, has hitherto taken notice of it[335].

Diese zentrale Passage verweist nicht nur auf die Methode der Smithschen
„Natural History of Society", die in der Analyse des Wechselverhältnisses
wirtschaftlichen Wachstums und sozialen, rechtlichen und politischen Wandels
zu erblicken ist, sie deutet zugleich auch ihre Intentionen an.

Der von der mittelalterlichen Stadtwirtschaft ausgehende ökonomische Wandlungsprozeß erscheint Smith vor allem in der Hinsicht bedeutsam, daß er,
gleichsam als Mittel zum Zweck, die spezifischen institutionellen Formen und
die individualrechtlichen Errungenschaften der neuzeitlichen „civilized society"
hervorgebracht hat. Diese „most important effects" haben für Smith einen spezifischen Eigenwert. Sie stellen das historische Hauptresultat, die Räson und das
Telos der arbeitsteiligen Tauschgesellschaft dar.

Smith erklärt die objektive Möglichkeit der durch „order and good government" gewährleisteten Freiheit und Rechtsgleichheit zwar aus den historischen
Bedingungen ökonomischen Fortschritts, welche durch die mittelalterliche
Stadtwirtschaft geschaffen wurden, doch reduziert er den Eigenwert von Freiheit und Rechtsgleichheit keineswegs auf den einer rein ökonomischen Funktionsbestimmung. Pointiert ließe sich formulieren, daß Smith die im neuzeitlichen Rechtsstaat ermöglichte naturrechtliche Freiheit und Gleichheit nicht als
einen bloßen Reflex der Interessenlagen der „commercial society" versteht, sondern im Gegenteil diese Interessenlagen als das Mittel zum normativen Zweck
naturrechtlicher Freiheit und Gleichheit betrachtete. Smith verdeutlicht diese
hier sichtbar werdende Zuordnung von Ökonomie und Emanzipation am Beispiel des historischen Zerfalls und der aufklärenden Überwindung der Macht-
stellung der katholischen Kirche seit dem Mittelalter.

Nicht Aufklärung durch das autonome Mittel der „human reason" trug nach
Smith entscheidend zur Zerstörung der geistlichen und weltlichen Tyrannis der

---

[332] Ebda., III, IV, Bd. I, 432.
[333] Ebda., 432.
[334] Ebda., 432 f.
[335] Ebda., III, IV, Bd. I, 433 (Hervorh. H. M.).

katholischen Kirche bei; die Bedingungen der Möglichkeit von Aufklärung und Emanzipation und ihre fortwährende Sicherung durch die Institutionen des „civil government" wurden erst historisch durch die „gradual improvements of arts, manufactures and commerce" geschaffen:

the constitution of the church of Rome may be considered as the most formidable combination that ever was formed against the authority and security of civil government, as well as against the liberty, reason, and happiness of mankind, which can flourish only where civil government is able to protect them. In that constitution the grossest delusions of superstition were supported in such a manner by the private interests of so great a number of people as put them out of all danger from any assault of human reason: because though human reason might perhaps have been able to unveil, even to the eyes of the common people, some of the delusions of superstition: it could never have dissolved the ties of private interest. Had this constitution been attacked by not other enemies but the feeble efforts of human reason, it must have endured for ever. But that immense and well-built fabric, which all the wisdom and virtue of man could never have shaken, much less have overturned, was by the *natural course of things,* first weakened, and afterwards in part destroyed, and is now likely, in the course of a few centuries more, perhaps, to crumble into ruins altogether.

The gradual improvements of arts, manufactures, and commerce, the same causes which destroyed the power of the great barons, destroyed in the same manner, through the greater part of Europe, the whole temporal power of the clergy. In the produce of arts, manufactures, and commerce, the clergy like the great barons, found something for which they could exchange their rude produce, and thereby discovered the means of spending their whole revenues upon their own persons, without giving any considerable share of them to other people ... The ties of interest, which bound the inferior ranks of people to the clergy, were in this manner gradually broken and dissolved ... The inferior ranks of people no longer looked upon [the clergy] ..., as they had done before, as the comforters of their distress, and the relievers of their indigence. On the contrary, they were provoked and disgusted by the vanity, luxury, and expence of the richer clergy, who appeared to spend upon their own pleasures what had always before been regarded as the patrimony of the poor[336].

d) *Adam Smiths aufklärende Kritik an seiner zeitgenössischen Gesellschaft*

Die Smithsche Analyse des Wandels der mittelalterlichen Agrargesellschaft zur neuzeitlichen „civilized society" kommt zu dem Ergebnis, daß naturrechtliche Freiheit und Rechtsgleichheit, aber auch ihre umfassendere Realisierung als individuelle „liberty, happiness and reason" historisch bestimmbare Normen

---

[336] Ebda., V, I, III, III, Bd. II, 325 f. (Hervorh. H. M.).

sind. Sie sind erstmals im Verlauf der Geschichte der Menschheit auf der Basis des materiellen Fortschritts zur „commercial society" allgemein und auf Dauer durch „justice", „order and good government" des Rechts- und Gesetzesstaats zu verwirklichen.

Jedoch faßt Smith das historische Bedingungsverhältnis, in welchem er die „gradual improvements of arts, manufactures, and commerce" und die durch das „civil government" garantierte „liberty, happiness and reason" sieht, weder als eine geschichtliche Notwendigkeit noch als eine in seiner zeitgenössischen Gesellschaft durch einen Fortschrittsautomatismus wirtschaftlichen Wachstums bereits realisierte Wirklichkeit. Er schließt aus der historischen Genesis der „commercial society" lediglich auf die objektive Möglichkeit eines „obvious and simple system of natural liberty"[337], in welchem naturrechtliche Freiheit und Rechtsgleichheit sich mit Aufklärung und materiellem Wohlstand verbinden und wechselseitig stützen können.

Smith legitimiert diese Zielvorstellung seiner Sozialphilosophie zwar historisch, ohne jedoch im gleichen Zusammenhang auch ihre notwendige Verwirklichung zu behaupten. Naturrechtliche Freiheit und Gleichheit haben für ihn eine begrenzte historische Wirklichkeit lediglich im Vergleich des durch die mittelalterliche Stadtwirtschaft ausgelösten Emanzipationsprozesses gegenüber den depravierten Zuständen aller vorhergehenden gesellschaftlichen Ordnungen, nicht jedoch im Hinblick auf ihre objektive Möglichkeit in seiner Gegenwart.

Aus der Erkenntnis dieses Widerspruchs zwischen der beschränkten Wirklichkeit und objektiven Möglichkeit des „natural system of liberty" in seiner zeitgenössischen Gesellschaft und der gleichzeitigen praktischen Intention der Aufhebung dieses Widerspruchs im Rahmen einer konstruktiven sozialwissenschaftlichen Analyse bezieht die naturrechtliche Geschichtsphilosophie Smiths ihr gegenwartskritisches Potential. Erst dieses macht sie zu einer aufklärenden historischen Sozialwissenschaft in gegenwartspädagogischer Absicht, welche die institutionellen Hindernisse des Fortschritts zu einem naturrechtlichen Zustand in den Blick nimmt, um sie an der konstruktiven Möglichkeit eines „justice", „order and good government" verbürgenden Rechts- und Gesetzesstaats zu messen.

Smiths gegenwartskritische Analysen sind vor allem in Buch III und IV der „Inquiry into the Nature and Causes of the Wealth of Nations", besonders in seiner dort gegebenen Darstellung von Theorie und Praxis des zeitgenössischen Merkantilismus, zu finden[338]. Aber auch seine historisch-genetische Darstellung zeitgenössischer Bildungseinrichtungen[339] und Kirchenverfassungen[340] gehört in den Rahmen dieser kritischen Sozialwissenschaft in naturrechtlicher Erkenntnis-

---

[337] Ebda., IV, IX, Bd. II, 208.

[338] Ebda., III, Bd. I, 401 ff.: „Of the Different Progress of Opulence in Different Nations"; ebda., IV, Bd. I, 499 ff.: „Of Systems of Political Economy."

[339] Ebda., V, I, III, II, Bd. II, 282 ff.: „Of the Expence of the Institutions for the Education of Youth."

[340] Ebda., V, I, III, III, Bd. II, 309 ff.: „Of the Expence of the Institutions for the Instruction of People of all Ages."

perspektive, deren wichtigste Gesichtspunkte abschließend kurz angedeutet werden sollen.

Eben diejenigen historischen Bedingungen, die zur teilweisen emanzipatorischen Durchbrechung der pathologischen Stagnation der mittelalterlichen Agrargesellschaft geführt hatten, werden von Smith in seiner Analyse des Merkantilismus auch als Ursachen dechiffriert, welche den „Natural Progress of Opulence" zu einem „unnatural and retrograde order"[341] verbogen hatten. War die politisch abgesicherte, ungleichgewichtige Entwicklung von Handel, Gewerbe und Landwirtschaft ursprünglich die Voraussetzung wirtschaftlichen Wachstums sowie sozialer und politischer Emanzipation aus der mittelalterlichen Gesellschaft gewesen, so hatte die aus den besonderen historischen Bedingungen des Fortschritts zur „commercial society" resultierende institutionelle Erstarrung des Bündnisses der „merchants and manufacturers" mit dem Staat im System des Merkantilismus nach Smith zu einer politisch-ökonomischen Machtstruktur geführt, die nicht nur den wirtschaftlichen Fortschritt blockierte und die Verteilung gesellschaftlichen Reichtums im Interesse einer kleinen Minderheit manipulierte, sondern die auch in Form von Wirtschaftskriegen systemzerstörende Konsequenzen zu entfalten begann.

Wie die mittelalterliche Agrargesellschaft erscheint der Merkantilismus bei Smith als ein pathologisches „system" sozialen Handelns, das auf dem Weg einer politisch gesteuerten Reglementierung von Konsum und Produktion die ökonomische Herrschaft einer kleinen Machtelite von Handels- und Manufakturkapitalisten nach innen und die kriegerische ökonomische Expansion nach außen zur optimalen Existenzbedingung hat:

The sneaking arts of underling tradesmen are thus erected into political maxims for the conduct of a great empire; ... By such maxims as these, ... nations have been taught that their interest consisted in beggaring all their neighbours. Each nation has been made to look with an invidious eye upon the prospertiy of all the nations with which it trades, and to consider their gain as its own loss. Commerce, which ought naturally to be, among nations, as among individuals, a bond of union and friendship, has become the most fertile source of discord and animosity. The capricious ambition of kings and ministers has not, during the present and the preceding century, been more fatal to the repose of Europe, than the impertinent jealousy of merchants and manufacturers. The violence and injustice of the rulers of mankind is an ancient evil, for which, I am afraid, the nature of human affairs can scarce admit of a remedy. But the mean rapacity, the monopolizing spirit of merchants and manufacturers, who neither are, nor ought to be, the rulers of mankind, though it cannot perhaps be corrected, may very easily be prevented from disturbing the tranquillity of any body but themselves[342].

Im Unterschied zur mittelalterlichen Agrargesellschaft ist das merkantilistische „system" für Smith nicht nur durch exogene Einwirkungen auflösbar, son-

---

[341] Ebda., III, I, Bd. I, 405 f.
[342] Ebda., IV, III, II, Bd. I, 518 f.

dern durch strukturimmanente Veränderungen reformierbar. Die ausdrückliche
Definition seiner eigenen „very important science . . . of political oeconomy"[343]
als einer „science of a statesman or legislator"[344], welche durch aufklärende
Politikberatung dazu bestimmt sei, die pathologischen Strukturen des Merkantilismus abzubauen, weist hierauf ebenso hin wie sein Versuch, den „most important effect" der Geschichte der Menschheit, die Genesis des bürgerlichen
Rechts- und Gesetzesstaats, als das optimale Vehikel der Reform aufzuzeigen.
Losgelöst von den sozialen und ökonomischen Gruppeninteressen der zeitgenössischen „commercial society" sollen „order and good government" durch permanente Ausbalancierung aller Interessen zum Vorteil des jeweils schwächsten
Teils[345] „liberty" und „justice" gewährleisten bzw. herstellen[346].

Die Smithsche Darstellung des Merkantilismus ist mit Recht als die erste
sozialwissenschaftliche „Case Study" der institutionellen Verfilzung von ökonomischen Interessen, die auf der Verfügung über Kapital beruhen, und politischer Macht bezeichnet worden. Ihre Erkenntnisse nehmen wesentliche Einsichten der späteren Kritiker des „corporation capitalism" vorweg[347]. Freilich wäre
hier zu ergänzen, daß Smith seine Kritik im Blick auf eine vorindustrielle Gesellschaftsordnung artikulierte, in welcher der Agrarsektor noch der dominante
Wirtschaftsfaktor war, ohne gleichzeitig die entsprechende politische Bedeutung
zu haben und ohne — aufgrund von Unterkapitalisierung[348] und traditionellen
rechtlichen Beschränkungen[349] — dasjenige Maß an Produktivität entfalten zu
können, welches Smith als unerläßliche Voraussetzung eines wirtschaftlichen
Gleichgewichts zwischen Stadt und Land und damit des „Natural Progress of
Opulence" ansah.

Sehr viel eher denn als Propheten der Industriellen Revolution[350] könnte man
Smith als einen Analytiker der Bedingungen landwirtschaftlichen Fortschritts in
seiner zeitgenössischen Gesellschaft bezeichnen. Während er von den „merchants
and manufacturers"[351] stets nur in kritischen Wendungen spricht, durchzieht

---

[343] Ebda., IV, IX, Bd. II, 199.

[344] Ebda., IV, Bd. I, 449.

[345] Ebda., I, XI, Bd. I, 276 ff. in Verbindung mit ebda., IV, VIII, Bd. II, 171.

[346] Ebda., VI, IX, Bd. II, 208 f.

[347] Hierzu J. F. Becker, The Corporation Spirit and Its Liberal Analysis, in: Journal of the History of Ideas 30. 1969, 69 ff.

[348] Wealth of Nations, IV, VII, III, Bd. II, 126 f.

[349] Ebda., III, IV, Bd. I, 442 f.

[350] Über Smiths mangelndes Interesse an den bahnbrechenden technischen Erfindun-
gen, welche in die Zeit der Abfassung des „Wealth of Nations" fielen und in deren
Gefolge die Industrielle Revolution erst möglich wurde, über seine ausgesprochene
Antipathie gegen „merchants and manufacturers" herrscht in der Forschung weitgehend
Übereinstimmung, weniger jedoch über die Ursachen dieses Desinteresses. Hierzu bes.
R. Koebner, Adam Smith and the Industrial Revolution, in: Economic History Review
2nd Ser. 11. 1958/59, 381 ff.; M. Blaug, Economic Theory in Retrospect, Homewood,
Illinois 1968², 39 f.; Ch. Gide u. Ch. Rist, Geschichte der volkswirtschaftlichen Lehr-
meinungen, Jena 1923, 73 f.

[351] S. bes. Wealth of Nations, I, XI, Bd. I, 278; III, IV, Bd. I, 144; IV, II, Bd. I,

seine positive, wenn auch qualifizierende Einschätzung der „landed proprietors"
das gesamte „Wealth of Nations"[352]. Die „country gentlemen"[353] befinden sich
— wenigstens was ihre objektiven ökonomischen Interessenlagen anbetrifft —
immer ebenso notwendig im Einklang mit dem „general interest of society",
wie die Interessen der „merchants and manufacturers" notwendig zu einer
„conspiracy against the public"[354] tendieren.

Allerdings stellt der „country gentleman" als soziale Figur für Smith weder
den idealen Träger politischer noch ökonomischer Rationalität dar. Er ist unfähig, die ihm von seinen objektiven ökonomischen Interessen her zukommende
politische Führungsrolle auch aktiv wahrzunehmen. Sein an ein arbeitsloses
Einkommen gebundener, traditionsverhafteter adeliger Lebensstil machen ihn
zu aufgeklärtem Denken und professionellem Handeln innerhalb der komplexen Institutionen der „civilized society" ebenso unfähig wie zu rationalem
Wirtschaften[355].

Träger der politischen wie der ökonomischen Normaltugenden und deshalb
auch prädisponiert für gesellschaftliche Führungsrollen sind für Smith vielmehr
die Mitglieder der „natural aristocracy"[356], die er als „men who were educated
in the middle and inferior ranks of life, who have been carried forward by
their own industry and ambition"[357] bestimmt. Die Idealfigur eines „landed
proprietor" erblickt Smith dementsprechend im kleinen bis mittleren, selbst
wirtschaftenden Landbesitzer[358]. Nur bei ihm paaren sich Intelligenz, ästhetischer Sinn, politische Unabhängigkeit, ökonomische Rationalität und wirtschaftliche Selbständigkeit zu der Synthese, die ihn zu einer Personifizierung des fortschrittlichen Bürgers werden läßt[359].

Smiths positive Einschätzung der Interessen der Landwirtschaft, insbesondere
sein Lob des „small landed proprietor"[360] können weder aus einem antizivilisa-
torischen Affekt heraus, noch aus seiner Verehrung Rousseaus[361] oder aus der

484; IV, III, II, Bd. I, 159 u. ö.

[352] S. bes. ebda., I, XI, Bd. I, 278 f.; IV, II, Bd. I, 483 f. u. ö.

[353] Ebda., I, XI, Bd. I, 278.

[354] Ebda., I, X, II, Bd. I, 144.

[355] Ebda., I, XI, Bd. I, 276 f.

[356] Ebda., IV, VII, III, Bd. II, 137; V, I, I, Bd. II, 229.

[357] Theory of Moral Sentiments, I, II, II, 92 f.; vgl. ebda., I, III, III, 101 f. und
o. 232; hierzu auch J. Cropsey, Polity and Economy, 68 f.

[358] Wealth of Nations, III, IV, Bd. I, 441.

[359] Hierzu ebda., I, X, II, Bd. I, 142. Zu Smiths Lob der agrarischen Lebensform,
das auf Rousseaus Einfluß hindeuten könnte, s. bes. Wealth of Nations, III, I, Bd. I,
403; vgl. Anm. 361.

[360] Ebda., III, IV, Bd. I, 441.

[361] Hierzu den interessanten Brief an D. Hume vom 6. Juli 1766, abgedr. bei J. Rae,
Life of Adam Smith, Hg. u. Einl. J. Viner, 208; Smiths Rousseau-Rezeption, die mög-
licherweise von Bedeutung für die Übernahme des Naturgeschichtsmodells (lediglich der
abstrakten Modellvorstellung) ist, wurde bisher nicht untersucht; s. als frühesten Beleg:
Smith, A Letter to the Authors of the Edinburgh Review (1755) in: ders., The Works,
V, 1812 (Reprint Aalen 1963), 567 ff., hier 577 ff. Enthält eine ausführliche paraphra-

Übernahme physiokratischen Gedankenguts[362] zureichend erklärt werden. Sie gründen vielmehr in der durch historisch-sozialwissenschaftliche Analyse gewonnenen Auffassung von der relativen Rückständigkeit der Agrarverfassung seiner zeitgenössischen Gesellschaft gegenüber einem künstlich fortgeschrittenen kommerziell-gewerblichen Wirtschaftssektor. Die Ursachen dieser Rückständigkeit erklärt Smith teilweise aus dem institutionellen Beharrungsvermögen des mittelalterlichen „property"[363] in Gestalt des Primogeniturrechts und Fideikommisses, und teilweise aus der politisch-ökonomischen Machtstruktur des merkantilistischen Systems, das durch seine Privilegierung von Kommerz- und Manufakturkapital Investitionen in Landbesitz unrentabel machte[364].

Smith nimmt aus seiner systemkritischen Perspektive nicht nur eine strukturelle Benachteiligung der Landwirtschaft, sondern auch die ökonomische Unterprivilegierung der lohnarbeitenden Bevölkerung in seiner zeitgenössischen Gesellschaft wahr. Durch die spezifische Optik seiner Merkantilismuskritik wird er zu einem frühen Diagnostiker der „Sozialen Frage", wenn er gegen den formalrechtlichen Gehalt des freien Arbeitsvertrags, als eines Vertrags zwischen „gleichen" Partnern, die unterschiedlichen ökonomischen, sozialen und politischen Machtpositionen des Unternehmers bzw. des Lohnabhängigen herausstellt:

> What are the common wages of labour, depends every where upon the contract usually made between those two parties, whose interests are by no means the same. The workmen desire to get as much, the masters to give as little as possible. The former are disposed to combine in order to raise, the latter in order to lower the wages of labour.
>
> It is not, however, difficult to foresee which of the two parties must, upon all ordinary occasions, have the advantage in the dispute, and force the other into a compliance with their terms. The masters, being fewer in number, can combine much more easily; and the law, besides, authorises, or at least does not prohibit their combinations, while it prohibits those of the workmen. We have no acts of parliament against combining to lower the price of work; but many against the combining to rise it. In all such disputes the masters can hold out much longer. A landlord, a farmer, a master manufacturer, or merchant, though they did not employ a single workman, could generally live a year or two upon the stocks which they have already acquired. Many workmen could not subsist a week, few could subsist a month, and scarce any a year without employment. In the long-run the workman may be as necessary to his master as his master is to him, but the necessity is not so immediate.

---

sierende Rezension des Zweiten „Discours" von 1754); zu Smiths Rousseau-Rezeption s. auch den interessanten Hinweis bei Viner, Einleitung zu Rae, Life of Smith, 36.

[362] Zu Smiths immer wieder behaupteter Abhängigkeit von den Physiokraten s. Smiths eigene Widerlegung dieser Behauptung in: Wealth of Nations, IV, IX, Bd. II, 182 ff.

[363] Ebda., III, II, Bd. I, 409 f.; III, IV, Bd. I, 441; s. auch Smith, Lectures on Justice, 120 ff.

[364] Wealth of Nations, IV, VII, III, Bd. II, 126 f.

Masters are always and every where in a sort of tacit, but constant and uniform combination, not to raise the wages of labour above their actual rate. To violate this combination is every where a most unpopular action, and a sort of reproach to a master among his neighbours and equals. We seldom, indeed, hear of this combination, because it is the usual, and one may say, the natural state of things which nobody ever hears of . . .'[365].

Smith nimmt in dem von ihm diagnostizierten Konflikt zwischen „masters" und „workmen" um höhere Profite oder höhere Löhne eindeutig Partei für die wirtschaftlich Abhängigen:

Servants, labourers and workmen of different kinds, make up the far the greater part of every great political society. But what improves the circumstances of the greater part can never be regarded as an inconveniency to the whole. No society can surely be flourishing and happy, of which the far greater part of the members are poor and miserable. It is but equity, besides, that they who feed, clothe and lodge the whole body of the people, should have such a share of the produce of their own labour as to be themselves tolerably well fed, cloathed and lodged[366].

Trotz der von ihm konstatierten Unterprivilegierung der Lohnabhängigen als Resultat der ökonomisch und politisch stärkeren Position der Unternehmer hält Smith die von ihm wenigstens als Phänomen diagnostizierte „Soziale Frage" nicht für ein gesellschaftliches Strukturproblem, sondern lediglich für ein Problem der Verzerrung des wirtschaftlichen Fortschritts durch das politische System des Merkantilismus. Die Unterprivilegierung der Lohnabhängigen erscheint ihm als Resultat der ökonomisch-politischen Machtstruktur, in welcher sich „merchants and manufacturers" in einer „conspiracy against the public" befinden, nicht aber als Resultat eines strukturellen Gegensatzes zwischen Kapital und Lohnarbeit. Die „Soziale Frage" präsentiert sich Smith zwar bereits in ihrer realen ökonomischen Gestalt, doch stellt er seine kritischen Reflexionen angesichts der Wahrnehmung des Gegensatzes von Kapital und Lohnarbeit ein. Er erklärt die „Soziale Frage" zum Scheinproblem, wenn er ihre tendenzielle Aufhebbarkeit in einem konstanten wirtschaftlichen Wachstumsprozeß behauptet:

It deserves to be remarked . . . that it is in the progressive state, while the society is advancing to the further acquisition, rather than when it has acquired its full complement of riches, that the condition of the labouring poor, of the great body of the people, seems to be the happiest and the most comfortable. It is hard in the stationary, and miserable in the declining state. *The progressive state is in reality the cheerful and the hearty state to all the different orders of the society.* The stationary is dull; the declining melancholy[367].

---

[365] Ebda., I, VIII, Bd. I, 74 ff.; vgl. ebda., IV, VIII, Bd. II, 161.
[366] Ebda., I, VIII, Bd. I, 88.
[367] Ebda., I, VIII, Bd. I, 90 f. (Hervorh. H. M.); s. auch ebda., 78.

Der „corporation spirit"[sic][368] des Merkantilismus drückt sich nach Smith nicht nur in politisch kontrollierten binnenwirtschaftlichen Ausbeutungsverhältnissen und in der Restriktion von Konsum und Produktion im monopolistischen Interesse der „merchants and manufacturers" aus; diese binnenwirtschaftliche Seite hat ihr notwendiges Pendant in einer staatlich abgestützten Außenhandels- und Kolonialpolitik, deren offensive oder defensive Räson der Wirtschaftskrieg und internationale Konflikt ist.

Kriege indizieren für Smith aufgrund des „double demand"[369], den sie für den „manufacturer" bringen, den Optimalzustand des merkantilistischen Systems:

> In the midst of the most destructive foreign war ... the greater part of manufactures may frequently flourish greatly; and, on the contrary, they may decline on the return of the peace. They may flourish amidst the ruin of their country, and begin to decay upon the return of its prosperity[370].

Exemplarisch stellt Smith diesen Sachverhalt im Kapitel „Of Colonies"[371] an der Kolonialpolitik der europäischen Staaten seit Beginn der Neuzeit dar. Im Vordergrund der Untersuchung, die eine mustergültige Synthese politikwissenschaftlicher, ökonomischer und historischer Betrachtungsweisen bietet, steht hierbei die kritische Analyse der zeitgenössischen englischen Kolonialpolitik, ihrer Vorgeschichte im „Old Colonial System" und ihrer Konsequenzen im beginnenden amerikanischen Unabhängigkeitskrieg[372]. Smith zeigt in einer umfassenden Gewinn- und Verlustrechnung nicht nur die ökonomischen Nachteile auf, die sich aus der Monopolisierung des Kolonialhandels für die englische Gesellschaft wie für die Kolonien, insbesondere in Amerika, ergeben, als „interestgroup"-Analytiker führt er die historische Entstehung und spezifisch kriegerische Expansion dieses kolonialen „empire" auch auf den beherrschenden Einfluß einer Interessenkoalition zurück, zu der sich monopolistische Kolonialkaufleute („shopkeepers") und Manufakturkapitalisten mit der herrschenden politischen Elite zusammengeschlossen haben. Das durch diese Interessenkoalition

---

[368] Ebda., IV, II, Bd. I, 484; vgl. auch ebda., I, X, II, Bd. I, 140/41.

[369] Ebda., IV, I, Bd. I, 466.

[370] Ebda., IV, I, Bd. I, 466 f.

[371] Ebda., IV, VII, Bd. II, 66 ff.: „Of Colonies"; zu Smiths Analyse der englischen Kolonialpolitik enttäuschend B. Semmel, The Rise of Free Trade Imperialism. Classical Political Economy, the Empire of Free Trade and Imperialism 1750—1850, Cambridge 1970, 24 ff. und die in bezug auf Smith interessantere, von Jacob Viner angeregte Studie von K. E. Knorr, British Colonial Theories, 1570—1850, Toronto 1964 (1944), 175 ff.; beide Autoren zielen mehr auf eine Darstellung der Smithschen Freihandelsargumentation als auf die Hervorhebung der in Smiths Merkantilismuskritik gegebenen historisch-kritischen Anatomie der Zusammenhänge von Ökonomie und Politik am Beispiel des „Old Colonial System", obwohl K. E. Knorr (184) darauf verweist, daß sich Smith in seiner Darstellung auch als interessanter „political scientist and historian" erweise.

[372] Zur konstruktiven Umsetzung der Smithschen Analyse in politische Beratertätigkeit s. G. H. Guttridge Hg., Adam Smith on the American Revolution: an Unpublished Memorial, in: American Historical Review 38. 1932—33, 714 ff.

im politischen System des Merkantilismus institutionalisierte Ausbeutungsver-
hältnis zwischen kommerziellen „shopkeepers" und monopolistischen Produzenten einerseits, Konsumenten andererseits reproduziert sich nicht nur in den
Kolonien, es wirkt durch die Kolonialkriege auch als autonomer Faktor auf die
englische Gesellschaft zurück, indem diese die Lasten einer Kriegsführung zu
tragen hat, deren Kosten ein Vielfaches der Gewinne aus dem Kolonialhandel
ausmachen:

> To found a great empire for the sole purpose of raising up a people of
> customers, may at first sight appear a project fit only for a nation of shop-
> keepers. It is, however, a project altogether unfit for a nation of shopkee-
> pers; but extremely fit for a nation whose government is influenced by
> shopkeepers ... in the system of laws which has been established for the
> management of our American and West Indian colonies, the interest of the
> home-consumer has been sacrificed to that of the producer with a more
> extravagant profusion than in all our other commercial regulations. A great
> empire has been established for the sole purpose of raising up a nation of
> customers who should be obliged to buy from the shops of our different pro-
> ducers, all the goods with which these could supply them. For the sake of
> that little enhancement of price which this monopoly might afford our pro-
> ducers, the home-consumers have been burdened with the whole expence of
> maintaining and defending that empire. For this purpose, and for this pur-
> pose only, in the two last wars, more than two hundred millions have been
> spent, and a new debt of more than a hundred and seventy millions has
> been contracted over and above all that had been expended for the same
> purpose in former wars. The interest of this debt alone is not only greater
> than the whole extraordinary profit, which, it ever could be pretended, was
> made by the monopoly of the colony trade, but than the whole value of
> that trade, or than the whole value of the goods, which at an average have
> been annually exported to the colonies.
> It cannot be very difficult to determine who have been the contrivers of this
> whole mercantile system; not the consumers, we may believe, whose interest
> has been entirely neglected; but the producers, whose interest has been so
> carefully attended to; and among this latter class our merchants and manu-
> facturers have been by far the principal architects[373].

Smiths Systemanalyse der ökonomisch-politischen Machtstrukturen und Kon-
fliktkonstellationen des zeitgenössischen Merkantilismus deutet zugleich Richtung, Möglichkeiten und Grenzen der reformerischen Zielvorstellungen seiner
Sozialwissenschaft an. Seine Kritik am Merkantilismus ist weder als eine Fun-
damentalkritik der Herrschaftsmechanismen der bürgerlichen Tausch- und
Arbeitsgesellschaft auszulegen, noch kann sie — im Sinne eines Smith immer
wieder imputierten ideologischen Laissez Faire — als ein prinzipieller Versuch

---

[373] Wealth of Nations, IV, VII, III, Bd. II, 129 und IV, VIII, Bd. II, 180.

angesehen werden, die Überflüssigkeit staatlicher Institutionen nachzuweisen. Sie zielt im Gegenteil positiv auf die naturrechtliche Rationalisierung der Vermittlungsmechanismen einer auf Tausch und Arbeitsteilung beruhenden „commercial society" durch „justice", „order and good government" eines bürgerlichen Rechts- und Gesetzesstaates.

Die Auffassung von Smith als einem Laissez-Faire-Ideologen erweist sich bei Berücksichtigung seiner Merkantilismuskritik und der ihr zugrunde liegenden historisch fundierten emanzipativen Perspektive als eine Legende, die allerdings bis heute wirksam geblieben ist[374]. Smith wendet sich mit seiner Kritik lediglich gegen ein „government influenced by shopkeepers", d. h. gegen die Beherrschung staatlicher Institutionen durch eine gesellschaftliche Minderheit zum Nachteil der überwiegenden Mehrheit der Gesellschaftsmitglieder, nicht aber gegen „government" schlechthin. Seine Reformintentionen zielen gerade darauf, die in seiner „science of a statesman or legislator"[375] angelegte aufgeklärte Politikberatung dadurch praktisch werden zu lassen, daß der „most important effect" in der Geschichte der Menschheit, die rationalen Institutionen

---

[374] Als für die Smith-Forschung endgültig verabschiedet kann diese Auffassung bereits seit der Pionierarbeit Jacob Viners (Adam Smith and Laissez Faire) von 1927 gelten, doch fristet sie in einer großen Anzahl von meist aus zweiter Hand gearbeiteten Darstellungen bis heute ihre Existenz; zur Ideologiegeschichte der Legende s. die in der Einleitung des Smith-Teils dieser Arbeit o. 171 ff. bes. in Anm. 10 genannten Arbeiten; zur Dogmengeschichte des „Laissez Faire" s. auch die neuere Studie Viners, The Intellectual History of Laissez Faire, in: Journal of Law and Economics 3. 1960, 45 ff., bes. 59 ff.; Viner erwähnte bereits in seiner Pionierarbeit von 1927 das Desiderat einer Untersuchung, die sich mit der Einschätzung der Notwendigkeit politischer Institutionen durch Smith beschäftigen sollte: „I believe, that the significance of the natural order [gemeint i. S. des Laissez-Faire, H. M.] in Smith's economic doctrines has been grossly exaggerated ... was not government itself a part of the order of nature, and its activities as „natural" as those of the individuals whom it governed? Smith is obscure on this point, and an adequate answer to this question, if possible at all, would require a detailed examination of Smith's position in the evolution of political theory, especially with respect to the origin of government and the character of the state of nature in the absence of government. It is clear, however, that to Smith the activities of government in the maintainance of justice are an essential part of the order of nature in its full development, and that such activities are not interferences with the system of natural liberty." Viner, Adam Smith and Laissez Faire, 140 f. Die Frage Viners wurde in der vorliegenden Untersuchung einer Lösung zuzuführen versucht, sowohl in bezug auf die Geschichte der politischen Theorie wie in bezug auf Smith. Allerdings fanden sich die Ansätze dieser Lösung in einer von Viner nicht vermuteten Richtung: Smith beantwortet die Frage nach der Notwendigkeit bzw. Überflüssigkeit von Herrschaft nicht generell und abstrakt, sondern historisch. Im Rahmen seiner „Natural History" untersucht er in systematischer Perspektive die Vernunft bzw. Unvernunft von Herrschaft in den verschiedenen Epochen der Menschheitsgeschichte. Auch die Notwendigkeit, spezifische Räson und Begrenzung der Institutionen des bürgerlichen Rechts- und Gesetzesstaats zeigt er historisch auf, indem er sie als emanzipativen „effect" des Wandels von der mittelalterlichen Agrargesellschaft zur modernen „commercial society" und als historisch legitimierte Alternative zum pervertierten politisch-ökonomischen System des Merkantilismus darstellt.

[375] Wealth of Nations, IV [Einleitung], Bd. I, 449.

des bürgerlichen Rechts- und Gesetzesstaats, selbst zur ersten Ursache wirtschaftlichen Fortschritts wird.

Über die Mittel und Wege der Verwirklichung der Reform äußert sich Smith zurückhaltend. Der Name seiner „science of a statesman or legislator" wie auch seine eigene Lebenspraxis als politisierender Intellektueller, der stets mehr beeinflußte als beeinflußt wurde[376], weisen darauf hin, daß er seine Vorstellungen durch das Zusammenwirken einer professionalisierten Schicht aufgeklärter Intellektueller und aufzuklärender Herrschender Wirklichkeit werden lassen wollte[377]. Die für ihre Zeit radikale Tatsache der Publikation des „Wealth of Nations" allerdings und die Forderung nach der institutionell garantierten Emanzipation einer politischen Öffentlichkeit durch Schaffung eines allgemeinen Volksbildungssystems, das alle sozialen Schichten bis hinunter zu den „labouring poor" umfassen sollte[378], lassen deutlich werden, daß für Smith ein aufgeklärtes Publikum von bürgerlichen Privatleuten, wenn nicht der Motor der Reform, so doch der entscheidende Garant für die Stabilität und Dauerhaftigkeit ihrer Ergebnisse darstellte:

An instructed and intelligent people ... feel themselves, each individually, more respectable, and more likely to obtain the respect of their lawful superiors, and they are therefore more disposed to respect those superiors. They are more disposed to examine, and more capable of seeing through, the interested complaints of faction[379].

---

[376] Eine für die Aufklärungspraxis und die Aufklärungserfolge Smiths wie für die Integrationsfähigkeit des englischen „Establishments" gleichermaßen bezeichnende Anekdote berichtet E. C. Mossner in einer vorläufigen Skizze zu seiner geplanten Smith-Biographie: „On his last visit to London in 1787 Smith received the accolade of some of Britain's leading statesmen. At a reception in the house in Wimbledon of Henry Dundas (the new uncrowned popular „King of Scotland"), William Pitt (the Prime Minister), Henry Addington (the Speaker of the House), William Wilberforce, and George Grenville were present. When Smith entered late, the company rose to greet him and remained standing. „Be seated, gentlemen", said Smith. „No", replied Pitt, „we will stand till you are first seated, for we are all your scholars". E. C. Mossner, Adam Smith: The Biographical Approach (David Murray Foundation Lecture Nr. 30), Glasgow 1969. Zu Smiths Politikberatung s. die zahlreichen Belege bei Rae, Life of Adam Smith, bes. 346 ff.: „Free Trade for Ireland."

[377] Wealth of Nations, V, I, III, II, Bd. II, 304.

[378] Hierzu ebda., V, I, III, II, Bd. II, 282 ff.: „Of the Expence of the Institutions for the Education of Youth." Zu Smiths Bildungs- und Erziehungsvorstellungen existiert außer der in Anm. 379 genannten Arbeit keine befriedigende moderne Untersuchung; s. im übrigen E. G. West, Private versus Public Education. A Classical Economic Dispute (1964), jetzt in: A. W. Coats (Hg. u. Einl.), The Classical Economists and Economic Policy. London 1971, 123 ff.; ders., Education and the State. A Study in Political Economy. London 1965, Kap. 8: „The Classical Economists on Education", 111 ff.; Ch. F. Arrowood (Theory of Education in the Political Philosophy of Adam Smith, Princeton 1945) glaubt sich noch gegen eine angebliche Laissez-faire Bildungskonzeption Smiths wenden zu müssen; P. Bergemann, Adam Smiths pädagogische Ansichten und Kritik derselben, Wiesbaden 1896.

[379] Ebda., V, I, III, III, Bd. II, 309; zur Smithschen Einschätzung des aufgeklärten Publikums als eines entscheidenden Korrektivs gegen den monopolistischen Einfluß der

Smiths Zielvorstellungen bescheiden sich keineswegs mit dem Argument, daß eine freie Markt- und Tauschgesellschaft die beste aller möglichen Welten darstellen würde. Der Kernpunkt der seiner Sozialwissenschaft zugrunde liegenden Reformabsicht ist vielmehr gerade in dem Versuch zu erblicken, diejenigen institutionellen Bedingungen anzugeben, welche eine sozial vorteilhafte Wirkung der ökonomischen Selbstvermittlungsmechanismen der „commercial society" sicherstellen.

Smith kennzeichnet den naturrechtlichen Idealzustand der „commercial society" zwar als ein „obvious and simple system of natural liberty"[380], das sich nach Eliminierung jedes „preference and restraint"[381] als ein sich selbst steuerndes System „itself of its own accord"[382] etabliere, doch impliziert diese ideale Zielprojektion weder die normative Annahme der Wünschbarkeit noch die prinzipielle Vermutung der Möglichkeit einer *spontanen* Harmonie aller gesellschaftlichen Interessen und damit die Forderung nach einem Zustand vollkommenen Laissez Faire. Das „perfect system of natural liberty" gewinnt seine Produktivität und Dynamik gerade aus dem Antagonismus gesellschaftlicher Interessen[383]. Es scheint Smith deshalb nur innerhalb eines Rahmens von rechtlich-politischen Institutionen zu verwirklichen zu sein, die durch Garantie der „Justice" Individual- und Gruppeninteressen gleichzeitig freisetzen und restringieren, und zwar so, daß mit dem Verfolg des Privatinteresses immer zugleich auch das „public interest" gefördert wird, verstanden als das Interesse der größten sozialen Gruppe[384]. Als die historisch begründete Räson der Smithschen Merkantilismuskritik ergibt sich die Forderung nach einem bürgerlichen Rechts- und Gesetzesstaat, der nicht von einem Interesse beherrscht, sondern als unparteiischer Richter gegenüber konfligierenden Gruppeninteressen der „justice" zur Durchsetzung verhilft:

> To hurt in any degree the interest of any one order of citizens, for no other purpose but to promote that of some other, is evidently contrary to that justice and equality of treatment which the sovereign owes to all the different orders of his subjects[385].

An konkreten Aufgaben weist Smith seinem Reformstaat „three duties of great importance, . . . but plain and intelligible to common understandings" zu:

„merchants and manufacturers" auf den Staat s. auch R. D. Freeman, Adam Smith, Education and Laissez Faire, in: History of Political Economy 1. 1969, 173 ff. Der Verf. stimmt allerdings mit der Grundthese der Freemanschen Arbeit nicht überein, die von einer ausschließlich funktionellen Bezogenheit der Smithschen Bildungskonzeption auf die Rationalisierung des wirtschaftlichen Wachstumsprozesses ausgeht. S. hierzu bes. Freeman, 182 f.

[380] Wealth of Nations, IV, IX, Bd. II, 208.

[381] Ebda., 208.

[382] Ebda., 208.

[383] Zu diesem Aspekt N. Rosenberg, Institutional Aspects, 557 ff.

[384] Hierzu Wealth of Nations, I, XI, Bd. I, 276; vgl. Bittermann, Smith's Empiricism, 517.

[385] Wealth of Nations, IV, VIII, Bd. II, 171.

1. die Verteidigung;

2. „the duty of protecting, as far as possible, every member of the society from the injustice or oppression of every other member of it, or the duty of establishing an exact administration of justice";

3. „the duty of erecting and maintaining certain public works and certain public institutions, which it can never be for the interest of any individual, or small number of individuals, to erect and maintain."[386]

In der Konzeption eines gewaltenteiligen[387], parlamentarisch regierten[388], eher republikanisch als monarchisch orientierten[389] Rechts- und Gesetzesstaats, der gegenüber gesellschaftlichen Interessen und Konflikten als unparteiischer Richter auftritt, zeigen sich ebenso sehr wie die Möglichkeiten auch die Grenzen der sozialwissenschaftlichen Einsichten Smiths. Die kritische Analyse des Verhältnisses von „property" und „power", der Verbindung von ökonomischer Verfügungsgewalt und politischer Herrschaft, welche weitgehend die Basis der Smithschen Geschichtstheorie wie auch der kritischen Anatomie seiner zeitgenössischen merkantilistischen Gesellschaft bildet, erscheint in den Zielprojek-

---

[386] Ebda., IV, IX, Bd. II, 208 f.

[387] Ebda., V, I, II, Bd. II, 243.

[388] Smith, Lectures on Justice, 43 ff., bes. 45.

[389] Smiths theoretischer Republikanismus, der sich praktisch in den Bahnen einer zu reformierenden englischen Verfassung bewegte, äußerte sich in seinen publizierten Schriften nur indirekt, etwa in der offenen Bewunderung der Verfassungen der amerikanischen Einzelstaaten im „Wealth of Nations", zu einer Zeit, als der amerikanische Unabhängigkeitskrieg im Gange war; s. bes. Wealth of Nations, IV, VII, II, Bd. II, 98 f.; in die gleiche Richtung deuten Smiths häufige positive Hinweise auf den Reichtum Hollands und die Zurückführung dieses Reichtums auf die „republican form of government", s. hierzu Wealth of Nations, V, II, II, IV, Bd. II, 439, ferner ebda., I, IX, 102; privat scheint sich Smith offener über seine republikanischen Auffassungen geäußert zu haben, s. Rae, Life of Smith, 124; auch Smiths außerordentlich detaillierte Behandlung des antiken Republikanismus in den Lectures on Justice, 21 ff., die freilich, was die ökonomischen Voraussetzungen dieses Republikanismus in der Sklaverei angeht, kritisch ist, weist in die gleiche Richtung. Smiths positive Einschätzung des Republikanismus als der einer „civilized society" adäquaten Verfassungsform konnte sich zwar im historischen Kostüm oder in Hinweisen auf außerenglische Verfassungen artikulieren, aber offene republikanische Sympathien waren unter den gesellschaftlichen Umständen, unter denen Smith lebte, negativ tabuisiert. Noch John Millar, der sehr viel radikalere Schüler Smiths, konnte seine republikanischen Ideale stets nur inoffiziell, vor allem im Kreis seiner Studenten und in anonymen Flugschriften propagieren, obwohl er im „cercle intime" der schottischen Aufklärer allgemein als ein Republikaner bekannt war, der sich aktiv für seine Auffassungen engagierte, s. hierzu den interessanten Brief D. Humes an seinen Neffen, der als Student in Millars Haus lebte. Hume kontrastiert hier seinen eigenen theoretischen mit Millars praktischem Republikanismus, den er auf eine potentielle „revolution ... decided by the sword" hinauslaufen sieht. D. Hume an D. Hume the Younger, 8. 12. 1775, in: J. Y. T. Greig Hg., The Letters of David Hume, Bd. II, 305 ff., hier 306. Generell in bezug auf Schottland — jedoch hinsichtlich Smiths unbefriedigend — C. Robbins, The Eighteenth-Century Commonwealthman, Cambridge/Mass. 1961, 177 ff., bes. 196 ff.; ferner Cropsey, Polity and Economy, 65 f.

tionen seines reformerischen Gesetzesstaats und einer reformierten „civilized society" überraschend stillgestellt.

In der idealen Marktgesellschaft sind für Smith zumindest persönliche Herrschaftsverhältnisse weitgehend aufgehoben, indem sie durch die „herrschaftsfreie" Anonymität der ökonomischen Beziehungen [390] und durch auf Leistungsäquivalenz beruhende Tauschverhältnisse ersetzt werden[391]. Der Lohnarbeiter, insbesondere der Facharbeiter, verfügt nach Smith mit seiner Arbeitskraft ebenso über Kapital wie der Unternehmer[392]. Beide sind deshalb unter optimalen Bedingungen „mutually the servants of one another". Ein gewisses Maß an herrschaftlicher Verfügung ist durch „property" zwar nach wie vor gegeben[393], aber gegenüber allen vorhergehenden Gesellschaftszuständen erscheint es minimiert und durch die notwendige Fluktuation großen Eigentums infolge gesellschaftlich determinierten Konsumzwangs[394] nicht mehr auf Dauer institutionalisierbar.

Smith setzt seine in der Diagnose des Merkantilismus gewonnenen Einsichten in die Herrschafts- und Machtverhältnisse der zeitgenössischen „commercial society" somit kaum in die reformerischen Zielprojektionen seiner Sozialwissenschaft um. In ökonomischer Hinsicht visieren diese Zielprojektionen eher das Modell einer kleinbürgerlichen Warenproduktionsgesellschaft an, in welcher jedes Gesellschaftsmitglied zugleich Besitzer von Produktionsmitteln und aktiver Produzent ist, als das Modell einer Gesellschaft ,in welcher der Gegensatz von Kapital und Lohnarbeit konsequent aufgehoben erscheint. Trotz aller konkreten Analysen des Kapitalverwertungsprozesses, die sich im „Wealth of Nations" finden[395], ist es letztlich diese meta-wissenschaftliche ökonomische Norm einer Gesellschaft von Kleinwarenproduzenten, die Smiths sozialwissenschaftliche Untersuchungen, gewissermaßen hinter ihrem eigenen Rücken, motiviert und zugleich restringiert. Die Orientierung an dieser Norm ermöglicht Smith zwar einerseits eine hellsichtige und scharfsinnige Kritik seiner zeitgenösssehen Gesellschaft, verleiht seinen Analysen aber andererseits auch einen spezifischen Schein von falschem Bewußtsein, eines falschen Bewußtseins, welches verhinderte, daß Smith den entscheidenden Widerspruch der „commercial society" thematisierte, und welches gerade hierdurch ermöglichte, daß die Smithsche Sozialwissenschaft später — im 19. Jahrhundert — zum apologetischen Instrument von Interessen wurde, deren Förderung keineswegs in ihrer unmittelbaren Absicht lag. In gewisser Weise ist das Scheitern der Smithschen Sozialwissenschaft somit in ihr selbst angelegt, indem der kritische Sozialwissenschaftler Smith dem kleinbür-

---

[390] Wealth of Nations, III, IV, Bd. I, 438.

[391] Ebda., III, IV, Bd. I, 438.

[392] S. etwa den Vergleich von Maschinenkapital und Bildungskapital in bezug auf den Facharbeiter: ebda., I, X, I, 113.

[393] Ebda., V, I, II, Bd. II, 234; I, XI, Bd. I, 277.

[394] Ebda., III, IV, Bd. I, 439 f.

[395] Hierzu R. L. Meek, Adam Smith and the Classical Theory of Profit, in: ders., Economics and Ideology and Other Essays. Studies in the Development of Economic Thought, London 1967, 18 ff.

gerlichen Ideologen Smith — dem Apologeten der „middling ranks" und des „small landed proprietor" — zum Opfer fällt.

Besonders deutlich zeigt sich die hier angedeutete Ambivalenz[396] in der Einstellung Smiths zum Problem der Lohnabhängigen in seiner zeitgenössischen Gesellschaft. Smith bezeugt im „Wealth of Nations" zwar durchgängig Sympathie mit der Lage der „labouring poor . . . the great body of the people . . . those who live by wages"[397], doch verbleibt diese Sympathie, was ihre sozialpolitische Konkretion betrifft, in der distanzierten Attitüde des „wellinformed and impartial spectator". Die sozialpolitische Antwort, die Smith auf die Feststellung einer unterschiedlichen Betroffenheit der gesellschaftlichen Lagen der Unternehmer bzw. der Lohnabhängigen in der „commercial society" zu bieten hat, besteht in der negativen Forderung nach Eliminierung aller Privilegien der Unternehmer, nicht in der positiven Forderung eines sozialpolitischen Korrektivs oder gar der Erwägung einer grundsätzlichen gesellschaftlichen Alternative, welche die sozio-ökonomischen Machtverhältnisse der „commercial society" durch strukturelle Veränderungen aufheben würde.

Dennoch wäre es unzutreffend, das Urteil über Smith vereinseitigend und vorschnell dahingehend zusammenzufassen, daß man ihn als einen affirmativen Theoretiker der bürgerlichen Gesellschaft bezeichnete, der sich mit der sozialwissenschaftlichen Rationalisierung und Ideologisierung ihrer Selbstvermittlungsmechanismen und Herrschaftsstrukturen beschieden hätte. Weder die Gegenwartsanalysen noch die reformerischen Zielvorstellungen der Smithschen Sozialwissenschaft erschöpften sich im Blick auf die „commercial society" als naturrechtlich rationalisiertes „System der Bedürfnisse".

Smiths Einstellung zur „commercial society" war affirmativ und kritisch zugleich. Dies ist zunächst aus der historischen Situation seiner zeitgenössischen Gesellschaft selbst zu erklären. Sie präsentierte sich ihm noch nicht als eine entfaltete industrielle Klassengesellschaft, in welcher die Gegensätze von Kapital und Lohnarbeit strukturbestimmend sind[398]. Von den sozial- und wirtschaftsgeschichtlichen Bedingungszusammenhängen ihrer Entstehung her war die Smithsche Sozialwissenschaft deshalb gerade als eine positive Theorie der bürgerlichen Gesellschaft nur partiell auf die Ideologisierung der Macht- und Herrschaftsstrukturen dieser Gesellschaft festgelegt. Smith konnte — noch guten Gewissens — die Konflikte der zeitgenössischen „commercial society" einer kritischen Analyse unterziehen und gleichzeitig in der Antizipation des reformierten Zustands dieser Gesellschaft als eines „perfect system of natural liberty" eine harmonisierende Aufhebung dieser Konflikte behaupten.

---

[396] Ich verdanke den Hinweis auf diesen erkenntnisleitenden Aspekt der Smithschen Sozialwissenschaft, der zugleich ein fundamentales Dilemma der schottischen Sozialwissenschaft überhaupt andeutet, Annette Neusüss-Fögen; s. hierzu ihre demnächst erscheinende Arbeit „Geschichte und Ideologie des Kleinbürgertums", phil. Diss. Erlangen 1973.

[397] Ebda., V, I, III, II, Bd. II, 302.

[398] M. Blaug, Economic Theory in Retrospect, 39 f.

Doch erklärt diese objektive historische Möglichkeit einer optimistischen Zukunftsperspektive noch nicht den spezifischen Ansatz der Smithschen Kritik an
eben dieser „commercial society". Smith blieb sozialwissenschaftlicher Aufklärer
auch gegenüber einer Gesellschaft, von welcher er annahm, daß sie durch institutionell garantiertes wirtschaftliches Wachstum die Probleme materieller Bedürfnisbefriedigung und der Verteilung gesellschaftlichen Reichtums wenigstens
tendenziell für alle Gesellschaftsmitglieder befriedigend lösen könnte. Er nahm
Aufklärung noch in dem Sinne ernst, daß er ihren Fortschritt und ihre Möglichkeit kritisch als gesamtgesellschaftliche Norm gegenüber dem Fortschritt der
bürgerlichen Gesellschaft als eines „Systems der Bedürfnisse" ins Feld führte.

Den theoretischen Fundus seiner Aufklärungsnormen entnahm Smith der bildungshumanistischen Tradition der schottischen politischen Kultur des 18. Jahrhunderts, ihre zivilisationskritische Ausrichtung war möglicherweise von Rousseau beeinflußt[399], doch war ihre konstruktiv-praktische Anwendung als einer
bildungshumanistischen Naturrechtskonzeption auf die Strukturprobleme der
„commercial society" die eigene Leistung der Sozialwissenschaft Smiths.

Der grundsätzliche Charakter der aufklärenden Kritik, die Smith an der
„civilized society" übte, ergibt sich schon daraus, daß er sie an demjenigen Prinzip gesellschaftlichen Handelns festmacht, das als Motor des „Natural Progress
of Opulence" den Fortschritt zur „civilized society" überhaupt erst hervorgebracht hat.

Smith entdeckt die Dialektik des Fortschritts der bürgerlichen Gesellschaft in
der Arbeitsteilung. Der „progress of the division of labour" stellt für ihn einerseits die entscheidende Triebkraft des wirtschaftlichen Wachstumsprozesses dar,
der unter den institutionellen Bedingungen des bürgerlichen Rechts- und Gesetzesstaats erstmals die Möglichkeit einer dauernden Befreiung des Menschen
von den Zwängen der Natur und damit auch die notwendigen Voraussetzungen
von Aufklärung und Humanität geschaffen hatte[400]. Andererseits erkennt Smith,
daß der gleiche naturwüchsige Vorgang die große Mehrzahl der Mitglieder der
„civilized society" einem Prozeß der Enthumanisierung, geistigen und körperlichen Regression und Selbstentfremdung unterwirft, der sie unfähig macht, ihr
Recht auf eine autonome und aufgeklärte Existenz auch wahrzunehmen.

Die Smithsche Diagnose der menschlichen Selbstentfremdung im arbeitsteiligen Produktionsprozeß verbleibt hierbei nicht im Rahmen einer allgemeinen
Zivilisationskritik, sie erkennt das Problem der Selbstentfremdung in der „civilized society" als ein schichtenspezifisches Strukturproblem der gesellschaftlichen
Arbeitsorganisation, das vor allem die „labouring poor ... the great body of
the people ... those who live by wages"[401] betrifft. Smith holt als bildungshumanistischer Aufklärer diejenigen Fragen konstruktiv in den Rahmen seiner
Sozialwissenschaft wieder ein, die er in seiner positiven Theorie der bürgerlichen Gesellschaft als eines „Systems der Bedürfnisse" zwar diagnostiziert,

---

[399] S. die Andeutung bei Viner, Einleitung zu Rae, Life of Adam Smith, 35 f.
[400] Hierzu o. 253 ff. und die dort angeführten Belege.
[401] Wealth of Nations, V, I, III, II, Bd. II, 302 f.; I, XI, Bd. I, 277.

aber zugleich als Strukturproblem eskamotiert hatte. Er war aufgrund seiner optimistischen Einschätzung der zukünftigen Möglichkeiten des „Natural Progress of Opulence" als eines „cheerful and hearty state to all the different orders of society"[402] nicht in der Lage, die „Soziale Frage" als ein grundlegendes sozio-ökonomisches Strukturproblem der bürgerlichen Gesellschaft zu lokalisieren; dafür erkennt er sie im Horizont seiner humanistischen Aufklärungsvorstellungen um so schärfer:

it may very justly be said that the people who clothe the whole world, are in rags themselves[403].

Dieser in die Erörterungen der Entfremdungsproblematik in den „Lectures on Justice, Police, Revenue and Arms" eingestreute Satz indiziert gerade als „Einzelheit" deutlich die Smithsche Sichtweise. Smith faßt die „Soziale Frage" hier als einen realen Verelendungsprozeß, dem die Lohnabhängigen in der „civilized society" unterworfen sind. Er charakterisiert diesen Verelendungsprozeß zugleich als ein widersprüchliches, ungerechtes und von daher aufzuhebendes Verhältnis. Doch sieht er aus der Perspektive des bildungshumanistischen Aufklärers die reale Verelendung nicht als Folge der sozio-ökonomischen Klassenverhältnisse, die ihm angesichts seiner Zukunftserwartung des „Natural Progress of Opulence" als tendentiell unproblematisch erscheinen, er betrachtet sie vielmehr als Konsequenz der Zerstörung der Möglichkeit einer autonomen, human-aufgeklärten Existenz der Lohnanhängigen durch den „progress of the division of labour":

In the progress of the division of labour, the employment of the far greater part of *those who live by labour,* that is, of the *great body of the people,* comes to be confined to a few very simple operations; frequently one or two. But the understandings of the greater part of men are necessarily formed by their ordinary employments. The man whose whole life is spent in performing a few simple operations, of which the effects too are, perhaps, always the same, or very nearly the same, *has no occasion to exert his understanding, or to exercise his invention* in finding out expedients for removing difficulties which never occur. He naturally loses, therefore, the habit of such exertion, and *generally becomes as stupid and ignorant* as it is possible for a human creature to become. The torpor of his mind renders him, not only *incapable of relishing or bearing a part in any rational conversation,* but of *conceiving any generous, noble, or tender sentiment,* and consequently of *forming any just judgment* concerning many even of the ordinary duties of private life. *Of the great and extensive interests of his country he is altogether incapable of judging;* and unless very particular pains have been taken to render him otherwise, he is equally incapable of defending his country in war. The *uniformity* of his stationary life *naturally corrupts the courage of his mind,* and makes him regard with abhorrence the irregular, uncertain, and adventurous life of a soldier. It corrupts even the activity of

---

[402] Ebda., I, VIII, Bd. I, 91.
[403] Smith, Lectures on Justice, 257.

his body, and renders him incapable of exerting his strength with vigour and perseverance, in any other employment than that to which he has been bred. *His dexterity at his own particular trade seems, in this manner, to be acquired at the expence of his intellectual, social, and martial virtues. But in every improved and civilized society this is the state into which the labouring poor, that is, the great body of the people, must necessarily fall, unless government takes some pains to prevent it*[404].

Smith konstatiert die „Soziale Frage" nicht nur, sondern formuliert sie gleichzeitig auch mit spezifisch aufklärerischen Mitteln und Zielperspektiven als praktisches Emanzipationsproblem. Angesichts der von ihm als Grundwiderspruch jeder „civilized society" erkannten geistigen, körperlichen und moralischen Verkümmerung der „labouring poor" gibt er seine Forderung nach der unparteiischen Rolle des Staates als Richter über die bloße Justizförmigkeit des gesellschaftlichen Spiels der Kräfte auf und empfiehlt die „most serious attention of government . . . to the education of the common people"[405]. Der „democratic intellect"[406] des aufklärenden Sozialwissenschaftlers schottischer Provenienz siegt in Smith gewissermaßen über den positiven Theoretiker der bürgerlichen Gesellschaft.

Smith fordert die Lösung der von ihm diagnostizierten „Sozialen Frage" in Form einer staatlich institutionalisierten Aufklärung durch Bildung. Er sieht diese Lösung nicht nur als Mittel einer funktionalen Einpassung in die Mechanismen der bürgerlichen Tauschgesellschaft an, Aufklärung der „labouring poor" bedeutet ihm nicht nur eine zusätzliche Produktivkraft sui generis, welche den wirtschaftlichen Wachstumsprozeß befördert, sondern einen emanzipatorischen Hebel zum Zweck der Aufhebung der Entfremdung derjenigen sozialen Gruppe in der „civilized society", welche diese Aufhebung nicht aus eigenem Vermögen zu leisten imstande ist. Smith visiert über das von ihm projektierte allgemeine Volksbildungssystem die Einbeziehung der „labouring poor" als autonomer Subjekte in eine aufgeklärte und aufklärende Öffentlichkeit an[407].

Zweifellos war Smiths konkrete Zukunftserwartung auf die selbsttätige Emanzipation eines Publikums der „people of middling or more than middling rank and fortune" ausgerichtet[408]. Er betrachtete die professionalisierten „middling ranks" nicht nur als existenznotwendige Leistungs- und Funktionselite

---

[404] Wealth of Nations, V, I, III, II, Bd. II, 302 f. (Hervorh. H. M.); vgl. Smith, Lectures on Justice, 255 ff.; s. auch Wealth of Nations, I, XI, Bd. I, 277.

[405] Wealth of Nations, V, I, III, III, Bd. II, 308 und ebda., 304.

[406] Begriff verwendet bei G. E. Davie, The Democratic Intellect. Scotland and her Universities in the 19th Century, Edinburgh 1964², um die Kontinuität und Widerstandsfähigkeit der demokratischen Bildungstradition der schottischen Universitäten gegen die Versuche englischer Einflußnahme während des 19. Jahrhunderts zu charakterisieren; s. zu Smiths Bildungskonzeption die kurzen, aber treffenden Passagen in ders., Hume, Reid and the Passion of Ideas in: Edinburgh in the Age of Reason, Edinburgh 1967, 23 ff., hier 34 f.

[407] S. o. 285.

[408] Wealth of Nations, V, I, III, III, Bd. II, 318.

jeder „civilized society"[409], sondern auch als die potentiellen Subjekte einer Aufklärungsbewegung, welche auf dem Weg über die säkularisierten Bildungsinstitutionen des bürgerlichen Rechts- und Gesetzesstaats, besonders die Universitäten[410], die Gesellschaft durch praktische Anwendung von „science and philosophy" weitgehend von allem „Priestertrug" und allen Vorurteilen („poison of enthusiasm and superstition")[411] befreien könnten. Seine reflektierte Sympathie jedoch gehörte der

> education of the common people ... which requires, perhaps, in a civilized and commercial society, the attention of the public more than that of people of some rank and fortune[412].

Gerade in bezug auf diese „education of the common people" bestimmte Smith die spezifische Berufsrolle wie den notwendigen Praxisbezug des Aufklärers und Intellektuellen in der „civilized society" seiner Zeit. Er vindiziert ihm — und nur ihm — die Möglichkeit, die komplexen Funktionszusammenhänge der arbeitsteiligen „civilized society" zu durchschauen und die Strukturprobleme dieser Gesellschaft durch Wahrnehmung seiner praktischen Verantwortung einer humanen Lösung für „the great body of the people" zuzuführen:

> In a civilized state, on the contrary, though there is little variety in the occupations of the greater part of individuals, there is an almost infinite variety in those of the whole society. These varied occupations present an almost infinite variety of objects to the *contemplation of those few, who, being attached to no particular occupation themselves, have leisure and inclination to examine the occupations of other people.* The contemplation of so great a variety of objects necessarily exercises their minds in endless comparisons and combinations, and renders their understandings, in an extraordinary degree, both acute and comprehensive. *Unless those few, however, happen to be placed in some very particular situations, their great abilities, though honourable to themselves, may contribute very little to the good government or happiness of their society.* Notwithstanding the great abilities of those few, all the nobler parts of the human character may be, in a great measure, obliterated and extinguished in the great body of the people. The education of the common people requires ... in a civilized and commercial society, the attention of the public more than that of people of some rank and fortune[413].

Aus Smiths Rollenbestimmung des Intellektuellen in der „civilized society" spricht die Absicht des Humanisten, den Praxisanspruch der traditionellen Moralphilosophie in die modernen Sozialwissenschaften einzubringen ebenso, wie die Forderung des Aufklärers, den „democratic intellect" durch Politikberatung an den etablierten Schaltstellen gesellschaftlicher Macht („in some

---

[409] Hierzu bes. Theory of Moral Sentiments, I, III, 92.
[410] Wealth of Nations, V, I, III, II, Bd. II, 282 ff.
[411] Ebda., V, I, III, III, Bd. II, 318.
[412] Ebda., V, I, III, II, Bd. II 304.
[413] Wealth of Nations, V, I, III, II, Bd. II, 304 (Hervorh. H. M.).

very peculiar situations") zum Vorteil der Unterprivilegierten wirksam werden
zu lassen. Das Selbstbewußtsein des „Newtons der Sozialwissenschaften" verbindet sich hier in höchst eigentümlicher Weise mit der Theorie-Praxis-Auffas-
sung des traditionellen Philosophenkönigs[414] und beansprucht angesichts der besonderen Verhältnisse der „civilized society" eine ausschlaggebende Rolle für
die Intellektuellen als den einzigen allgemeinen Stand in einer partikularisier-
ten Gesellschaft.

Im Endresultat seiner Überlegungen, die er ebenso wie seine politischen Vorstellungen (Republikanismus) stets nur zögernd geäußert hat, scheint Smith der
Modellzustand einer aufgeklärten Gesellschaft vorzuschweben, in welcher der
sozialwissenschaftlich professionalisierte Intellektuelle im Dreieck zwischen
einer die „justice" verwaltenden Regierung und einem öffentlich agierenden
„instructed and intelligent people" eine strategische Stellung im gesellschaftlichen Handlungszusammenhang einnimmt, und zwar dadurch, daß er kraft
seiner überlegenen Einsicht die Richtung für „happiness and good government"
der Gesamtgesellschaft festlegt und diese in einem von ihm gehaltenen und kontrollierten Balanceverhältnis zwischen Öffentlichkeit und „government" gegen
alle Beeinflussungen monopolistischer Interessengruppen zur Durchsetzung
bringt. Mit der Vergegenwärtigung des umfassenden Anspruchs der Smithschen
Aufklärungsintention wird zugleich auch ihre Fragwürdigkeit und innere
Widersprüchlichkeit deutlich. Smith setzt die Emanzipationstheorie des aufklärenden Politikberaters als praktisch, ohne die gegenwärtigen Bedingungen
ihres zukünftigen Praktischwerdens hinreichend zu überprüfen. Er vertraut der
autonomen Wirksamkeit der Vernunft des Aufklärers, angesichts eines Zustands seiner zeitgenössischen Gesellschaft, der von ihm selbst als unvernünftig
diagnostiziert worden war. Die Frage, wie unter den Bedingungen eines „government of shopkeepers" seine bildungshumanistischen Aufklärungsintentionen für
die „labouring poor" auch gegen ein „government of shopkeepers" zur Wirksamkeit gebracht werden könnten, stellte sich für Smith nicht oder war für ihn
zumindest von vornherein im Sinne einer positiven Einschätzung der Wirkungs-
möglichkeiten aufgeklärter Politikberatung entschieden.

Das Problem des Praktischwerdens seiner kritischen Einsichten scheint sich
für Smith auch gegenüber seiner zeitgenössischen Gesellschaft bereits im Horizont einer optimistischen Zukunftserwartung gestellt zu haben, die davon ausging, daß mit dem „Natural Progress of Opulence" in einem bürgerlichen
Rechts- und Gesetzesstaat ein „hearty and cheerful state to all the different
orders of society" entstehen würde, der durch gesamtgesellschaftlichen Reichtum
und gesichertes Wirtschaftswachstum alle ökonomischen Konflikte tendenziell
entproblematisieren und mit der Befreiung des Menschen von den Zwängen der
Natur auch die Autonomie der aufgeklärten Vernunft ermöglichen würde. Nur
aus dieser Sicht erklärt sich Smiths positive Einstellung zur „commercial soci-

---

[414] Vgl. hierzu die interessante Passage, Theory of Moral Sentiments, VI, II, 416 f.

ety" einerseits, seine kritische Perzeption der „Sozialen Frage" als eines Entfremdungs- und Bildungsproblems andererseits, wie auch seine Selbsteinschätzung als Intellektueller, Sozialwissenschaftler und praktischer Philosoph. Smith sah die bürgerliche Gesellschaft und ihre Institutionen nicht als Selbstzweck, sondern lediglich als positives Mittel zum Zweck der Herbeiführung einer aufgeklärt-humanen Gesellschaft an, in welcher der „democratic intellect", als realisiertes Menschenrecht, zur Basis einer humanen, nicht-entfremdeten, autonomen und zugleich solidarischen Existenz aller Menschen werden sollte. Doch indem Smith sich als Aufklärer autonom setzte, unterschätzte er zugleich die Assimilations- und Integrationskraft der bürgerlichen Gesellschaft.

Wenn sich die „Dialektik der Aufklärung" an Adam Smith einerseits noch nicht vollzogen hatte, so war er andererseits auch nicht imstande, diese Dialektik antizipierend zu durchschauen und dadurch praktisch aufzuheben, daß er ihre möglichen Konsequenzen in seine Sozialwissenschaft einkalkuliert hätte. Die emanzipatorische Absicht der Sozialwissenschaft Smiths scheiterte nicht an einem Mangel an kritischer Aufklärungsintention, sondern an einem Defizit materialistischer Selbstreflexion ihrer intendierten praktischen Folgen, an der mangelnden Berücksichtigung eben derjenigen Prämissen, unter denen sie selbst als Sozialwissenschaft und materialistische Analyse von Geschichte und Gesellschaft ursprünglich angetreten war. Es ist der verhängnisvolle Zwiespalt zwischen dieser materialistischen Analyse von Geschichte und Gesellschaft und einer idealistischen Vorstellung von verändernder Praxis, der die historische Folgenlosigkeit der kritischen Sozialwissenschaft Adam Smiths im 19. Jahrhundert nach sich zog, gerade auf dem Gebiet, auf dem ihre Wirksamkeit von ihrem Autor als einem aufklärenden Intellektuellen intendiert war.

Exkurs I

Zur Geschichte der Naturrechtsrezeption an den schottischen Universitäten des 18. Jahrhunderts

Die Geschichte der Naturrechtsrezeption an den schottischen Universitäten des 18. Jahrhunderts kann trotz der Pionierarbeiten W. Hasbachs[1] und der neueren amerikanischen Dissertation von H. F. Thomson[2] sowie interessanter Hinweise und Andeutungen von A. L. Macfie[3] als weitgehend unerforscht gelten, obwohl — wie schon Dugald Stewart bemerkte — ihre Kenntnis für jede Darstellung der Genesis der modernen Sozialwissenschaften aus dem traditionellen Rahmen der Praktischen Philosophie unerläßlich ist. Der Verfasser beabsichtigt hierüber eine spezielle Untersuchung vorzulegen; hier müssen einige Andeutungen genügen.

Als besonderes Kennzeichen der schottischen Entwicklung erscheint, bedingt durch politische Einwirkungen, der unvermittelte Abbruch der Aristoteles-Tradition gegen Ende des 17. und zu Anfang des 18. Jahrhunderts.

Ähnlich den Verhältnissen in den anderen reformierten Staaten Europas war ursprünglich im Verlauf der schottischen Reformation durch das „First Book of Discipline" von 1560 ein verbindliches Programm für die Moralphilosophie-kurse an der Artistenfakultät der schottischen Universitäten festgesetzt worden, das nach dem Vorbild Genfs und unter Beeinflussung durch die ramistische Philosophie eine von scholastischen Beimischungen gereinigte Lehre der aristotelischen Ethik, Ökonomik und Politik vorsah. Doch konnte sich dieses Programm in der Folgezeit nicht durchsetzen. Von einzelnen Ausnahmen und kurzen Perioden der Reform(Cromwellzeit) abgesehen, herrschte weiter die traditionelle scholastisch-aristotelische Formalbildung und Kasuistik vor. Auch das aus vorreformatorischer Zeit stammende System der rotierenden Vorlesungen (Regenting System), das für die Tutoren (Regents) innerhalb der Artistenfakultät die Verpflichtung mit sich brachte, während des dreijährigen Grundstudiums die

---

[1] W. Hasbach, Die allgemeinen philosophischen Grundlagen der von Francois Quesnay und Adam Smith begründeten politischen Ökonomie, Leipzig 1890, u. ders., Untersuchungen über Adam Smith und die Entwicklung der politischen Ökonomie, Leipzig 1891.

[2] H. F. Thomson, The Emergence of Political Economy from the Moral Philosophy Course in the Scottish Universities in the Eighteenth Century, PhD University of Colorado, Boulder 1963.

[3] A. L. Macfie, The Scottish Tradition in Economic Thought, in: ders., The Individual in Society. Papers on Adam Smith, London 1967, 19 ff.

gleiche Studentengruppe in Logik, Naturphilosophie und Moralphilosophie zu unterrichten, wurde beibehalten[4].

Erst nachdem die „Glorious Revolution" von 1688/89 für Schottland, im Gegensatz zu England, einschneidende politische Veränderungen gebracht hatte, wurde mit den Universitätsreformen vom Ende des 17. und Anfang des 18. Jahrhunderts die Verbreitung und Wirkung des modernen Naturrechts, speziell der Lehren Pufendorfs, Grotius' und Lockes in den Moralphilosophiekursen der schottischen Universitäten möglich. Die grundlegende Reorganisation von Universitätsverfassung und -lehre nach holländischem Muster, die auf Betreiben des Hofpredigers und Vertrauten Wilhelms von Oranien, William Carstairs stattfand, führte zwischen 1696 und 1727 zu einer Reform der Curricula der Artistenfakultät und zur Abschaffung des „Regenting System"[5].

Mit der Aufhebung des rotierenden Vorlesungssystems wurden feste Professuren für Naturphilosophie, Logik und Moralphilosophie geschaffen. Erst hierdurch waren die Voraussetzungen für eine stärkere Spezialisierung und Verwissenschaftlichung der philosophischen Einzeldisziplinen gegeben, da nun nicht mehr jeder Lehrer der Artistenfakultät alle drei klassischen Disziplinen gleichzeitig beherrschen mußte. Auch in bezug auf die Lehrinhalte hatten die Reformen tiefgreifende Auswirkungen. Sie führten dazu, daß an der Artistenfakultät die Autorität des Aristoteles endgültig gebrochen und durch das rationale Naturrecht sowie die neue Naturphilosophie ersetzt wurde. Für die Moralphilosophie brachte diese Neugestaltung der Lehre eine starke Ausrichtung auf das Vorbild des „protestantischen" Naturrechts, insbesondere auf Pufendorf und Grotius, sowie, als schottischer Besonderheit, auf Locke mit sich, für die Naturphilosophie die Einführung von Bacon und Newton. A. Grant faßt seine Analyse der Curricula der Artistenfakultät der Universität Edinburgh im frühen 18. Jahrhundert folgendermaßen zusammen:

„It is striking that through all these programmes there is no mention of Aristotle. The reaction against the old system of regenting had been complete. The Arts Faculty of the University of Edinburgh had been remodelled after the example of Leyden and Utrecht. And in supplement to the Dutch in-

---

[4] Hierzu A. Grant, The Story of the University of Edinburgh, 2 Bde., London 1884. Das Werk Grants, das sehr breit angelegt ist, geht über den Rahmen einer lokalen Universitätsgeschichte weit hinaus, enthält zahlreiche Exkurse zu den Verhältnissen an anderen schottischen Universitäten und zieht zuweilen auch vergleichendes Material über kontinentale Entwicklungen heran. Zur schottischen Universitätsgeschichte vor 1700 s. jetzt auch H. Kearney, Scholars and Gentlemen. Universities and Society in Pre-Industrial Britain. 1500—1700, London 1970, Kap. VIII, 129 ff.

[5] Hierzu Grant, University of Edinburgh, I, 229 ff., u. bes. Trevor-Roper, Scottish Enlightenment, 1635 ff., bes. 1648 f. Carstairs, der lange Zeit als Exulant am Hofe Wilhelms von Oranien in den Niederlanden verbracht hatte, war zusammen mit Gilbert Burnet Hauptratgeber des Königs in kirchlichen Angelegenheiten. C. wurde erster Prinzipal der Universität Edinburgh nach 1690, sein Neffe William Dunlop Prinzipal der Universität Glasgow. C., der selbst liberaler Calvinist war, übte großen Einfluß auf die Liberalisierung der Presbyterianischen Kirche Schottlands nach 1689 aus, er kann als einer der Begründer der „Moderates" angesehen werden.

fluence, it borrowed inspirations from Bacon, Newton and Locke. Its teaching
during the latter half of the 18th century was decidedly fresher than that of
Oxford."[6]

In iher Wechselwirkung mit einer gleichzeitigen Ausweitung und Intensivierung des Elementarschulwesens, die im Europa des 18. Jahrhunderts nicht ihres-
gleichen fand, kamen die Folgen dieser Reformen langfristig der Transformation einer Gesellschaft durch „Aufklärung" von oben gleich, einer Gesellschaft,
die sich in den Highlands nach 1689 noch in einem archaischen, vorfeudalen
Zustand befand. Die Reformen waren nicht zuletzt deshalb von Dauer, weil
die nach der „Glorious Revolution" großenteils neu eingesetzten Universitäts-
lehrer sich selbst, in einem vorher nicht dagewesenen Ausmaß, für sie engagierten, oft über den Bereich des rein Philosophisch-Wissenschaftlichen hinaus: So
übernahm Gershom Carmichael, Regent, später Professor für Moralphilosophie
an der Universität Glasgow, 1708 angesichts der Gefahr einer „papistischen"
Invasion aus Frankreich die Unterhaltskosten für fünf Soldaten, 1715 beim
Aufstand in den Hihglands bezahlte er vier Soldaten[7]; Colin McLaurin, genia-
ler Mathematiker, Schüler und Verbreiter der Lehren Newtons, war während
seiner Lehrtätigkeit (1726—46) nicht nur „Life and Soul of the University of
Edinburgh" und gab maßgebliche Anregungen zur späteren Gründung der
Edinburgher „Royal Society", er nahm auch aktiven Anteil am Kampf gegen
die Jakobiten. 1745 rief er die Bürger Edinburghs zum aktiven Widerstand
gegen die Jakobiten auf und leitete persönlich die Befestigungsarbeiten der
Stadt, um ihre Einnahme durch die Truppen des „Pretender" zu verhindern[8].

In den Moralphilosophiekursen führte die Rezeption des rationalen Naturr-
rechts, insbesondere der Lehren von Grotius und Pufendorf, dazu, daß dem
traditionellen aristotelischen Kanon der Moralphilosophie (Ethik, Ökonomik,
Politik) oft eine spezielle Abteilung Jurisprudenz hinzugefügt wurde; zusätz-
lich erhielt der Kursus noch eine Abteilung Natürliche Theologie oder Pneuma-
tologie; doch nicht nur die Systematik des neuen Naturrechts fand Eingang in
die Moralphilosophiekurse, vor allem seine Inhalte wurden zum verbindlichen
Lehrgegenstand, so daß mit Einschränkungen (in bezug auf die alleinige Wirkung Pufendorfs, s. u.) der Bemerkung W. Hasbachs zuzustimmen ist: „Durch
Pufendorf verbreitete sich das Naturrecht über ganz Europa. In Deutschland
sind ihm unter anderem Thomasius und Wolff gefolgt. In England bearbeitete
es Hutcheson in seinen berühmten ‚Institutes of Moral Philosophy'. In der Tat
ist die schottische Moralphilosophie der Hutcheson, Smith, Ferguson nichts anderes als das weiter entwickelte System des Pufendorfschen Naturrechts . . . Die
schottische Moralphilosophie war ihrem Knochenbau nach nichts anderes als das
Pufendorfsche Naturrecht."[9]

---

[6] Grant, University of Edinburgh, II, 274.
[7] J. McCosh, The Scottish Philosophy, London 1875 (Reprint Hildesheim 1966), 39.
[8] Grant, University of Edinburgh, II, 298 ff.
[9] Hasbach, Die allgemeinen philosophischen Grundlagen, 46 und ders., Adam Smith,
212.

Der Einfluß des rationalen Naturrechts zeigt sich in den Vorlesungen und Publikationen der Glasgower und Edinburgher Moralphilosophen der ersten Hälfte des 18. Jahrhunderts. In Glasgow baute der erste Inhaber des Lehrstuhls für Moralphilosophie, Gershom Carmichael (1727—29), seine Vorlesungen an der Artistenfakultät schon als Regent seit 1694 auf Pufendorfs „De Officio Hominis et Civis" auf (s. u.). Sein Kollege John Tran dagegen, ebenfalls Regent an der Glasgower Artistenfakultät, scheint auf Grotius hin orientiert gewesen zu sein.

In Edinburgh erscheint William Scott, einer der Regenten an der Artistenfakultät, 1707 als Herausgeber von Grotius' „De Jure Belli ac Pacis"[10]. Auch in seinen Vorlesungen und politischen Äußerungen rekurrierte Scott auf Grotius[11]. Über die moralphilosophischen Vorlesungen des ersten Lehrstuhlinhabers an der Universität Edinburgh, William Law (1708—29), war bisher nichts bekannt. Eine erste Sichtung der gedruckten und ungedruckten Materialien über Law ergab, daß er sowohl als Pionier in der Einführung des Naturrechts wie der neuen Naturwissenschaften gelten kann. Law baute seine moralphilosophischen Vorlesungen bereits als Regent auf Pufendorf[12] auf, seine naturphilosophischen Kollegs fußten stärkstens auf Newton[13], so daß er von einem Kommentator des 18. Jahrhunderts zu Recht als „the first who was interested in the teaching of Pneumatics and Moral Philosophy in the University of Edinburgh"[14] bezeichnet wurde. William Scott als sein Nachfolger auf dem moralphilosophischen Lehrstuhl (1729—34) basierte seine Vorlesungen auf Grotius (s. o.). Der dritte Lehrstuhlinhaber John Pringle (1734—45), später Präsident der Londoner „Royal Society", baute seine Vorlesungen auf Pufendorf auf[15].

Als außerordentlich wichtig und in ihrer Bedeutung bisher nicht zureichend erkannt erweisen sich die Vorlesungen und Schriften des ersten Inhabers des Glasgower moralphilosophischen Lehrstuhls, Gershom Carmichael (1727—29, doch Regent schon seit 1694), den W. Hamilton „on good grounds as the real founder of the Scottish Philosophy"[16] bezeichnet hat.

Über Carmichaels Vorlesungen, insbesondere aber über seinen von Zeitgenossen vielbenutzten Pufendorf-Kommentar, eine reichlich mit Zitaten anderer Autoren und mit eigenen Kommentaren annotierte Edition von „De Officio

---

[10] W. Scott Hg., Hugonis Grotii De Jure Belli ac Pacis Librorum III. Compendium, Annotationibus et Commentariis Selectis Illustratum. In Usum Studiosae Juventutis Academiae Edinensis. Edinburgi 1707.

[11] Hierzu die interessante Miszelle von C. P. Finlayson, Edinburgh University and the Darien Scheme, in: Scottish Historical Review 34. 1955, 97 ff.

[12] Theses Philosophicae, quas... aliquot... iuvenes, Universitatis... Edinburgae alumni... eruditorum examini subicient... Praeside Guilelmo Law, Edinburgh 1705, These XXII.

[13] William Law, Annotationes in Physicam Generalem D. Joannis Clerici, Nachschrift von C. Colden, 1704 (Edinburgh University Library, MS. Nr. Gen. 71 D.).

[14] Ebda., nachträglicher Eintrag auf dem Deckblatt der Nachschrift.

[15] Grant, University of Edinburgh, II, 274.

[16] Th. Reid, Works, Hg. W. Hamilton, Bd. I, Edinburgh 1846, 30.

Hominis et Civis"[17], hielten nicht nur Pufendorf und Grotius, sondern auch —
was bisher nicht bekannt ist — die politische Philosophie John Lockes Einzug
in die Moralphilosophiekurse der schottischen Universitäten. Insbesondere die
Glasgower Schule der Moralphilosophie, Francis Hutcheson (1729—46), Thomas Craigie (1746—51) und Adam Smith (1752—64), wurde, sowohl was den
Systemcharakter wie den Inhalt ihrer Schriften und Vorlesungen betrifft, stark
von Carmichaels, durch die Rezeption von Locke und Grotius liberalisierter,
Version des Pufendorfschen Naturrechts beeinflußt.

Die Vorlesungsnachschriften der Moralphilosophiekurse Carmichaels, von
denen eine größere Anzahl in der Universitätsbibliothek Glasgow erhalten ist,
ohne daß sie bisher ausgewertet wurden, bieten im allgemeinen hinsichtlich
systematischer Anlage und Inhalt ein Bild, das dem des Pufendorf-Kommentars
entspricht. Der Stellenwert, den Grotius und Pufendorf in der Carmichaelschen
Moralphilosophievorlesung einnahmen, ergibt sich aus den abschließenden Sät-
zen in der Nachschrift eines Studenten:

„Pro pleniore omnium rerum ad nobilissimam hanc scientiam pertinentium
cognitioni vos referrimus ad duos autores saepius laudatos *Grotium* et *Puffen-
dorfium,* quorum illius tractatum De Jure Belli ac Pacis huius De Jure Naturae
et Gentium *diurna ac nocturna manu versare debet*"[18].

Besonders deutlich tritt in der Vorlesung — im Vergleich zum Pufendorf-
Kommentar — die Rezeption und eigenständige Assimilation der Lockeschen
Arbeitslegitimation des Privateigentums und der ihr zugrunde liegenden rudi-
mentären Arbeitswertlehre hervor, die Carmichaels diesbezügliche Ansichten
als eine entscheidende Vorwegnahme der Preis- und Werttheorien Francis Hut-
chesons und Adam Smiths erscheinen lassen. Carmichael konzipiert in seinem
Naturrechtskolleg auf der Basis der Lockeschen Vorstellungen eine differenzierte Werttheorie, die einerseits durch den expliziten Bezug, in welchem sie
zum Modell einer arbeitsteiligen, besitzakkumulierenden Tauschgesellschaft gesetzt wird, erheblich über die Lockeschen Ansätze hinausgeht, andererseits
jedoch noch nicht als eine vollgültige Arbeitswertlehre anzusehen ist, da sie nur
unzulänglich, mit einer ebenfalls im Naturrechtskolleg vorgetragenen, von Pufendorf entlehnten Preislehre vermittelt ist, nach der das Verhältnis von
Knappheit und Nützlichkeit einer Ware konstituierend für ihren Preis ist. Die

---

[17] G. Carmichael Hg., S. Pufendorfii De Officio Hominis et Civis iuxta legem
naturalem, libri duo. Editio nova, aucta observationibus et supplementis a Gershomo
Carmichael, Glasgow 1718; 2. Auflage dess. Werks u. d. T.: S. Pufendorfii, De Officio
Hominis et Civis, iuxta legem naturalem libri duo. Supplementis et observationibus in
academiae iuventutis usum auxit et illustravit Gershomus Carmichael. Editio Secunda
priore auctior et emendatior. Edinburgh 1724. Carmichaels Kritik an der absolutistischen Staatskonzeption Pufendorfs findet sich besonders in den Anmerkungen zu Buch
II, Kap. VI—X, seine Rezeption des Lockeschen Eigentumsbegriffs in den Anmerkungen zu Buch I, Kap. XII.

[18] Ethicae sive Jurisprudentiae Naturalis Compendiosum Certamen. Magistro autore
Gershomo Carmichael. Niederschrift Johannes Miller 1702/03, (Glasgow University
Library, MS. Nr. BE 9—b.21). S. 166 (Hervorh. H. M.).

Zusammenhänge und Widersprüche der Carmichaelschen Wert- und Preistheorie können hier nicht näher analysiert werden, doch erscheint die vorläufige Aussage berechtigt, daß Carmichael gerade durch seine aus den Lockeschen „Two Treatises of Government" rezipierte Eigentums- und Wertlehre zum entscheidenden dogmengeschichtlichen Bindeglied zwischen Locke und Adam Smith wird und so, wenn nicht als der „real founder of Scottish Philosophy", so doch als einer der „real founders of Scottish Political Economy" gelten kann. Zwar stammte — um die Metapher W. Hasbachs wiederaufzunehmen — der „Knochenbau" der Carmichaelschen Naturrechtskonzeption von Pufendorf, jedoch bezog er das „Knochenmark" seiner Anschauungen aus der politischen Philosophie Lockes. Die in der bisherigen Literatur zur Vorgeschichte der klassischen Nationalökonomie aufgestellte pauschale These, daß Carmichael allenfalls als Pufendorf-Herausgeber Bedeutung zukomme, wird nach einer Analyse der Anmerkungen und Exkurse seines Pufendorf-Kommentars und einer Überprüfung des Inhalts seiner Vorlesungen revidiert werden müssen. Die Arbeitswertlehre ebenso wie die „Property"-Konzeption Adam Smiths ist über seinen Lehrer Francis Hutcheson und dessen Lehrer Gershom Carmichael letztlich auf Locke zurückzuführen[19].

Im folgenden sind die entscheidenden Passagen aus Carmichaels Naturrechtskolleg, aus denen sich seine Locke-Rezeption zweifelsfrei ergibt, wiedergegeben:

„PARS IInda, CAP. VIII: DE RERUM EXTERNARUM DOMINIO ACQUIRENDO ET DE OFFICIIS EX EARUM DOMINIO RESULTANTIBUS.

§ 3 Hoc autem privatum dominium ut introduceretur, non necesse fuit, genus humanum aliquando coevisse, et de rebus invicem dividendis convenisse, hac addita conditione, ut quae in isthac divisione non comprehenderentur, ea fierent primi occupantis; *ut eruditissimi viri [i. e. Pufendorf u. Grotius] quidam finxerunt. Placet hic magis clarissimi Lockii sententia Tractatus posterioris De Regimine Cap. 5to, qui recte observat, unumquemque hominem, etiam in primeva ista humani generis conditione, utut res externae communes hactenus supponan-*

---

[19] Über Carmichael und die Wirkung seiner naturrechtlichen Moralphilosophie existieren weder ältere noch modernere Abhandlungen, die das Ausmaß von Anmerkungen oder — in einem Falle — das einer Miszelle überschreiten. Dies muß um so mehr überraschen, als sein Schüler und Nachfolger F. Hutcheson ihn im Vorwort seiner „Short Introduction to Moral Philosophy", Glasgow 1748 durchaus als eigenständigen Philosophen und nicht nur als Pufendorf-Herausgeber gewürdigt hat, wenn er ihn als den „by far the best commentator on that book [i. e. Pufendorfs „De Officio Hominis et Civis"]" bezeichnet, dessen „notes ... of much more value than the text [d. h. Pufendorf Original]" seien (ebda., I). Biographische Hinweise finden sich bei D. Murray, Memories of the Old College of Glasgow, Glasgow 1927; die Miszelle von W. L. Taylor, Gershom Carmichael. A neglected Figure in British Political Economy, in: South African Journal of Economics 23. 1955, 252—55 basiert ebenso wie die Aussagen von H. F. Thomson, The Emergence of Political Economy, 82 f. auf mangelhafter Quellenkenntnis, wenn sie Carmichaels Bedeutung allein darin sehen, daß er die Lehren Pufendorfs an die schottische Moralphilosophie vermittelt habe.

tur, habuisse tamen peculiarem quandam proprietatem in suis laboribus, atque adeo in rebus externis, quibus laborem suum quodammodo immiscuerat, eas sic adprehendendo, deportando aut ad usus suos quodammodocumque praeparando, ita ut quicumque alteri res ita appropriatas ereptum iret, eidem injuriam faceret utpote eius laborem, quem nullo legitimo titulo alter quispiam vendicare potest, injuste invadens . . . (S. 148)//

§ 5 Recte tamen monet *eruditissimus ille author* [i. e. Locke], cum natura hoc jus res in medio positas appropriandi ideo dumtaxat unicuique permiserit, ut eaedem ita uberius humani generis usibus et commoditatibus inservirent, nemini ius fuisse plures res ad vitae usum pertinentes sibimet appropriandi, quam ipse vel alii quibus eas dispensaturus esset, usibus suis applicare possent; nemini itaque ius fuit in horreo suo fruges recondere illic putrifaciendas; nec alios a frugum licet a se seminatarum perceptione arcere, quas ipse cum suis aut non possit aut non vellet demetere; nec aliis istius agri usum aut culturam interdicere, cuius ab ipso inculti gramina sine tonsura corrumperentur.

§ 6 Quidquid vero suo labore apprehensum, vel usibus humanis quocumque modo a se praeparatum, aliquis vel ipse consumere, vel aliis impertiri, aut pro aliis quibuslibet rebus permutare posset et vellet, eiusdem peculiare dominium istius laboris titulo sibi quaesitum unusquisque iure vendicavit; idque seposita omni voluntaria hominum conventione ex mero praescripto legis naturalis, que unicuique potestatem fecit rebus externis ita utendi, ut in humani generis emolumentum et solatium quam felicissime cederent. Sicut vero nemo amplius quid rationabiliter desiderare potuit, quam ex quo seu immediate seu mediate aliquam commoditatem hausturus videretur; ita certum est, quamdiu nullae res ulterius ab hominibus aestimarentur, quam quatenus sua natura, aut accedente hominum industria ad vitam suavius agendam, utiles forent, nemini unquam in mentem venire potuisse, ut ullum immodicum rerum cumulum ultra quod praesentibus, aut brevi imminentibus usibus sufficeret, congestum iret; omnes etiam res, quae revera ad vitam commodius agendam in se sunt utiles, adeoque ullum magnum *intrinsecum valorem* obtinent, sunt ferme eiusmodi, ut si usu non consumantur, ipse intra breve tempus inutiliter periturae sint; quales res in immensum accumulare velle, non minus foret stolidum quam inhonestum.

§ 7 Cum vero majoris laboris et industriae gradus hominum proprietatem amplius extendere apti essent, cumque homines e re sua futurum existimarent, ut non modo praesentibus, sed etiam post longum tempus futuris, suis suorumque indigentiis consulerent, voluntarie inter se convenerunt de *extrinseco* quodam seu *morali valore* quibusdam rebus diutissime conservari aptis (cujusmodi sunt metalla) et simul inventu non admodum crebris imponendo; adeo ut frustra ista metallica voluntario hominum consensu, omnium rerum et operarum in vita humana utilium praetium virtualiter sive eminenter in se complecti illigerentur. Hoc autem ita constituto sicut nemini faciebat injuriam, qui res labore suo acquisitas vel ipse consumebat, vel aliis impertiebatur, vel pro aliis rebus, quarum ipsi major esset usus, permutabat, ita nec qui res sibi acquisitas vendebat, ut nummorum quantumlibet acervum apud se reconderet, cum

nummi nec diutissime asservati pereant, nec si perirent, sicut res ex se humanae vitae sustentandae utiles; ita ut hac ratione communis thesauri, quem natura usibus humanis suppeditavit, nulla pars corrumpatur: Qui igitur in nummorum usum consenserunt, consensisse etiam intelliguntur, ut unicuique fas esset laboribus et commerciis suis quam maximas possit opes sibi comparare, modo nullam naturalium bonorum partem inutiliter apud se perire sineret . . . (S. 149)//
CAP. IX: DE PRAETIO ET DE CONTRACTIBUS QUI PRAETIA RERUM PRAESUPPONUNT, CUM FLUENTIBUS INDE OFFICIIS.

„§ 2 . . . Dico rebus et operis in commercium venientibus: . . . (S. 157)//

§ 3 Eorum vero quae in commercium veniunt, praetium ex duobus praecipue capitibus aestimatur primo scilicet ex eorum aptitudine, qua aliquid mediate vel immediate conferre possunt ad vitam suam conservandam, eam vero commodiorem aut iucundiorem reddendam et secundo ex eorundem raritate aut conservationis difficultate: ex quibus duobus capitibus facile est intelligere rationem majoris vel minoris praetii, quod diversis rebus vel operis, quandoque etiam iisdem diverso tempore, aut diversis in locis tribui solet . . . (S. 158)//[20].

Übersetzung

Teil II, Kap. VIII: ÜBER DEN ERWERB VON BESITZ AN DINGEN UND ÜBER DIE PFLICHTEN, DIE SICH DARAUS ERGEBEN:

§ 3 Um aber Privatbesitz einführen zu können, war es nicht nötig, daß das Menschengeschlecht irgendeinmal zusammengelebt habe und über die gegenseitige Verteilung des Besitzes übereingekommen ist, unter (Hinzufügung) der Bedingung, daß das, was bei jener Verteilung nicht erfaßt würde, dem gehören soll, der es zuerst in Besitz nimmt, wie gewisse gelehrte Männer [i. e. Pufendorf und Grotius] festgestellt haben. Hier stimmt eher die Meinung des berühmten Locke, der in seinem II. Treatise of Government im 5. Kapitel richtig beobachtet, jeder Mensch habe — auch in jener Frühzeit des Menschengeschlechts — wie weit auch immer die Dinge als gemeinsam angenommen werden, dennoch einen gewissen Eigenbesitz an seiner Arbeitskraft gehabt, und ebensosehr an den Dingen, mit denen er seine Arbeitskraft vermischt hat, und zwar dadurch, daß er sie ergreift, fortschafft, oder — auf welche Art auch immer — für seinen Gebrauch zubereitet. Wer also einem anderen den Besitz, den dieser sich so angeeignet hat, wegnimmt, tut ihm Unrecht, dadurch, daß er seine Arbeitskraft, die sich ein anderer unter keinem Rechtstitel aneignen kann, ungerechterweise in Besitz nimmt . . . (S. 148)//

[20] Ethicae sive Jurisprudentiae Naturalis Compendiosum Certamen . . . Niederschrift Johannes Miller 1702/3, S. 148 f., S. 157 f. (Glasgow University Library, MS. Nr. BE 9-b. 21) (Hervorh. H. M.). Der Verf. dankt Heinrich Rüthing und Ernst Schubert für freundliche Unterstützung bei der Transkription des schwierigen, mit zahlreichen Kürzeln versehenen Originaltextes; ferner dankt er Irma Rüthing für entscheidende Hilfe bei der Übersetzung.

§ 5 Schließlich mahnt der erfahrene Autor [i. e. Locke] mit Recht, daß, —
da die Natur nur solange einem jeden das Recht zugestanden hat, sich die
Dinge, die der Gemeinschaft zugehören, anzueignen, wie diese dadurch reich-
licher dem Gebrauch und Nutzen der Menschen dienen, — niemand das Recht
habe, sich mehr lebensnotwendige Dinge anzueignen als er oder andere, denen
er sie zuteilen mußte, verbrauchen konnten. So habe niemand das Recht gehabt,
in seiner Scheune Getreide zu horten, damit es dort verderbe; es sei auch nicht
erlaubt gewesen, andere von der Ernte der Früchte — nicht einmal der von ihm
selbst gesäten — abzuhalten, wenn er sie selbst mit seinen Leuten nicht ernten
konnte oder nicht ernten wollte. Auch sei es nicht erlaubt gewesen, anderen die
Nutznießung und Pflege des Feldes zu untersagen, dessen Getreide verkäme,
wenn er selbst es nicht aberntete.

§ 6 Was aber einer von dem, was er durch eigene Arbeit oder durch Gebrauch
auf irgendeine Weise erworben hatte, selbst verbrauchen oder anderen zuteilen
oder gegen beliebige Dinge tauschen konnte und wollte, dessen privaten Besitz
verteidigte ein jeder mit Recht, da er es sich aufgrund ebendieser Arbeit erworben hatte. Und das galt allein nach dem reinen Naturgesetz ohne willent-
liche Übereinkunft der Menschen. Es galt nach dem Naturgesetz, das einen
jeden befähigte, die materiellen Dinge so zu gebrauchen, daß sie möglichst gut
dem Fortschritt und Wohl der Menschen dienten. So konnte niemand vernünf-
tigerweise mehr wünschen als das, woraus er unmittelbar oder mittelbar irgend-
einen Nutzen zu ziehen glaubte. Solange die Dinge von den Menschen nur da-
nach eingeschätzt wurden, was sie von Natur aus oder aufgrund des zur ange-
nehmeren Lebensführung notwendigen Arbeitsaufwands wert waren, konnte es
einsichtigerweise niemandem in den Sinn kommen, mehr Dinge anzusammeln,
als zur Deckung des gegenwärtigen oder bevorstehenden Bedarfs ausreichten.
Auch sind alle Dinge, die wirklich in sich für ein bequemeres Leben nützlich
sind und sogar einen *großen inneren* Wert haben, in der Regel so beschaffen,
daß sie, wenn sie nicht durch Bedarf verbraucht werden, innerhalb kurzer Zeit
ungenutzt zugrunde gehen. Solche Dinge ins Unermeßliche ansammeln zu wollen, wäre nicht weniger dumm als gegen die Menschlichkeit.

§ 7 Als aber im Fortschreiten der Arbeit und des Fleißes sich den Menschen
die Möglichkeit bot, ihr Eigentum weiter auszudehnen, und als die Menschen
glaubten, es käme dahin, daß sie aus ihrem eigenen Vermögen nicht nur für
gegenwärtige, sondern auch für ihnen und den Ihren nach langer Zeit ent-
stehende Bedürfnisse vorsorgen könnten, kamen sie von sich aus darin überein,
gewissen Dingen, die sehr lang aufbewahrt werden können (wie beispielsweise
Metalle) und die darüber hinaus auch noch selten angetroffen werden, *einen von
außen kommenden* oder *künstlichen Wert* zuzusprechen; und zwar so sehr, daß
diese Metallstücke nach menschlicher Übereinkuft den Wert aller Dinge und
Tätigkeiten, die für menschliches Leben nützlich sind, eigentlich und in besonderer Weise zu umfassen schienen. Sowie aufgrund dieser Einigung derjenige
niemandem Unrecht tat, der das, was er durch eigene Arbeit erworben hatte,
entweder selbst verbrauchte oder anderen zuteilte oder für Dinge, an denen er

selbst mehr Bedarf hatte, eintauschte, so tat auch der niemandem Unrecht, der die sich selbst erworbenen Dinge verkaufte, um sich einen beliebig großen Haufen Münzen anzuschaffen, da die Münzen, selbst wenn sie sehr lang aufbewahrt werden, nicht zugrunde gehen; er würde auch niemandem schaden, wenn sie zugrunde gingen wie bei Dingen, die unmittelbar geeignet sind, menschliches Leben zu erhalten; auf diese Weise geht nämlich kein Teil des gemeinsamen Schatzes, den die Natur den menschlichen Bedürfnissen zur Verfügung stellte, verloren. Die sich also über den Gebrauch von Münzen einigten, haben sich offensichtlich auch darüber geeinigt, daß ein jeder das Recht habe, durch eigene Arbeit und durch eigenen Handel sich möglichst viel Vermögen zu verschaffen, wenn er nur nichts der natürlichen Güter ungenutzt bei sich zugrundegehen läßt. ... (S. 149)//

Kap. IX: ÜBER DEN PREIS UND DIE VERTRÄGE, WELCHE AUF PREISEN BERUHEN, UND DIE PFLICHTEN, WELCHE SICH HIERAUS ERGEBEN.

§ 2 Ich spreche von den Dingen und Arbeiten, die in den Handel kommen: ... (S. 157)//

§ 3 Der Preis der Dinge, die in den Handel kommen, wird vornehmlich nach zwei Gesichtspunkten eingeschätzt: 1. nach ihrer Eignung, mittelbar oder unmittelbar etwas dazu beizutragen, das Leben zu erhalten, ja es bequemer oder angenehmer zu machen. 2. der Seltenheit der Dinge, oder nach der Schwierigkeit, sie aufzubewahren. Aus diesen beiden Punkten läßt sich der Grund für höheren oder niedrigeren Preis erkennen, der für verschiedene Dinge oder Arbeiten, ja oft für die gleichen Dinge aber zu verschiedenem Zeitpunkt oder an verschiedenen Orten gewöhnlich gezahlt wird ... (S. 158)//

Exkurs II

Die methodologische Konzeption der „Natural History"
als „Conjectural History"

Stewart weist in seiner „Dissertation" darauf hin, daß die geschichtsphilosophische Reorientierung des rationalen Naturrechts um die Mitte des 18. Jahrhunderts, die zu einer Synthese von „Jurisprudence", „History" und „Philosophy" führt, im Rahmen einer neuen wissenschaftlich-philosophischen Erkenntnisweise stattfindet, die er als „Theoretical" oder „Natural History" bezeichnet und deren Wichtigkeit er dadurch betont, daß er sie als „the peculiar glory of the latter half of the 18th century ... the characteristic feature in its philosophy" charakterisiert[1]. Stewart hat nicht nur — wie bereits gezeigt wurde — den dogmengeschichtlichen und realhistorischen Bezug, sondern auch die methodischen Implikationen der „Theoretical History" wenigstens andeutungsweise dargestellt. Seine diesbezüglichen Äußerungen finden sich in Form eines Ex-

---

[1] Stewart, Dissertation, 70.

kurses in seiner Biographie Adam Smiths, im Zusammenhang der Darstellung
von Smiths sprachphilosophischen Studien.

Da dieser Stewartsche Exkurs eine der wenigen Betrachtungen darstellt, die
überhaupt aus dem Bereich der anglo-schottischen und darüber hinaus der westeuropäischen Aufklärungsphilosophie[2] über Methode und Gegenstand der „Natural History" überliefert sind, soll er hier ausführlicher wiedergegeben werden:

When, in such a period of society as that in which we live, we compare our
intellectual acquirements, our opinions, manners, and institutions, with those
which prevail among rude tribes, it cannot fail to occur to us as an interesting
question, by what gradual steps the transition has been made from the first
simple efforts of uncultivated nature, to a state of things so wonderfully
artificial and complicated. Whence has arisen that systematical beauty which
we admire in the structure of a cultivated language, that analogy which runs
through the mixture of languages spoken by the most remote and unconnected nations, and those peculiarities by which they are all distinguished
from each other? Whence the origin of the different sciences and of the
different arts, and by what chain has the mind been led from their first
rudiments to their last and most refined improvements? Whence the astonish-
ing fabric of the political union, the fundamental principles which are common to all governments, and the different forms which civilized society has
assumed in different ages of the world? On most of these subjects very little
information is to be expected from history, for long before that stage of
society when men begin to think of recording their transactions, many of
the most important steps of their progress have been made. A few insulated
facts may perhaps be collected from the casual observations of travellers,
who have viewed the arrangements of rude nations; but nothing, it is evident,

---

[2] Eine erste Annäherung an das Methodenproblem der „Natural History" als einer
hypothetischen Geschichtsphilosophie in praktischer Absicht findet sich in J. J. Rousseaus „Discours sur l'origine et les fondements de l'inégalité parmi les hommes" (1754)
— freilich in Anlehnung an die apriorisch-deduktive Methode des Naturrechts und
unter Verwendung eines aristotelischen Physisbegriffs. Rousseau bezeichnet es in der
Einleitung zum „Discours" als seine Absicht, eine „Histoire hypothétique des Gouver-
nements" (ebda., 74) zu schreiben und präzisiert sein methodisches Vorgehen folgendermaßen:

„Commençons donc par écarter tous les faits; car ils ne touchent point à la question. Il ne faut pas prendre les recherches, dans lesquelles on peut entrer sur ce sujet,
pour des vérités historiques; mais seulement pour des *raisonnements hypothétiques
et conditionnels,* plus propres à éclaircir la nature des choses qu'à en montrer la véri-
table origine, et semblables à ceux que font tous les jours nos physiciens sur la formation du monde. La religion nous ordonne de croire que, Dieu lui-même ayant tiré les
hommes de l'état de nature immédiatement après la création, ils sont inégaux parce
qu'il a voulu qu'ils le fussent; mais elle ne nous défend pas de former des *conjectures*
tirées de la seule nature de l'homme et des êtres qui l'environnent, sur ce qu'aurait
pu devenir le genre humain, s'il fût resté abandonné à lui même." J. J. Rousseau,
Über Kunst und Wissenschaft. Über den Ursprung der Ungleichheit unter den Menschen, (2sprachige Ausgabe) Hg. und Einl. K. Weigand, Hamburg 1955 (Philosophische
Bibliothek Bd. 243), 80 (Hervorh. H. M.).

can be obtained in this way, which approaches to a regular and connected
detail of human improvement.

In this want of direct evidence, we are under a necessity of supplying the
place of fact by conjecture; and when we are unable to ascertain how men
have actually conducted themselves upon particular occasions, of considering
in what manner they are likely to have proceeded, from the principles of
their nature, and the circumstances of their external situation. In such inquiries, the detached facts which travels and voyages afford us, may frequently serve as landmarks to our speculations; and sometimes our conclusions a priori, may tend to confirm the credibility of facts, which, on a
superficial view, appeared to be doubtful or incredible.

Nor are such theoretical views of human affairs subservient merely to the
gratification of curiosity. In examining the history of mankind, as well as in
examining the phenomena of the material world, when we cannot trace the
process by which an event h a s b e e n produced, it is often of importance
to be able to shew how it m a y h a v e b e e n produced by natural causes.
Thus, in the instance which has suggested these remarks, although it is impossible to determine with certainty what the steps were by which any particular language was formed, yet if we can shew, from the known principles of
human nature, how all its various parts might gradually have arisen, the
mind is not only to a certain degree satisfied, but a check is given to that
indolent philosophy, which refers to a miracle, whatever appearances, both
in the natural and moral worlds, it is unable to explain.

To this species of philosophical investigation, which has no appropriated
name in our language, I shall take the liberty of giving the title of T h e o -
r e t i c a l o r C o n j e c t u r a l H i s t o r y, an expression which coinci-
des pretty nearly in its meaning with that of N a t u r a l H i s t o r y, as
employed by Mr. Hume, and with what some French writers have called
H i s t o i r e R a i s o n n é e...

inquiries ... [like] these may be applied to the modes of government, and to
the municipal institutions which have obtained among different nations. It is
but lately, however, that these important subjects have been considered in
this point of view; the greater part of politicians before the time of Montesquieu having contented themselves with an historical statement of facts, and
with a vague reference of laws to the wisdom of particular legislators, or to
accidental circumstances, which it is now impossible to ascertain. Montesquieu, on the contrary, considered laws as originating chiefly from the circumstances of society, and attempted to account, from the changes in the
condition of mankind, which take place in the different stages of their progress, for the corresponding alterations which their institutions undergo. It is
thus, that in his occasional elucidations of the Roman jurisprudence, instead
of bewildering himself among the erudition of scholiasts and of antiquaries,
we frequently find him borrowing his lights from the most remote and
unconnected quarters of the globe, and combining the casual observations of

illiterate travellers and navigators, into a philosophical commentary on the history of law and of manners.

The advances made in this line of inquiry since Montesquieu's time have been great. Lord Kames, in his H i s t o r i c a l L a w T r a c t s , has given some excellent specimens of it, particularly in his E s s a y s o n t h e H i s t o r y o f P r o p e r t y a n d o f C r i m i n a l L a w , and many ingenious speculations of the same kind occur in the works of Mr. Millar.

In Mr. Smith's writings, whatever be the nature of his subject, he seldom misses an opportunity of indulging his curiosity, in tracing from the principles of human nature, or from the circumstances of society, the origin of the opinions and the institutions which he describes ... In his W e a l t h o f N a t i o n s , various disquisitions are introduced which have a like object in view, particularly the theoretical delineation he has given of the natural progress of opulence in a country, and his investigation of the causes which have inverted this order in the different countries of modern Europe. His lectures on jurisprudence seem, from the account of them formerly given, to have abounded in such inquiries[3].

Stewart versucht in diesem Exkurs über „Theoretical History", mehrere Dinge zur gleichen Zeit zu leisten. Er unternimmt es, sowohl eine erkenntnispraktische Legitimation der „Theoretical History" zu liefern, als auch ihre spezifischen Methoden und Verfahrensweisen als eine Form wissenschaftlich-praktischer Erkenntnis zu erläutern und ihren Anwendungs- und Objektbereich zu definieren. Im Vordergrund steht hierbei da methodische Verfahren der „Theoretical History". Als durchgängiges Kennzeichen seiner Abhandlung erscheint es, daß Stewart die Normenproblematik der „Natural History" als einer hypothetischen geschichtsphilosophischen Betrachtungsweise in praktischer Absicht dadurch zu lösen versucht, daß er sie als die spezifische Methodenproblematik einer tendenziell empirischen Gesetzeswissenschaft im Bereich der historischgesellschaftlichen Lebensäußerungen des Menschen darstellt. Die sich hieraus ergebende Aporie von Norm und Faktum wird von Stewart zwar nicht als solche erkannt — er versucht sie gleichsam methodisch zu entproblematisieren —, doch tritt sie im Rahmen der geschichtsphilosophischen Gesamtkonzeption der „Theoretical History" in der Unterscheidung von „natürlichem" und „empirischem" Fortschritt wieder zutage.

Unter zunächst nur unklar angedeuteten methodischen Gesichtspunkten versucht Stewart zu Beginn seines Exkurses, die Verfahrensweise der „Theoretical History" von ihrer gegenwartsanalytischen Funktion her zu legitimieren. Es erscheint als erkenntnispraktisches Ziel der „Theoretical History", theoretische Erklärungsmodelle für zeitgeschichtliche Phänomene des sozialpolitisch-kulturellen Objektbereichs dadurch zu finden, daß ihre historische Genesis im Rahmen einer systematischen Theorie begrifflich rekonstruiert wird. Das allgemeine Interesse an einer solchen „historischen" Erklärungsform motiviert Stewart mit

---

[3] Stewart, Account, 33 ff. (Sperrung i. Orig).

dem Fortschrittsbewußtsein seiner Zeitgenossen gegenüber rückständigen Zivilisationen. Die Wahrnehmung dieses Kulturgefälles legt die Reflexion auf die Ursprünge der eigenen Zivilisation nahe. Es ergibt sich somit als Problem, diejenigen Schritte gedanklich nachzuvollziehen, durch welche sich die eigene fortgeschrittene Zivilisationsform aus der allgemeinen historischen Ursprungssituation der „rude tribes" entwickelt hat. Formalisiert und abstrahiert stellt sich die erkenntnispraktische Motivation der „Theoretical History" für Stewart zu Beginn seines Exkurses so dar, daß eine methodische Antwort auf und Erklärung für die „interesting question" gefunden werden soll, „by what gradual steps the transition has been made from the first simple efforts of uncultivated nature, to a state of things so wonderfully artificial and complicated". Die zeitliche Spannweite, die logische Struktur und der allgemeine Gegenstandsbereich des Erklärungsmodells der „Theoretical History" sind hierdurch bereits vorgegeben. Die „Theoretical History" soll es leisten, „a regular and connected detail of human improvement" darzustellen, d. h. den Fortschritt in den verschiedenen Bereichen der sozialen, politischen oder kulturellen Lebensäußerungen des Menschen aufzuzeigen und in seinem regelhaften Zusammenhang, seiner zeitlichen Abfolge und in der Verknüpfung seiner einzelnen Stufen verstehbar zu machen.

Den logischen Status der „Theoretical History" als einer „Conjectural History" begründet Stewart von ihrer spezifischen methodischen Verfahrensweise her. Hierbei steht nicht eine normative, sondern eine empirische Problematik im Vordergrund. Stewart versucht, die „Theoretical History" grundsätzlich aus der Perspektive einer empirischen Erfahrungswissenschaft zu begründen. Ihr logischer Status als eine „Conjectural History" ergibt sich nicht aus einer expliziten normativen Zielsetzung, sondern aus ihrem notwendigen Mängelcharakter als einer empirischen Erfahrungs- und Gesetzeswissenschaft. Vom Standpunkt der subjektiven Methodenauffassung Stewarts her erscheint die „Theoretical History" nicht aufgrund ihrer normativ-praktischen erkenntnisleitenden Interessen als eine hypothetische „Conjectural History"[4], sondern aufgrund ihres defizienten Erfahrungsmodus:

> On most of these subjects very little information is to be expected from history, for long before that stage of society when men begin to think of recording their transactions, many of the most important steps of their progress have been made ... In this want of direct evidence we are under a *necessity of supplying the place of fact by conjecture*[5].

Der hypothetische Status der „Theoretical History" wird unter dem Aspekt der Methode von Stewart als die notwendige Konsequenz gedeutet, welche eine

---

[4] Die Termini „conjectural" und „hypothetical", „conjecture" und „hypothesis" werden bei Stewart synonym verwendet; s. ders., Elements of the Philosophy of the Human Mind II, 299, 302, 303, 305, 393 Anm. R. Der Bedeutungsgehalt von „conjectural" ist also nicht mit „willkürlich" oder „apriorisch deduktiv" gleichzusetzen, sondern eher mit „hypothetisch", „mutmaßlich", „wahrscheinlich".

[5] Stewart, Account, 33 (Hervorh. H. M.).

empirische, am Vorbild der Naturwissenschaften ausgerichtete Erkenntnisweise angesichts einer lückenhaften Erfahrungsbasis für ihr Verfahren ziehen muß:

> In examining the history of mankind as well as in examining the phenomena of the material world, when we cannot trace the process by which an event h a s b e e n produced, it is often of importance to be able to shew how it m a y   h a v e   b e e n produced by natural causes[6].

Dieser Begründung der spezifischen methodischen Verfahrensweise der „Natural History" scheint die scharfe Trennung zwischen historischer Empirie und hypothetischer Theorie zu widersprechen, die sich am Ende des Stewartschen Exkurses aus der Abwertung des „progress that is most agreable to fact" gegenüber dem „natural progress" ergibt. Die meisten Interpretationen, die sich mit den methodischen Aspekten der Stewartschen Darstellung der „Theoretical History" auseinandergesetzt haben, basierten ihre Deutung allein auf diese Entgegensetzung und zogen daraus den Schluß, daß der „Theoretical History" ein apriorisch-deduktives „Cartesianisches" Methodenideal zugrunde liege[7]. Diese Auffassung findet weder in Stewarts eigenen methodischen Anschauungen noch in den Ansichten der von Stewart angeführten Protagonisten der „Theoretical History", Montesquieu, A. Smith, J. Millar und Lord Kames Bestätigung[8]. Die scharfe Trennung zwischen historischer Empirie und hypothetischer Theorie, die sich aus Stewarts Abwertung des „progress that is most agreeable to fact" zu ergeben scheint, erweist sich bei genauerer Berücksichtigung des Stewartschen Theoriebegriffs als unhaltbar. Stewart kontrastiert im Rahmen seiner Konzep-

---

[6] Ebda., 34 (Sperrung i. Orig.).

[7] Als einflußreichster Vertreter dieser Interpretationsrichtung, die die „Theoretical History" als methodisches Resultat einer „Cartesian Science", „Cartesian Philosophy" ansieht, kann der amerikanische Historiker F. A. Teggart mit seinem in angelsächsischen Ländern weit verbreiteten Werk „Theory and Processes of History", Berkeley, Los Angeles 1962² (1918/25) gelten. S. bes. ebda., 90, 92, 96, 97. Weitgehend in seinem Gefolge befindet sich G. Bryson, Man and Society, Princeton 1945 (Reprint New York 1968), 110 ff., ebenso R. V. Sampson, Progress in the Age of Reason, London 1956, 69 ff. Ausnahmen, welche das Verhältnis zwischen systematischer Abstraktion und Empirie in der Methodenkonzeption der „Theoretical History" differenzierter sehen, bilden die kurzen, analytischen Bemerkungen bei H. Aarsleff, The Study of Language in England 1780—1860, Princeton 1967, 110 f., ferner generell, ohne auf Stewarts Exkurs einzugehen, die mehr additiven Untersuchungen von A. Skinner, Natural History in the Age of Adam Smith, PSt 15. 1967, 32 ff.

[8] John Millar of Glasgow (1735—1801), Professor of Civil Law (s. zu Millar o. 186 ff., u. bes. Anm. ebda.), Schüler und Freund sowohl von A. Smith wie Lord Kames, hat in einem kurzen, aber trennscharfen Satz die methodischen Vorbilder der von Stewart erwähnten Vertreter der „Theoretical History" hervorgehoben und zugleich die Bedeutung der von Stewart erwähnten Protagonisten charakterisiert: *„THE GREAT MONTESQUIEU POINTED OUT THE ROAD. HE WAS THE BACON IN THIS BRANCH OF PHILOSOPHY. DR. SMITH IS THE NEWTON."* J. Millar, An Historical View of the English Government: From the Settlement of the Saxons in Britain to the Revolution in 1688; to which are Subjoined Some Dissertations Connected with the History of the Government from the Revolution to the Present Time, Hgg. J. Craig und J. Mylne, 4 Bde., London 1803 (Bde. I. und II., 1. Aufl., London 1787), hier Bd. II, 431.

tion von „Theoretical History" nicht apriorische Theorie und empirisch-historische Erfahrung, sondern erklärt lediglich den Rekurs auf „particular accidents", auf die methodisch und theoretisch unkontrollierte Erfahrung des „mere empiric", als Basis theoretischen Wissens für illegitim. Demgegenüber vertritt er eine wechselseitige Verschränkung von Theorie und Empirie, wobei er den Primat eines hypothetischen Theorieentwurfs (cautious theory, hypothetical theory) als organisierenden und ordnenden Rahmen für kontrollierte Erfahrung normalerweise für notwendig erachtet:

the evidence of experience is incomparably less in favour of the empiric, than of the cautious theorist; ... it is by cautious theory alone that experience can be rendered of any value. Nothing, indeed, can be more absurd than to contrast, as is commonly done, experience with theory, as if they stood in opposition to each other. Without theory (or, in other words, without general principles inferred from a sagacious comparison of a variety of phenomena) experience is a blind and useless guide; while, on the other hand, a legitimate theory (and the same observations may be extended to hypothetical theories, supported by numerous analogies) necessarily presupposes a knowledge of connected and well ascertained facts, more comprehensive by far than any mere empiric is likely to possess ... although a knowledge of facts must be prior to the formation of a legitimate theory, yet a hypothetical theory is generally the best guide to the knowledge of connected and of useful facts[9].

Aus dem Gesamtzusammenhang der methodischen Anschauungen Stewarts, die in seinem Werk „Elements of the Philosophy of the Human Mind"[10] dargelegt sind, ergibt sich, daß die hypothetische Methode der „Theoretical History" nach der Auffassung Stewarts einen besonderen Anwendungsfall der Newtonschen und Baconschen Wissenschaftslogik auf den spezifischen Objektbereich der gesellschaftlichen und historischen Lebensäußerungen des Menschen darstellt. Der logische Status der Modellkonstruktionen der „Theoretical History" ist der von legitimen „hypothetischen" Theorien, er unterscheidet sich sowohl von demjenigen induktiv-experimentell gewonnener Theorien wie von dem willkürlicher Hypothesen[11].

In einem wichtigen Kapitel seiner „Elements" versucht Stewart nachzuweisen, daß die methodischen Auffassungen Bacons und Newtons nicht dahingehend auszulegen sind, daß sie den Absolutheitsanspruch eines induktiv vorgehenden generalisierenden Verfahrens, der analytisch-synthetischen Methode,

---

[9] Stewart, Elements of the Philosophy of the Human Mind II, 329, 301.

[10] Die „Elements of the Philosophy of the Human Mind" entstanden aus einer Art wissenschaftstheoretischer Einführung, die Stewart seinem Kursus über „Moral Philosophy" voranzustellen pflegte; s. hierzu die „Outlines of Moral Philosophy", in: Works II, 1 ff., deren wissenschaftstheoretischer Teil die spätere Gliederung der „Elements" vorwegnimmt.

[11] Hierzu Stewart, Elements II, Kap. IV, Sect. 4, § 2, 298 ff.: „Use and Abuse of Hypothesis in Philosophical Enquiries. Difference between Gratuitous Hypotheses and those which are supported by Presumptions suggested by Analogy."

als der alleinigen Basis legitimer theoretischer Erkenntnis behaupten[12]. Nach Stewart liegt auch ein hypothetisch-deduktiv vorgehendes Verfahren zumindest in der Konsequenz der Wissenschaftslogik Bacons und Newtons[13]. Diesem Verfahren müssen nach Stewart allerdings hypothetische Theoriemodelle zugrunde liegen, die eine wenigstens sekundäre, indirekte Erfahrungsbasis dadurch haben, daß sie durch Analogieschluß auf bereits durch kontrollierte Beobachtung oder Experiment gewonnenen theoretischen Erkenntnissen aufbauen[14]. Ebendiese Forderung erfüllt das Verfahren der „Theoretical History", indem es seine hypothetisch-theoretischen Rekonstruktionen von Fortschrittsmodellen auf die „general facts"[15] der menschlichen Natur aufbaut, die für Stewart den logischen Status wissenschaftlicher „principles", d. h. auf dem Wege kontrollierter und kontrollierbarer Erfahrung gewonnener theoretischer Erkenntnisse haben. Zwar ist es nicht möglich, die Gültigkeit der historischen Modellkonstruktionen experimentell zu überprüfen und ihnen dadurch den Status legitimer, auf Erfahrung aufgebauter Theorien zu geben, doch haben sie auch nicht den Status von willkürlichen „gratuitous hypotheses", sondern den legitimer hypothetischer Theorien, die als „organ of investigation" zur Erklärung und Überprüfung der Rationalität empirisch gegebener Tatbestände brauchbar sind und die zufälligen Erfahrungsdaten der historisch-sozialen Wirklichkeit so in ein begriffliches Strukturschema einordnen, daß die „history of mankind" als sinnvoller, regelhafter und fortschrittlicher Wirkungszusammenhang intellektuell erfaßbar wird. Das Verfahren der „Theoretical History" stellt so nach dem Methodenverständnis Stewarts einen von der besonderen Struktur wie Erfahrungsbasis des historisch-sozialen Objektbereichs bestimmten speziellen Anwendungsfall der Wissenschaftslogik Bacons und Newtons dar, es basiert gewissermaßen auf einer objektadäquaten Historisierung der Baconschen und Newtonschen Methode.

Der logische Status der „Theoretical History" als hypothetischer „Conjectural History" und ihre methodologische Konzeption als eine spezifische Anwendungsform der Methoden Bacons und Newtons erklären noch nicht ihre generalisierende Verfahrensweise in bezug auf ihren Objektbereich. Es muß als auffällig erscheinen, daß nach der Darstellung Stewarts die „Theoretical History" nicht individuelles Verhalten oder singuläre Ereignisse, sondern generelle Phänomene des sozial-politisch-kulturellen Objektbereichs zu erklären versucht. Ihre theoretisch-hypothetischen Rekonstruktionen selbst zielen zudem nicht auf die Ermittlung von Regelhaftigkeiten in einem begrenzten historischen Zeitausschnitt, sondern auf die Darstellung eines „regular and connected detail" im Rahmen der Gattungsgeschichte, der „history of mankind". Stewart begründet diese generalisierende Verfahrensweise nicht einfach unreflektiert mit der

---

[12] Ebda., Kap. IV, 236 ff.: „Of the Method of Enquiry pointed out in the Experimental or Inductive Logic."
[13] Ebda., 299 ff.
[14] Ebda.
[15] Ebda., 331 und 333.

Übernahme von Modellvorstellungen aus dem Bereich der Naturwissenschaften, sondern sieht ihre Notwendigkeit aufgrund einer spezifischen Struktur des Objektbereichs der „Theoretical History" als gegeben an. „Regular order" läßt sich nach Stewart sowohl im Bereich der unbelebten Natur als auch in „phenomena exhibited by the human race" feststellen, nicht jedoch in individuellem menschlichen Verhalten und singulären historischen Ereignissen. An von der Wahrscheinlichkeitsrechnung herkommende Überlegungen D. Humes und J. Neckers anknüpfend, hält er theoretische Aussagen im Bereich der „human affairs" nur in bezug auf generelle Phänomene für möglich, wobei die Sicherheit der Aussage mit dem Allgemeinheitsgrad des Phänomens zunimmt. Dies gilt auch für den Bereich der menschlichen Geschichte. Nach Stewart wird der historisch-gesellschaftliche Lebenszusammenhang überhaupt nur in dem Maße als ein regelhafter theoretisch erfaßbar und als vernünftig durchschaubar, als er in seiner gattungsgeschichtlichen Totalität anvisiert wird:

The departments of the universe in which we have an opportunity of seeing *this regular* order displayed, are the three following: 1. The phenomena of inanimate matter; 2. The phenomena of the lower animals; and, 3. The phenomena exhibited by the human race ... When ... we turn our attention to the history of our own species ... in proportion as we extend our views from particulars to generals, and from individuals to communities, human affairs exhibit more and more a steady subject of philosophical examination, and furnish a greater number of conclusions to guide our conjectures concerning future contingencies[16].

---

[16] Ebda., 163/164 f. (Hervorh. H. M.).

Verzeichnis der benutzten Literatur

I. Quellen

Aristoteles, Politik, Hg. E. Rolfes, Hamburg 1958³ (Philosophische Bibliothek Bd. 7)

Carmichael, G., Ethicae sive Jurisprudentiae Naturalis Compendiosum Certamen. Magistro autore Gershomo Carmichael. Niederschrift Johannes Miller 1702/03, (Glasgow University Library, MS. Nr. BE 9-b.21)

Carmichael, G. Hg., S. Pufendorfii De Officio Hominis et Civis iuxta legem naturalem, libri duo. Editio nova, aucta observationibus et supplementis a Gershomo Carmichael, Glasgow 1718 (2. Aufl. u. d. T.: S. Pufendorfii, De Officio Hominis et Civis, iuxta legem naturalem libri duo. Supplementis et observationibus in academiae iuventutis usum auxit et illustravit Gershomus Carmichael. Editio Secunda priore auctior et emendatior, Edinburgh 1724)

Craig, J., Elements of Political Science, 3 Bde., Edinburgh 1814

Ferguson, A., An Essay on the History of Civil Society, Edinburgh 1767, textkritische Neuausgabe Hg. u. Einl. D. Forbes, Edinburgh 1966

Filmer, Sir R., Patriarha and other Political Works, Hg. und Einl. P. Laslett, Oxford 1949

Gillies, J. (Historiographer Royal for Scotland), Aristotle's Ethics and Politics. Comprising his Practical Philosophy. Translated from the Greek. Illustrated by Introductions and Notes. The Critical History of His Life; And a New Analysis of his Speculative Works, 2 Bde., London 1797

Greig, J. Y. T. Hg., The Letters of David Hume, 2 Bde., Oxford 1932

Grotius, H., De Jure Belli ac Pacis, 1646 (1625), N. Aufl. Hg. F. W. Kelsey, 2 Bde., Oxford 1924 (Classics of International Law)

Hobbes, Th., The English Works, Hg. Sir W. Molesworth, 11 Bde., London 1839—45

—, Elements of Law, Hg. F. Tönnies, Cambridge 1888

—, Opera Philosophica, Hg. Sir W. Molesworth, 5 Bde., London 1839—45

—, Leviathan, Hg. M. Oakeshott, Oxford 1960²

Hume, D., The History of Great Britain. The Reigns of James I and Charles I, Hg. und Einl. D. Forbes, Harmondsworth 1970

—, Writings on Economics, Hg. und Einl. E. Rotwein, Madison/Wisc. 1955

King, Lord, The Life of John Locke, with Extracts from his Correspondence, Journals and Commonplace Books, 2 Bde., London 1830²

Locke, J., The Works, 10 Bde., London 1823 (Reprint Aalen 1963)

—, Discourses: translated from Nicole's Essays ... with important variations from the original French ... First printed from the autograph of the translator, Hg. Thomas Hancock, London 1828

—, An Early Draft of Locke's Essay together with Excerpts from his Journals, Hg. R. I. Aaron und J. Gibb, Oxford 1936

—, The Educational Writings. A Critical Edition, with Introduction and Notes, Hg. J. L. Axtell, Cambridge 1968

—, An Essay Concerning Human Understanding, Hg. u. Einl. A. C. Fraser, 2 Bde., London 1894 (Reprint New York 1959)

—, An Essay Concerning Human Understanding, Hg. J. W. Yolton, 2 Bde., London 1961

—, Essays on the Law of Nature, Hg. u. Einl. W. v. Leyden, Oxford 1954
—, Two Treatises of Government. A Critical Edition, with an Introduction and Apparatus Criticus, Hg. P. Laslett, Cambridge 1967²
Millar, J., An Historical View of the English Government: From the Settlement of the Saxons in Britain to the Revolution in 1688; to which are Subjoined Some Dissertations Connected with the History of the Government from the Revolution to the Present Time, Hgg. J. Craig und J. Mylne, 4 Bde., London 1803 (Bde. I und II London 1787¹)
—, Lectures on Government [ab 1771/72] (National Library of Scotland, Edinburgh, MS. Nr. 3931)
—, Lectures on the Science of Government [1797/98] (Glasgow University Library, Hamilton Collection, MS. Nr. BC 10 — a 15)
—, Lectures on the Public Law of Great Britain (Mitchell Library Glasgow, Bell Collection, MS. Nr. G—320 4)
—, The Origin of the Distinction of Ranks: or, An Enquiry into the Circumstances which give Rise to Influence and Authority in the Different Members of Society, London 1779³; 1. Aufl. u. d. T.: Observations Concerning the Distinction of Ranks in Society, London 1771
Marx, K., Grundrisse der Kritik der politischen Ökonomie (Rohentwurf 1857—58), Berlin 1953
—, Die Frühschriften, Hg. S. Landshut, Stuttgart 1953
Pufendorf, S., Eris Scandica, Qua Adversus Libros de Jure Naturali et Gentium Objecta Diluuntur, Frankfurt 1686
—, De Jure Naturae et Gentium Libri Octo, 1688³ (1672), N. Aufl. Hgg. C. H. und W. A. Oldfather, Oxford 1934 (Classics of International Law)
—, De Officio Hominis et Civis, 1682² (1673), N. Aufl. Hg. W. Schücking, Oxford 1927 (Classics of International Law)
Raphael, D. D. Hg., British Moralists 1650—1800, 2 Bde., Oxford 1969
Rousseau, J. J., Über Kunst und Wissenschaft. Über den Ursprung der Ungleichheit unter den Menschen (2sprachige Ausgabe), Hg. u. Einl. K. Weigand, Hamburg 1955 (Philosophische Bibliothek Bd. 243)
Selby-Bigge, L. A. Hg. u. Einl., British Moralists. Being Selections from Writers Principally of the 18th Century, 2 Bde., Oxford 1897 (Reprint New York 1965)
Smith, A., The Works, 5 Bde., London 1811/12 (Reprint Aalen 1963)
—, Considerations Concerning the First Formations of Languages, and the Different Genius of Original and Compounded Languages, in: ders., The Works V (Erstpublikation in: The Philological Miscellany 1. London 1761, 440—79)
—, An Early Draft of the ‚Wealth of Nations' [ca. 1763], in: W. R. Scott, Adam Smith as Student and Professor, New York 1965² (1937), 315 ff.
—, Essays on Philosophical Subjects, in: ders., The Works, Bd. V
—, An Inquiry into the Nature and Causes of the Wealth of Nations (1776), Hg. u. Einl. E. Cannan, 2 Bde., London 1904, N. Aufl. London 1964
—, Lectures on Justice, Police, Revenue and Arms, Hg. u. Einl. E. Cannan, Oxford 1896 (Reprint New York 1964)
—, Lectures on Rhetoric and Belles Lettres, Hg. u. Einl. J. M. Lothian, London 1963
—, Letter to the Duc de la Rochefoucauld, in: Economic Journal 6. 1896, 165 f.
—, The Theory of Moral Sentiments (1759) 1790⁶, in: ders., The Works, Bd. I
—, Theorie der ethischen Gefühle, Übers., Hg. u. Einl. W. Eckstein, 2 Bde., Leipzig 1926 (Philosophische Bibliothek Bd. 220 a)
—, Vorlesungen über Rechts-, Polizei-, Steuer- und Heereswesen, gehalten an der Universität Glasgow, Übers. S. Blach, Hg. I. Jastrow, Halberstadt 1928
Stewart, D., The Collected Works, Hg. Sir W. Hamilton, 10 Bde., Edinburgh 1854—58 und ein Ergänzungsband (Register, Übersetzungen der zitierten Quellen), Edinburgh 1860

—, Account of the Life and Writings of Adam Smith, in: ders., Works, Bd. X
—, Dissertation Exhibiting the Progress of Metaphysical, Ethical and Political Philosophy since the Revival of Letters in Europe, in: ders., Works, Bd. I
—, Elements of the Philosophy of the Human Mind, 2 Bde., in: ders., Works Bde. II u. III
—, Lectures on Political Economy, 2 Bde., in: ders., Works, Bde. VIII u. IX

II. Darstellungen

Aaron, R. I., John Locke, Oxford 1971[3]
Aarsleff, H., Some Observations on Recent Locke-Scholarship, in: J. W. Yolton Hg., John Locke. Problems and Perspectives, Cambridge 1969, 264 ff.
—, The State of Nature and the Nature of Man in Locke, in: J. W. Yolton Hg., John Locke. Problems and Perspectives, 99 ff.
—, The Study of Language in England 1780—1860, Princeton 1967
Angermann, E., Das Auseinandertreten von Staat und Gesellschaft im Denken des 18. Jahrhunderts, in: Zeitschrift für Politik N. F. 10. 1963, 89 ff.
Ardal, P. S., Passion and Value in Hume's Treatise, Edinburgh 1966
Arendt, H., Vita Activa oder vom tätigen Leben, Stuttgart 1960
Arrowood, Ch. F., Theory of Education in the Political Philosophy of Adam Smith, Princeton 1945
Ashcraft, R., Locke's State of Nature: Historical Fact or Moral Fiction? APSR 62. 1968, 898 ff.
Bagehot, W., Adam Smith as a Person, in: The Collected Works of Walter Bagehot, Hg. N. St. John-Stevas, Bd. III, London 1968
Bailyn, B., und *Clive, J.,* England's Cultural Provinces: Scotland and America, WMQ 3. Ser. 11. 1954, 200 ff.
Becker, J. F., Adam Smith's Theory of Social Science, SEJ 28. 1961, 13 ff.
—, The Corporation Spirit and its Liberal Analysis, in: Journal of the History of Ideas 30. 1969, 69 ff.
Bergemann, P., Adam Smith's pädagogische Ansichten und Kritik derselben, Wiesbaden 1896
Bittermann, H. J., Adam Smith's Empiricism and the Law of Nature, JPE 48. 1940, 487 ff., 703 ff.
Blaug, M., Economic Theory in Retrospect, Homewood/Ill. 1968[2]
Bonar, J., Moral Sense, London 1930
Brissenden, R. F., Authority, Guilt and Anxiety in the ,Theory of Moral Sentiments', TSLL 11. 1969—70, 945 ff.
Brunner, O., Neue Wege der Sozialgeschichte. Vorträge und Aufsätze, Göttingen 1956
—, Neue Wege der Verfassungs- und Sozialgeschichte, Göttingen 1968
—, Adeliges Landleben und Europäischer Geist. Leben und Werk Wolf Helmhards von Hohberg 1612—1688, Salzburg 1949
—, Bürgertum und Feudalwelt in der europäischen Sozialgeschichte, in: Geschichte in Wissenschaft und Unterricht 7. 1956, 599 ff.
—, ,Feudalismus' — Ein Beitrag zur Begriffsgeschichte (1958), jetzt in: ders., Neue Wege der Verfassungs- und Sozialgeschichte, Göttingen 1968, 128 ff.
—, Das ,ganze Haus' und die alteuropäische Ökonomik, in: ders., Neue Wege der Sozialgeschichte. Vorträge und Aufsätze, Göttingen 1956, 53 ff.
—, Land und Herrschaft. Grundfragen der territorialen Verfassungsgeschichte Österreichs im Mittelalter, Wien 1959[3]
—, Das Zeitalter der Ideologien. Anfang und Ende, in: ders., Neue Wege der Sozialgeschichte, 194 ff.

Bryson, G., Man and Society. The Scottish Inquiry of the Eighteenth Century, Princeton 1945 (Reprint New York 1968)

Campbell, W. F., Adam Smith's Theory of Justice, Prudence and Benificence, in: American Economic Review 57. 1967, 571 ff.

Campbell, T. D., Adam Smith's Science of Morals, London 1971

Cant, R. G., The Scottish Universities and Scottish Society in the Eighteenth Century, in: Transactions of the Second International Congress on the Enlightenment, Bd. IV (Studies on Voltaire and the Eighteenth Century Bd. 58), Genf 1967, 1953 ff.

Cassirer, E., Das Erkenntnisproblem in der Philosophie und Wissenschaft in der neueren Zeit, 3 Bde., Berlin 1922/23³

—, Die Philosophie der Aufklärung, Tübingen 1932

Chamley, P., Notes de lecture, relatives à Smith, Steuart et Hegel, in: Revue d'Économie Politique 1967, 857 ff.

Clark, J. M., Adam Smith and the Currents of History, in: Adam Smith, 1776—1926. Lectures to Commemorate the Sesquicentennial of the Publication of the ,Wealth of Nations', New York 1966² (1928), 53 ff.

Clive, J. u. Bailyn, B., England's Cultural Provinces: Scotland and America, WMQ 3. Ser. 11. 1954, 200 ff.

—, The Social Background of the Scottish Intellectual Renaissance, in: Phillipson, N. T. u. Mitchison, R. Hgg., Scotland in the Age of Improvement, Edinburgh 1970, 255 ff.

Coats, A. W., Hg. u. Einl., The Classical Economists and Economic Policy, London 1971

Cobban, A., In Search of Humanity, London 1960

Cordasco, Fr., s. Franklin, B.

Cox, R., Locke on War and Peace, Oxford 1960

Cropsey, J., Polity and Economy. An Interpretation of the Principles of Adam Smith, Den Haag 1957

Davie, G. E., Anglophobe and Anglophile, ScJPE 14. 1967, 291 ff.

—, The Democratic Intellect. Scotland and her Universities in the Nineteenth Century, Edinburgh 1964²

—, Hume, Reid and the passion for Ideas, in: Edinburgh in the Age of Reason. A Commemoration, Edinburgh 1967, 23 ff.

Davis, J. S., Adam Smith and the Human Stomach, QJE 68. 1954, 275 ff.

Delvaille, J., Essai sur l'histoire de l'idée de progrès jusqu'à la fin du XVIIIe siècle, Paris 1910

Derathé, R., Jean Jacques Rousseau et la science politique de son temps, Paris 1971² (1950)

Dunn, J., Consent in the Political Theory of John Locke, HJ 10. 1967, 153 ff.

—, The Political Thought of John Locke. An Historical Account of the Argument of the ,Two Treatises of Government', Cambridge 1969

Eckstein, W., Adam Smith als Rechtsphilosoph, ARW 20. 1926—27, 378 ff.

—, Einleitung zu: Adam Smith, Theorie der ethischen Gefühle (s. Quellenverzeichnis A. Smith)

Elliot, J. H., The Old World and the New 1492—1650, Cambridge 1970

Euchner, W., Naturrecht und Politik bei John Locke, Frankfurt 1969

Fetscher, I., Arbeit, in: Bussiek, H. Hg. u. Einl., Veränderung der Gesellschaft, Frankfurt 1970, 44 ff.

—, Der gesellschaftliche Naturzustand und das Menschenbild bei Hobbes, Pufendorf, Cumberland und Rousseau. Ein Beitrag zur politischen Standortbestimmung der politischen Theorie Rousseaus, in: Schmollers Jahrbuch 80. 1960, 641 ff.

Forbes, D., Scientific Whiggism: Adam Smith and John Millar, in: Cambridge Journal 3. 1954, 643 ff.

Fox Bourne, H. R., The life of John Locke, 2 Bde., London 1876 (Reprint Aalen 1969)

Franklin, B. u. Cordasco, Fr. Hgg., Adam Smith. A Bibliographical Checklist. An International Record of Critical Writings and Scholarship relating to Smith and Smithian Theory 1876—1950, New York 1950 (Burt Franklin Bibliographical Series Bd. 3)

Freeman, R. D., Adam Smith, Education and Laissez Faire, in: History of Political Economy 1. 1969, 173 ff.

Freyer, H., Einleitung in die Soziologie, Leipzig 1931

—, Soziologie als Wirklichkeitswissenschaft. Logische Grundlegung des Systems der Soziologie, Leipzig—Berlin 1930 (Reprint Darmstadt 1964)

Gee, J. M. A., Adam Smith's Social Welfare Function, ScJPE 15. 1968, 183 ff.

Giddings, F. H., The Principles of Sociology. An Analysis of the Phenomena of Association and of Social Organisation, New York 1924[3]

Gide, Ch. u. Rist, Ch., Geschichte der volkswirtschaftlichen Lehrmeinungen, Jena 1923

Goldwin, R. A., John Locke, in: Strauss, L. u. Cropsey, J. Hgg., History of Political Philosophy, Chicago 1964, 433 ff.

Gough, J. W., Fundamental Law in English Constitutional History, Oxford 1955

—, John Locke's Political Philosophy, Oxford 1950

Grampp, W. D., Adam Smith and the Economic Man, JPE 56. 1948, 315 ff.

Grant, A., The Story of the University of Edinburgh, 2 Bde., London 1884

Greenleaf, W. H., Filmer's Patriarchal History, HJ 9. 1969, 157 ff.

Guiliani, A., Adamo Smith filosofo del diritto, in: Rivista Internazionale di Filosofia del Diritto 31. 1954, 505 ff.

Guttridge, G. H. Hg., Adam Smith on the American Revolution: an Unpublished Memorial, American Historical Review 38. 1932—33, 714 ff.

Gysin, A., Die Lehre vom Naturrecht bei Leonhard Nelson und das Naturrecht der Aufklärung, Berlin 1924

Habermas, J., Theorie und Praxis. Sozialphilosophische Studien, Frankfurt 1971[4] (1963)

—, Die klassische Lehre von der Politik in ihrem Verhältnis zur Sozialphilosophhie, in: ders., Theorie und Praxis, 48 ff.

—, Kritische und konservative Aufgaben der Soziologie, in: ders., Theorie und Praxis, 290 ff.

—, Zur Logik der Sozialwissenschaften (Philosophische Rundschau, Beiheft 5) Tübingen 1967 (dass. auch Frankfurt 1970[2])

—, Naturrecht und Revolution, in: ders., Theorie und Praxis, 89 ff.

—, Soziologie, in: Evangelisches Staatslexikon, Stuttgart—Berlin 1966, Sp. 2108 ff.

— u. *Luhmann, N.*, Theorie der Gesellschaft oder Sozialtechnologie. Was leistet die Systemforschung? Frankfurt 1971

Hanham, H. J., The Scottish Political Tradition (University of Edinburgh Inaugural Lecture Nr. 19), Edinburgh 1964

Hasbach, W., Adam Smith's Lectures on Justice, Police, Revenue and Arms, in: Political Science Quarterly 12. 1897, 684 ff.

—, Die allgemeinen philosophischen Grundlagen der von Fr. Quesnay und A. Smith begründeten politischen Ökonomie, Leipzig 1890

—, Die klassische Nationalökonomie und ihre Gegner [Rezension], in: Jahrbuch für Gesetzgebung, Verwaltung und Volkswirtschaft im Deutschen Reich 20. 1896, 857 ff.

—, Untersuchungen über A. Smith und die Entwicklung der politischen Ökonomie, Leipzig 1891

Hasek, C. W., The Introduction of Adam Smith's Doctrines into Germany, PhD Columbia University, New York 1925

Hennis, W., Politik und praktische Philosophie. Eine Studie zur Rekonstruktion der politischen Wissenschaft, Neuwied 1963

—, Zum Problem der deutschen Staatsanschauung, in: ders., Politik als praktische Wissenschaft. Aufsätze zur politischen Theorie und Regierungslehre, München 1968, 11 ff.

Hereth, M., Adam Smith, in: Vom Empire zum Nationalstaat. Englisches politisches Denken im 18. und 19. Jahrhundert, Hg. M. Henningsen, München 1970, 73 ff.

Hill, Ch., „Reason" and „Reasonableness" in Seventeenth-Century England, BJS 20. 1969, 235 ff.

Horkheimer, M. u. Adorno, Th. W., Dialektik der Aufklärung. Philosophische Fragmente, Frankfurt 1969²

Hollander, S., The Economics of Adam Smith, Toronto 1972

Hubert, R., La notion du devenir historique dans la philosophie de Montesquieu, in: Revue de Metaphysique et de la Morale 46. 1939, 587 ff.

—, Les sciences sociales dans l'Encyclopédie. La philosophie de l'histoire et le problème des origines sociales, Paris 1923

Hudson, W., Ethical Intuitionism, London 1967

Jäger, G., Der Ursprung der modernen Staatswissenschaft und die Anfänge des modernen Staates. Ein Beitrag zum Verständnis von Hobbes' Staatstheorie, in: Archiv für Geschichte der Philosophie 14. 1901, 536 ff.

Jastrow, I., Naturrecht und Volkswirtschafft. Erörterungen aus Anlaß der deutschen Ausgabe von Smiths Vorlesungen, in: Jahrbücher für Nationalökonomie und Statistik 126. 1927, 689 ff.

Jellinek, G., Adam in der Staatslehre (Vortrag), Heidelberg 1893

Jessop, T. E. Hg., A Bibliography of David Hume and of Scottish Philosophy, New York 1966² (1938)

Jogland, H. H., Ursprünge und Grundlagen der Soziologie bei A. Ferguson, Berlin 1959

Johnston, Ch. S., The Printing History of the First Four Editions of the Essay Concerning Human Understanding, in: Aaron, R. I., John Locke, Oxford 1971³, Appendix II, 313 ff.

Jonas, F., Geschichte der Soziologie, Bd. I: Aufklärung, Liberalismus, Idealismus, Hamburg 1968

Kearney, H., Scholars and Gentlemen. Universities and Society in Pre-Industrial Britain, 1500—1700, London 1970

Keirstead, B. S., Theory of Economic Change, Toronto 1948

Kettler, D., The Social and Political Thought of Adam Ferguson, Columbus/Ohio 1965

Kluxen, K., Die Herkunft der Lehre von der Gewaltentrennung, in: Aus Mittelalter und Neuzeit. Festschrift für G. Kallen, Bonn 1957, 219 ff., jetzt in: H. Rausch Hg., Zur heutigen Problematik der Gewaltentrennung, Darmstadt 1969, 131 ff.

—, Das Problem der Politischen Opposition. Entwicklung und Wesen der englischen Zweiparteienpolitik im 18. Jahrhundert, Freiburg—München 1956

Koebner, R., Adam Smith and the Industrial Revolution, in: Economic History Review 2. Ser. 11. 1958/59, 381 ff.

Koselleck, R., Historia Magistra Vitae. Über die Auflösung des Topos im Horizont neuzeitlich bewegter Geschichte, in: Natur und Geschichte. Karl Löwith zum 70. Geburtstag, Hgg. M. Riedel u. H. Braun, Stuttgart—Berlin 1967, 196 ff.

Knorr, K. E., British Colonial Theories, 1570—1850, Toronto 1964 (1944)

Krieger, L., Culture, Cataclysm and Contingency, in: Journal of Modern History 40. 1968, 447 ff.

—, The Politics of Discretion, Pufendorf and the Acceptance of Natural Law, London—Chicago 1965

Kuhn, T. S., The Structure of Scientific Revolutions, Chicago 1970² (dt. Frankfurt 1967)

Krook, D., Hobbes' Doctrine of Meaning and Truth, in: Philosophy 31. 1956, 3 ff.

—, Three Traditions of Moral Thought, Cambridge 1959

Landshut, S., Kritik der Soziologie und andere Schriften zur Politik, Neuwied 1969

—, Zum Begriff und Gegenstand der politischen Soziologie, in: ders., Kritik der Soziologie und andere Schriften zur Politik, 361 ff.

—, Der Begriff des Ökonomischen, in: ders., Kritik der Soziologie und andere Schriften zur Politik, 131 ff.

—, Kritik der Soziologie. Freiheit und Gleichheit als Ursprungsprobleme der Soziologie, in: ders., Kritik der Soziologie und andere Schriften zur Politik, 98 ff.

Laslett, P., Einleitung zu: John Locke, Two Treatises of Government (s. Quellenverzeichnis J. Locke)

—, Sir Robert Filmer: The Man versus the Whig Myth, WMQ 3. Ser. 5. 1948, 523 ff.

—, The World we have lost, London 1971²

— u. Harrison, J., The Library of John Locke, Oxford 1965 (Oxford Bibliographical Society Publications, N. Ser. Bd. 13)

Lehmann, W. C., The Historical Approach in the Juridical Writings of Lord Kames, in: Juridical Review N. Ser. 9. 1964, 17 ff.

—, Adam Ferguson and the Beginnings of Modern Sociology, New York 1930

—, Henry Home, Lord Kames, and the Scottish Enlightenment: A Study in the History of Ideas, Den Haag 1971

—, John Millar of Glasgow. His Life and Thought and his Contribution to Sociological Analysis, Cambridge 1960

Lindgren, J. R., Adam Smith's Theory of Inquiry, JPE 77. 1969, 897 ff.

Little, I. M. D., A Critique of Welfare Economics, Oxford 1950

Lothian, J. M., Einleitung zu: Adam Smith, Lectures on Rhetoric and Belles Lettres (s. Quellenverzeichnis A. Smith)

—, Long Lost Manuscripts of Adam Smith, in: The Scotsman, 1. Nov. 1961

—, A New Side of Adam Smith, in: The Scotsman, 2. Nov. 1961

Lowe, A., The Classical Theory of Economic Growth, in: SR 21. 1957, 127 ff.

Luhmann, N., Moderne Systemtheorien als Form gesamtgesellschaftlicher Analyse, in: Habermas, J. und Luhmann, N., Theorie der Gesellschaft oder Sozialtechnologie — Was leistet die Systemforschung? Frankfurt 1971, 7 ff.

—, Soziologische Aufklärung. Aufsätze zur Theorie sozialer Systeme, Opladen 1971²

MacElroy, D. D., The Literary Clubs and Societies of Eighteenth Century Scotland, PhD. Edinburgh University 1952

—, Scotland's Age of Improvement. A Survey of Eighteenth-Century Literary Clubs and Societies, Pullman/Washington 1969

Macfie, A. L., The Individual in Society. Papers on Adam Smith, London 1967

—, Adam Smith's ‚Moral Sentiments‘ as Foundations for His ‚Wealth of Nations‘, in: ders., The Individual in Society, 59 ff.

—, The Impartial Spectator, in: ders., The Individual in Society, 82 ff.

—, The ‚Invisible Hand‘ in the Theory of Moral Sentiments, in: ders., The Individual in Society, 101 ff.

—, The Scottish Tradition in Economic Thought, in: ders., The Individual in Society, 19 ff.

Macnabb, D. G. C., David Hume. His Theory of Knowledge and Morality, Oxford 1966²

Macpherson, C. B., The Political Theory of Possessive Individualism, Hobbes to Locke, Oxford 1962

—, Scholars and Spectres: A Rejoinder to Viner, in: The Canadian Journal of Economics and Political Science 29. 1963, 559 ff.

Maier, H., Die ältere deutsche Staats- und Verwaltungslehre. Ein Beitrag zur Geschichte der politischen Wissenschaft in Deutschland, Neuwied 1966

—, Ältere deutsche Staatslehre und westliche politische Tradition (1966), jetzt in: ders., Politische Wissenschaft in Deutschland. Aufsätze zur Lehrtradition und Bildungspraxis, München 1969, 133 ff.

—, Die Lehre der Politik an den deutschen Universitäten vornehmlich vom 16. bis 18. Jahrhundert, in: D. Oberndörfer Hg., Wissenschaftliche Politik. Eine Einführung in Grundfragen ihrer Tradition und Theorie, Freiburg 1962, 59 ff.; jetzt in: ders., Politische Wissenschaft in Deutschland, 15 ff.

Marcuse, H., Der Eindimensionale Mensch, Neuwied 1967[2] (1964)

McCosh, J., The Scottish Philosophy, London 1875 (Reprint Hildesheim 1966)

Meek, R. L., The Scottish Contribution to Marxist Sociology, in: ders., Economics and Ideology and other Essays, London 1967, 34 ff.

—, Studies in the Labour Theory of Value, London 1956

Meinecke, Fr., Die Entstehung des Historismus, München 1959[3]

Mitchison, R., The Government and the Highlands, 1707—1745, in: Phillipson, N. T. und Mitchison, R. Hgg., Scotland in the Age of Improvement, Edinburgh 1970, 24 ff.

Mittelstraß, J., Neuzeit und Aufklärung. Studien zur Entstehung der neuzeitlichen Wissenschaft und Philosophie, Berlin 1970

Molnar, E., Les fondements économiques et sociaux de l'absolutisme, in: XIe Congrès International des Sciences Historiques. Rapports Bd. IV, 1965, 155 ff.

Monson, Ch. H., Locke and his Interpreters, in: Political Studies 6. 1959, 120 ff.

Morrow, G. R., The Ethical and Economic Theories of Adam Smith. A Study in the Social Philosophy of the 18th Century, New York 1923 (Reprint 1969)

—, The Significance of the Doctrine of Sympathy in Hume and Smith, in: Philosophical Review 32. 1923, 60 ff.

Mossner, E. C., Adam Smith: The Biographical Approach (The David Murray Lectures 30), Glasgow 1969

—, The Life of David Hume, Oxford 1970[2] (1954)

—, Rezension zu: Adam Smith, Lectures on Rhetoric and Belles Lettres, SSL 2. 1965, 199 ff.

Murray, D., Memories of the Old College of Glasgow, Glasgow 1927

Nadel, G. H., Francis Bacon's Theory of History, HT 5. 1966, 275 ff.

—, Philosophy of History before Historicism, HT 3. 1964, 291 ff.

Norton, D. F. u. *Popkin, R. H.* Hgg., David Hume, Philosophical Historian, New York 1965

Oncken, A., Das Adam-Smith-Problem, in: Zeitschrift für Socialwissenschaft 1. 1898, 25 ff., 101 ff., 176 ff.

Palyi, M., The Introduction of Adam Smith on the Continent, in: Adam Smith, 1776 to 1926. Lectures to Commemorate the Sesquicentennial of the Publication of the ‚Wealth of Nations‘, New York 1966[2] (1928), 180 ff.

Pankoke, E., Sociale Bewegung — Sociale Frage — Sociale Politik. Grundfragen der deutschen ‚Socialwissenschaft‘ im 19. Jahrhundert, Stuttgart 1970

Pascal, R., Property and Society. The Scottish Historical School of the Eighteenth Century, in: Modern Quarterly 1. 1938, 167 ff.

— u. *Mitchison, R.* Hgg., Scotland in the Age of Improvement. Essays in Scottish Historical Thought in the 17th Century, New York 1967[2] (1957)

Phillipson, N. T. u. *Mitchison, R.* Hgg., Scotland in the Age of Improvement. Essays in Scottish History in the Eighteenth Century, Edinburg 1970

Phillipson, N. T., Nationalism and Ideology, in: Wolfe, J. N. Hg., Government and Nationalism in Scotland. An Enquiry by Members of the University of Edinburgh, Edinburgh 1969, 167 ff.

—, Culture and Society in the Eighteenth Century Province. The Case of Edinburgh and the Scottish Enlightenment, in: L. Stone Hg., The University in Society: Studies in the History of Higher Education, Princeton 1972

—, Scottish Public Opinion and the Union in the Age of the Association, in: ders. u. Mitchison, R. Hgg., Scotland in the Age of Improvement, Edinburgh 1970, 125 ff.

—, The Scottish Whigs and the Reform of the Court of Session, 1785—1830, PhD-Cambridge University 1967

Pitkin, H., Obligation and Consent, APSR 59. 1965, 990 ff.

Plamenatz, J., Man and Society, Bd. I, London 1963

Pocock, J. G. A., The Ancient Constitution and the Feudal Law. A Study of English Historical Thought in the 17th Century, New York 1967[2] (1957)

Polin, R., La Politique Morale de John Locke, Paris 1960

Pollock, Sir Fr., Locke's Theory of the State, in: Proceedings of the British Academy 1903—04, 241 ff.

Pribram, K., Die Entstehung der individualistischen Sozialphilosophie, Leipzig 1912

Rae, J., The Life of Adam Smith, Hg. u. Einl. J. Viner, New York 1965 (1895)

Raphael, D. D., The Moral Sense, London 1947

—, Sympathy and Imagination, in: The Listener 5. 3. 1959, 407 f.

Riedel, M., Aristotelestradition am Ausgang des 18. Jahrhunderts. Zur deutschen Übersetzung der ‚Politik' durch Johann Georg Schlosser, in: Alteuropa und die moderne Gesellschaft. Festschrift für Otto Brunner, Göttingen 1963, 178 ff.

—, Der Begriff der ‚Bürgerlichen Gesellschaft' und das Problem seines geschichtlichen Ursprungs, in: ders., Studien zu Hegels Rechtsphilosophie, Frankfurt 1969, 135 ff.

—, ‚Bürgerliche Gesellschaft', in: O. Brunner, W. Conze, R. Koselleck Hgg., Lexikon politisch-sozialer Begriffe der Neuzeit, Bd. I, Stuttgart 1972

—, Bürgerliche Gesellschaft und Staat bei Hegel. Grundprobleme und Struktur der Hegelschen Rechtsphilosophie, Neuwied 1970

—, Zur Topologie des klassisch-politischen und des modern-naturrechtlichen Gesellschaftsbegriffs, ARSP 51. 1965, 290 ff.

—, Zum Verhältnis von Ontologie und politischer Theorie bei Hobbes, in: Hobbes-Forschungen, Hgg. R. Koselleck u. R. Schnur, Berlin 1969, 102 ff.

Robbins, C., The Eighteenth-Century Commonwealthman. Studies in the Transmission, Development and Circumstance of English Liberal Thought from the Restoration of Charles II until the War with the Thirteen Colonies, Cambridge/Mass. 1961

Rosenberg, N., Adam Smith, Consumer Tastes, and Economic Growth, JPE 76. 1968, 361 ff.

—, Some Institutional Aspects of the ‚Wealth of Nations', JPE 68. 1960, 557 ff.

Ross, I., Lord Kames and the Scotland of his Day, Oxford 1972

—, Quaffing the ‚Mixture of Wormwood and Aloes': A Consideration of Lord Kames' Historical Law Tracts, TSLL 8. 1967, 499 ff.

Sabine, G. H., A History of Political Theory, London 1951[3]

Salomon, A., Adam Smith as Sociologist, SR 12. 1945, 23 ff.

Sampson, R. V., Progress in the Age of Reason, London 1956

Schlatter, R., Private Property. The History of an Idea, London 1951

Schlenke, M., Aus der Frühzeit des englischen Historismus. William Robertsons Beitrag zur methodischen Grundlegung der Geschichtswissenschaft im 18. Jahrhundert, in: Saeculum 7. 1956, 107 ff.

—, Kulturgeschichte oder politische Geschichte in der Geschichtsschreibung des 18. Jahrhunderts? William Robertson als Historiker des europäischen Staatensystems, in: Archiv für Kulturgeschichte 37. 1955, 60 ff.

—, William Robertson als Geschichtsschreiber des europäischen Staatensystems. Untersuchungen zur Architektonik seines Gesamtwerks, Phil. Diss. Marburg 1953

Schochet, G. J., Patriarchalism, Politics and Mass Attitudes in Stuart England, HJ 12. 1969, 413 ff.

Schüller, R., Die Klassische Nationalökonomie und ihre Gegner. Zur Geschichte der Nationalökonomie und Socialpolitik seit A. Smith, Berlin 1895

Schulz, G., Die Entstehung der bürgerlichen Gesellschaft, in: Entstehung und Wandel der modernen Gesellschaft. Festschrift für Hans Rosenberg zum 65. Geburtstag, Hg. G. A. Ritter, Berlin 1970, 3 ff.

Schumpeter, J. A., History of Economic Analysis, New York 1954 (dt. Göttingen 1965)

Scott, W. R., Adam Smith (Proceedings of the British Academy 10), London 1921, 435 ff.

—, Adam Smith as Student and Professor, New York 1965² (1937)

—, Studies Relating to A. Smith During the Last Fifty Years, Hg. A. L. Macfie (Proceedings of the British Academy 26), London 1941

Selby-Bigge, L. A. Hg. u. Einl., British Moralists. Being Selections from Writers Principally of the 18th Century, 2 Bde., Oxford 1897 (Reprint New York 1965)

Seliger, M., The Liberal Politics of John Locke, London 1968

Semmel, B., The Rise of Free Trade Imperialism. Classical Political Economy, the Empire of Free Trade and Imperialism 1750—1850, Cambridge 1970

Simpson, J. M., Who Steered the Gravy Train, 1707—1766 (?), in: Phillipson, N. T. und Mitchison, R. Hgg., Scotland in the Age of Improvement, Edinburgh 1970, 47 ff.

Singh, R., John Locke and the Theory of Natural Law, in: Political Studies 9. 1961, 105 ff.

Skinner, A., Economics and the Problem of Method: An Eighteenth Century View, ScJPE 12. 1965, 267 ff.

—, Adam Smith's ‚Philosophical Essays‘, ScJPE 20. 1972 (erscheint November 1972)

—, Economics and History. The Scottish Enlightenment, ScJPE 12. 1965, 1 ff.

—, Einleitung zu: Adam Smith, The Wealth of Nations (Books I—III), Hg. u. Einl. A. Skinner, Harmondsworth 1970

—, Natural History in the Age of Adam Smith, in: Political Studies 15. 1967, 32 ff.

Adam Smith, 1776—1926. Lectures to Commemorate the Sesquicentennial of the Publication of the „Wealth of Nations", New York 1966² (1928)

Smout, T. C., A History of the Scottish People, 1560—1830, London 1969

Snow, V. F., The Concept of Revolution in 17th Century England, HJ 5. 1962, 167 ff.

Sombart, W., Die Anfänge der Soziologie, in: Hauptprobleme der Soziologie. Erinnerungsgabe für Max Weber, Hg. M. Palyi, Bd. I, München—Leipzig 1923, 3 ff.

Sommer, A., Das Naturrechtskolleg von A. Smith, ARW 23. 1929, 321 ff.

Spengler, J. J., Adam Smith's Theory of Economic Growth, SEJ 25. 1959, 397 ff. und 26. 1959/60, 1 ff.

—, Adam Smith on Population, in: Population Studies 24. 1970, 377 ff.

Stein, P., Osservazioni intorno ad Adamo Smith filosofo del diritto, in: Rivista Internazionale di Filosofia del Diritto 32. 1955, 97 ff.

Stephen, L., History of English Thought in the 18th Century, 2 Bde., London 1927³

Stewart, J. B., The Moral and Political Philosophy of D. Hume, New York 1963

Stigler, G. J., Five Lectures on Economic Problems, London 1949

Stone, L. Hg., The University in Society. Studies in the History of Higher Education, Princeton 1972

Strauss, L., Hobbes politische Wissenschaft, Neuwied 1965

—, Naturrecht und Geschichte, Stuttgart 1956 (1953)

Swingewood, A. W., Origins of Sociology: The Case of the Scottish Enlightenment, BJS 21. 1970, 164 ff.

Taylor, O. H., Economics and the Idea of Jus Naturale, in: ders., Economics and Liberalism, Cambridge/Mass. 1955

—, A History of Economic Thought, New York 1960

Taylor, W. L., Gershom Carmichael. A Neglected Figure in British Political Economy, in: South African Journal of Economics 23. 1955, 251 ff.

Teggart, F. A., Theory and Processes of History (1918/25), N. Aufl. Berkeley—Los Angeles 1962

Thomson, H. F., Adam Smith's Philosophy of Science, QJE 79. 1965, 212 ff.

—, The Emergence of Political Economy from the Moral Philosophy Course in the Scottish Universities in the Eighteenth Century, PhD, University of Colorado, Boulder 1963

Tönnies, F., Gemeinschaft und Gesellschaft. Grundbegriffe der Reinen Soziologie, N. Aufl. Darmstadt 1970 (1887)

—, Hobbes und das Zoon Politikon, in: Zeitschrift für Völkerrecht 12. 1923, 471 ff. (mit Exkurs über die Anfänge der Soziologie, ebda., 484 ff. Anm. 1)

—, Thomas Hobbes. Leben und Lehre, Stuttgart 1925³ (Reprint, Hg. u. Einl. K. H. Ilting, Stuttgart 1971)

—, Soziologische Studien und Kritiken, 3 Bde., Jena 1925—1929

Trevor-Roper, H. R., The Scottish Enlightenment, in: Transactions of the Second International Congress on the Enlightenment, Bd. IV (Studies on Voltaire and the Eighteenth Century Bd. 58) Genf 1967, 1635 ff.

Treue, F., Adam Smith in Deutschland. Zum Problem des ‚Politischen Professors‘ zwischen 1776 und 1810, in: Deutschland und Europa. Festschrift für Hans Rothfels, Hg. W. Conze, Düsseldorf 1951, 101 ff.

Vaughan, C. E., Studies in the History of Political Philosophy before and after Rousseau, 2 Bde., Manchester 1925

Venturi, F., Utopia and Reform in the Enlightenment, Cambridge 1971

Giambattista Vico. An International Symposium, Hgg. G. Tagliacozzo u. H. V. White, Baltimore 1969

Viner, J., Adam Smith, in: International Encyclopedia of the Social Sciences, New York 1968

—, Adam Smith and Laissez Faire, in: Adam Smith, 1776—1926. Lectures to Commemorate the Sesquicentennial of the Publication of the ‚Wealth of Nations‘, New York 1966² (1928), 116 ff.

—, The Intellectual History of Laissez Faire, in: Journal of Law and Economics 3. 1960, 45 ff.

—, Einleitung zu: Rae, Life of Adam Smith (s. Rae)

—, The Perils of Reviewing: A Counter Rejoinder, CJEPS 29. 1963, 562 ff.

—, Possessive Individualism as Original Sin, CJEPS 29. 1963, 548 ff.

Watkins, E., Hobbes' System of Ideas, London 1965

Weiss, J., Adam Smith and the Philosophy of Anti-History, in: The Uses of History. Essays in Intellectual and Social History Presented to W. J. Bossenbrook, Hg. H. V. White, Detroit 1968, 15 ff.

Welzel, H., Naturrecht und materiale Gerechtigkeit, Göttingen 1962⁴

—, Die Naturrechtslehre Samuel Pufendorfs, Berlin 1958 (Diss. Jena 1928)

West, A. G., Education and the State. A Study in Political Economy, London 1965

—, The Political Economy of Alienation: Karl Marx and Adam Smith, in: Oxford Economic Papers 21. 1969, 1 ff.

—, Private versus Public Education. A Classical Economic Dispute (1964), jetzt in: A. W. Coats Hg. u. Einl., The Classical Economists and Economic Policy, London 1971, 123 ff.

—, Adam Smith, New Rochelle/New York 1969 (Architects of Freedom Series)

—, Adam Smith's Philosophy of Riches, in: Philosophy 44. 1969, 101 ff.

Wieacker, F., Privatrechtsgeschichte der Neuzeit, Göttingen 1967²

Williams, G. A., Artisans and Sans-Culottes. Popular Movements in France and Britain during the French Revolution, New York 1969

Winch, D., The Emergence of Economics as a Science 1750—1870, in: C. M. Cipolla Hg., The Fontana Economic History of Europe, Bd. III: The Industrial Revolution 1750—1870, London 1971, Kap. 9 (auch als selbständige Abhandlung London 1971)

Withrington, D. J., Education and Society in the Eighteenth Century, in: Phillipson, N. T. und Mitchison, R. Hgg., Scotland in the Age of Improvement, Edinburgh 1970, 169 ff.

Wolf, E., Große Rechtsdenker der deutschen Geistesgeschichte, Tübingen 1963⁴

Wolin, Sh. S., Politics and Vision. Continuity and Innovation in Western Political Thought, London 1961

Yolton, J. W., John Locke. Problems and Perspectives. A Collection of New Essays, Cambridge 1969
—, Locke on the Law of Nature, in: Philosophical Review 67. 1958, 477 ff.
Zeyss, R., Adam Smith und der Eigennutz. Eine Untersuchung über die philosophischen Grundlagen der älteren Nationalökonomie, Tübingen 1889
Zöckler, O., Die Lehre vom Urstande des Menschen, geschichtlich und dogmatisch-apologetisch untersucht, Gütersloh 1879

Abkürzungsverzeichnis

Personenregister

Kursiv gesetzte Seitenzahlen verweisen auf die Anmerkungen.

KRITISCHE STUDIEN ZUR GESCHICHTSWISSENSCHAFT

1. Wolfram Fischer · Wirtschaft und Gesellschaft im Zeitalter der Industrialisierung. Aufsätze – Studien – Vorträge. 1972.

2. Wolfgang Kreutzberger · Studenten und Politik 1918–1933. Der Fall Freiburg im Breisgau. 1972.

3. Hans Rosenberg · Politische Denkströmungen im deutschen Vormärz. 1972.

4. Rolf Engelsing · Zur Sozialgeschichte deutscher Mittel- und Unterschichten. 2. Aufl. 1978.

5. Hans Medick · Naturzustand und Naturgeschichte der bürgerlichen Gesellschaft. Die Ursprünge der bürgerlichen Sozialtheorie als Geschichtsphilosophie und Sozialwissenschaft bei Sam. Pufendorf, John Locke und Adam Smith. 2. Aufl. 1981.

6. Heinrich August Winkler (Hg.) · Die große Krise in Amerika. 7 Beiträge. 1973.

7. Helmut Berding · Napoleonische Herrschafts- und Gesellschaftspolitik im Königreich Westfalen 1807–1813. 1973.

8. Jürgen Kocka · Klassengesellschaft im Krieg. Deutsche Sozialgeschichte 1914 bis 1918. 2. Aufl. 1978.

9. Heinrich August Winkler (Hg.) · Organisierter Kapitalismus. Voraussetzungen und Anfänge. 11 Beiträge. 1974.

10. Hans-Ulrich Wehler · Der Aufstieg des amerikanischen Imperialismus. Studien zur Entwicklung des Imperium Americanum 1865–1900. 1974.

11. Hans-Ulrich Wehler (Hg.) · Sozialgeschichte Heute. 33 Beiträge. 1974.

12. Wolfgang Köllmann · Bevölkerung in der industriellen Revolution. Studien zur Bevölkerungsgeschichte Deutschlands im 19. Jh. 1974.

13. Elisabeth Fehrenbach · Traditionale Gesellschaft und revolutionäres Recht. Die Einführung des Code Napoléon in den Rheinbundstaaten. 2. Aufl. 1978.

14. Ulrich Kluge · Soldatenräte und Revolution. Studien zur Militärpolitik in Deutschland 1918/19. 1975.

15. Reinhard Rürup · Emanzipation und Antisemitismus. Studien zur Judenfrage der bürgerlichen Gesellschaft. 1975.

16. Hans-Jürgen Puhle · Politische Agrarbewegungen in kapitalistischen Industriegesellschaften. 1975.

17. Siegfried Mielke · Der Hansa-Bund für Gewerbe, Handel und Industrie 1909–1914. Der gescheiterte Versuch einer antifeudalen Sammlungspolitik. 1976.

18. Thomas Nipperdey · Gesellschaft, Kultur, Theorie. Gesammelte Aufsätze zur neueren Geschichte . 1976.

19. Hans Gerth · Bürgerliche Intelligenz um 1800. Mit einer Einführung und einer ergänzenden Bibliographie von Ulrich Herrmann. 1976.

20. Carsten Küther · Räuber und Gauner in Deutschland. Das organisierte Bandenwesen im 18. und frühen 19. Jahrhundert. 1976.

21. Hans-Peter Ullmann · Der Bund der Industriellen. Organisation, Einfluß und Politik klein- und mittelbetrieblicher Industrieller im Deutschen Kaiserreich 1895–1914. 1976.

22. Dirk Blasius · Bürgerliche Gesellschaft und Kriminalität. Zur Sozialgeschichte Preußens im Vormärz. 1976.

23. Gerhard A. Ritter · Arbeiterbewegung, Parteien und Parlamentarismus. 10 Aufsätze. 1976.

24. Horst Müller-Link · Industrialisierung und Außenpolitik. Preußen-Deutschland und das Zarenreich 1860–1890. 1977.

25. Jürgen Kocka · Angestellte zwischen Faschismus und Demokratie. Zur politischen Sozialgeschichte der Angestellten: USA 1890–1940 im internationalen Vergleich. 1977.

26. Hans Speier · Die Angestellten vor dem Nationalsozialismus. Ein Beitrag zum Verständnis der deutschen Sozialstruktur 1918–1933. 1977.

VANDENHOECK & RUPRECHT IN GÖTTINGEN UND ZÜRICH

KRITISCHE STUDIEN ZUR GESCHICHTSWISSENSCHAFT

27. Dietrich Geyer · Der russische Imperialismus. Studien über den Zusammenhang von innerer und auswärtiger Politik 1860–1914. 1977.

28. Rudolf Vetterli · Industriearbeit, Arbeiterbewußtsein und gewerkschaftliche Organisation. Dargestellt am Beispiel der Georg Fischer AG (1890–1930). 1978.

29. Volker Hunecke · Arbeiterschaft und industrielle Revolution in Mailand 1859 bis 1892. 1978.

30. Christoph Klessmann · Polnische Bergarbeiter im Ruhrgebiet 1870–1945. Soziale Integration und nationale Subkultur einer Minderheit in der deutschen Industriegesellschaft. 1978.

31. Hans Rosenberg · Machteliten und Wirtschaftskonjunkturen. Studien zur neueren deutschen Sozial- und Wirtschaftsgeschichte. 1978.

32. Rainer Bölling · Volksschullehrer und Politik. Der deutsche Lehrerverein 1918 bis 1933. 1978.

33. Hanna Schissler · Preußische Agrargesellschschaft im Wandel. Wirtschaftliche, gesellschaftliche und politische Transformationsprozesse 1763–1847. 1978.

34. Hans Mommsen · Arbeiterbewegung und Nationale Frage. Aufsätze. 1979.

35. Heinz Reif · Westfälischer Adel 1770–1860. Vom Herrschaftsstand zur regionalen Elite. 1979.

36. Toni Pierenkemper · Die westfälischen Schwerindustriellen 1852–1913. Soziale Merkmale und unternehmerischer Erfolg. 1979.

37. Heinrich Best · Interessenpolitik und nationale Integration 1848/49. Handelspolitische Konflikte im frühindustriellen Deutschland. 1980.

38. Heinrich August Winkler · Liberalismus und Antiliberalismus. Studien zur politischen Sozialgeschichte des 19. und 20. Jh.s. 1979.

39. Emil Lederer · Kapitalismus, Klassenstruktur und Probleme der Demokratie in Deutschland 1910–1940. Ausgewählte Aufsätze. Mit einem Beitrag von Hans Speier und einer Bibliographie von Bernd Uhlmannsiek. Hrsg. von Jürgen Kocka. 1979.

40. Norbert Horn / Jürgen Kocka (Hg.) · Recht und Entwicklung der Großunternehmen im 19. und frühen 20. Jahrhundert / Law and the Formation of the Big Enterprises in the 19th and Early 20th Centuries. 25 Beiträge. 1979.

41. Richard Tilly · Kapital, Staat und sozialer Protest in der deutschen Industrialisierung. Gesammelte Aufsätze. 1980.

42. Sidney Pollard (Hg.) · Region und Industrialisierung / Region and Industrialization. 1980

43. Wolfgang Renzsch · Handwerker und Lohnarbeiter in der frühen Arbeiterbewegung. Zur sozialen Basis von Gewerkschaften und Sozialdemokratie im Reichsgründungsjahrzehnt. 1980.

44. Hannes Siegrist · Vom Familienbetrieb zum Manager-Unternehmen. Angestellte und industrielle Organisation am Beispiel der Georg Fischer AG in Schaffhausen 1797–1930. 1980.

45. Reinhard Neebe · Großindustrie, Staat und NSDAP 1930–1933. Paul Silverberg und der Reichsverband der deutschen Industrie in der Krise der Weimarer Republik. 1981.

46. Barbara Greven-Aschoff · Die bürgerliche Frauenbewegung in Deutschland 1894–1933. 1981.

47. Waclaw Dlugoborski (Hg.): Zweiter Weltkrieg und sozialer Wandel. Achsenmächte und besetzte Länder. 19 Beiträge. 1981.

48. Neithard Bulst / Joseph Goy / Jochen Hoock (Hg.): Familie zwischen Tradition und Moderne. Studien zur Geschichte der Familie in Deutschland und Frankreich vom 16. bis zum 20. Jahrhundert. 15 Beiträge. 1981.

49. Toni Pierenkemper/Richard Tilly (Hg.): Historische Arbeitsmarktforschung. Entstehung, Entwicklung und Probleme der Vermarktung von Arbeitskraft. 9 Beiträge. 1981.

VANDENHOECK & RUPRECHT IN GÖTTINGEN UND ZÜRICH